MICHAEL JÜRGS

Der Tag danach

Buch

Was bedeutet es, den jahrelangen Lebenspartner zu verlieren? Über Nacht ins politische Nichts zu stürzen – sei es durch Umstürze oder durch Intrigen? Durch Krankheit dem eigenen Tod ins Auge sehen zu müssen? Sich inmitten eines öffentlichen Skandals exponiert zu finden? Einen großen Sieg zu erringen? Eine Naturkatastrophe wie die Flut in Asien mitzuerleben? Wie lebt es sich nach einem solchen Einschnitt, der Gewissheiten hinwegfegt, Lebenspläne durchkreuzt? Zahlreiche prominente Menschen haben Michael Jürgs ihre Erlebnisse geschildert. Ihren »downfall«, die schlaflosen Nächte, Rachegefühle oder das Glück eines geschenkten Lebens. Verletzungen, die nicht heilen wollen, kommen zum Vorschein; die Lust an der Macht wird spürbar, nach der sich fast alle sehnen, die sie einmal empfunden haben. Manche Gedemütigte können sich nur noch als Opfer sehen, andere haben neue Lebensfreude entdeckt, oder die schwere Krankheit und Todesnähe haben sie Gelassenheit und die Schönheit des Augenblicks gelehrt.

Verlust, Schmerz, Krankheit, Glück, Freude – Michael Jürgs fächert einfühlsam, aber unsentimental das breite Spektrum an Gefühlen, Stimmungen, Gedanken und Bewältigungsmöglichkeiten für einen tiefgreifenden Lebenseinschnitt auf.

Autor

Michael Jürgs ist Journalist und war u.a. Chefredakteur von »Stern« und »Tempo«. Er schrieb Bestseller wie »Der Fall Romy Schneider« oder den Politthriller »Das Kleopatra Komplott«, »Der Fall Axel Springer«, »Die Treuhändler – wie Helden und Halunken die DDR verkauften«, »Alzheimer – Spurensuche im Niemandsland«, »Gern hab ich die Fraun geküßt – die Richard Tauber Biografie«. Viele seiner Bücher wurden verfilmt. Mit Angela Elis verfasste er die Streitschrift »Typisch Ossi, typisch Wessi«. Im C. Bertelsmann Verlag erscheint 2007 eine neue Biografie mit dem geheimnisvollen Titel »Eine berührbare Frau«.

Von Michael Jürgs ist im Goldmann Verlag außerdem erschienen:

Keine Macht den Drögen. Menschen, Medien, Sensationen (15199)
Bürger Grass (15291)
Der kleine Frieden im Großen Krieg (15303)
Typisch Ossi, typisch Wessi (mit Angela Elis, 15400)

Michael Jürgs

Der Tag danach

Wenn das Leben über Nacht
nicht mehr ist,
wie es gestern noch war

GOLDMANN

FSC
Mix
Produktgruppe aus vorbildlich
bewirtschafteten Wäldern und
anderen kontrollierten Herkünften

Zert.-Nr. SGS-COC-1940
www.fsc.org
© 1996 Forest Stewardship Council

Verlagsgruppe Random House FSC-DEU-0100
Das FSC-zertifizierte Papier *München Super* für Taschenbücher
aus dem Goldmann Verlag liefert Mochenwangen Papier.

1. Auflage
Taschenbuchausgabe Dezember 2006
Wilhelm Goldmann Verlag, München,
in der Verlagsgruppe Random House GmbH

Umschlaggestaltung: Design Team München
KF · Herstellung: Str.
Druck und Bindung: GGP Media GmbH, Pößneck
Printed in Germany
ISBN-10: 3-442-15419-7
ISBN-13: 978-3-442-15419-7

www.goldmann-verlag.de

Inhalt

Örtlich betäubt

Prolog. Jeder Mensch reagiert auf seine besondere Weise, wenn auf einmal nichts mehr so ist, wie es gestern noch war. Es gibt für solche Wendepunkte im Leben keine Formeln, es gibt keine Regeln, es gibt auch keine Erfahrungen von anderen, denen so etwas schon passiert ist, mit denen sich etwas anfangen ließe in dem Moment, wenn es einem selbst passiert.

Die Tage davor sind einfacher zu beschreiben, denn an denen ist etwas Bestimmtes geschehen, und das lässt sich an Fakten und Menschen entlang beschreiben: Wenn das Gerüst, das ihre Welt zusammenhielt, zerbricht und sich ihr Innerstes nach außen kehrt. Wenn sichtbar wird, was bisher verborgen war: Gefühle. Wunden. Narben. Stimmungen.

Die einen nehmen als Zufall, was ihnen widerfährt, und die anderen nur als Unfall. Manche fallen um und stehen nie wieder auf. Manche stehen danach aufrecht wie noch nie, obwohl sie gebrochen schienen. Manche schütteln sich nur kurz und machen ungebrochen einfach weiter, als sei nichts geschehen. Manche nutzen die Chance, endlich das zu leben, was sie bislang nur träumten.

Tage, die das Leben verändern: Es gibt sie bei allen Menschen, bei prominenten und bei nicht prominenten. Weil sich an solchen Tagen etwas Entscheidendes ereignete, bleiben sie unvergesslich. Die Gründe können manchmal an wichtigen, manchmal sogar an historischen Ereignissen festgemacht sein, die bei allen im kollektiven Bewusstsein verankert sind. Bei Erich Loest war es im Mai 1945 das Kriegsende und bei Marius Müller-Westernhagen der 11. September 2001, als in New York das World Trade Center in

Flammen aufging. Die Gründe können aber auch so persönlich und so banal sein, dass sich die Betroffenen scheuen, darüber zu reden.

Bei einem Mann war es der überraschende Moment, als ihm nachts in der Hotelbar eine Frau sagte, dass seine Zeit bei ihr abgelaufen sei. Bei einer Frau war es der Moment, als sie nach einer kurzen Reise erfuhr, dass der Mann ihres Lebens genau während ihrer Abwesenheit seiner Krankheit erlegen war.

An einem solchen Tag stirbt eine Liebe, und an einem solchen Tag endet ein Leben. An einem solchen Tag zerbricht eine große Karriere, und an einem solchen Tag beginnt ein kleines Glück. An einem solchen Tag verliert ein Mächtiger sein Amt, und an einem solchen Tag beginnt ein bislang Ohnmächtiger seinen Weg nach oben. Wer so einen Tag erlebt, wird sich bis ans Ende aller Tage daran erinnern.

Was tatsächlich mit ihnen geschehen ist, wird den Betroffenen oft erst am Tag danach bewusst. Das ergeht bekannten eben so wie normalen Menschen – wenn sie der Schock langsam verlässt, wenn Trauer über einen toten Geliebten oder eine geliebte Tote sie niederdrückt, wenn sie eine große Freude sprachlos macht, wenn sie aus der alltäglich gewohnten Bahn geworfen sind und nicht wissen, wohin das, was man Schicksal nennt, sie schleudern wird, oder wenn sie sich so leicht fühlen wie eine der weißen Wolken, die sie bislang nicht wahrgenommen haben.

So verschieden sie auch sind, die Tage danach – was sie auslöste, lässt sich beschreiben: Tod, Liebe, Krankheit, Niederlage, Sieg. Aber jeder Mensch erlebt sie anders, ein jeder geht anders mit ihnen um, ein jeder verarbeitet und verkraftet sie auf seine ganz eigene Art.

Ich musste mich bei der Suche nach den Bruchstellen im Leben von jedermann bekannten und nur mir bekannten Menschen auf eine Reise ins Ungewisse und ins Ungefähre begeben. Ich musste herausfinden, was sie vor mir – und vor sich selbst? – verbargen. Ich musste entdecken, wo sie ihre Brüche versteckt hatten. Ich musste ihnen glauben, was sie mir erzählten, selbst dann, wenn es mir unglaublich schien – ja: unglaubwürdig. Es ging nicht wie bei meinen sonstigen Recherchen in deutschen Biografien darum, was ich für wesentlich hielt. Es ging darum, was die Befragten für wesentlich hielten und was ihnen wichtig war. In fast allen Fällen war deshalb der Tag, von dem mir meine Gesprächspartner erzählten, ein ganz anderer als der, den ich bei ihnen vermutet hatte und den ich hinterfragen wollte.

Es ging auch nicht um Schuld oder Sühne, es ging um Gefühle wie Rache und Versöhnung, Liebe und Lust, Freude .und Trauer, Wehmut und Wut. Die Frage an einst Mächtige zum Beispiel, egal ob in der Wirtschaft oder in der Politik, wer schuld daran war an dem, was ihnen passierte, und ob es ihre eigene Schuld gewesen sein könnte und ob sie hätten verhindern können, was geschah, oder ob sie nichts Besseres verdient hatten als beispielsweise den Sturz von der Macht oder die Entlassung, sollen andere beantworten – oder sie selbst für sich.

Das allein wäre schon spannend genug, aber ich wollte nicht nur etwas erfahren von Trauer und von Tod, von Niederlagen und von Verlusten. Ich suchte ebenso nach heiteren, nach leichten Momenten, nach denen ein neues Leben begann. Ich suchte nicht nur Tragödien, sondern Komödien. Auch absurd und ein bisschen schräg durfte der Tag danach gern mal sein.

Der Milliardär Konrad Henkel machte einst in den fünfziger Jahren des vergangenen Jahrhunderts monatelang der schönen Tochter Gabriele des Chefarztes vom Düsseldorfer Marienhospital ganz altmodisch den Hof. Es gab prächtigere Kerle als ihn, aber in seiner scheuen Art hat er ihr Herz berührt, und durch seine Schüchternheit hat er es gewonnen an einem bestimmten Tag. In Berlin hatten sie eine Ausstellung besucht, Gabriele Hünermann und Konrad Henkel. Sie übernachteten in einer Pension am Kurfürstendamm, selbstverständlich in getrennten Zimmern. Am Morgen klopfte er an ihre Tür, und als sie ihn hereinbat, küsste er sie auf die Wange. Mehr nicht.

Doch für ihn war der Kuss entscheidend.

Nun müsse er wohl, verkündete er auf dem Rückflug nach Düsseldorf, mit ihren Eltern reden. Denn in jenen Zeiten hatte noch alles eine gewisse Ordnung zu haben und so was Irrationales wie Liebe erst recht. Und tatsächlich, am Tag darauf klingelte er an ihrem Elternhaus. In der Aktentasche, die er bei sich trug, hatte er eine Flasche Champagner, denn er habe ja nicht wissen können, erzählte er mal, ob in einem Medizinerhaushalt so was vorrätig war im Falle eines Falles wie diesem. Also für einen Fall, auf den es anzustoßen galt, falls der Hausherr sein Anliegen hoffentlich absegnete.

Damit Doktor Hünermann außerdem prüfen konnte, ob er in der Lage sei, Gabriele Hünermann zu ernähren, hatte der Chemiker sogar seinen Anstellungsvertrag der Firma mitgebracht, die Henkel hieß wie er, die aber noch sein Bruder Jost leitete und die er erst übernahm, als der überraschend starb. Gabrieles Vater nickte und stieß mit Konrad Henkel an, als dieser ihn förmlich um die Hand seiner Tochter bat.

Sie selbst hat er übrigens nie gefragt.

Die Künstlerin Gabriele Henkel hat einen »privathistorischen Moment« in Erinnerung behalten. Nach einer ihrer Installationen, für die sie ebenso berühmt ist wie für ihre phantastischen Tischdekorationen, folgte sie 1991 dem Rat ihres Freundes Bob Wilson. Der Theatermagier sagte ihr, man müsse am Tag nach einer Premiere stets abreisen, ganz egal wohin. Sie entschied sich für Venedig. Dort fand ein Kultursymposium statt, und bei Tisch saß ihr der damalige Leiter der ZDF-Kultursendung »aspekte«, Johannes Willms, gegenüber. »Menschen begegnen einander, und eine nie bewusst gesäte Saat geht auf«, erklärte sie mir. Am nächsten Tag besuchten Henkel und Willms die Frari-Kirche, wo sie Tizians Altarbild »Himmelfahrt Mariä« bewunderten. Das sei ihr Tag danach gewesen, sagt sie, denn »Zufälle gibt es nicht im Leben«.

Die Spurensuche nach bestimmten Tagen im Leben bestimmter Menschen war ein spannendes Abenteuer. Am Ende traf ich sogar mich selbst. Viele haben mir auf meiner Reise in deutsche Biografien von ihrem Tag danach erzählt, und alle hatten sie eine ganz besondere Geschichte zu erzählen. Eine vom Tod und eine vom Abschied, eine von Macht und eine vom Machtverlust, eine vom Glück und eine von der Liebe, eine vom Ruhm und eine vom Erfolg.

Wie es halt so ist.

Ich hörte ihnen zu, und ich fragte nach. Ich hörte auf zu reden, wenn sie anfingen zu weinen. Ich schrieb auf, was sie erzählten, und ich las nach, wie es anderen ergangen war.

In der Traueranzeige von Herbert Grönemeyer für seine Frau, die vom Krebs besiegt worden war, hatte ich gelesen: »Dein Verlust sprengt alle Dimensionen, Werte, Phantasien. Der Schmerz ist Wüste voll brutalster Wucht«, womit er in hilflos großen Worten sagte, dass manche Liebe stärker sein kann als der Tod. In einem »stern«-Gespräch mit Roger Willemsen, der auch an die alles besiegende Macht der Liebe glaubt, bekannte Grönemeyer Monate später, seinen Tag danach noch immer nicht gefunden zu haben: »Ich versuche nach wie vor das Leben zu erkennen, aber es ist alles auf null gebracht, wenn nicht auf unter null.«

Die sich in ihren Freuden der Pflicht stets verhaspelnde Heide Simonis fühlte sich am 18. März 2005, dem Tag nach der verlorenen Abstimmung im Kieler Landtag, gleichfalls unter null, wenn auch aus anderen Gründen als Grönemeyer. Sie kam sich vor wie »durch die Mangel gedreht«. Weil sie aber beseelt war davon, den zu entlarven, der ihr »das Messer in den Rücken« gestoßen hatte, fand sie auch vier Wochen danach – wie sie in der »Zeit« bekannte – noch keine Zeit, sich mit ihrem Seelenheil zu beschäftigen. Sie begriff die Niederlage nicht als Ende einer Dienstfahrt, sondern als »Schuss aus dem Hinterhalt«.

Sie war örtlich betäubt.

Als sie sich noch auf der Seite wähnte, wo die Sieger stehen, nahm sie mögliche Niederlagen in der Theorie gelassen hin.

Heide Simonis gab sich staatstragend, eine Eigenheit, die Teil ihres Wesens geworden war, hatte sie doch zwölf Jahre lang als Ministerpräsidentin von Schleswig-Holstein den Küstenstaat auf ihren Schultern getragen. In einem Beitrag für das Monatsmagazin »Cicero«, erschienen ein knappes Jahr vor ihrem politischen Aus, fand sie über einen in weiter Ferne liegenden Tag danach weise Worte: »Und dann geht es irgendwann ratzfatz, von jetzt auf gleich, und wer vorher nie einen Termin freihatte, der steht plötzlich vor einem großen freien Kalender mit leeren Tagen und fragt sich: Was soll ich denn heute und morgen überhaupt machen?«

Und dann überfiel sie aus heiterem Himmel der Tag, an dem sie sich genau dieser Frage stellen musste. Obwohl sie über andere ihrer Branche gelästert hatte – Kohl, Teufel, Biedenkopf –, die man habe vom Stuhl kratzen müssen, weil sie so fest an dem klebten, konnte auch sie nicht loslassen, antwortete in der ARD-Sendung »Beckmann« auf eine entsprechende Frage empört über die Zumutung, Carstensen das Amt zu überlassen: »Und was wird dann aus mir?« Sie hatte sich eben doch nur durch das definiert, was sie darstellte.

Es erging ihr nicht anders als vielen vor ihr, die sich plötzlich unter den Verlierern fanden. In solchen Momenten mischen sich, wie bei Herrn und Frau Jedermann, Wut und Zorn und Rachedurst und Apathie und Depression und Schuldgefühle.

Die Macht sei wie eine Frau, mit der man jede Nacht schlafen will, beschrieb ein mächtiger Mann seine politische Leidenschaft. Es war nicht Gerhard Schröder, es war nicht Joschka Fischer, es war nicht Helmut Kohl. Ein Manager erkannte, ebenso banal, dass immer die den tiefsten Fall tun, die von ganz oben kommen. Trauernde sollten selbst bestimmen, steht in einem der vielen Bücher, die Hilfe anbieten für Hilflose, wann sie über den erlittenen Verlust, welcher Art auch immer der war, reden wollen und wie lange sie schweigen wollen und ob sie überhaupt je darüber reden wollen.

Das alles sagt und schreibt sich leicht – in der Theorie.

Wolfgang Nowack, drei Jahre lang bis 2002 Planungschef im Kanzleramt, hat Erfahrungen aus der Praxis. Er hat die Macht verloren, aber aus heutiger Distanz sieht er sie selbst kritisch, wie er den Journalisten Tina Hildebrandt und Stephan Lebert in der »Zeit« erzählte: »Jeder Mächtige verliert irgendwann den Kontakt zur Realität.« Die erkennt er schlagartig, wenn ihm die Macht genommen wird. Man müsse sich von »Anfang an die Frage stellen, wie man mit Anstand den Abschied gestalten kann, sodass man nicht weinend am Schreibtisch sitzt und dem Dienstwagen nachtrauert«.

Das sagt sich post mortem – oder post festum – leichter als in dem Moment, wenn es passiert, denn da erging es ihm nicht anders als anderen, die stürzten: »Man ist dann eine Weile sehr unleidlich, was völlig idiotisch ist«, denn eine Entlassung sei auch »ein Glücksfall, man kann endlich leben«.

Mit solchen Sätzen von ihrem schönen neuen Leben haben sich in meinen Gesprächen allerdings auch viele davor zu drücken versucht, über ihre Depressionen zu reden und darauf zu antworten, wie es war, als sie in dunklen Stunden schlaflos lagen.

Irgendwann übrigens wurde mir klar, dass ich auch meinen eigenen Tag danach würde aufschreiben müssen, egal wie schwer mir das fallen dürfte. Als Ausgleich dafür, dass sich andere mir gegenüber geöffnet hatten. Ich konnte nicht so tun, als sei ausgerechnet mir noch nie passiert, wonach ich sie fragte. Machtverlust. Tod. Liebeskummer. Am Ende des Buches wird es stehen. Weil es dabei um Emotionen geht, werde ich zu mir die gleiche Distanz wahren müssen wie zu denen, die ich sonst so beschreibe.

Den CDU-Politiker Christoph Palmer stürzte eine simple Ohrfeige ins wahre Leben. Die hatte er am Abend des 24. Oktober 2004 seinem Parteifreund Joachim Pfeiffer gegeben. So etwas kommt schon mal vor in gelöster Stimmung beim Viertele. So etwas darf allerdings einem Minister, Chef der Staatskanzlei in Baden-Württemberg, nicht passieren. Ein Mann wie er, der über andere herrscht, muss sich beherrschen können. Weil er das zumindest ein einziges Mal nicht konnte, sodass er auffällig wurde und dem Kollegen Pfeiffer tatkräftig übel nahm, dass der für den Teufel-Nachfolger Günther Oettinger vehement Partei ergriff, verlor er die Contenance.

Und am Tag danach sein Amt. Er gibt zu, einen »solchen Sturz« noch nie erlebt zu haben. Es geschah früh, was ihm passierte. Palmer ist zweiundvierzig Jahre alt, als er fällt. Er fällt weich und findet sofort einen hoch bezahlten Job in der Wirtschaft.

Ich hatte von denen gelesen, die sich an ihrem Tag danach mit eiserner Disziplin vor dem Nichts retteten, indem sie nach außen so taten, als sei nichts weiter geschehen. Als hätte man ihnen im Betrieb nur eine andere Stelle angewiesen.

Justizministerin Herta Däubler-Gmelin musste 2002 nach einem einzigen Satz, in dem sie missverständlich leichtfertig Hitler mit Bush verglich, ihren Lebenstraum begraben – Einfluss zu nehmen, zu gestalten , wichtig zu sein. Kollege Walter Riester, der als Arbeitsminister Wolfgang Clement weichen musste, flüchtete in die Rolle eines braven Parteisoldaten, der an dem Platz seine Pflicht erfüllte, an den er gestellt wurde. Der Herr hatte ihm ein Amt gegeben, der Herr hatte es ihm genommen, in dem Fall war es Herr Schröder, so sei nun mal der Lauf der Welt.

Im Verlieren steckt, richtig betrachtet – aber diese Betrachtung ist ebenfalls wohlfeil –, immer ein Sieg. Wer alles verloren hat, dem kann nichts mehr weggenommen werden. Janis Joplin, eine Sängerin meiner Generation, nannte das in ihrem Song, den wir immer noch auswendig singen können: *Freedom is just another word for nothing left to lose*, und das schien uns logisch.

SPD-Mahner Erhard Eppler fühlte sich in diesem Sinne am Tag nach seinem unfreiwilligen Ausscheiden aus dem Kabinett Helmut Schmidt als »befreiter Verlierer«. Helmut Kohl agierte, wie mir Norbert Blüm erzählte, gelassen und souverän, als ihm Gerhard Schröder 1998 die Macht abnahm, wurde erst wieder zu einem Rach- und Machtsüchtigen, als ihn seine selbst verursachte Spendenaffäre ereilte. Friedrich Merz, kalt entmachtet von Angela

Merkel, wirkt seit seiner Niederlage menschlicher, sympathischer, lockerer. Gregor Gysi brauchte zwei Herzinfarkte und eine Hirnoperation, um »nicht mehr korrumpierbar zu sein« durch die Macht, wie er in der »Süddeutschen Zeitung« erklärte: »Ich habe verstanden, was Verlust bedeutet.« Die Einsicht hielt allerdings nicht lange vor. Wenige Monate danach schloss er sich mit seinem Herzensfreund Oskar Lafontaine zu einem Linksbündnis zusammen und ging wieder ins Rennen um die Macht.

Wolfgang Schäuble lag am 12. Oktober 1990, querschnittgelähmt von den Schüssen des Attentäters, dem Tod viel näher als dem Leben, auf der Intensivstation eines Krankenhauses. Das war sein Tag danach. In seiner kühlen Art bezeichnete er sich, als er im Rollstuhl wieder mitspielte im Machtpoker, Sisyphos gleich, gleichwohl als einen glücklichen Menschen, weil man eben nicht in allen Situationen »nach Sinn und Gerechtigkeit« fragen dürfe. Auch nicht in den Situationen, als er trotz bester Chancen auf einen Wahlsieg von seinem Kanzler Kohl demontiert wurde, weil der in ihm nicht den Nachfolger sah, sondern den Konkurrenten. Auch nicht, als ihn im Laufe der Spendenaffäre Kohls seine eigene Affäre ereilte – läppisch verglichen mit der des anderen – und die von seinen Gegnern eiskalt benutzt wurde, ihn politisch kaltzustellen.

Renate Piller, die letzte Frau an der Seite des mächtigen Franz Josef Strauß, ist am Tag danach nicht nur von den Kindern ihres verstorbenen Geliebten eigenen Angaben zufolge tief verletzt worden, weil die vor der Beerdigung von ihrem Kreuz mit roten Rosen die Schleife »In stillem Gedenken, Deine Renate« abrissen und den letzten Gruß in einer Ecke versteckten. Sie verlor in München sogar ihren Job, weil sie nach Meinung ihres Chefs für die Tätigkeit einer PR-Frau in der Öffentlichkeit als nunmehr selbst im Scheinwerferlicht stehende Person nicht mehr tragbar sei. Viele Tage danach fand sie zum Glück, heiratete einen Arzt, den das einst heimliche Leben seiner Frau im Schatten der Macht nicht interessierte.

Die Fernsehmoderatorin Barbara Schöneberger sagt an einem Freitag ihrem Freund, dass ihre einst unsterblich scheinende Liebe gestorben ist. »Wenn was vorbei ist, muss es rigoros beendet werden, und das bedeutet, alle Fäden abzuschneiden.« Sie packt ihre Koffer – mehr braucht sie nicht, denn sie hat bei ihrem jetzt nicht mehr geliebten Geliebten gewohnt – und fährt zu einem TV-Auftritt nach Frankfurt. Ihr Tag danach aber ist erst der Sonntag. An dem Tag kommt sie in Berlin an und weiß auf den ersten Blick, dass sie angekommen ist. »Die Stadt passte zu mir.« Sie ist gerade sechsundzwanzig geworden und hat beschlossen, dass es höchste Zeit ist, erwachsen zu werden. München war Jugend, jetzt beginnt das Leben.

Als sie noch jung war, etwa sechs, sieben Wochen vor diesem Sonntag, hat sie in Berlin die Silvestergala für Sat1 moderiert. Von der Bühne am Brandenburger Tor schaute die »blondes Gift« genannte Barbara auf eine Million jubelnder Menschen und dachte, da sie ja noch jung war, nur: Wow, hier muss ich hin. Nun, Ende Februar, war sie da, legte sich Rachmaninovs Klavierkonzert Nr. 4 in den Rekorder des geliehenen Autos, fuhr mit der Musik, die ihr die liebste ist, durch die große Stadt, fand schon zwei Tage später eine Wohnung, eine eigene, die sie nicht mehr so einfach am Ende einer Liebe mit dem Koffer in der Hand verlassen konnte, und hatte ihre Heimat gefunden.

»Es fällt mir schwer«, schrieb mir Friede Springer, »offen über meine Gefühle zu sprechen. Ich muss dann weinen ..., wenn ich über die Zeit rede um den 22. September 1985, den Todestag von Axel.«

Sie sitzt tagsüber am 21. September 1985 am Bett ihres schwer kranken Mannes im Berliner Marienkrankenhaus, wie sie irgendwann notierte. Ein Student der Zahnmedizin übernimmt die Nachtwache, als sie am späten Abend nach Hause fährt, in die Villa Tranquilitati auf Schwanenwerder. Axel Springer hat sie gebeten, ihm morgen ein bestimmtes Buch zu bringen. »Ein Schreck durchfuhr meinen Körper«, als sie am Tag danach sein Zimmer betritt, »ich wusste beim ersten Blick, dass Axel diesen Tag nicht überleben würde.« Sie zeigt ihm, was sie ihm mitgebracht hat, und liest ihm die Losung des Tages aus dem Johannes-Evangelium vor: »Ich bin die Auferstehung und das Leben. Wer an mich glaubt, der wird leben, ob er gleich stürbe.«

Kurz darauf hört sein Herz auf zu schlagen. Friede Springer schreit, klingelt nach den Ärzten. Die kommen und schicken sie raus. Im Schwesternzimmer bricht sie zusammen und weint. Eine junge Türkin, so berichtet sie, habe sie in die Arme genommen und getröstet. Auf der Intensivstation versuchen die Mediziner alles, um den Verleger aus dem Koma zu reißen. Vergebens. Seine Frau bleibt bei ihm, bis »sein Atem ganz langsam zu Ende ging, bis sein Leben verhauchte«. Ihre Tage danach vergehen nicht.

Man brauche, hat mir Anna Augstein gesagt, mindestens das Trauerjahr, nämlich den Rhythmus der Jahreszeiten. Erst als alle vier Jahreszeiten vorbei waren, die sie allein durchleben musste, und sich dabei erinnerte – was haben wir vor einem Jahr im Frühjahr gemeinsam gemacht und was im Sommer, was im Herbst und was im Winter? –, erst dann beginnen ihre eigenen Tage danach.

Man könne, erzählte mir Lothar de Maizière, durch die Macht mehr verlieren als durch den Verlust der Macht. Das lässt sich bei ihm konkret in Zahlen ausdrücken. Am Tag nach der Einheit, am 4. Oktober 1990, fühlte er sich nicht nur erleichtert, er war tatsächlich leichter. Denn bei Amtsantritt hatte er fünfundsechzig Kilogramm gewogen, und als Helmut Kohl das gesamte Vaterland übernahm, nur noch zweiundfünfzig. Darüber kann der erste frei gewählte Ministerpräsident der DDR heute herzlich lachen.

Man dürfe, erklärt mir Norbert Blüm, sich nicht so wichtig nehmen. Wer nie vergisst, dass die Macht eine Geliebte auf Zeit ist, die sich irgendwann einem anderen in die Arme werfen wird, kann vom Ende der Beziehung nicht umgeworfen werden.

Man hält sich fest, sagt Rudolf Scharping, am Gefühl, nicht alles falsch gemacht zu haben. Man sucht sich einen Fixpunkt, an den man sich klammern kann, wenn alles unter einem wegbricht. Bei ihm war es ganz banal das Fahrrad, auf dem er sich im Kraftraum die Wut und die erlittene Demütigung wegstrampelte. Und gar nicht banal der Gedanke an seine damals im Sterben liegende Mutter. Am Tag, an dem sie beerdigt wurde, schwemmten seine Tränen die anderen Tage weg.

An ihrem Tag danach war er frei.

Mit Rudolf Scharping beginnen meine Beschreibungen von höchst unterschiedlichen Menschen und ihren Tagen danach. Es sind Geschichten vom Verlust der Macht und dem Ende einer Liebe, vom schnellen Tod und von einem neuen Leben.

Die zweite Haut

Rudolf Scharping. Der Mann ist ehemalig, aber beim ersten Blick wirkt er einmalig. Also ungebrochen aufrecht. Auf den Mienen der Gäste im Restaurant steht eine stumme Frage. Ja, er ist es. Rudolf Scharping. Beim zweiten Blick wirkt er immer noch wie der, den sie kennen aus dem Fernsehen. Also von zu Hause.

Dass er nicht durch Zufall frei ist heute Abend, sondern abends frei hat, wann immer er frei haben will, lässt sich auch nur an Äußerlichkeiten festmachen. Früher hätten ein paar Damen und Herren vom Personenschutz des Bundeskriminalamtes das Berliner Lokal inspiziert, ihrem Minister erst dann erlaubt, sich zu setzen, wenn ihnen die Lage sauber schien, und sich zu seiner Sicherheit unauffällig auffällig an Nachbartischen verteilt. Früher hätte ihm noch vor der Suppe einer das Handy gereicht, falls ihn zum Beispiel der Kanzler zu sprechen wünschte, sein damaliger Chef Gerhard Schröder. Oder Donald Rumsfeld, sein damaliger Kollege aus Washington.

Heute kommt Rudolf Scharping ohne Begleiter aus, trägt seinen Aktenkoffer selbst, und wenn sein Handy klingelt, ist es seine Frau Kristina. Er sagt etwas, das wie Schatz klingt, redet Privates, schaltet danach auf Mailbox und studiert lustvoll vorfreudig die Karte mit dem Angebot offener Rotweine. Die Kellnerin lächelt ihn an, will später ein Autogramm, er lächelt zurück, will jetzt einen Aschenbecher.

Der neue sieht aus wie der alte Scharping. Der vermittelte selbst in Gefahr und Not eine ruhige Gelassenheit, die ihm als angeblich leider nun mal angeborene Bräsigkeit statt als Ausdruck gelassener Ruhe ausgelegt wurde. Die Zeit, da er im Berliner Politodrom als Tolpatsch vorgeführt wurde und die Zirkusarena der Strippenzieher, Intrigenreiter, Sprachjongleure verlassen musste, hat er nicht vergessen, aber verarbeitet.

Wirklich?

Rudolf Scharping betont, dass er seine politische Zukunft hinter, ein Leben aber noch vor sich hat. Auf eine Kandidatur für den nächsten Bundestag hat er verzichtet. In einem Brief an den Partei- und Fraktionschef Franz Müntefering »mit freundlichem Gruß, trotz einiger Wut und vielem Zorn, Dein Rudolf« betont er allerdings, dass er sich »weiterhin gern in unserer Partei für eine gute sozialdemokratische Politik« engagieren wolle, aber »nicht mehr im Deutschen Bundestag«.

Als Bestätigung für seinen inneren Frieden verbreitet er gelassene Fröhlichkeit. Für seinen gefühlten Zustand benutzt er das Wort »seelenruhig«. Aufkommende Zweifel daran schluckt er erst weg, dann bricht kurz jenes bekannt dröhnende Scharping-Lachen durch den Zigarettenrauch. Seine Augen jedoch spielen manchmal noch nicht mit, die hat er nicht immer unter Kontrolle. Die erinnern noch an die Augenblicke der Leere.

An die Tage danach.

Davon gab es gleich mehrere im Leben von Rudolf Scharping. Auf einen einzigen Tag danach will er sich nicht festlegen, erst recht nicht festlegen lassen. Aber das hat für diese biografische Spurensuche auch Vorteile. Weil es mehrere sind, müssen sie nicht chronologisch erzählt werden. Einkreisen ließen sich die Brüche wenigstens, immerhin, auf drei Tage, einen Tag im Herbst 1995, einen im Sommer 2000, einen im Juli 2002.

Darüber zu diskutieren, wie die hätten vermieden werden können und wer letztlich die Schuld an Ereignissen trägt, die zum Erleben solcher Tage führten, und ob es immer nur die anderen waren, die ihm ein Bein stellten, oder ob sich der Genosse Rudolf, in seiner Art bekannt aus Funk und Fernsehen, mitunter auch selbst eins gestellt hat, ist müßig. Weil in der Politik wie in der Liebe gilt, glücklich ist, wer vergisst. Doch um den neuen

Rudolf Scharping zu begreifen, so wie er den alten versteht und logischerweise auch von anderen verstanden werden will, lässt sich Vergangenheit nur bewältigen, wenn er sie erzählt, aus seiner ganz persönlichen Sicht.

Als Sündenbock.

Manager oder Politiker, denen nach selbst verschuldeten oder angeklebten Skandalen die beim Aufstieg nach oben erworbene dicke Haut abgezogen wurde, standen beim öffentlichen Abstieg am Ende nackt in der Öffentlichkeit. Alle Verletzungen waren plötzlich sichtbar.

Scharping sah danach immer noch aus wie Scharping. Er besaß unter der marktgerechten noch eine eigene Haut, eine zweite. Die hatte er mit seiner als Leidenschaftslosigkeit bezeichneten Gelassenheit verborgen. Sie rettete ihn an jenen Tagen, die danach kamen. Übertragen ins sichtbar Alltägliche bedeutet das Bild von der zweiten Haut, dass er deshalb in sich ruht, weil er den festen Platz in seiner Weltordnung nicht verloren hat und sich nichts zuschulden kommen ließ. Scharping kann mit seiner unbewältigten Vergangenheit so gut leben wie mit der von ihm angeblich bewältigten.

Schäuble zum Beispiel, den die CDU fallen ließ, ist ein anderer Fall. Der hat fast alles in sich hineingefressen, hat sich öffentlich nie so recht einen befreienden Blick zurück im Zorn erlaubt, immer nur zwischen den Zeilen. Sogar in seinem Buch »Mitten im Leben«. Einmal nur blickte er nach oben und machte eine ohnmächtige Geste, als er in einem Fernsehinterview von dem sprach, den er für den Schuldigen an seinem Fall hält. Das geschah in seinem Büro in Berlin, und über dem lag das von Helmut Kohl, mit dem er schon lange nicht mehr spricht.

Wolfgang Schäuble hasst Mitleid. Eigentlich hat er auch keines verdient, denn seine Zukunft verlor der vorzeigbare Intellektuelle der CDU nicht nach großem Kampf in einer großen Schlacht. Er hatte sich stattdessen in das scheinbar unabwendbare Schicksal gefügt, sich nicht gewehrt gegen Angela Merkels Lust auf

Macht und gegen Kohls Lust, an der eigenen Macht festzuhalten. Schäuble wollte seiner CDU, deren Vorsitzender er kurzfristig mal sein durfte, nicht durch öffentliches Wehklagen schaden, lautete auf Nachfragen seine bewusst kühle Antwort.

Insofern ist sein Verhalten ähnlich dem Scharpings, der sich, als sein Fall begann, an der Partei festhielt, der er seinen Aufstieg zu verdanken hatte. Die Geschichte der Sozialdemokratie, die ja auch eine von vielen Niederlagen ist, gab ihm die nötige Kraft, die eigene Niederlage zu verkraften. Seit ihn Parteifreunde aus der SPD abrupt fallen ließen, hat er allerdings zu Kollegen aus anderen Fraktionen engere menschliche Beziehungen als zu vielen Genossen.

Gegen Schäuble zu gewinnen, sagt er beim zweiten Glas Rotwein, wäre 1998 viel schwerer geworden, als Helmut Kohl zu besiegen. Denn ihren besten Slogan, der die herrschende Stimmung im Volk traf, sechzehn Jahre Kohl sind genug, hätten die Sozialdemokraten auf den Müllhaufen werfen können. Es lagen in der Wahlkampfzentrale keine Alternativplanungen in der Schublade, falls die CDU in einem letzten Schachzug vor dem Matt den Mann im Rollstuhl gegen Schröder aufgeboten hätte, doch dann half Kohl den »Sozen« ein letztes Mal, demontierte auf dem CDU-Parteitag seinen Kronprinzen, stellte sich selbst noch einmal auf und an die Spitze und lieferte so der SPD die besten Argumente.

Die wirkte einig im Vergleich zu den zerstrittenen CDU-Granden. Zu jener Zeit wurde den Wahlbürgern ein dynamisches Trio, sich in Not und Gefahr und im Alltag sowieso treu verbundene Freunde, bei Versammlungen und in Wahlanzeigen verkauft. Die drei schritten allerdings nur aus einem Grund so auffällig Seit' an Seit', weil sie ein vorläufig gemeinsames Ziel hatten, nur das verband sie. Dem Ziel namens Macht am Rhein ordneten sie ihre höchsteigenen Ziele unter. Auf der einen Seite die zerrissene CDU, auf der anderen die neue Kraft jüngerer, wenn auch nicht junger Männer, die unverbraucht wirkten. Auf dem Weg zum Ziel belauerte jeder den anderen, waren sich Gerhard Schröder und

Rudolf Scharping und Oskar Lafontaine in gegenseitiger Abneigung von Herzen verbunden.

Das hatte Gründe, die bei jeder passenden Gelegenheit ausgeplaudert wurden. Natürlich unter dem Siegel der Verschwiegenheit, das alle je nach Bedarf brachen. Lafontaine hielt sich für den besseren Kanzler und verzieh Schröder nie, dass er ihn taktisch klug ausgebremst hatte. Schröder misstraute Scharping, der als möglicher Nachfolger bereit stand, falls er es nicht schaffte. Scharping hatte mit beiden Erfahrungen gemacht, nach denen weniger gelassene Männer deren Nähe in Zukunft gemieden hätten. Scharping wiederum kann sich genau daran erinnern, im Niedersachsen-Wahlkampf 1998, den Schröder alles riskierend zur Entscheidung darüber gemacht hatte, ob er oder Oskar Kandidat werde, den kommenden Sieger bei einem Abendessen in dessen Dachwohnung in Hannover, das Doris Schröder zubereitet hatte, vor dem unberechenbaren, machtgierigen Lafontaine gewarnt und ihm gegen den seine Unterstützung zugesagt zu haben.

Was die drei unterschied von den anderen drei aus der anderen Generation – Helmut Schmidt und Herbert Wehner und Willy Brandt –, ist deshalb mit einem Satz zu erklären. Die mochten sich zwar auch nicht, aber sie waren sich einig, darüber zu schweigen, um die Einheit der SPD nicht zu gefährden.

Geschichte wird von Siegern geschrieben. Übrig blieb Schröder. Er lebt mit dem Hass der beiden anderen, und er kann sich deren Freude vorstellen, wenn er kippt. Vor allem Oskar Lafontaine, der in gewohnter Selbstverliebtheit alles tat, um Gerhard Schröder zu stürzen, der die Partei verriet, ohne deren Hilfe er vielleicht Abt in einem saarländischen Kloster geworden wäre, gebärdet sich als Rächer der Entrechteten, während Rudolf Scharping in dem ihm selbstverständlichen Anstand der SPD treu blieb.

Er gibt auch neidlos zu, dass nur einer die Wahl 1998 hatte gewinnen können, der Machtmensch aus Hannover. Im Laufe der Jahre, die dann kamen, habe Schröder aber den Bezug zur Wirklichkeit verloren, sei fast ein Autist, schlimmer, als sein Vorgänger im Kanzleramt es je war, denn bei Kohl funktionierten wenigstens noch die Kontakte in die eigene Partei. Für Lafontaine hat er nur Verachtung übrig. Mit dem würde er nicht einmal mehr dann reden, wenn sich die beiden auf einem nächtlich verwaisten Bahnhof treffen würden und nur Oskar wüsste, wann der nächste Zug geht und in welche Richtung.

Mit Schröder ist die Rechnung noch offen. Zwischen zwei Zigaretten hängt unausgesprochen Sehnsucht nach Rache. Als sie sich mal im Fahrstuhl im Willy-Brandt-Haus in Berlin trafen, ein Jahr nach seiner Entlassung, rein zufällig, weil beide den wartenden Journalisten entkommen wollten, ließen sich ein paar Worte nicht vermeiden. Wir müssen mal miteinander reden, Rudolf, hatte Schröder etwa sinngemäß gesagt, bevor sie oben ankamen, und angeordnet, zu seiner engsten Vertrauten gewandt, mach mal einen Termin aus, Sigrid. Dabei blieb es. Nie wieder hat Scharping etwas von Frau Krampitz oder gar vom Kanzler selbst gehört, und er selbst hat natürlich nicht nachgefragt.

Zum letzten Mal hatte Rudolf Scharping am 19. Juli 2002 seine alte Haut zu Markte getragen, als er sich vor der angetretenen Ehrenformation der Bundeswehr gerade machte, die ihm zum Abschied den Großen Zapfenstreich blies. Fackeln flackerten im kühlen Abendwind, der den versteinerten Gast frieren ließ. Um die Mittagszeit war er als Verteidigungsminister entlassen worden, hatte vor dem Mikrophon noch einen typischen Scharping zum Abschied gegeben: »Ich verlasse mein Amt mit erhobenem Haupt und geradem Rückgrat« und sich mit diesen Worten abgesetzt in sein Büro. Er hatte dort Ordnung geschaffen, damit sein Nachfolger Peter Struck ohne Verzug mit der Arbeit beginnen konnte, Persönliches in Kisten gepackt, sich von den engsten Mitarbeitern verabschiedet und im gepanzerten Dienstwagen das Ministerium verlassen, Ausfahrt zum nächtlichen Auftritt.

Die Art, in der Bundeskanzler Gerhard Schröder das Ende der Karriere Scharpings in einer Dreißig-Sekunden-Erklärung mitteilte, empfanden auch führende Militärs als unangemessen und hatten deshalb darauf bestanden, ihrem Minister am Abend beim Zapfenstreich die letzte Ehre als ihrem Oberbefehlshaber zu erweisen. Wäre es nach Scharping gegangen, hätte er sich lieber ohne Tamtam von der Macht verabschiedet.

Aber es war wie so oft in seiner Laufbahn nicht danach gegangen, was er wollte, sondern danach, was von ihm verlangt wurde. Rudolf Scharping nahm stets hin, was auf ihn zukam, vergrub sich quasi über Nacht in neue Aufgaben. In seiner Amtszeit als Bundesverteidigungsminister hatte er ein paar Affären zu überstehen, die er nicht unbedingt anderen anlasten konnte: Indiskretionen zu geplanten Militäreinsätzen, private Mallorca-Flüge mit der Flugbereitschaft der Bundeswehr oder jene denkwürdigen Planschefotos in der »Bunten« im Sommer 2001, fast genau ein Jahr vor seiner Entlassung als Bundesminister der Verteidigung.

Eigentlich hatte er dieses Amt nie haben wollen, war nur Partei- und Staatsräson gefolgt, die es angeblich zwingend nötig machten, dass er es mache. In diesem Fall hatte die Pflicht einen Namen, und der lautete Oskar Lafontaine. Nach dem Wahlsieg der SPD 1998 bestand der damals noch Große Vorsitzende darauf, dass sich Scharping in die Disziplin des Kabinetts einbinden ließ. Die vom Genossen Rudolf in der Opposition vier Jahre lang straff geführte SPD-Fraktion hätte ihren Vordermann lieber behalten, denn im parlamentarischen Alltag machte ihm keiner was vor. Da war er wirklich mächtig, weil er von dem, was er tat, etwas verstand und sich nichts vormachen ließ.

Lafontaine aber wusste, warum er Scharping lieber neben sich am Tisch des Kanzlers haben wollte, in seinem Blickfeld, statt im Parlament gegenüber. Rudolf hatte mit ihm noch eine Rechnung offen, und falls Scharping SPD-Fraktionschef geblieben wäre, hätte es viele Möglichkeiten für ihn gegeben, diese zu begleichen. Eine solche Chance auf einen überraschenden Gegenschlag hatte er als Minister nicht. Lafontaine selbst hätte so gehandelt nach dem alttestamentarischen Prinzip Auge um Auge, und weil er es für ganz normal hielt, im politischen Geschäft bei Gelegenheit zurückzutreten wie bei einem Revanchefoul im Fußball, traute er seine Charaktereigenschaft auch dem anderen zu, der vor ihm SPD-Chef gewesen war.

Eine von zahlreichen Fehleinschätzungen Lafontaines. Ein begnadeter Menschenfänger, der selbstgefällige Populist, aber kein Menschenkenner. Rudolf Scharping ist viel sozialdemokratischer als der sich auf die Werte der Sozialdemokratie bloß berufende Ex-Sozialdemokrat aus dem Saarland. »Ich habe immer die Erfüllung meiner Aufgaben über mein persönliches Interesse gestellt.«

Koste es ihn, was es wolle. Das Amt. Die Macht. Den Kopf. Schlichte Gemüter nennen ihn deshalb einen Parteisoldaten, aber so simple Bezeichnungen werden Rudolf Scharping nicht gerecht. Hätte es im Laufe der deutschen Geschichte mehr Soldaten seiner Art gegeben, wäre dem Land wohl mancher Krieg erspart geblieben. Und ein *job hopper*? Wäre er das, hätte Scharping wohl schon im Frühsommer 1999 das Angebot von US-Präsident Bill Clinton und Bundeskanzler Schröder angenommen, ihn als nächsten NATO-Generalsekretär vorzuschlagen.

Auch aus diesem Selbstverständnis heraus gab es von seinen Tagen danach gleich zwei, die mit dieser Solidarität zu tun haben. Ein Tag passt nicht in das politische Koordinatensystem des Rudolf Scharping, ist allerdings in der Konsequenz, die er danach gezogen hat, der persönlichste.

Es war der Tag danach, der seine private Haut betraf. Aufgewacht ist er da auf der Intensivstation einer Klinik. Dort hatten sie den passionierten Radrennfahrer als Notfall eingeliefert, nachdem er schwer gestürzt war. Scharping fuhr ohne Helm. Das war sein Pech. Aber seine Leibwächter rasten mit ihm bergab. Das war sein Glück. Man könnte also kalauern, wie gut, dass er noch nicht gestürzt war, als er stürzte. Denn ohne Ministeramt hätte er sich bestimmt allein auf Tour gemacht, und dann hätten sie ihn wahrscheinlich erst gefunden, wenn es zu spät gewesen wäre. Überhaupt hat es sich nur um Zentimeter gehandelt, sagte ihm der behandelnde Arzt, ein paar Zentimeter zwischen einer schweren und einer tödlichen Verletzung am Kopf.

An diesem Tag hat er, dem Tod entwischt, sein Leben neu geordnet. Hat endlich einen längst fälligen Entschluss gefasst, sich nicht mehr vor den Konsequenzen gedrückt und lieber in Arbeit geflüchtet. Rudolf Scharping trennte sich von seiner Frau Jutta, oder sie sich von ihm, wie immer man das sehen mag. Der erste Tag danach war der erste Tag davor. Das war schmerzlich, aber es ging ihm nach dieser Operation besser. Sein neues Leben mit der neuen Frau hat ihn aus der emotionalen Erstarrung befreit, die er viel zu lange für normal gehalten hatte, für den Preis, den er für die Macht zu zahlen hatte. Das passierte im Juli 2000, die Scheidung allerdings zog sich über drei Jahre hin, dann erst hatten sie sich von allem getrennt, was sie verbunden hatte.

Die emotionale Befreiung wurde in einem gemeinsamen Auftritt des neuen Paares Pilati/Scharping beim begnadeten Kuscheltalker Alfred Biolek öffentlich, dann im Sommer 2001 noch öffentlicher. Der neue Scharping, zwar ohne Bart, aber sonst in den Augen der Öffentlichkeit ganz der alte SPD-Genosse, sah dabei aus wie ein verliebter Jedermann. So benahm er sich auch. Als in der »Bunten« jene Fotos erschienen, die ihn jauchzend und tollend und locker beim Haschmich-Spielchen mit Lebensgefährtin Kristina in einem Pool auf Mallorca zeigten, begann sein langes politisches Sterben. Poolspiele gehörten sich nicht in Zeiten des Krieges, wirkten verheerend beim deutschen Heer im Kosovo und machten den Prototypen des ernsthaften Politikers zur Lachnummer in der veröffentlichten Meinung.

Ein Fehler sei es gewesen, sagt er rückblickend, eher trotzig als reuig, aber eben ein Fehler, die für den Abdruck vorgesehenen Fotos sich nicht genauer angeschaut und bei manchen Nein gesagt zu haben. Auf dem Fax, mit dem sie ihm übermittelt worden waren nach Mallorca, war allerdings nur schwer etwas zu erkennen.

Was neue Lieben betrifft, musste er sich zumindest im Kabinett nicht rechtfertigen oder verspotten lassen. Da saßen zu viele im Glashaus. Auch sein Kanzler. Der sprach mit saurer Miene davon, es werde im Fall Scharping mit Kanonen auf Spatzen geschossen, tobte allerdings hinter verschlossenen Türen über den angeblich Liebestollen und ließ sich öffentlich zu dem Satz hinreißen: »Ich werde mit ihm reden«, was in diesen Kreisen einer Abmahnung gleichkam.

Langzeitwirkungen dieses kurzfristigen Abtauchens in eine bunte Glitzerwelt, die er stets mied, hatte der Minister nicht bedacht, oder er hatte sich falsch beraten lassen. Die leichtfüßige »Bunte« hätte man vielleicht vergessen, doch als ihn der »Spiegel« planschend in einem umgedrehten Stahlhelm, die Fotos der »Bunten« frech benützend, auf dem Titel vorführte mit den Zeilen »Scharping bedingt abwehrbereit«, stand fest, beim nächsten Selbstschuss ins Knie würden ihm von seinen Parteifreunden beide Beine amputiert.

Ein Jahr später war es so weit. Auslöser diesmal eine Rechnung über 54 000 Mark, ausgestellt bereits im März 1999, bezahlt vom PR-Berater Moritz Hunzinger. Die war jetzt nicht zufällig aufgetaucht. Für diese Summe hatte sich Scharping, der äußerlich dem alten Ego entkommen wollte, in einer Frankfurter Boutique angeblich neu eingekleidet oder einkleiden lassen. Der Verteidigungsminister musste außerdem zugeben, von Hunzinger 1998 einen Betrag von 80 000 Mark und im Jahr darauf weitere 60 000 Mark erhalten zu haben. Die 80 000 Mark erklärte er als Abschlag für eine spätere Veröffentlichung seiner Memoiren, die 60 000 Mark als nachträglich überwiesenes Honorar für drei Vorträge auf Veranstaltungen Hunzingers in den Jahren 1996 bis 1998. Alles noch vor seiner Zeit als Minister, also legal.

Aber ein Rüchlein waberte in der Luft, und es blieb über ihm hängen. Die Staatsanwaltschaft ermittelte zumindest wegen Steuerhinterziehung. Als die Ermittlungen mangels strafrechtlicher Relevanz Jahre später eingestellt wurden, stand Scharping bereits auf dem Abstellgleis.

Dass auf der ominösen Liste auch alles verzeichnet war, was sich Hunzinger für den Eigenbedarf gekauft hatte, dass Scharping seinen Anteil daran sofort an Hunzinger überwies, dass er sogar »die Rechnung nie erhalten« hat, sich also nichts schenken ließ, hätte er zwar belegen können. »Aber das interessierte da schon keinen mehr.« Und er fügt hinzu: »Alle meine presserechtlichen Möglichkeiten habe ich gegen den ›stern‹ durchgesetzt. Die Steuerbehörde hat mir später eine saubere Weste bestätigt. Und der bekannte Frankfurter Staatsanwalt Schaupensteiner hat es abgelehnt, Ermittlungen einzuleiten. Nimmt man das Getöse weg, dann war sachlich nichts dran an den ganzen Vorwürfen.«

Schröder hatte anfangs zum Genossen Rudolf gestanden, sogar noch gelacht über die Kleider-Kampagne, die später seinen Sturz verursachte. Scharping war zwar bei Hunzingers Veranstaltungen aufgetreten. Aber solche Auftritte gegen gutes Honorar absolvieren viele Politiker, ist alles legal, solange es versteuert wird, aber zu einem anständigen Sozi wie Scharping, bis dahin nur in der Wolle gefärbt, aber nicht in Schurwolle, passte das nicht. Er verlor sein Image und sein Gesicht, denn beides war bisher deckungsgleich gewesen.

Der »stern« hatte zu den Vorwürfen per Fax ein Dutzend Fragen eingereicht, dem Adressaten Scharping ein Ultimatum gestellt, Antworten bis Montagnachmittag erbeten. Das ließ er verstreichen, wollte sich anhand der Aktenlage, die er nicht im Kopf hatte, erst genau informieren und danach in Ruhe antworten. Genau so war es mit Gerhard Schröder abgemacht, der in einem sonntäglichen Gespräch am Telefon – »so laut, dass es Kristina mithören konnte« – seinem Rudolf die Treue versprochen hatte, also zu ihm zu halten. Scharping ist heute davon überzeugt, dass er schon damals »entschlossen war, den Vorwand zu nutzen«, also seinen Verteidigungsminister zu entlassen.

Ob man das gemeinsam durchstehen könne, ob Scharping von sich aus zurücktreten solle, nicht etwa, weil er sich einer Schuld bewusst war, sondern aus Solidarität mit seiner Partei, um ihr nicht zu schaden. Doris hatte gekocht, Scharping aber nichts gegessen. Er litt noch unter den Folgen einer Hepatitis, die er sich auf einer Urlaubsreise in Ägypten eingefangen hatte, und musste strengste Diät einhalten.

Die ganze Kampagne um Anzüge, Socken, Mäntel, Vorträge war banal, das waren lächerliche Kleinigkeiten für einen Mann, der nicht irgendwer war, sondern ein wichtiger Minister, auf dessen Befehl zum ersten Mal nach dem Zweiten Weltkrieg deutsche Soldaten zu einem Auslandseinsatz geschickt wurden. Der als unbestechlich und anständig galt. Der als Nachfolger gehandelt wurde, falls Schröder es doch nicht mehr hinkriegen würde, denn die Umfragen in jenem Sommer vor der Wahl 2002 sahen bis zur Flut im Osten und dem Nein zum drohenden Irakkrieg bitter aus.

Scharping konnte sogar eine eindrucksvolle politische Vergangenheit vorweisen: Ministerpräsident von Rheinland-Pfalz, Kanzlerkandidat der SPD, Oppositionsführer, Chef der Sozialistischen Internationalen und Vorsitzender der traditionsreichen Sozialdemokratischen Partei Deutschlands. In der Funktion hatte es ihn schon einmal kalt erwischt. War ihm schon einmal ein Tag danach passiert. Das war im Hinblick auf seine Beziehung zur SPD der wichtigere.

Ein Freitag. Scharping saß, wie es sich für den Vorsitzenden der SPD-Fraktion gehörte, an diesem 17. November 1995 frühmorgens in seinem Büro in Bonn. Damals noch die kleine Hauptstadt des großen Deutschland. Seine dreizehnjährige Tochter Julia rief ihn an. Papa, fragte sie, Papa, kannst du mich mal mit dem Oskar Lafontaine bekannt machen?

Ja, ja, kann ich, aber warum willst du den treffen?

Papa, fragte sie weiter, ohne auf seine Frage zu antworten, kannst du auch dafür sorgen, dass möglichst viele Leute dabei sind, wenn du mich mit ihm bekannt machst?

Scharping, schon ein wenig ungeduldig, ja, kann ich auch, aber sag doch erst mal, warum du das so unbedingt willst?

Die Antwort zitiert er wörtlich und freut sich wie an dem Tag, an dem er die Antwort seiner Tochter zum ersten Mal gehört hat: »Dann wird er mir die Hand entgegenstrecken, und ich kann meine Hand zurückziehen und laut sagen, damit es alle hören, Arschlöchern gebe ich nicht die Hand.«

Am Tag zuvor, Donnerstagvormittag, 16. November, hatte ihm nach einer handstreichartig beantragten Kampfabstimmung in Mannheim sein Parteifeind Oskar Lafontaine den Vorsitz der Sozialdemokratischen Partei Deutschlands abgenommen und Rudolf Scharping damit vor aller Augen gedemütigt. Andere hätten nach einem solchen Tag ihre Wunden geleckt und wären abgetaucht. Nicht so Rudolf Scharping. Im Gesicht gefrorene Fassungslosigkeit, als wolle er nicht glauben, was ihm gerade widerfahren war – und dieses Bild von Scharping hat sich ebenfalls festgesetzt im kollektiven Gedächtnis der Wähler –, war er aufgestanden, Rücken durchgedrückt, ist zu Lafontaine gegangen, hat ihm die Hand gedrückt und alles Gute gewünscht.

Gottes Segen wohl nicht, aber er hat auch nicht das gesagt, was seine Tochter ihm am Tag danach gesagt hatte. Warum eigentlich nicht, Herr Scharping?

Das tut man nicht. Die Partei ist wichtiger als jedes einzelne Parteimitglied. Genosse Rudolf ist deshalb einem Hans-Jochen Vogel näher als den gleichaltrigen Enkeln von Willy Brandt aus seiner Generation. Er hat für die Partei alle persönlichen Gefühle verdrängt, um den Laden nicht explodieren zu lassen. So etwa drückt er aus, was passiert wäre, Explosion des Ladens SPD zur Freude des politischen Gegners CDU, wenn er sich in Mannheim nach seinem Sturz beleidigt ans Mikrophon gestellt und sinngemäß gesagt hätte, ab jetzt könnt ihr mich mal, ihr wisst schon, wo, und tschüs, Genossen.

Lafontaine hat den Putsch vorbereitet. Schröder den Coup abgenickt, denn auch er hatte noch eine Rechnung mit Rudolf offen, weil der ihn im Jahr der verlorenen Bundestagswahl 1994 öffentlich als wirtschaftspolitischen Sprecher der SPD abgelöst hatte, ihn demütigend per Anruf, den Schröder auf einem Nordseedeich stehend entgegennahm, woraufhin er wütend allen Journalisten schilderte, was sich Genosse Rudolf gerade erlaubt hatte.

Nach dem Eklat von Mannheim blieb dem Gestürzten ein wichtiges Amt. Er war Oppositionsführer im Bundestag. Ein ziemlich mächtiger Job. Nach dem Wahlsieg 1998 wurde er ein ziemlich mächtiger Minister. Er genoss die Freuden der Pflicht. Erst als die Fackeln brannten und die Hornisten bliesen – Schröder damals am Telefon brüllend: »Rudolf, es ist aus« –, war es vorbei mit der Macht. Für immer. Irgendwann will er vielleicht ein Buch schreiben darüber, was er in den Zentren der Macht erlebt hat und dass manche von denen, die mit ihm in diesem Zentrum im Kabinett saßen, früh von den Gerüchten über den Kleiderkauf gehört, ihn aber nicht gewarnt, sondern ins Messer hatten laufen lassen. Aber wahrscheinlich schreibt er es nicht. Denn Memoiren dieser Art würden seiner Partei zur Freude des politischen Gegners zu sehr schaden. Und Rudolf Scharping hat nun mal einen anderen Charakter als Oskar Lafontaine.

Entlassen wurde er am 18. Juli 2002 ausgerechnet am 80. Geburtstag seiner Mutter, was Schröder nicht wissen konnte, Scharping ihm aber nie verzieh. Der *downfall*, wie er es nennt, um eine Distanz in der Beschreibung seines damaligen Zustandes zu schaffen, kam in den Wochen danach. Er gibt zu, dass er »tief in seiner Ehre verletzt« war, dass er »nachts nicht mehr als vier Stunden schlafen« konnte, dass er »täglich stundenlang auf dem Hometrainer« strampelte, um den Druck loszuwerden, der auf ihm lastete, und wohl wissend, »durch welche Brille mich fast alle betrachteten«.

Parallel wuchs diese Lust auf Rache, ein Gefühl, das ihm eigentlich wesensfremd war. Doch ihn trieb noch was ganz anderes. Seine Mutter, schwer krank, sollte vor ihrem Tod noch mitkriegen, dass ihr Sohn nichts Unrechtes getan hatte. Das hielt ihn aufrecht. Das schaffte er. Erst als sie im Mai 2003 gestorben war, weinte er sich alles von der Seele: »Für mich war der schlimmste

Tag meines Lebens der Tag nach ihrem Tode, die Beerdigung meiner Mutter. Da habe ich geheult wie nie in meinem Leben.«

Für den Bundestag hat er im Herbst 2005 nicht mehr kandidiert. Arbeiten will er künftig als strategischer Berater, wie er es etwas vage umschreibt. Als Gastprofessor an der Fletcher School of Law and Diplomacy an der Tufts University in Massachusetts lehrt Rudolf Scharping im Fach Politische Wissenschaften globale Sicherheitspolitik. Lässt Arbeiten schreiben und gibt Zensuren, wird, wie üblich dort, von seinen Studenten in seiner *performance* bewertet und freut sich, dass er regelmäßig unter den Top Ten landet. In Frankfurt, seinem Lebensmittelpunkt, verdient er genügend Geld, um sich auch die teuersten Anzüge leisten zu können. Er ist lässiger geworden im Umgang mit sich und mit anderen.

Scharping erzählt von dem, was war, als wäre es einem anderen passiert. Erzählt von dem, was ist, und dass es ihm passiert. Von dem, was sein wird. Ein ehrenvolles Amt, wozu ihm sogar Feindgenosse Schröder gratulierte, hat er inzwischen auch wieder, er wurde mit deutlicher Mehrheit zum Präsidenten des Bundes Deutscher Radfahrer (BDR) gewählt. Rudolf Scharping ist davon überzeugt, ein glücklicher Mensch zu sein, weil er aus eigener Kraft fast alles erreicht hat, was er hätte werden können. Fast. Er glaubt noch immer, er wäre auch im Bundeskanzleramt der bessere Mann gewesen.

Dass es in der Politik und im Boxring und im Leben nicht darum geht, wer der Bessere ist, sondern wer im entscheidenden Moment besser ist, mag er nicht einsehen. Das verbindet ihn mit allen, die mal die Macht schmeckten und den Geschmack nie mehr ganz loswerden.

In weiter Ferne nah

Anna Augstein. Es gibt immer noch Tage, die ihr fremd sind, die anders sind als die vielen inzwischen vergangenen. Tage gibt es, an denen sie auf die Terrasse tritt und in den Garten schaut, der an einem der Kanäle endet, die in dieser Gegend Hamburgs von jeher träge durch die Jahreszeiten fließen, und an denen sie denkt, wie schade es ist, dass er solche Tage nicht mehr erleben durfte.

Dann kommt es ihr so vor, als sei es erst gestern gewesen, dass Rudolf Augstein gestorben ist, als sei sie erst seit gestern die Witwe eines Überlebensgroßen. »Mein eigenes Leben«, sagt sie und lässt den Satz in der Luft stehen, »konnte erst neu beginnen, als vier Jahreszeiten vorbei waren, die Monate, die ich zuvor noch mit ihm verbracht habe.« Nachdem sich dieser Kreis geschlossen hatte, dachte sie nicht mehr unwillkürlich: »Letztes Jahr um diese Zeit war ich mit ihm in Bayreuth oder war ich mit ihm in St. Tropez oder war ich mit ihm in Salzburg oder in ...«

Rudolf Augstein starb am 7. November 2002, kurz nach seinem 79. Geburtstag. Seine Frau Anna Maria brauchte für sich ein Jahr, um den Tod zu akzeptieren. Diese Rechnung mit Monaten und Jahreszeiten, deren Summe 365 Tage ergibt, passt nicht allein zufällig auf ihre Gemütslage. Zu Zeiten, die gemächlicher vergingen, nannte man die Zeit des Kummers ein Trauerjahr. Für Witwen und Witwer galt das ungeschriebene Gesetz, ein solches Jahr der Trauer allein zu verbringen, bevor sie ein neues Leben mit einem anderen Menschen beginnen durften, ohne gesellschaftlich geächtet zu werden.

Als Anna Maria Hürtgen war die noch immer mädchenhaft wirkende Galeristin, die inzwischen in dem Haus, das er nicht mehr erlebte, Ausstellungen arrangiert, auch ohne ihn schon wer. Scheinbar das klassische Beispiel für das Klischee »Frau an seiner Seite«, hat sie sich während des gemeinsamen Lebens immer ihr eigenes bewahrt. Das war manchmal bitter, manchmal nötig, manchmal bitter nötig. Denn ihr Mann hatte zwar »Maßstäbe, aber er hatte keine Moral«, wie ihm eine seiner Töchter bei der Beerdigung auf dem Friedhof in Keitum auf der Insel nachrief, »eigene und fremde Gefühle waren nicht so sein Ding«. Wie gut er wahre Empfindungen verbergen konnte, machte Eindruck auf Anna Maria. Auch die Eigenschaft, Stärke zu zeigen, Haltung zu bewahren, hat sie sich von dem fünfundzwanzig Jahre älteren Mann abgeschaut, hat sie adaptiert. Das zuzugeben fällt ihr zwar nicht schwer. Doch während sie es tut, beginnt sie zu weinen.

Nach seinem Tod erlaubte sie sich keinen Rückzug ins ganz Private, sondern erfüllte zunächst ihre Rolle. Die stand in der Besetzungsliste unter »Letzte Frau an seiner Seite«. Die anderen Frauen saßen beim feierlichen Staatsakt in der Hamburger Michaeliskirche weiter hinten. Noch einmal trat Anna Maria Hürtgen, verwitwete Augstein, auf als Frau des Verlegers und nahm als amtierende Witwe das Beileid der Großen entgegen. Danach kappte sie alle Leitungen zum »Spiegel« und zog sich in sich zurück.

Was manche von Rudolf Augsteins erwachsenen Kindern aus verschiedenen Ehen mit Wohlwollen betrachteten. Beim anstehenden und von ihnen dann ausgetragenen Konflikt mit den Gesellschaftern – der »Spiegel«-Mitarbeiter KG und dem Anteilseigner Gruner und Jahr – hätte ihnen eine aktive Anna Augstein gerade noch gefehlt, die eine neue Rolle als Königin auf der vom König verlassenen Bühne suchte. Es ging auch so schon turbulent genug zu.

Geheiratet haben Anna Hürtgen und Rudolf Augstein erst zwei Jahre vor seinem Tod. Für Augstein war es die fünfte Ehe. So hatte er den anderen Hamburger Verleger, Axel Springer, doch noch eingeholt. Es gab Phasen, in denen ihre Profession als Galeristin vorrangig war und wesentlicher als alle anderen Passionen. Mitunter sogar ihr einziger Halt. Denn die zwanzig Jahre ihrer Beziehung waren geprägt von Nähe wie von Ferne und manchmal nur von ferner Nähe.

Wer darüber schreibt, darf sich nicht aufs Hörensagen verlassen, sollte wenigstens recherchieren. Sonst erweist sich, *lieber Fritz J. Raddatz*, die stille und zurückhaltende Witwe ihres toten Mannes würdig, denn über den »Gesittung und Gesinnung im täglichen Bierrausch Ersäufenden herzufallen, ohne sich selbst ausreichend informiert zu haben ... war zu besten »Spiegel«-Zeiten eine Todsünde. Jedenfalls habe ich Sie in den letzten Jahren nicht an Rudolfs Seite gesehen oder Sie recherchierend wahrgenommen«. Ein solcher Konter hätte ihm gefallen, das weiß sie. Oft genug hat sie ähnliche Attacken aus seinem Mund gehört, und auch das hat sie sich gemerkt, ebenfalls adaptiert.

Sie ist ein freundlicher Mensch, der Konflikten lieber ausweicht, als sich ihnen voller Lust zu stellen. Sie bewegt sich in der ihr vertrauten Kunstwelt sicher, aber sonst beobachtet sie die Welt eher aus sicherer Distanz. Sie brauchte ihn, und er brauchte sie, und viel mehr haben sie für sich nicht gebraucht. Denn kurz vor seiner tatsächlichen Endstation schien ihm in ihr die Endstation einer Sehnsucht erreicht, schien er zum ersten Mal Geschmack am Leben zu zweit gefunden zu haben, obwohl er Liebe nur für einen vorübergehenden Zustand hielt wie auch Glück, Erfolg, Gesundheit. Wäre dem längst vom Glauben Abgefallenen unendliches Leben angeboten worden, hätte er voller Entsetzen abgelehnt. Das endliche reichte ihm völlig.

Gesunder Zynismus, der ihn vor Verzweiflung über die Zeitläufte bewahrte, gehörte ebenso zu seinen Eigenschaften wie stillschweigende Hilfsbereitschaft und altmodische Höflichkeit. Wahrscheinlich hätte dieser Vermutung – denn mehr als eine Annäherung an ihn kann es nicht sein – Rudolf Augstein spöttisch widersprochen mit dem Lachen, das so tief von innen aus ihm kam wie die Arien, die er bei unpassenden Gelegenheiten lauthals sang. Am liebsten Wagner und Lehár, am liebsten die ganze Bandbreite zwischen Oper und Operette.

Neuen Geschmack am Leben, sagt seine Witwe, ja so etwas wie Glück, habe er gefunden, nachdem ihm von den Ärzten verboten worden war, sein geliebtes Bier zu trinken. Ergeben hielt er sich am Wasser fest. Sein größtes Unglück, gab er mal an, sei Enthaltsamkeit, aber diese im Alter erzwungene Enthaltsamkeit schenkte ihm letztlich noch ein paar Jahre. »Weite Reisen konnten wir nicht mehr machen, das ließ seine Gesundheit nicht mehr zu«, aber für Abenteuerreisen im Kopf reichte es dem unheilbaren Denker und weit gereisten Provinzler allemal.

Weil seine Sehkraft schwand, konnte er irgendwann nicht mehr selbst lesen, sich wie früher vergraben in Bücher und Schriften, aus denen er sich Erkenntnisse und Wahrheiten sog. Worüber er, der Stoiker, nicht klagte. Er musste Vorleser anstellen, was er sich als vielfacher Millionär leicht leisten konnte. Im Urlaub las ihm seine Lebensgefährtin Anna vor. »Wenn er dann drei Wochen später den Artikel diktierte, der ihm auf Grund dieses ja nur Vorgelesenen eingefallen war, stimmte in dem jedes Detail. Er hatte sich einfach alles gemerkt.« Das stellte anschließend auch die nur durch Fakten zu überzeugende Dokumentation des »Spiegel« voller Respekt für den Chef fest. Sein phänomenales Gedächtnis hat ihn nie verlassen.

In dem Blatt, das er gegründet hatte, verging die Zeit der Trauer schneller. Was schlicht daran liegt, dass diese Branche mit ihren Toten noch schnelllebiger ist als andere. Journalisten haben keine Zeit, Klagelieder anzustimmen, weil sie noch während des Trauergesangs eine andere spannende Melodie zu vernehmen glauben. Bei den drei anderen Säulenheiligen der Nachkriegszeit – Nannen, Bucerius, Springer – wurde die Trauerarbeit in einer einzigen großen Messe erledigt, danach durften sie ruhen in Frieden. Augstein wurde nach seinem Tod für unsterblich erklärt. Er werde weiterhin die Richtlinien vorgeben, nach denen der »Spiegel« entsteht, schrieb Chefredakteur Stefan Aust nach dem Tod des Gründers, »tot und doch lebendig«, und hatte damit, in seinen Worten, das gesagt, was auch Augstein nicht anders formuliert hätte.

Der hielt sich nicht für unersetzlich, für keinen Mann von Macht, sondern für einen, der mit einer »halben Ohnmacht« gesegnet war, wie er seinem Freund Martin Walser in einem Gespräch zwischen alt gewordenen Männern mal anvertraute. Hielt sich nicht für einen deutschen Grübler vor dem Herrn, sondern für einen, der sich das Leben »durch Sarkasmus erträglich bis fröhlich« machte. Wäre liebend gern Pianist geworden statt Journalist, wenn ihn eine Kriegsverletzung nicht auf die anderen Tasten zurückgeworfen hätte.

Dieser Text ist aber kein Versuch, sich über seine Witwe posthum dem unheilbaren Denker zu nähern. Das haben bereits zu viele versucht, die ihn nur aus der Ferne kannten und ihn eigenen Angaben zufolge Rudolf nennen durften, was ihnen die oben gerühmten »Spiegel«-Dokumentare nie hätten durchgehen lassen. Aus der Ewigkeit aber werden keine Gegendarstellungen geschickt, also schrieben sie sich ungestraft die Finger wund, auf die Augstein sie zu seinen Lebzeiten geklopft hätte.

Anna Augstein soll von sich sprechen. Das kann sie zwar, doch herauszufinden, was sie zwischen den Sätzen offen lässt wie in dem Satz von den vier Jahreszeiten, die ihr hilfreich waren, überlässt sie anderen. Dass in ihren Erzählungen der Mann, der in über zwanzig Jahren ihr Leben bestimmte, dessen fünfte und letzte Ehefrau sie war, eine Haupt- und keine Nebenrolle spielen wird, ist dabei allerdings nur logisch.

Das Haus, in dem sie inzwischen unter dem Logo »Anna Augstein Fine Arts« wieder zu ihrem Beruf als Galeristin zurückgekehrt ist, hatten sie sich noch gemeinsam ausgesucht. Hier wollten sie leben, aber bevor sie einziehen konnten, wurde er abgeholt in eine andere Welt. Vielleicht ist es die geworden, von der er träumte, Utopia, aber das lässt sich nicht verifizieren. Die anderen Häuser, in denen Anna mit Rudolf Augstein zuvor gelebt hatte, waren zwar so hanseatisch gediegen wie dieses hier. Aber es waren immer auch Geisterhäuser. Aus denen ließen sich die Schatten ihrer Vorgängerinnen nicht vertreiben.

Geplant war dieses Haus als das letzte. Sie wussten beide, dass seine Zeit zur Neige ging. Den Ärzten, die ihm die Wahrheit über seine Krankheit sagen mussten, hätte er ebenso wenig eine Lüge durchgehen lassen wie den Politikern in den Zeiten, da er sie vorzuführen pflegte und ihnen seinen Spiegel vorhielt. Ihm sei leidenschaftlich daran gelegen gewesen, rief ihm Freund Henry Kissinger nach, das Land zu verändern, das er geliebt habe, auch wenn er es geißelte. Das genau hat er erreicht – die nachhaltige Veränderung der Republik weg von Adenauers Demokratur hin zu Brandts Demokratie.

Deshalb gab es am Schluss für ihn nicht mehr die großen Gegner, an denen er sich messen konnte. Augstein hatte sie politisch erledigt, oder sie waren ihm tatsächlich vorausgegangen. Die Neuen beobachtete er aus der ihm eigenen Distanz. Wenn sie ihn sehen wollten, ließ er sie kommen. Seinen Rat gab er aber auch gern ungefragt. »Weil er in sich ruhte, war es ihm egal, was sie von ihm hielten, und was er von ihnen hielt, hat er auch dann laut gesagt, wenn sie ihn hören konnten«, erzählt Anna Augstein, und in der Erinnerung daran muss sie nun doch wieder lachen unter all den Tränen, die ihr immer wieder in die Augen steigen, bei den Nachfragen, warum er ihr fehle.

Ein halbes Jahr vor seinem Tod hat ihn Gerhard Schröder mit seiner Frau Doris besucht. »Wir aßen in der Küche, ich habe gekocht.« Sohn Jakob, den er liebte auf seine Art wie alle seine Kinder, für die er früher als Vater nie Zeit gehabt hatte, was er an seinem ersten Enkel mit einer abgöttischen Liebe als Großvater wieder gutmachen wollte, saß mit am Tisch, und nicht alles, was da geredet wurde, wäre unter Pfarrerstöchtern zitierfähig gewesen. Augsteins Scherze waren gern schonungslos, so war er immer schon. Aber »da er sich selbst von diesen Gemeinheiten nicht ausnahm, war es auch wieder okay« (Anna Augstein).

Das Haus bewohnt sie jetzt allein. Auf dem Kaminsims steht ein Foto von ihm, das sie besonders liebt. Ein alter Mann, aber wie jung der aussieht! Es ist aufgenommen in St. Tropez ein Jahr vor seinem Tod. Das vertraute Gesicht, das in Deutschland jeder kannte, der sich für Politik interessierte und für die, die sie machten. Das Gesicht des Mannes, der wie kein anderer die nachgeborene Journalistengeneration geprägt hat. Das Gesicht des Mannes, den schon ein Jahr nach seinem Tod, an dem Tag, an dem er achtzig geworden wäre, keine Zeitung mehr erwähnte. Ach, sagt sie, war das so?, und weiß genau, dass es so war. »Darüber hätte er nur gelacht. Das hätte ihm sogar gefallen, weil er eh nichts anderes erwartet hätte.«

Im Gesicht des Alten ist der Junge zu erkennen, dieses verschmitzte Lachen, diese Lust auf Ironie, die »sich nur denen erschloss, die ihn besser kannten, die ihn liebten«. Ob er an die Liebe glaubte, wird in seiner großen Familie kontrovers diskutiert. An solchen Diskussionen beteiligt sie sich nicht. Anna Augstein ist sich seiner Liebe sicher und ihrer auch. »Er war mein Lebensmensch.«

Der sich nicht um sich, sondern um sie sorgte. Das ging so weit, dass er es bei Flügen in ihr Sommerhaus in Südfrankreich lieber gesehen hätte, wenn sie von ihm getrennt angereist wäre. »Du bist viel zu jung für den Tod. Wenn was passiert, soll es mir passieren. Bei mir ist es doch nun wirklich egal.« Sie hatten geplant, in Zukunft immer dann in St. Tropez zu leben, wenn das Licht Hamburg verließ, wenn die norddeutsche Tiefebene zur menschlichen Besiedlung nicht mehr geeignet scheint, also zwischen November und April.

Zwar schlurfte er am Ende mühsam, gebeugt von seiner großen Müdigkeit, meist geführt von ihr. Aber obwohl er lebenssatt war, hatte er bis zum Schluss Spaß an der ihm eigenen Lust, mit den Erwartungen von anderen zu spielen und genau das Gegenteil von dem zu tun, was sie von ihm erwarteten. Von sich selbst machte er nichts her. Er war nie ein Salonlöwe, aber ein Löwe, den sie fürchteten in allen Salons. Ob er sieben Mäntel besaß oder nur einen, war ihm egal. Alte Kordhosen, die ausgebeult waren, als hätte er sie schon direkt nach dem Krieg günstig erworben und seitdem unentwegt getragen, rettete er früher eigenhändig vor der Zweitverwertung durch Ehefrauen oder Lebensgefährtinnen. Freunde hatte er kaum noch. Die paar, die er je an sich hatte herankommen lassen wie Henri Nannen oder Henri Regnier oder Wolfgang Döring, waren tot. »Am Schluss waren die wenigen, die blieben, auch mir nicht mehr fremd. Er hat sie mit mir geteilt.« Wer die sind? Ach ja, sagt sie, ach ja. Und schweigt.

Er fehlt ihr täglich für Momente, die mal kürzer sind und mal länger dauern. Sie überlegt bei allen Entscheidungen, wie er sich wohl entschieden hätte, was ihr dann bei den ihren hilft. Es fehlt ihr, dass er neben ihr sitzt und mit zynisch-gemeinen Bemerkungen die Zeitungen garniert, aus denen sie ihm morgens vorlesen musste. Und an manchen dieser Tage danach, wenn sie allein beim Frühstück sitzt, dann geht Anna Augstein auf die Terrasse, schaut in den Garten und schluckt die Tränen runter.

So gesehen wohl eine Liebe über den Tod hinaus.

Der Bluff des Moralisten

Egon Bahr. Ein einziges Mal während des Mittagessens im sommerlich flimmernden Berlin erlaubt sich der alte Mann einen Anflug von Wehmut, nur ein einziges Mal. Da verläuft sich ein halber Satz irgendwo am Gendarmenmarkt und geht hinterm Dom unter. Da wirkt er unendlich müde, und die mehr als dreiundachtzig Lebensjahre lasten sichtbar auf seinen Schultern. Da scheint er am Ende des Regenbogens angelangt, aber auch am Ende seiner Kraft, die nicht mehr reicht, um den Schatz auszugraben. Da lässt er die Kartoffeln kalt werden, das Fleisch, die Erbsen. Da verflüchtigt sich im Dunst der Zigarette die Erinnerung, weil er glaubt, alles schon mal gesagt zu haben.

Zuvor hat er so jung von seiner längst vergangenen Zeit gesprochen, als könne sie ihm entrinnen, als müsse er umgehend zu Verhandlungen über irgendeinen Gewaltverzichtsvertrag nach Moskau fliegen, als warte auf ihn an der nächsten Ecke bereits ein Geheimkurier in einem schwarzen Volvo mit getönten Scheiben, als habe ihm die Geschichte nur eine kurze Pause von zwanzig Jahren gegönnt.

Typisch allerdings für Egon Bahr, dass er sich von privater Sentimentalität, diesem Anflug von Wehmut, nicht beeindrucken lässt. Um gar nicht erst in Versuchung zu geraten, über Einstzeit und Jetztzeit zu philosophieren, erhebt er mit einer lakonischen Pointe die Stimmung wieder ins faktenreiche Leben, verteilt wedelnd den Tabakrauch vor seinen Augen und verkündet, zunächst werde er die Geschichte seines vierten Tages danach erzählen und dann erst von den anderen drei Tagen berichten, die vor diesem vierten passiert und sehr viel politischer gewesen sind.

Was ein typisches Verhalten ist für Egon Bahr, denn grundsätzlich neigt er dazu, während eines Gesprächs, egal worüber und egal vor welchem Forum, erstens und zweitens und drittens zu sagen, bevor er loslegt, um eine Ordnung ins Chaos zu bringen. So wie er es zeitlebens bei Verhandlungen gehalten hat, egal auf welcher Ebene, egal wo, egal mit wem. Ob mit Henry Kissinger oder mit Andrej Gromyko, ob mit Michael Kohl oder mit Herbert Wehner. Diese Art, punktuell vorzugehen, war für ihn wie ein diplomatisches Korsett. Wer Punkt für Punkt abgearbeitet hatte, konnte das Wörtchen »abgehakt« einfügen und dadurch sicher sein, am Ende nichts vergessen zu haben. Das ist die Bahrsche Anti-Chaos-Theorie.

Diese Theorie hat er einst bei seinen Missionen im Namen des damals noch geteilten Vaterlandes stets in die Praxis umgesetzt und deshalb nie etwas Wesentliches vergessen. Heute allerdings kommt es vor, dass er Punkt vier auf seiner imaginären Agenda nie erreicht, weil die Geschichten, die hinter den ersten drei Punkten verborgen sind, von ihm entweder so gut erzählt werden, dass man Punkt vier vergisst, oder weil die Sendezeit vorher abgelaufen ist.

Er schiebt seinen Teller achtlos zur Seite und konzentriert sich auf eine unendliche Geschichte, auf die Macht, und wie sie schmeckt und was sie kostet. Ob er eigentlich schon mal erzählt habe von einem ähnlich wie heute sonnigen Mittag, als er mit Rainer Barzel in dessen Haus am Fuß der Zugspitze saß und die beiden Kämpen über ihre frühen Leidenschaften redeten und so viele Weißwürste aßen, wie sie schaffen konnten? Er übrigens schaffte sieben.

Nein, hat er nicht erzählt, aber das gehört auch nicht hierher. Danach kann bei Bedarf Rainer Barzel selbst befragt werden. Aha, der rede auch über seinen Tag danach, ach was. Ein intelligenter Mann, nicht so verbohrt wie viele andere aus seiner Partei sei der, sagt Egon Bahr, und was für ein Schicksal habe der zu ertragen gehabt und ...

Aber gut, zurück zum ersten Tag danach, seinem vierten. Das war einer viele Jahre nach der Wiedervereinigung, zu deren Gelingen auch Egon Bahr in zähen Verhandlungen beigetragen hat. Zumindest könnte man das so sehen, auch wenn es im Wortsinne keine Wiedervereinigung war, was unter dem Rubrum Wiedervereinigung gehandelt wird, aber von gewissen Verhandlungen wird Bahr selbst viel besser erzählen am Beispiel von zwei ganz bestimmten Tagen, zweitens, drittens, viertens. Jetzt bleiben wir bitte bei seinem vierten Tag danach, dem nach der Einheit.

Ach, die Einheit. Ob er eigentlich schon erzählt habe, dass er in der Nacht der Einheit ganz allein durch Berlin gegangen sei, weil er alle Einladungen zu den Staatsakten abgesagt hat? Nein, hat er nicht, aber darüber hat er berichtet, in seinen Erinnerungen »Zu meiner Zeit«. Das Ende, das er für dieses Buch gewählt hat, ist wieder so eine typische Bahr-Anekdote. Ein Reporter, schreibt da der gelernte Journalist Egon Bahr mit dem feinen Gespür für einen guten Schluss, habe ihn auf dem Weg durch Berlin, durch »meine Stadt und ihre Menschen«, erkannt und gefragt, was er sich denn für ein neues Deutschland wünsche: »Ein Land, aus dem niemand mehr auswandern muss.«

Nun aber endlich der vierte Tag.

Egon Bahr ist an diesem Tag in seinen Geburtsort Treffurt in Thüringen gefahren. Die örtliche Feuerwehrkapelle spielt, und es werden Reden gehalten, und er ist der Ehrengast. Eine Straße soll nach ihm benannt werden. »Wer erlebt so etwas schon zu Lebzeiten?« Eine alte Frau sei auf ihn zugekommen und habe ihn gefragt, ob er denn wisse, wer ihn auf die Welt gebracht habe, in Treffurt an der Werra? Na, meine Mutter natürlich, hat Bahr geantwortet, wer denn sonst. »Eben nicht«, habe daraufhin die alte Frau triumphierend erwidert, »es war meine Großmutter. Die war nämlich Hebamme hier.«

Selbstverständlich denkt er nicht daran, nunmehr den Anlass benutzend, dieses und jenes aus seinem Leben auszuplaudern. Wieder mal doziert er erstens, zweitens, drittens, und dass er über diesen Umweg zu seinem ersten Tag danach kommen wird, dürfte viertens klar sein. Der vierte an sich ist abgehakt.

Aber eine Vorbemerkung möchte schon sein, weil die einen indirekten Bezug hat zu Bahrs Tag eins und zu Bahrs Tag zwei und wahrscheinlich auch zu Bahrs Tag drei. Um in einer Demokratie Politik zu betreiben, für einen Mann wie Egon Bahr eine Leidenschaft wie für andere Männer die Eroberung einer Frau, wobei diese Leidenschaft sterblich ist, seine nicht, brauche es eine moralische Grundhaltung. Also einen Standpunkt, von dem aus die Welt nicht nur betrachtet wird, sondern gemessen werden muss. Brauche es *landmarks*, und er benutzt das englische Wort ganz bewusst, weil es mehr als die simple deutsche Übersetzung Grenzsteine beinhaltet, nämlich Wegzeichen, ja fast Leuchtfeuer.

Diese Orientierungen sind Wegweiser auf einem steinigen, kurvigen, dornenreichen Weg. Das Ziel als solches ist in der Theorie erkannt worden, aber es ist noch lange nicht erkennbar. Ab und zu muss man sich also im unwegsamen Gelände Politik an diesen Meilensteinen festhalten, um nicht in Morast, Sumpf, Abgründe zu rutschen, muss neuen Atem schöpfen, bevor man weitergeht. Machbar sei das alles auch ohne Moral, na klar. Aber falls machbar, doch bitte nicht.

Ein moralischer Mensch wie Björn Engholm zum Beispiel, fügt er als Beispiel ein, um anhand des Beispiels klarzumachen, was er meint, ohne dabei Tag eins aus den Augen zu verlieren, wäre letztlich als Kanzler nicht denkbar gewesen. Es war so gesehen gut, dass er bereits als Kandidat aufgegeben hat, denn er hatte nicht die nötige Härte, die man benötigt für den Job. Bahr sagt Härte und meint Skrupellosigkeit, aber Härte klingt nicht so gnadenlos kalt. Der Moralist Engholm habe die moralische Messlatte so hoch gelegt, dass er – um sich selbst und den eigenen moralischen Ansprüchen treu zu bleiben – nicht mehr einfach darunter hätte durchgehen können. Also riss er die Latte, stürzte und scheiterte.

Eine solche Affäre, losgetreten von Moralaposteln, aber dazu wird Bahr noch was einfallen, hätte einem Profi wie Helmut Kohl nur ein müdes Lächeln entlockt. So etwas hätte der einfach ausgesessen. Im Vergleich zu dem, was Engholm zuvor von politischen Gegnern rufmordend angetan worden ist, war sein eigenes Fehlverhalten, nämlich gelogen zu haben darüber, wann er genau von Barschels Machenschaften gegen ihn erfahren hat, »nicht mal mehrere Peanuts, allenfalls ein Peanut«.

Es kann mitunter unerlässlich sein, über den Umweg der Sünde – und die Lüge ist nun mal eine Sünde, kein Zweifel – sich dem hehren Ziel zu nähern, was an sich unmoralisch sei, aber manche Mittel seien nun mal durch den Zweck geheiligt. Insofern hätten doch, holt Egon Bahr noch einmal spöttisch aus, manche Politiker und manche Chefredakteure großer Blätter mehr Gemeinsamkeiten, als man sich das beim gemeinen Volk gemeinhin vorstellt. Ihre Gehälter allerdings seien doch recht unterschiedlich. Die einen verdienen das Doppelte von dem, was ein Kanzler verdient, und das Vielfache der Minister, von den Diäten eines Abgeordneten mal zu schweigen, und erheben sich auf dieser finanziell gesicherten Basis zum Moralapostel, siehe Engholm und viele andere, aber das sei wiederum ein anderes Thema.

Vor seinem ersten Tag danach hat Bahr so unverschämt gelogen, dass ihm beim Gedanken daran noch heute mulmig wird. Damals war er Staatssekretär im Bundeskanzleramt, der ostpolitische Sherpa von Willy Brandt, dessen Planungsstab im Auswärtigen Amt er einst geleitet hatte. In diesem *think tank* war die Idee entstanden, Wandel durch Annäherung zu versuchen statt durch die übliche Konfrontation zwischen Ost und West. In Geschichtsbüchern ist die Theorie unter dem Stichwort Ostpolitik verzeichnet. Außenminister der sozialliberalen Koalition in Bonn war Walter Scheel von der FDP.

Die neue Politik, zu deren geistigen Vätern Egon Bahr zählte, musste sich in der Wirklichkeit des Kalten Krieges bewähren. Ihr Ziel war es, das Verhältnis zur Sowjetunion auf die Basis gegenseitigen Gewaltverzichts zu stellen, ausgehend von der tatsächlichen

Lage in Europa, den bestehenden Grenzen, was von sowjetischer Sicht aus auch bedeutete, die Grenzen des zweiten deutschen Staates völkerrechtlich anzuerkennen. Diesen Rubikon aber durfte keine Bundesregierung überschreiten, ohne das eherne Gebot der deutschen Verfassung – Wiederherstellung der Einheit – zu verletzen.

Am 30. Januar 1970 hatten im Kreml die Gespräche begonnen, die im August zum berühmten umstrittenen Moskauer Vertrag führen sollten. Die erste Verhandlungsrunde dauerte vier Monate. Gegenüber von Egon Bahr und seiner Delegation, zu der auch der deutsche Botschafter vor Ort gehörte, saßen der sowjetische Außenminister Andrej Gromyko, ein Urgestein von einem Politruk, selten zu einem Lächeln neigend, und dessen engster Berater Valentin Falin. Immer wieder hatten sich beide Seiten am Verhandlungstisch buchstäblich festgebissen, manchmal hätte Bahr am liebsten sogar tatsächlich in den Tisch gebissen, wenn wieder mal stundenlang über die Platzierung eines Kommas gestritten wurde statt über die Substanz, die gegenseitige Annäherung, das Verlassen festgefahrener Positionen.

Auch die im diplomatischen Jargon im so genannten *back channel* geführten Gespräche zwischen Egon Bahr und Kollegen aus dem Moskauer Außenministerium erbrachten keine Annäherung der Standpunkte. *Back channels* sind die Tunnel, in denen sich, verborgen unter der Oberfläche der politischen Gespräche am Tisch, die treffen, die sich trotz aller bekannten Gegensätze persönlich gut kennen und dann mit neuen Informationen wieder nach oben kommen.

Egon Bahr wagte den Ausbruch, hatte keine *landmark* in Sicht, aber das Ziel im Sinn. Inzwischen war es Mitte Mai geworden, in acht Gesprächsrunden war man nicht vorangekommen. Bahr war genervt, dies jedoch nicht sichtlich. Der wachsame Träumer, ein geschickter Bluffer, hatte sich im Griff. Aber es musste endlich was geschehen. Nach einer schlaflosen Nacht setzte er alles auf eine Karte.

Was Bahr machte, kann man mutig nennen, man kann auch sagen, es war wahnsinnig, ein solches Risiko einzugehen. »Ich schrieb ohne Rücksprache mit meiner Regierung auf Deutsch einen ultimativen Brief an Gromyko, in dem ich sinngemäß etwa feststellte, dass es wohl keinen Sinn mehr mache, die Verhandlungen fortzuführen, wenn er eine bestimmte Formel nicht bereit sei zu schlucken und sich endlich zu bewegen.«

Der Satz lautete, dass durch ein Gewaltverzichtsabkommen das »Ziel der deutschen Bundesregierung« nicht beeinträchtigt sei, an dem Gebot der Einheit festzuhalten, falls sich das Volk »in freier Selbstbestimmung« dafür entscheide.

Er zeigte den Brief Botschafter Helmut Allardt, der entsetzt »die Hände über dem Kopf zusammenschlug«, denn der ahnte, was passieren würde, falls Gromyko nachfragen würde, ob dies auch die Haltung der deutschen Regierung sei. »Na, was schon sollte passieren?«, sagt Egon Bahr, aber so locker war er damals natürlich nicht, »ich hätte halt, falls meine Lüge ans Tageslicht gekommen wäre, zurücktreten müssen.«

An einem Montag ließ er den Brief überbringen, per Boten. Falls die andere Seite den Eindruck haben würde, dies sei eine offizielle Demarche der deutschen Regierung, sollte ihm das nur recht sein. Hauptsache, die fragten nicht nach. Denn solange es nicht herauskam, war das Mittel der Lüge, in dem Fall konnte man sogar sagen: der aus einer Not geborenen Lüge, der Notlüge, der einzige Weg, um das Ziel zu erreichen.

Zwei Tage später, kurz vor Beginn der nächsten Verhandlungsrunde mit Gromyko, bat ihn Falin um ein Gespräch unter vier Augen, als ob der alte Fuchs etwas ahnte. »Statt Gromyko legte Falin den Finger auf den wunden Punkt und fragte, ob der Brief nur meine Meinung oder im Namen der Bundesregierung geschrieben sei.« Müssten sie also davon ausgehen, wollte er wissen, dass der besagte harsche Brief zur Einheit die Haltung der Bundesregierung widerspiegele und dass die in diesem Satz genannten Bedingungen nicht verhandelbar seien?

Egon Bahr bluffte, ohne auch nur die Miene zu verziehen, ohne auch nur die Andeutung eines Augenblinzelns, und antwortete, selbstverständlich sei das die Haltung der Bundesregierung. »Ich wusste, dass dieser Mittwoch mein letzter Tag im Amt sein könnte und, falls alles platzen würde, ich am Tag danach zurücktreten müsste.« Denn niemand in Bonn ahnte etwas von diesem Entweder-oder-Schreiben, auch nicht der zuständige Außenminister Walter Scheel, den er erst informiert hat, als der Brief an Gromyko schon weg war. Bahr hatte sich die Freiheit genommen, eigenmächtig zu handeln.

Der Bluffer von der anderen Seite, Valentin Falin, nahm die Antwort ebenso ungerührt entgegen und verließ den Raum. Bahr blieb sitzen. Rauchte. Gromyko verspätete sich um fünfzehn Minuten, was ungewöhnlich war für ihn, denn pünktlich war er immer gewesen, kam aber gleich zum entscheidenden Punkt: »Er nahm die Formel ohne mit der Wimper zu zucken an. Mir fiel ein Stein vom Herzen. Das war der Durchbruch. Nun war entscheidend, sich im Angesicht von Gromyko und Falin kein Gefühl von Triumph anmerken zu lassen, jede Freude zu unterdrücken. In einer halben Stunde war dann die Sitzung beendet.«

Bahr hatte seinen Tag danach, und es war ein großer geworden. Kein Tag der Niederlage, sondern ein Tag des Sieges. In der Deutschen Botschaft lag ein Telegramm aus Bonn vor, in dem Scheel die Haltung des Bahr-Briefes bestätigte. Er hatte ihn offenbar als Entwurf gewertet, als einen Vorschlag seines Unterhändlers, und nicht geahnt, welches gefährliche Spiel der bluffende Moralist gespielt hatte. Jedenfalls stand sinngemäß darunter: Volle Rückendeckung. Ich teile Ihre Haltung. Scheel. »Damit war die Lüge aus der Welt, und der Botschafter spendierte Champagner.« Bahr schickte ein Telegramm nach Bonn. Wortlaut: »Geschafft. Einzelheiten folgen. Bahr, Allardt.«

Auch der zweite Tag, von dem er erzählt – und diesmal ohne Abschweifungen in eine andere Vergangenheit –, hätte leicht sein letzter im Amt werden können. Es passierte im Spätherbst 1972.

Inzwischen war Egon Bahr Bundesminister für besondere Aufgaben geworden und als solcher von Brandt und Scheel beauftragt, in Verhandlungen mit dem DDR-Vertreter Michael Kohl, im Vergleich zu dem Gromyko wie ein fröhlicher Playboy wirkte, einen deutsch-deutschen Grundlagenvertrag auszuarbeiten. Kohl war ein sturer Funktionär der alten SED-Schule, und Bahr fand erst am Ende der Gespräche einen menschlichen Kontakt zu ihm, obwohl sie, Zufall der deutschen Geschichte, eines gemeinsam hatten – beide stammten aus Thüringen. Es ging zwar um viel in diesem Vertrag, aber das Misstrauensvotum von Barzel gegen Brandt war überstanden, mit dem Schwerpunkt Ostpolitik ein großer Wahlsieg für die sozialliberale Koalition eingefahren, jetzt schien alles machbar.

Nicht mit Kohl. Der wollte keinen Bezug zur im Westen gültigen Realität haben, und sei es auch nur in einem simplen Satz, in dem Deutschland als zwar geteiltes Land, aber als eine Nation definiert wurde. Das lehnte er strikt ab. Anerkennung der Vier-Mächte-Verantwortung für Berlin – kein Problem. Beschränkung der Hoheitsgewalt auf das jeweilige Staatsgebiet – abgehakt. Austausch ständiger Vertreter – festgeschrieben. Aber als Bahr darauf bestand, die Beibehaltung des innerdeutschen Handels in den Vertrag aufzunehmen, was indirekt die These der einen Nation bestätigte, biss Bahr auf sozialistischen Granit.

In der Koalitionsrunde in Bonn wurde das Problem diskutiert. Wehner war das egal, erinnert sich Bahr, der habe geknurrt, lohne das Verkämpfen nicht, was in des Onkels Worten so viel bedeutete wie: Macht es einfach. Daran dürfe der Vertrag nicht scheitern. Es gehe um Menschen und nicht um diplomatische Floskeln. Bahr verließ Bonn, ohne genaue Anweisungen erhalten zu haben. Das war ihm lieb so, denn längst hatte er wieder einen Plan, basierend auf den Erfahrungen von Moskau, wo ein Bluff schließlich auch zum gewünschten Ergebnis geführt hatte.

Leider sei er nicht befugt, erklärte er seinem Partner von der anderen Seite, dem knorrigen Kohl, auf den Satz vom innerdeutschen Handel zu verzichten, zwar ginge es um das Verhältnis der beiden deutschen Staaten, das auf einer guten Grundlage beruhen solle, daher der Name Grundlagenvertrag. Der eine Satz aber müsse stehen bleiben, andernfalls seien die Verhandlungen hiermit beendet. Dabei senkte er nicht den Blick, zog ungerührt an seiner Zigarette, blickte zum Fenster hinaus, wo ein deutscher Herbst schon mal graue Wolken vorbeischickte, sozusagen als Warnung vor stürmischen Zeiten, und demonstrierte nach außen betont gelassene Ruhe. Tat so, als sei er nur der Überbringer der Botschaft und nicht ihr Verfasser. Die innerliche Anspannung nach einer nur dreistündigen Nachtruhe ließ er sich nicht anmerken. Ein Pokerspieler in seinem Element. Kohl nahm zur Kenntnis, verzog ebenfalls keine Miene, ging raus und kam nach einer halben Stunde wieder. Halbsatz akzeptiert, daran soll es nicht scheitern. Er hatte sich offenbar die Zustimmung seiner Oberen geholt, und die hatten abgenickt.

Wieder hatte Bahr eine zweckgebundene Lüge ohne weitere Blessuren überstanden, mit dem Mut zum Risiko einen Sieg errungen. Das war der zweite Tag danach, sagt er. Eine gewisse Ordnung müsse ja sein, wenn man davon erzählt. Zwei Tage danach, die zwar sein Leben nicht veränderten, aber ganz gewiss den Alltag vieler Menschen. Nur einmal hat er geweint, und nach dem Tag war alles anders, als es zuvor gewesen war. Der Tag hat sein Leben verändert.

Ob er das schon mal erzählt habe?, fragt er und bestellt sich ein Kännchen Kaffee, als wäre er nur einer der vielen Berliner Rentner, deren Höhepunkt an jedem Tag, der ihnen noch bleibt, nach der Mahlzeit das Käffchen ist.

Dass Willy Brandt am 6. Mai 1974 zurücktreten würde, wusste Egon Bahr, sein getreuer Freund, schon lange. Er hatte ihm sogar geraten, alles hinzuschmeißen, um sich nicht weiter durch die widerwärtige Affäre Guillaume beschädigen zu lassen. Willy, habe er ihm gesagt, lass es, es hat keinen Sinn mehr. Sie wollen dich fertig machen. Dass man Brandt wie eine waidwunde Sau durchs Dorf jagen würde, schien ihm als Preis für den Erhalt der Macht zu hoch. Bahr ist immer noch überzeugt davon, dass es der richtige Rat zur richtigen Zeit gewesen ist. Brandt hätte Wehner rausschmeißen sollen, nachdem der gegen ihn gestänkert hatte, aber weil er das nicht schaffte, habe es nur eine Konsequenz gegeben: »Gegen einen Fraktionschef kann ein Regierungschef nicht regieren. Der ist immer der Stärkere.«

Dieser Stärkere stand mit ihm bei Brandt im Zimmer an jenem Tag, und Willy teilte ihnen seinen Entschluss mit, der Bahr ja nicht mehr überraschte, bat dann beide Genossen, vorauszugehen in die SPD-Fraktion, er werde gleich folgen. Draußen packte ihn Wehner bei der Schulter, presste sie fest und knurrte, diesen Tag müsse man nun gemeinsam durchstehen. »Da wurde es mir fast schlecht«, sagt Egon Bahr und drückt die Zigarette aus.

Als in der Fraktionssitzung, jener berühmten, Herbert Wehner mit hochrotem Kopf und einer Art Kampfschrei brüllte: »Wir lieben ihn alle«, da brach Pokerface Bahr endlich zusammen und zeigte sein Gesicht und weinte. Weinte weniger aus Trauer als aus ohnmächtiger Wut über so viel Heuchelei.

Das war sein dritter Tag danach, und es war einer wie keiner zuvor und keiner je danach. Danach ging das Leben zwar weiter, na klar, sagt Egon Bahr, aber es war doch ein ganz anderes. Er bricht ab und schickt dem Satz Gedanken hinterher, die sich im Rauch seiner Zigarette verlieren.

Nur die drückt er aus.

Gott ist grausam

Rainer Barzel. Es wird ein schwieriges Gespräch. Das weiß ich bereits, als ich die Treppen in den vierten Stock hinaufsteige. Ein paar seiner Bücher gelesen zu haben auf der Suche nach Brüchen in seiner Biografie, an denen sich nachzubohren lohnen könnte, war nicht hilfreich. Rainer Barzel wägte und wog immer schon jedes Wort, bevor er es auf die Schale legte, und genauso schreibt er auch. Sorgsam abwägend, politisch ausgewogen. Bloß nicht zu viel preisgeben von den möglicherweise wahren Gefühlen.

Sein Tag danach, hatte er mir am Telefon gesagt, sei eigentlich der Tag gewesen, an dem er erfuhr, dass er schwer erkrankt war, dass er Krebs hatte. Im Münchner Klinikum rechts der Isar habe er gelegen bei dieser Untersuchung, doch darüber wolle er nicht reden, das sei ihm zu privat.

Der Mann, der mir die Tür öffnet, zeigt ein altersgütiges Gesicht, umrahmt von einem grauen Bart. Das allzu Glatte, das einst zum Image Barzels gehörte, hat Risse bekommen. Die Spuren stehen ihm gut. Der Politiker, den wie keinen sonst zu verhöhnen wir liebten, ist gezeichnet von der Krankheit, die er bekämpft und die ihn nicht besiegt hat. Er trägt schwer an ihr, das sieht man, aber wie er sie erträgt, lässt sich nur ahnen. Darüber spricht Rainer Barzel in zwei, drei kurzen Sätzen. Mehr gestattet er sich nicht. Es gehe aufwärts. Das Schlimmste sei überwunden. Außerdem habe er sein Leben in Gottes Hand gelegt und sich dem anvertraut, und der wisse, was er tut, von Ewigkeit zu Ewigkeit.

Wer denn sonst.

Rainer Candidus Barzel war stets ein zutiefst gläubiger Mensch und ist es geblieben, obwohl ihm Gott nahm, was er am meisten liebte. Er hat sich in die Erkenntnis gefügt, dass Gott nicht nur gütig ist, den Menschen das Glück seiner himmlischen Gnade gewährt oder die Gnade von irdischem Glück, dass dieser lieb genannte Gott auch grausam sein kann.

Sagte er grausam?

Ja, er sagte grausam. »Was er einem nimmt und was er einem dafür gibt, ist unergründlich.« Ein befreundeter Jesuitenpater, mit dem sich der katholische Politiker schriftlich austauschte auf der Suche nach diesem Unergründlichen, hat in einem Brief an ihn das Wort grausam benutzt, um sich und ihm einen Begriff von Gott, einen eben auch gültigen Gottesbegriff, zu geben. Wenig später erhielt Barzel eine Todesanzeige, aus der er erfuhr, dass der Bruder in Christo gestorben war, aber natürlich ist er erdnah genug, keinen Zusammenhang herzustellen.

Über die Grausamkeit des Allmächtigen, begangen an Rainer Candidus Barzel, ließe sich anhand von konkreten Beispielen reden. Es sind Tage, die nicht nur sein Leben danach veränderten, sondern Tage, nach denen es gar kein Leben mehr für ihn zu geben schien. Die Daten stehen fest. Am 27. März 1977 der Selbstmord seiner Tochter Claudia, wovon der CDU-Politiker während eines Treffens mit dem österreichischen Kanzler Bruno Kreisky in Wien erfuhr. Sie war »ein zartes Mädchen, das schönste von allen, wie ich empfand«. Ihr Sohn Sebastian, sein Enkel, ist inzwischen dreißig Jahre alt. Am 25. Oktober 1980 der Tod seiner Lebensliebe Kriemhild, der »Frau an meiner Seite«, die der Krebs besiegt hatte und die in seinen Armen starb. Am 15. Dezember 1995 der tödliche Autounfall seiner zweiten Frau Helga, was ihm ein Polizist an der Tür seines Hauses am Chiemsee mitteilen musste.

Über solche Erlebnisse vom nahen Tod der ihm Nächsten spricht Rainer Barzel nicht. Das macht er mit sich ab. Allenfalls im Dialog mit Gott. Darüber gibt er kaum Auskunft. Der Jurist prüft jeden Satz, bevor er ihm die Freiheit schenkt. Er beantragt eine einstweilige Verfügung gegen eine zeitweilige Annäherung an sein Inneres, und weil ich ihm fragend gegenübersitze, erlässt er sie gegen mich. Höflich und freundlich und ohne Aggression, wie man Barzel kennt aus anderen Zeiten, aber meinen zweiten Versuch über einen Umweg sofort erkennend. Was er Seelenstriptease nennt, ist ihm zutiefst zuwider.

Er scheint, sein privates Leben betreffend, ähnlich verschlossen wie sein fast gleichaltriger Freund Helmut Schmidt, der alles, was nicht definierbar zwischen Himmel und Erde schwebt, politische Visionen zum Beispiel, für besondere Fälle hält, die man den zuständigen Ärzten anvertrauen sollte und ganz bestimmt nicht selbst ernannten Seelenärzten, den Journalisten. »Als ich krank wurde, hat Helmut Schmidt mir barsch befohlen, wieder gesund zu werden.«

Ein derart unsentimentaler Satz passt zum knorrigen Hamburger, den Barzel so schätzt wie der ihn, weil der eine, Parteiinteressen überschreitend, sich stets auf das Wort des anderen und der andere auf das Wort des einen verlassen konnte. Der Hanseat traute dem Ostpreußen, der Ostpreuße dem Hanseaten, beide hielten es für die klassische Aufgabe eines Politikers, was ihnen privat widerfuhr – sei es Kummer, sei es Freude –, ihren Aufgaben unterzuordnen und in preußischer Pflicht dem demokratischen Staat zu dienen.

Einmal habe er, gibt der *elder statesman* einen flüchtigen Blick auf sein Innenleben frei, den damaligen Wiener Kardinal König gefragt, ob er glaube, dass seine verstorbene Frau Kriemhild tatsächlich da glücklicher ist, wo sie jetzt sei. Gemeint war der Himmel. Ob es ihr denn da besser gehe als auf Erden? Der Kardinal hat das bejaht, worauf der gläubige Katholik Barzel erwiderte: »Und warum bin ich dann so traurig?« Eine Antwort auf diese Frage hat er nicht erwartet.

Man könnte von seinem Zweitnamen Candidus eine göttliche Vorsehung ableiten in dem Sinne, dass der Weg in jenes Himmelreich ein dorniger, schmerzhafter und steiniger sei. Der historische Candidus ging diesen Weg. Er stieg auf zum Märtyrer, weil er sich den angeordneten Christenverfolgungen verweigerte und deshalb im vierten Jahrhundert hingerichtet wurde. Heute wird er als Heiliger verehrt. Aber solche konstruierten Zusammenhänge vom Kreuz, das einer zu tragen habe, egal was es ihn koste, und sei es das irdische Leben mit nur vager Verheißung eines himmlischen, lehnt Rainer Candidus Barzel ab. Schon sein Vater, Oberstudienrat in Ostpreußen, hatte als Zweitnamen den Namen Candidus. Es sei also nichts weiter als eine Familientradition, dieser Name, der aus dem Lateinischen übersetzt so viel bedeutet wie der Glänzende.

Womit man zumindest einen Übergang hätte zu Rainer Barzels Karriere, denn die war mitunter glänzend, und weil sie glänzend war, aber nie bis ganz nach oben führte, sind in dieser Karriere die Tage danach zu finden, über die er bereit ist zu sprechen. Auch da gibt es wie in seinem nicht öffentlichen Leben, das er allerdings stets gern öffentlich inszenierte, gleich mehrere. Der eigentliche für ihn ist nicht etwa, wie man annehmen könnte, der 28. April 1972. An dem Tag wollte er geschafft haben, was ihm mal sein großes Vorbild Konrad Adenauer schrieb: »Ich würde es sehr begrüßen, wenn Sie Bundeskanzler werden würden.«

Doch am Tag davor, am 27. April um 13.18 Uhr, scheiterte das Misstrauensvotum gegen Willy Brandt, das Rainer Barzel zum Nachfolger des SPD-Kanzlers machen sollte. Zwei Abweichler aus der CDU/CSU-Fraktion hatten ihm ihre Stimme verweigert, waren wohl gekauft von der anderen Seite, wie man heute weiß. Einer hieß Julius Steiner, der andere blieb unerkannt. Ohne diesen Stimmenkauf und ohne »diesen Landesverrat hätte die deutsche Geschichte einen anderen Verlauf genommen«. Und seine persönliche, fügt er hinzu, ganz bestimmt auch.

Der Anblick, den Rainer Barzel damals bot, gehört zu den Bildern, die im kollektiven Gedächtnis der Republik verankert sind: Fassungslos den Kopf schüttelnd, nach eigener Aussage wie »vom Blitz getroffen« saß er in der ersten Reihe der CDU/CSU-Fraktion im Deutschen Bundestag. Ein Geschlagener, der sich zu früh seines Sieges sicher gewesen war. Nach einigen Minuten schüttelte er sich, erhob sich von seinem Platz, nahm demonstrativ Haltung an, ging auf den weiterhin amtierenden Bundeskanzler Willy Brandt zu und gab dem gratulierend die Hand. Barzel hat nie versäumt, Form zu wahren.

Er gehört schließlich zu einer Generation, der nicht erlaubt war, öffentlich Schwächen zu zeigen. Das galt als unmännlich, und in der Politik, die damals ein fast reines Männergeschäft war, waren schwache Momente tödlich für die Karriere. Barzel hätte es sich auch selbst nicht erlaubt. Er nahm die Niederlage hin wie ein, nun ja: wie ein Gottesurteil, aber verkraftet hat er diesen Tag nie. Was er nicht zugibt. Danach wurde er zerrieben zwischen der Ikone Willy Brandt und der Walz aus der Pfalz, die seinen Posten wollte, eine zweite Chance würde er nicht bekommen. Das zumindest wusste er, ist halt so in seinem Gewerbe.

Er hasst es, zu hassen. Solche Gefühle kennt er nicht. Im politischen Parteienstreit wird zwar mit allen Mitteln gekämpft, und dieser Alltag war ihm weiß Gott vertraut. Aber eben Hass, nein, den »habe ich mir nie erlaubt, allenfalls Verachtung«. Die pflegt er vor allen anderen einem gegenüber, der dann zehn Jahre nach seinem gescheiterten Versuch die CDU wieder an die Macht führte.

Warum sollte er aber noch heute bestreiten, dass der 27. April 1972 der entscheidende Tag in seiner politischen Laufbahn gewesen ist? Dass danach der unaufhaltsame Abstieg nach einem bislang unaufhaltsam scheinenden Aufstieg begann? Warum kann Barzel nicht zugeben, da seitdem doch viele Tage vergangen sind, dass diese Niederlage ihn geprägt und verändert hat?

Bevor er antwortet, lenkt er ab. Erinnert sich an zwei für ihn andere wichtige Tage aus einer ganz anderen Zeit. An den Tag, an dem seine Mutter weinte. Am Tag zuvor, am 30. Juni 1934, fand die Niederschlagung des so genannten Röhm-Putsches statt, auch »Nacht der langen Messer« genannt, weil Hitler nicht nur die Führer der SA wie Ernst Röhm ermorden ließ, sondern gleich Dutzende von konservativen Kritikern, unter ihnen Erich Klausener, Sprecher der »Katholischen Aktion« in Berlin. »Ich verstand das zwar alles nicht, ich war ja erst zehn Jahre alt, aber ich wusste, wohin wir gehörten als Familie, also auch ich.« Auf jeden Fall nicht zu den Nazis.

Und er erwähnt einen Tag Jahre später, an dem er gemeinsam mit seiner Mutter nach Charlottenburg ging und der Familie des jüdischen Apothekers Wolf etwas zu essen brachte. Dem Kind sagte sie, und daran erinnert sich der alte Mann genau, dass man darüber schweige und zu niemand spreche, es sei aber Christenpflicht, so zu handeln.

Das Scheitern des Misstrauensvotums war zwar schlimm, sagt er schließlich, aber viel schlimmer war, was er Rufmord nennt und mehr als zehn Jahre später mit ihm geschehen ist. Helmut Kohl habe ihn fertig machen lassen.

Der hatte geschafft, was Barzel nicht geschafft hatte. Den amtierenden Kanzler – Brandt-Nachfolger Helmut Schmidt – durch ein konstruktives Misstrauensvotum abzulösen und selbst Kanzler zu werden. Im ersten Kabinett des damals noch nicht überlebensgroßen schwarzen Riesen war Rainer Barzel Minister für gesamtdeutsche Fragen, nach der Wahl 1983, aus der die CDU/CSU als stärkste Kraft hervorging, wurde ihr langjähriger Fraktionsvorsitzender zum Bundestagspräsidenten gewählt. Das blieb er nur ein Jahr. Als Gerüchte auftauchten, er habe als Anwalt einer Kanzlei in Frankfurt, für die er ganz legal tätig war und wovon er kein Geheimnis gemacht hatte, nicht so ganz legal Einfluss darauf genommen, dass der Großspender Flick von der Steuer befreit wurde, begann sein langer Abschied aus der Politik.

Betrieben haben den seiner Überzeugung nach vor allem Parteifeinde aus der CDU. Er weiß noch genau, wie ihm sein Stellvertreter Peter Struck von der SPD während einer Sitzung oben im Präsidium des Bundestages zuflüsterte, es seien nicht die oppositionellen Genossen, die ihn zum Abschuss freigegeben und Zeitungen mit Material gegen ihn gefüttert hatten. Die CDU-Vertreter im Flick-Untersuchungsausschuss, so benannt nach dem Großindustriellen und -spendenverteiler Flick, würden ein

»Menschenopfer« brauchen, um ihren Kanzler zu schützen, und als dieses Opfer hätten sie Barzel ausgeguckt. Alles sei inszeniert mit stillschweigender Zustimmung von ganz oben.

Am 25. Oktober 1984 trat Rainer Barzel, gesundheitlich angeschlagen und unfähig, sich gegen den Rufmord zu wehren, von seinem letzten hohen Amt zurück. Am Tag danach blieb er mit Herzrhythmusstörungen zu Hause. Zwei Jahre später stellte der Abschlussbericht des Flick-Ausschusses fest, es sei im Fall Barzel kein Fehlverhalten des Beschuldigten feststellbar gewesen. Da war er längst gefallen.

Bleibt die Frage nach dem Tag, als er im Krankenhaus mit der Diagnose Krebs konfrontiert wurde, worüber er nicht hatte reden wollen. Die Frage nach seinem eigentlichen Tag danach, der ihn sichtbar veränderte. Er gibt nach und verrät am Ende doch noch was von Rainer Candidus Barzel: »Weil von einem Tag auf den anderen die Selbstständigkeit weg war, das Gefühl, unabhängig zu sein. Jetzt war ich von anderen abhängig, denn es gab so vieles, was ich nicht mehr allein machen konnte.«

Doch Gott, der mal grausame, der mal gütige, der blieb ihm erhalten. Er erhielt ihn am Leben.

Rainer Barzel starb am 26. August 2006.

Der Pragmatiker

Wolfgang Berghofer. Nach der Wende jubeln westdeutsche Medien den Mann zum Kennedy des Ostens hoch. Auch Bergatschow von der Elbe liest sich einprägsam, weil die Schlagzeile die gewünschte Assoziation zum verehrten Reformer Gorbatschow herstellt und damit den Dresdner Oberbürgermeister, Sohn eines Arbeiters aus Bautzen, quasi in den Adelsstand erhebt. Aus einer nationalen DDR-Größe wird so über Nacht ein international beachteter Hoffnungsträger. Beim Weltwirtschaftsforum in Davos im Februar 1990 spricht er bereits wie ein Gleicher unter Gleichen.

Auftritte beim Klassenfeind haben Wolfgang Berghofer noch nie geschreckt, erst recht nicht, als der noch ein richtiger Klassenfeind war und nicht wie jetzt zum Jahreswechsel 1989/1990 bereits ein nur lange verloren geglaubter Bruder. Weil er nie so grauzonig ausgesehen hat wie andere aus seiner Genossenschaft, weil er früher bereits spotten konnte über die Realitäten des Sozialismus, weil er außerdem zugibt, unter dem Decknamen IM Falke bei der Stasi als Informeller Mitarbeiter geführt worden zu sein, schien er im Ost-West-Interregnum ein paar Wochen lang damals der richtige Mann zur richtigen Zeit am richtigen Ort zu sein.

Ein Mann, der zwar systemkonform die Vergangenheit gestaltet hatte, aber gescheitert ist wie andere auch. Ein Mann, der zwar stets darauf achtete, eine gewisse Distanz zur Partei zu bewahren, aber als Pragmatiker den heimlichen und den offenen Widerstand den Dissidenten überließ. Ein Mann mit einer solchen Vergangenheit, kein Held, kein Halunke, war doch eine Idealbesetzung für die unsichere Zukunft der sich im Zwiespalt befindlichen

DDR. Noch war die ja ein eigener Staat, ihren Tag danach, den nach der Auflösung, hatte sie noch vor sich.

Die Hoffnungen, die auf Wolfgang Berghofer ruhten, dauerten etwa so lang, wie die Träume von einem gangbaren dritten Weg für die DDR zwischen Sozialismus und Kapitalismus anhielten.

Die drei Tage des Wolfgang Berghofer, seine drei Tage danach, sind deshalb eng verbunden mit der Geschichte des Staates, dem er sich kritisch verpflichtet fühlte. Alle drei Tage wiederum sind untereinander verknüpft.

Soll er mal erzählen?

Wolfgang Berghofer lehnt sich weit zurück, bis er mit dem Hinterkopf fast den Fensterrahmen hinter seinem Bürostuhl berührt. Er leugnet nicht, dass ihm seine Hauptrolle als Medienstar gefallen hat. Auch deshalb ging es ihm an einem bestimmten Tag danach, dem 31. Mai 1990, so schlecht. Ihm fehlte die Bühne, seine Rolle in der Inszenierung war gestrichen worden, die Aufführung sollte ohne ihn weitergehen. Er lief durch die Stadt, die er vier Jahre lang regiert hatte, wo er mit seiner Frau und seinen beiden Kindern in einer Vier-Zimmer-Wohnung gelebt hatte statt in einer der Villen oben am Weißen Elefanten über der Elbe, die einem SED-Bonzen zugestanden hätte, fühlte sich an diesem Tag »wie ein Aussätziger. Ich hatte das Gefühl, Brandmale im Gesicht zu tragen, die zwar keiner sah von denen, die mich grüßten, aber die brannten, und die taten weh.«

Relativiert aber gleich wieder seine Aussage, um bloß kein Mitleid aufkommen zu lassen. So schlimm sei es nun auch wieder nicht gewesen, denn auf diesen Tag habe er sich ja vorbereiten können, der sei ja nicht überraschend über ihn gekommen, sondern der hatte sich lange zuvor angekündigt. Es war die Folge des ersten Tages danach, der einen gewaltigeren Bruch in seiner politischen Biografie bedeutet hatte, eine viel größere Zäsur, weil der Abschied von der SED, in die er 1964 eingetreten war, gleichzeitig auch das Eingeständnis war, zumindest sich selbst gegenüber, jahrzehntelang den falschen Göttern gedient zu haben.

Der Tag vor Berghofers zweitem Tag danach war sein letzter Tag als Oberbürgermeister von Dresden. Als er darüber spricht, gibt er sich Mühe, kühl und gelassen zu wirken. Nicht etwa, dass er noch darunter leidet, denn die Zeit eilt, teilt, heilt und schließt so irgendwann alle Wunden. Man muss sie nur vor erneuter Berührung schützen. Darauf achtet er. Heute ist Wolfgang Berghofer Vorstandsvorsitzender der »Betrieblichen Versorgungswerke für Unternehmen und Kommunen e.V.« (BVUK), die ihre Mitglieder beraten in Sachen Pensionen und Altersversorgung, er trägt viel Verantwortung, er kann über Mangel an Arbeit nicht klagen, aber spannender war der andere Job trotz aller Widrigkeiten schon.

Eine kleine Sehnsucht leistet er sich deshalb eben doch. Die ist geblieben. Die hat er sich bewahrt über all die Jahre. Nicht greifbar, aber spürbar. Die Sehnsucht nach den Möglichkeiten der aktiven Gestaltung von Verhältnissen, was ohne Macht nicht geht, denn wer keine Macht hat, kann nichts bewirken. Der eigentliche Reiz eines politischen Amtes, egal bei welcher Partei und in welcher Konstellation, ist nun mal die Chance, Einfluss zu nehmen, etwas zu verändern.

Es ist möglicherweise einer seiner Beweggründe gewesen, als er mehr als zehn Jahre später, im Jahre 2001, überraschend zum zweiten Wahlgang in der Stichwahl um das höchste Amt von Dresden antrat, diesen Tag danach von damals rückgängig zu machen. Ihn für sich neu zu gestalten. Den Bruch in seiner Biografie zu kitten. Auf Plakaten war dabei nur sein Kopf zu sehen, weder Name noch irgendeine Parole, was ihm als Arroganz vorgeworfen wurde, aber er für eine gute Idee hielt. Er ist bei diesem Versuch als Ein-Mann-Partei grandios gescheitert, abgeschlagen mit zwölf Prozent der Stimmen auf Platz drei gelandet, hat aber dennoch gewonnen. Die alten Vorwürfe – Stasi, Wahlbetrüger – kamen zwar noch einmal hoch, aber ein letztes Mal. Danach war Berghofer frei. Frei von Rachegefühlen oder sentimentalen Anwandlungen kann Wolfgang Berghofer von dem Tag erzählen, an dem er sein Amt verloren hatte: »Ich hätte am 30. Mai 1990 als scheidender Oberbürgermeister von Dresden meinem gewählten Nachfolger die Amtskette überreichen sollen, damit symbolisch in einem offiziellen Akt die Stadt übergeben müssen, wie es heute wieder guter Brauch ist, aber ich war müde, erschöpft, urlaubsreif und verreiste.«

Wolfgang Berghofer übertrug die Bürden der Pflicht seinem Stellvertreter und ging. Sagte Tschüs zu seinen Sekretärinnen und verließ das Rathaus. Die politische Karriere des Mannes, der vor ein paar Monaten noch Wolfgang Bergatschow genannt wurde und zu Hoffnungen Anlass bot, schien beendet. Das erschütterte ihn nicht existenziell, denn die 1800 Ostmark Gehalt, die er als Oberbürgermeister verdient hatte, die müssten auch in der freien Marktwirtschaft zu verdienen sein. Zumindest traute sich Berghofer das zu, setzte sich mit seiner Frau Diethild in seinen dunkelblauen Lada 1207 und machte sich auf in den nahen Westen.

In dem ist er bis heute nicht angekommen, aber das ist eine andere Geschichte, die nicht nur für ihn gilt, sondern für viele seiner Generation, der Generation zwischen Ost und West. Die eigentliche deutsche Einheit werden erst die Kinder von heute vollenden. Die werden weder Wessis sein noch Ossis, sondern Wossis. Die werden wie selbstverständlich in diesem Land leben, ob im Westen oder im Osten, und nicht mehr darüber grübeln, woher sie kommen und wohin sie gehören wie noch ihre Großmütter und Großväter, ihre Mütter und ihre Väter.

Der tiefe Sturz des Wolfgang Berghofer vom Medienstar zum Arbeiterverräter geschieht zwischen November 1989 und Mai 1990 in zwei Etappen. Dabei lernt er im Schnellkurs die Kehrseite des Ruhms kennen, was andere Landsleute vor und nach ihm ähnlich erfahren haben – Lothar de Maizière zum Beispiel oder Katrin Krabbe. Die gleichen Medien, die ihn gerade noch übertrieben gefeiert hatten, machten ihn jetzt fertig.

Schon zwei Jahre vor den magischen Wir-sind-ein-Volk-Rufen vom Herbst 1989 hatte er bei Reisen in Dresdens Partnerstadt

Hamburg einen bleibenden Eindruck hinterlassen, erst bei Klaus von Dohnanyi, dann bei dessen Nachfolger Henning Voscherau. Es bestand Hoffnung auf eine gewisse deutsche Normalität, wenn ein Mann, der zu den zwanzig wichtigen Politgrößen der DDR zählte, im Westen durch seinen Charme auffiel und nicht durch ideologische Leerformeln.

Beide Hamburger Sozialdemokraten hätten es später gern gesehen, auch aus wahltaktischen Gründen, um eine Populärfigur gegen den CDU-Kandidaten Kurt Biedenkopf in Sachsen aufzustellen, wenn Dresdens Oberbürgermeister nach der Wende Sozialdemokrat geworden wäre, aber da sträubten sich die ostdeutschen Sozis. Denen war nicht zu vermitteln, dass einer der höchsten Funktionäre des alten Regimes aus Überzeugung die Seiten wechselt und gleich an die Spitze der neuen Seite vorrücken sollte, deren gemeinsame Basis schließlich ja der Widerstand gegen die verkrusteten Verhältnisse gewesen war. Und zu denen gehörte nun mal Genosse Berghofer.

Der verkneift sich zwar heute jede gemeine treffende Bemerkung über den Zustand der SPD fünfzehn Jahre nach der Wende, und ob es nicht doch ein Fehler war, gewendete Talente wie Gysi, Bisky, Berghofer etc., Tribunen des Volkes Ost, nicht aufgenommen zu haben, aber welche Schlüsse man daraus ziehen kann, dass die Volkspartei nur noch knapp vor der NPD liegt, dafür braucht es seine Analyse nicht. »Die Sozialdemokraten haben kaum charismatische Figuren, die bei den Menschen ankommen, und damit geringe Chancen, den Wählern sozialdemokratische Werte nahe zu bringen.«

Berghofer zieht einen historischen Vergleich: »Was wäre denn gewesen, wenn Adenauer nicht stillschweigend Millionen von NSDAP-Mitgliedern in die Gesellschaft integriert und wenn sich nicht die demokratischen Parteien der Bundesrepublik für die geöffnet hätten? Hätte es dann vielleicht nicht eine so starke Nachkriegsnazipartei gegeben, wie es heute eine Nachfolgepartei der SED gibt, die PDS? War es also nicht doch ein großer Fehler der

SPD, sich nicht für die vom Glauben abgefallenen Genossen der SED zu öffnen und denen eine zweite Chance zu bieten? Sieben Jahre nach dem Ende des Zweiten Weltkrieges war für die ehemaligen Wehrmachtsangehörigen die Rentenfrage geregelt. Ein ehemaliger Offizier der Nationalen Volksarmee darf nicht mal seinen Dienstgrad a.D. tragen ...«

Den letzten Sonderparteitag der SED am 8. Dezember 1989 leitete Berghofer als noch nicht gebrandmarktes Mitglied der bis vor kurzem noch herrschenden DDR-Machtelite. Er diente zwar immer treu seiner Partei, aber gestattete sich eine gewisse Distanz, nahm keine höheren Ränge ein, erst recht nicht einen Platz im SED-Zentralkomitee. Er gehörte im System der Greise mit seinen siebenundvierzig Jahren zu den Jungen, so waren nun mal die biografischen Machtverhältnisse, vergleichbar denen im Vatikan. »Übrigens kein Wunder, dass viele der Alten immer noch so fit sind. Sie haben seit jener Zeit, als sie für ihre Überzeugungen im KZ saßen, immer den Schuldigen vor Augen. Damals die Nazis, jetzt die Eroberer aus dem Westen. Der Hass hält sie aufrecht.«

Eine Kandidatur für den Vorsitz der SED lehnte er ab. Gewählt wurde Gregor Gysi, der mit radikalen Reformen und einem neuen Namen – PDS, Partei des demokratischen Sozialismus – das SED-Erbe zerschlug. Seinem Stellvertreter Berghofer reichte das alles nicht. Er war längst innerlich vom Glauben abgefallen. Der Austritt aus der einst allmächtigen SED, die sich zur Partei des Demokratischen Sozialismus gewandelt, ihre in der Wolle gefärbten Gemeindemitglieder aber behalten hatte, schien ihm die einzige Konsequenz. Das brachte ihm keine neuen Freunde im Osten, jedoch viele im Westen.

Zusammen mit einem Dutzend prominenter Genossen verließ er die Partei, zu der er seit seiner Jugend gehörte. Er sei ein Opportunist, warfen sie ihm am 21. Januar 1990 vor, vom Westen gekauft, ein Verräter des gerade vor aller Augen untergehenden Landes.

Schien ihm allerdings nicht weiter zu schaden, denn eine Vertrauensabstimmung im Stadtrat von Dresden gewann er. Aber als nunmehr Parteiloser sah er für sich dennoch keine Chance mehr bei den nächsten Kommunalwahlen, den ersten freien, und einer anderen Partei wollte er sich nicht anschließen. Das hätte ihn wirklich zum Wendehals gemacht. Also trat er nicht mehr an. Also legte er am 30. Mai 1990 die Amtskette ab. Also ging er am 31. Mai als Teil des ganz gemeinen Volkes durch die Stadt.

Lächerlich sei es, woran man zuerst merkt, dass sich die Macht einen anderen Partner gesucht hatte. Kleinigkeiten doch nur. Dass man seine Briefe selbst schreiben muss, statt sie zu diktieren. Dass man selbst telefonieren muss, statt sich verbinden zu lassen. Dass man selbst Auto fahren muss, statt gefahren zu werden.

Aber er konnte selbst fahren, und so begann die Reise auf der Suche nach einer möglichen Verwendbarkeit seiner Fähigkeiten. Das klang für die nun geltenden Anforderungen nicht sexy: gelernter Maschinenbauer, Geschichtsstudium, Abschluss als Diplomhistoriker, danach Funktionär mit wechselnden Aufgaben vom FDJ-Parteirat bis zur Beobachtung der westdeutschen Feindpresse – wodurch er sie kennen und schweigend schätzen lernte –, von der Organisation der Weltjugendfestspiele bis zum Treffen der Pioniere. Schließlich Oberbürgermeister von Dresden.

Zunächst besuchte er Kurt Biedenkopf, gerade zum Vorsitzenden der CDU Sachsens gewählt, bald erster frei gewählter Ministerpräsident. Dann fuhr er zu Lothar Späth, der den passenden Kontakt herstellte: Der Stuttgarter Unternehmer Häussler suchte einen Repräsentanten für geplante Bürobauten in der DDR und in Osteuropa. Berghofer schien auf Grund seiner beruflich-politischen Biografie genau der richtige Mann dafür. Die Vergangenheit zahlte sich doch noch aus, war nicht nur Schrott.

Sein Talent, aus vorgegebenen Verhältnissen das Beste zu machen, hatte er in Dresden schließlich unter Beweis gestellt. Gemeint ist nicht, dass er sich in den Zeiten des Aufruhrs dem wütenden Volk nicht nur stellte, sondern gemeinsam mit dem

Genossen Bezirkssekretär Hans Modrow dafür sorgte, dass in Dresden kein Schuss fiel. Modrow übrigens hat sich enttäuscht von seinem Kampfgefährten Berghofer abgewendet, als der die Partei verließ.

Gemeint sind die Tricks des Überlebenskünstlers Wolfgang Berghofer, mit denen er zu DDR-Zeiten den tristen Alltag in Dresden überwand. Damit die dringende Anfrage aus dem Westen nach Haaren für Perücken erfüllt werden konnte, ließ Berghofer in den Frisörläden der Stadt den haarigen Abfall aufsammeln. Im Gegenzug gab es über Alexander Schalck-Golodkowskis »Ko-Ko«-Kanäle gebrauchte Kehrmaschinen für den Fuhrpark der Stadt. Bartergeschäfte nennt man so etwas, Geschäfte, bei denen per Tauschware bezahlt wird. In der Politik gang und gäbe. Da muss jeder Gefallen mit einem Gefallen bezahlt werden, zur gegebenen Zeit. Auch das würde Berghofer noch erfahren.

Oder er schickte im Tausch gegen Personalcomputer, die sie dringend brauchten – Robotron war eher legendär als wirklich produktiv, eine leere Hülle –, ein zwölfteiliges Essservice aus Meißner Porzellan, antike Türschlösser, Bauhausstühle, vergoldete Bilderrahmen und diverse Gemälde nach drüben. Die im Depot gelagerten Kunstwerke interessierten Kunstfreund Berghofer ausschließlich als einsetzbare Objekte im Ost-West-Handel, weil die Dächer der Stadt verfielen und jeder Ochs in seinem Lauf den Sozialismus schon an der nächsten Straßenecke hätte aufhalten können, falls er nicht zuvor von Dachziegeln erschlagen worden wäre. Sechstausend kaputten Dächern in Dresden standen neunzehn Dachdeckerbetriebe gegenüber. Allerdings hatten sie kein Material. Das wollte er ranschaffen im Tausch für die Kunst.

Diese Erfahrungen aus dem sozialistischen Alltag waren beste Voraussetzungen für den neuen Job. Zurück in Dresden bezog er Büroräume in bester Lage, von denen aus er seine Geschäfte betrieb. Ein Ermittlungsverfahren wegen Wahlbetrugs bei den Kommunalwahlen 1989 nahm er zwar zur Kenntnis, doch nicht weiter ernst.

Zu denen, die ihn abstürzen sehen wollten, und möglichst tief, viel tiefer als nur vom Stuhl des Dresdner Oberbürgermeisters, gehörte auch einer seiner ehemaligen persönlichen Referenten. Der hatte die Seiten gewechselt und war Journalist geworden, auch das keine Seltenheit in der Nachwendezeit. Journalismus gehört ja nicht zu den geschützten Berufen. Die Attacken gegen Berghofer, der nun im Auftrag eines westdeutschen Unternehmers Büroflächen suchte und seine alten Verbindungen spielen ließ, hörten erst auf, als der ihm bei einer zufälligen Begegnung sagte, er habe ein Angebot für ein großes Interview in einer großen Zeitung, und es könnte doch interessant zu lesen sein, welche Beziehungen zum KGB während seines fünfjährigen Studiums in Moskau der ehemalige Referent und jetzige Journalist aufgebaut habe. »Danach war wenigstens an dieser Front Ruhe.«

Sein dritter Tag danach stand aber bevor. Das würde der schlimmste werden. An dem hatten Parteifreunde aus seiner Vergangenheit kräftig mitgewirkt. Zum Beispiel Egon Krenz, der einst bei der Freien deutschen Jugend FDJ sein Auf-auf-zum-Kampf klampfender Vorturner gewesen war, bevor Berghofer 1986 nach Dresden ins Rathaus abkommandiert wurde. So etwas wie freie Wahlen kannte man in der DDR auch für solche Posten nicht, und falls laut Verfassung eine Kommunalwahl anstand, wurden die Ergebnisse halt gefälscht. Die letzte, die Berghofer fälschte, fand im Mai 1989 statt. Er verbesserte das Ergebnis von 93 auf 98 Prozent.

Deswegen wurde gegen ihn ermittelt und 1992 auch verhandelt. Otto Schily vertrat den Ex-Oberbürgermeister. Alle oberen Parteiränge wussten von der Fälschung, ihn hat es später erwischt, weil er in Dresden nun mal oberster Bürger war. »Eine Parade jämmerlicher Figuren voller Ignoranz und Verlogenheit sagte da gegen mich aus. An der Spitze Egon Krenz, aber leider auch Hans Modrow, die jede Verantwortung leugneten: charakterlose Feiglinge.« Ausgerechnet Hans Modrow gilt inzwischen drüben als einer der letzten Widerstandskämpfer der DDR, als ein aufrechter

Mann, was er »als Erster Sekretär mit siebzehn Amtsjahren und mehr als einem Dutzend gefälschter Wahlen natürlich nie sein konnte«.

Dass Genosse Egon Krenz gegen den Angeklagten auftrat und ihm alle Schuld zuschob, ist erklärbar. Erstens hatte sich Berghofer früh von ihm und seinen Betonköpfen distanziert, zweitens hatte er ein ganz persönliches Motiv, hatte mit dem Ex-Genossen Wolfgang noch eine Rechnung offen, die er beim Prozess beglich, seit der ihm telefonisch im November 1989 mit einem klassischen Satz jedwede Kompetenz in Sachen tatsächlicher DDR-Wirtschaft abgesprochen hatte: »Du Arschloch, du hast wirklich keine Ahnung.«

Der Tag nach dem Urteil, ein Jahr Haft auf Bewährung, 36 000 Mark Geldstrafe, war der 8. Februar 1992 und ist deshalb ein wichtiger Tag in seinem Leben geworden, weil er an der Verbitterung, die ihn danach überfiel, lange tragen musste. Berghofer bekannte sich im Sinne der Anklage für schuldig, folgte nicht dem Rat seines Verteidigers, an den sich seine Vorgesetzten hielten, die Schuld nach unten abzuwälzen und sich dadurch selbst von Schuld reinzuwaschen. »Ich übernehme die volle Verantwortung.«

Wolfgang Berghofer hat seine Rechnungen stets am selben Tag bezahlt, deshalb sind heute keine mehr offen. Verdrängte Schuld von Tagen zuvor kann ihn deshalb nicht mehr einholen. Das macht ihn frei. Er weint nicht ostalgisch den Nischen der ungeliebten DDR nach, in denen angeblich die Liebe blühte oder die Gedanken frei waren. »Widerspruch war selten, feige waren wir alle.« Und weil seine eigene Vergangenheit nicht kompatibel war, ist er nie wieder in eine andere Partei eingetreten. Beschränkt in seiner Wahrnehmung durch den erzwungenen Glauben war er nie. Zwar hatte er bei der Stasi unterschrieben, aber nach der Wende in seiner Akte gelesen, von ihm sei nichts Staatstragendes zu erwarten.

Der Tag des Urteils war von den drei Tagen danach der wichtigste. Er hatte sich systematisch nicht nur mit seinem Anwalt

Otto Schily darauf vorbereitet, sondern auch sich selbst das nötige seelische Trainingsprogramm verordnet. Noch drei Wochen. Noch zwei Wochen. Noch eine Woche. Noch fünf Tage. Morgen.

Es ging ihm, was er sich nicht anmerken ließ, in der ganzen Zeit schlecht, denn er hatte zwar die SED/PDS verlassen, aber das war ja nicht einfach erledigt mit der Abgabe des Parteibuches. Schließlich hatte er mindestens fünfundzwanzig Jahre lang mit der Partei gelebt und daran geglaubt, dass im Vergleich zum kapitalistischen das sozialistische System das menschlichere sei. Theoretisch kann er das noch heute mit Marx und Engels begründen, denn der studierte Historiker hat ja nicht vergessen, was Dialektik ist.

Aber alles, wofür er sein Leben lang eingestanden hatte, war ein Fall für die Müllabfuhr. Das gesellschaftliche Modell, das er seiner Tochter und seinem Sohn gepredigt hatte – ein historischer Irrtum, beerdigt, weg damit. Geschickter auf der Suche nach den Schuldigen war seine alte Partei. Schuldig war erstens das Ministerium für Staatssicherheit und zweitens Schalck-Golodkowski, und damit hatte man schon mal neunzig Prozent der Gesamtschuld DDR abgeladen und sich den roten Pelz reingewaschen. Angesichts der Zustimmung, die heutzutage die PDS – wie auch immer sie gerade heißen mag – bei Wahlen bekommt, eine gelungene Geschichtsklitterung.

Ihr blieb als Schuldiger immer noch die Arroganz der Sieger, die nichts gelten ließen von dem, was einst galt. Siegerjustiz nannten es die Verurteilten und trugen ihre Strafen stolz wie einst ihre Vaterländischen Orden. Den seinen hat Wolfgang Berghofer längst entsorgt, und ein Begriff wie Siegerjustiz käme ihm nicht in den Sinn. Das Urteil gegen ihn an seinem dritten Tag danach, als der Wahlfälscherprozess endete, das »war keine Siegerjustiz. Das war Justiz.«

Wolfgang Berghofer ist eben ein freier Mann.

Der zweite Schlag

Manfred Bissinger. Sein Verleger hat ihn für diesen Morgen um acht Uhr zu sich gebeten. Dass er nicht mit ihm frühstücken will, ist Manfred Bissinger klar: »Ich wusste, es ist vorbei.« Er sei innerlich ganz ruhig gewesen, lügt er rückblickend tapfer, habe sich mental schon lange darauf vorbereitet, dass »Die Woche« eingestellt werden könnte.

Was so nicht ganz stimmt. Zwar drohte das »Wochen«-Ende seit Monaten, aber noch am Tag zuvor saß Bodo Hombach, Geschäftsführer der Essener WAZ-Gruppe, dreieinhalb Stunden in jenem Büro, in dem jetzt Bissinger erwartet wird. Am Ende der Verhandlungen zwischen Hombach, Bissinger, WAZ-Verleger Schumann und Thomas Ganske schien »Die Woche« in neuer Form gerettet. Der Deal sah so aus: Das Hamburger Blatt würde künftig freitags erscheinen und sich wie bisher im freien Verkauf an den Kiosken der Konkurrenz stellen, doch zusätzlich von den Verlegern aus Essen, denen außer der »Westdeutschen Allgemeinen Zeitung« (WAZ) die »Neue Ruhr/Neue Rheinzeitung« (NRZ), die »Westfälische Rundschau« und die »Westfalenpost« gehörten, den bürgerlichen Abonnenten in der von ihren Blättern beherrschten Provinz angeboten werden.

Die Besitzer dieser Zeitungen, Riesen in Nordrhein-Westfalen, hatten jenseits ihres Reviers, das nur kommerziell betrachtet ein Garten Eden war, noch nie Spuren hinterlassen, verfügten aber über eine prall gefüllte Kriegskasse, um für alle möglichen Übernahmeschlachten Truppen ausrüsten zu können – und vor allem über einen perfekten Vertrieb. Beides hatten die Hamburger zwar nicht, weder so viel Geld noch einen funktionierenden

Vertrieb, aber dafür konnten sie die besseren Journalisten und ein nationales Renommee aufbieten.

Mit einer solchen Mischung beidseitiger Interessen müsste eine Auflage von 200000 zu schaffen sein, etwa das Doppelte der bisherigen. War schwer genug gewesen, erinnert sich Manfred Bissinger, seinem Verleger die Zustimmung abzuringen, einem Partner die Mehrheit an seinem Prestigeobjekt abzutreten, aber das schien ihm und Bodo Hombach bei ihren Vorgesprächen endlich gelungen zu sein. Eine Variante sah vor, die Wochenendbeilagen der WAZ und der NRZ einzustellen und stattdessen das jeweils Beste aus der »Woche« anzubieten. Diese Dienstleistung hätte natürlich bezahlt werden müssen. »Die Woche« wäre dann sogar in ihrer jetzigen Verfassung, also ohne einen Einstieg der potenten Revierförster von der Ruhr, zu retten gewesen.

Doch dann verlangten die plötzlich nach dem ganzen Kuchen, nicht nur nach einem Stück, wollten den gesamten Jahreszeiten-Verlag schlucken. Daraufhin sagte dessen Besitzer Thomas Ganske spontan und sofort Nein, und »das bedeutete das Ende aller Gespräche«. Und das Ende der »Woche«.

Das war gestern.

Der Morgen danach, der 5. März 2002, ist ein kalter und regnerischer Tag, dem Winter näher als dem Frühling. So sind die meisten Märztage in Hamburg. Man könnte depressiv werden, falls man nicht schon Depressionen hat. Manfred Bissinger ist nicht depressiv, er hat an diesem Morgen vielmehr das seltsame Gefühl, einen Mann zu beobachten, der aussieht wie er und sich bewegt wie er, ist gespannt darauf, wie der gleich reagieren wird. Sein Lebenstraum wird platzen, das weiß er, aber »dieser Schlusstag hatte sich trotz zwischenzeitlicher Hoffnung lange angekündigt, kam nicht überraschend aus dem Nichts, deshalb war es nicht mehr so schlimm«.

Die Heinrich-Heine-Villa, in der Ganske seinen Geschäften nachgeht oder seine Gedanken fliegen lässt, mindestens bis zum anderen Ufer der Alster, gerne auch darüber hinaus, liegt noch als dunkler Schatten in grau nebliger Dämmerung. Nur oben, wo der Verleger sitzt, brennt schon Licht, als Bissinger ankommt.

An diesem Dienstag ist wie in jeder Woche am Dienstag auch Schlusstag für die Redaktion der »Woche«. Jeder Schlusstag endet spätestens um 23 Uhr, das hat allerdings eine andere Bedeutung als jenes Ende, das Bissinger erwartet. Für Journalisten heißt Schlusstag Redaktionsschluss, denn was an einem Schlusstag bis zu einem bestimmten Zeitpunkt in der Nacht, *deadline* genannt, nicht fertig ist, wird die Leser nie erreichen, ist so gut wie tot. In der Redaktion der »Woche« klingeln an diesem Morgen zwar schon die Telefone, doch erst in etwa einer Stunde gegen neun Uhr wird es hektisch werden, wird der geliebte redaktionelle Wahnsinn beginnen, wird wie üblich die letzte Chance genützt werden, Artikel auf den aktuellsten Stand zu bringen, deren Themen am Donnerstag an den Kiosken möglichst viele Käufer anlocken sollen.

Dass sie längst nicht so viele Käufer hatten, wie sie auf Grund ihrer redaktionellen Leistung verdienten, wissen die Redakteure. Die Mutmaßungen, dass »Die Woche« entweder eingestellt oder an einen Großverlag verkauft werde, begleiten schon lange ihre Arbeit. Sie haben sich an den Klang der Totenglöckchen gewöhnt und hören lieber nicht mehr hin. Dass ihr Schlusstag heute in der Tat ein Schlusstag sein wird, nämlich Schluss mit der »Woche«, ahnen sie deshalb nicht. Selbst die an diesem Dienstag schon fast fertig produzierte Ausgabe darf nicht mehr erscheinen. Das Blatt wird einfach untergehen, wie von einem Torpedo getroffen. Die Kränze, die danach auf dem Wasser schwimmen, hat die Konkurrenz geflochten, und die Tränen stammen von Krokodilen.

Journalisten brauchen Verleger, das ist wahr. Sonst müssten sie ihre Texte auf dem Pressemarkt vorlesen und mit ihrem Hut Spenden sammeln gehen. Verleger brauchen Journalisten, das ist wahr. Sonst müssten sie Nähmaschinen verkaufen oder Würste, statt sich auf dem Pressemarkt vorstellen zu dürfen. Betriebswirtschaft kann man lernen. Kreativität nicht.

Bissinger lobt Ganske, weil der beides in sich vereint habe,

Verleger und Manager, weil der lange bodenständig seinen Träumen nachhing. Er hätte sich zwar ein gedrucktes Finale gewünscht, sagt er, aber gleichzeitig kann er verstehen, dass sich »mein Verleger nicht auch noch antun wollte, in der letzten Ausgabe die üblichen Nachrufe der üblichen Verdächtigen lesen zu müssen, bei denen im Zweifelsfall ja immer einer schuldig sein musste am Ende der ›Woche‹«. Thomas Ganske natürlich, wer sonst, der kein Geld mehr ausgeben wollte, weil er keine Aussicht auf eine Verbesserung der Auflage und des Anzeigengeschäfts sah. Bissinger verteidigt ihn nicht nur aus Pflichtgefühl, weil er noch immer bei Ganske angestellt ist, im Gegenteil: »In anderen Verlagen wäre längst vorher Schluss gewesen.«

Der jungshaft wirkende Verleger entspricht auch sonst nicht dem üblichen Klischee von einem Manager, der nur eines im Sinn hat: Profit zu machen. Er ist gebildet, und er geht ins Kino, und er geht ins Theater, und er geht ins Museum, und er liest und hat inzwischen längst überwunden, dass er etwas machen musste, was ihn nicht so interessiert, denn eigentlich war er als Nachfolger seines Vaters für den Hoffmann-und-Campe-Verlag vorgesehen und sein älterer Bruder für den Jahreszeiten-Verlag. »Die Woche« ist auch für ihn eine Art Flucht gewesen aus der Nutzwert-Welt, und diese Flucht hatte er sich bis zum Schlusstag, an dem Schluss sein würde, etwa fünfzig Millionen Euro kosten lassen, viel Geld selbst für einen wie ihn, den man mit rund fünfhundert Millionen Euro Vermögen zu den Reichen in Deutschland zählen darf.

Thomas Ganske teilte den Traum von Bissinger, und dessen Lebenstraum hieß »Die Woche«. Er war einst als Stellvertreter des Chefredakteurs zum Nachfolger von Henri Nannen vorgesehen, bevor ihn ein Schlag aus dem Nichts ereilte und er über Nacht beim »stern« rausflog. Das ist allerdings keine Geschichte wert, weil es tatsächlichen und nicht nur gesalbten Nachfolgern Nannens in wachsender Zahl ebenso erging. Nach einem Zwischenspiel als Senatssprecher der damals regierenden SPD in Hamburg hatte er fortan als Blattmacher nur Bestehendes renovieren dürfen. Große Häuser und kleine Häuser, »konkret« und »Natur« und »Merian« usw. zwar vom Keller bis zum Dachboden, aber eben nur renovieren.

»Die Woche« war seine Idee. Seine Erfindung. Sein Haus. Sein letztes Bauwerk vor dem Sonnenuntergang als Blattmacher. Er hatte die Pläne gezeichnet, er hatte die Ausstattung ausgesucht, er hatte Material und Höhe und Lage bestimmt und sich die passenden Mitbewohner gesucht, mit denen er das Haus bezog, als es 1993 stand. Einen von denen, die er holte und väterlich behütete, machte er später zum Chefredakteur, nachdem er sich auf den Posten des Herausgebers zurückgezogen hatte.

Der hieß Hans-Ulrich Jörges und war auf dem Weg in die Redaktion, als am 5. März Manfred Bissinger um kurz vor acht Uhr aus der Tiefgarage des Verlages die paar Schritte über den Hof zu seinem Termin mit Ganske ging. Mittlerweile ist Jörges einer der Stars des Blattes, bei dem Bissinger mal war, beim »stern«, und zählt zu den drei, vier Todfeinden, denen Bissinger auch im milden Alter nicht mehr die Hand reichen würde. Doch das gehört nicht hierher, das dürfen die beiden unter sich ausmachen.

Der damals für Bissinger noch nicht verlorene Ziehsohn Jörges saß ein Dreivierteljahr vor diesem Morgen, an dem für beide ein Tag danach begann, am Krankenbett seines Herausgebers. Bissinger hatte einen Schlaganfall erlitten, und hätte nicht seine Sekretärin Heinke Rauen, Tochter eines Arztes, sofort die Zeichen erkannt, wäre dieser Tag sein letzter geworden. Wäre er in den Sielen gestorben, wie es in solchen Fällen gern verklärend heißt. Die Situation in seinem Büro kann Bissinger genauer beschreiben als seinen seelischen Zustand am 5. März, weil der Schlaganfall eine körperliche Enderfahrung war. *Near death*, nicht *sudden death*. »Mir wurde schlecht, ich konnte während eines Gesprächs plötzlich den Telefonhörer nicht mehr halten, der fiel runter, und das hörte meine Sekretärin.«

Als sie ins Zimmer stürzt, liegt ihr Chef zusammengesunken über dem Schreibtisch. Sein Hund schleckt die linke Hand, die schlaff herunterhängt. Bissinger ist ansprechbar, und er kann auch sprechen, wie man gleich hören wird. Heinke Rauen will einen Notarzt rufen, er haut mit einer Faust auf den Tisch und brüllt, er werde sie entlassen, falls sie das mache. Das ist ihr egal. Ihre Sturheit ist seine Rettung, denn das nächstgelegene Krankenhaus hat eine spezielle Abteilung für Schlaganfälle, und die Ärzte dort deuten die Symptome richtig und legen ihn sofort an Schläuche unter ein Sauerstoffzelt.

Falls es ihn dennoch erwischt hätte, wäre »Die Woche« schon damals eingestellt worden mit der nachvollziehbaren Erklärung, ohne den Gründer und geistigen Vater habe es wohl keinen Sinn mehr, noch weiterzumachen. Manfred Bissinger aber erholt sich von dem Schlag. Bereits zwei Wochen nach dem Anfall, der ihn zeitweise gelähmt ließ, schreibt er in seinem Blatt auf Seite zwei ganz offen über das, was ihm geschehen war, denn es war keine Schande, nur ein Schlag, und meldet sich so öffentlich zurück. Ich bin noch da, diktiert er sinngemäß, denn die Arme kann er nicht bewegen, ich lebe noch. Schreibt mich nicht zu früh ab.

Sein Freund Gerhard Schröder besucht ihn im Krankenhaus, und auch Günter Grass war gekommen und noch so mancher von denen, die Bissinger ein Leben lang begleitete. »Es war eine existenzielle Erfahrung, anfangs nicht mehr ohne Hilfe stehen zu können, gehen zu können, essen zu können, mich waschen zu können, also angewiesen zu sein auf andere. Es ging um meine Existenz, aber mein Wunsch, möglichst schnell wieder arbeiten zu können, war ebenso existenziell und half mir beim Weg zurück.«

Was ihn gerettet hat, weil es bei Schlaganfällen ja häufig nicht nur um die Lähmung des Körpers geht, sondern auch um eine gelähmte Seele, war der unbedingte Wille, sein schwaches Kind vor den Erlkönigen zu retten. Bissinger war schon deshalb wieder gesund geworden. Konnte sich bewegen und konnte reden und konnte also noch kämpfen. Er sah ein wenig bleicher aus als sonst, hatte Gewicht verloren, was ihm aber gut zu Gesicht stand, und griff nicht mehr allabendlich zur Zigarre.

An diesem Morgen aber ist der Kampf zu Ende. Er geht aus der Tiefgarage hinüber zur Heinrich-Heine-Villa und steigt die zwei Treppen rauf ins Büro seines Verlegers, und es ist ein verdammt schwerer Gang.

Als der erwartete Satz fällt, da fällt ihm eine Last von der Seele. Sagt er. Er fühlt sich nicht mehr neben sich, sondern mit sich wieder eins. »Das Quälende, nicht zu wissen, ob es weitergeht oder nicht, wenigstens das war endlich vorbei.« Er verabredet mit Thomas Ganske einen gemeinsamen Auftritt in der ja noch ahnungslosen Redaktion, so gegen zehn Uhr, und dann geht er raus und geht in den grauen Morgen, zieht den Mantelkragen hoch und läuft an der Alster entlang bis zum Restaurant »Paolino«, wo er vor knapp anderthalb Jahren mit vielen Gästen und viel Optimismus seinen sechzigsten Geburtstag gefeiert hat.

Als er dort ankommt und auf dem Bootssteg steht, ruft er seine Frau an, und anschließend nimmt er ein Taxi und fährt zur »Woche«. Vor der geschockten Redaktion steht er bleich und gestattet sich keine einzige Träne. Er hält seine letzte Konferenz. Neben ihm der Verleger verspricht großzügige Regelung aller Ansprüche, aber das ist in einem solchen Moment kein Trost.

Der eigentliche Tiefpunkt, der Sturz ins Bodenlose, kam erst nach einigen Wochen, denn Bissinger war beschäftigt mit der Abwicklung laufender Projekte, mit der selbst gestellten Aufgabe, für möglichst viele Mitbewohner seines für den Abriss bestimmten Hauses ein neues Zuhause zu finden. Dann hat er sich durch die Talkshows schieben lassen, obwohl er hätte absagen können, aber wer will darüber heute urteilen. Hat sich immer wieder fragen lassen müssen, woran es denn gelegen habe, dass es mit der »Woche« nicht geklappt hat. Er spricht in seinen Antworten stets die üblichen Verdächtigen an. Der Markt. Die Wirtschaftslage. Die Leser.

Erst als sich keiner mehr für die »Woche« interessiert, merkt Bissinger, dass er seine Plattform verloren hat, sein Forum. Dass er in Zeitungen, die kleiner sind als die der WAZ-Gruppe, zwar

Kolumnen schreiben kann und dass er zu den Beratern Gerhard Schröders gehört und dass er als einer der Geschäftsführer des Jahreszeiten-Verlages, zuständig für Kundenzeitschriften, keine Sorge vor dem Kontoauszug am Monatsende haben muss, doch dass dies alles kein Ersatz sein kann für den verlorenen Traum. Der Journalist, der stets Täter war und nie nur Beobachter, der keine stille Reportage hätte schreiben können über Weihnachten auf dem Stellwerk, aber einen lauten Kommentar, falls einer dem Stellwerkswärter die Weihnachtszulage gestrichen hätte, wirkt nach außen dennoch gelassen.

Aber das ist nur seine Form von Resignation. Die hat er für sich halt finden müssen. Es musste ja weitergehen. Denn in seinem Kalender kreuzt er jedes Jahr den 5. März an, an dem morgens kurz nach acht Uhr sein Tag danach begann. Solange er dies macht, wird der nicht enden.

Der Weglacher

Norbert Blüm. Dass jede Niederlage ein Waisenkind ist, wusste er vorher schon. Für die Erkenntnis hätte es den Misserfolg vom 27. September 1998 nicht bedurft. Kurz nach sechzehn Uhr war Norbert Blüm an diesem Sonntag im Kanzleramt am Rhein eingetroffen. Die Plastik von Henry Moore, aufgestellt von einem Vorgänger des amtierenden Kanzlers, würdigte er keines Blickes. Die hatte er oft genug gesehen. Bald würde er sie nicht mehr so oft sehen.

Im Arbeitszimmer von Helmut Kohl saßen die letzten Getreuen des schwarzen Übervaters, der ganz ruhig schien, fast abgeklärt. Die von seiner bevorzugt italienisch tafelnden Runde waren da, auch Kanzleramtschef Friedrich Bohl, des Chefs liebste Sekretärin Juliane Weber und der CDU-Fraktionsvorsitzende Wolfgang Schäuble.

Sie versuchten mit dünnen Scherzen ihrer Nervosität Herr zu werden oder erzählten, was ihnen morgens auf dem Weg in ihr Wahllokal aufgefallen war und welchen Inhalt die Predigt in der Messe gehabt hatte, und überhaupt würde es doch auch morgen noch ein Leben für sie geben. Kohl hörte ihnen zu und gab ansonsten keinen Kommentar ab. »Ich hab den Alten für diese Gelassenheit bewundert«, sagt Norbert Blüm und beschreibt so den Rahmen für ein Bild, das er im Gedächtnis behalten hat.

Gegen siebzehn Uhr geht Kohl aus dem Kanzleramt hinüber in seine Privaträume, wo seine Familie auf ihn wartet. Was da besprochen wird, erfährt Blüm nicht. Doch sicher ist, dass um diese Zeit der Kanzler mehr weiß als die anderen. Nicht nur ahnt, dass er verloren haben könnte, sondern seiner Niederlage bereits sicher ist. Da muss er sich endgültig entschlossen haben, für das Waisenkind die Vaterschaft zu übernehmen, denn als er zurückkommt, hat er einen kleinen Spickzettel in der Hand, und auf dem stehen schon ein paar Zahlen.

Scheinbar ungerührt notiert sich der Aufsteiger aus Oggersheim eine Stunde später die Prognosen der TV-Sender mit dem wahrscheinlichen Ergebnis der Bundestagswahl, vergleicht sie mit Zahlen auf dem Zettel, die er im Laufe des Nachmittags vom Presseamt bekommen hat, dann mit der ersten Hochrechnung, die jede Hoffnung auf eine Wende in letzter Minute erstickt. Alle reden auf ihn ein, auch Blüm. Er weiß heute nicht mehr, was er alles sagte, aber er weiß, was dann geschah. Der amtierende, soeben abgewählte Kanzler der Bundesrepublik Deutschland erhebt sich kurz nach achtzehn Uhr und macht sich auf den Weg Richtung Adenauerhaus in die CDU-Parteizentrale, wo Hunderte von Reportern und Kameraleuten und Fotografen warten.

Die meisten von denen, sagt Norbert Blüm, der mit Kohl ging, hätten eine gewisse Zufriedenheit über den Wahlausgang nicht verbergen können. Er erinnert sich sehr genau an die Fragen der Journalisten, die alle »irgendwie trieften vor einer gewissen Schadenfreude, auch die von denen, die uns lange nahe standen«.

Kohl geht aufs Podium. Stellt sich der Meute. Neben ihm steht seine Frau Hannelore, steht Bohl, steht Blüm. Von anderen wie Volker Rühe oder Wolfgang Schäuble sei schon nichts mehr zu sehen gewesen, als der Machtwechsel feststand und der Mann, der sechzehn Jahre lang unbesiegbar war, seine Niederlage eingestand. Sachlich und knapp, ohne seiner üblichen Lust nachzugeben, auf die verhassten Sozen zu schimpfen, die strahlenden Sieger von heute. Er lädt das Waisenkind auf seine Schultern und lehnt alle Angebote ab, ihm beim Tragen der Niederlage zu helfen. »Das hätte ich so nicht gebracht«, meint Blüm.

Der Auftritt dauert etwa eine halbe Stunde, danach lässt das mediale Interesse an den Abgewählten schlagartig nach. Ein paar Häuser weiter gibt es bessere Bilder zu drehen, bessere Sätze einzufangen. Die von den Siegern. Die Verlierer ziehen sich zurück ins Zentrum der gerade verlorenen Macht, ins Kanzleramt.

Dass sie diese Wahl verlieren würden, ahnte CDU-Urgestein Blüm seit Mitte August. Tatsächliche Belege dafür konnte er zwar nicht festmachen, die Umfragen sagten immer noch ein Kopf-an-Kopf-Rennen voraus. Aber er spürte es, auch wenn er und die anderen christdemokratischen Spitzenpolitiker es nicht fassen konnten und in Worte schon gar nicht, dass ihre Zeit abgelaufen war. Es lag in der Luft, es roch nach *golden days before they end*, wenn sie in den Wochen zuvor auf ihre Wahlversammlungen zogen. Sie alle hatten das Gefühl, auf einer Abschiedstournee zu sein, aber sie vertrieben draußen diese Stimmung durch markige Worte.

Mehr als hundert solcher Auftritte hat Blüm hinter sich, er konnte sich am Ende selbst nicht mehr hören, hatte alles schon ein Dutzend Mal gesagt und musste immer noch so tun, als sei das, was er redete, für ihn so neu wie für die erwartungsvolle Schar der jeweiligen Zuhörer da oder dort.

Nun endlich war es vorbei. Nun ließ es sich in Worte fassen. Worte der Anerkennung für den Sieger. Worte des Dankes an die eigenen Wähler, Worte des Trostes für die engsten Mitarbeiter, Worte des Trotzes in der Tafelrunde. In der Nacht nach der verlorenen Wahl heben sie da mit Kohl die Gläser und lachen wie Schuljungs, die gerade ein Auswärtsspiel verloren haben, aber noch ein Rückspiel vor sich haben, in dem sie alles wenden können.

Bohl hält eine kurze Rede, nicht mehr so ganz nüchtern, dann geht ein jeder nach Hause, müde und erschöpft und gleichzeitig erleichtert. Jeder weiß, es wird kein Rückspiel stattfinden. Es hat nur ein einziges Match gegeben. Gut habe er geschlafen in dieser Nacht, betont Blüm, ohne Nachtgedanken der quälenden Art. War einfach zu erschöpft von der Schlacht, und leicht hätte er den eigentlichen Tag danach verschlafen können.

Die Ereignisse dieser Nacht, die Gerhard Schröder zum Kanzler machte, sind wichtige Momente in der politischen Biografie des ehemaligen Bundesministers für Arbeit und Soziales Norbert Blüm, die er nicht vergessen kann. Obwohl er immer wieder betont, dieses Gefühl, verloren zu haben, sei ihm ja nicht fremd gewesen. War ja nicht seine erste Niederlage in seiner Laufbahn als Politiker.

Vielleicht war es deshalb nicht so sehr die Entscheidung für Rot-Grün, die spätestens um neunzehn Uhr feststand, vielleicht war es das Warten nach dem Gong, nach der Schließung der Wahllokale um achtzehn Uhr, was ihn nervte. Mit einem Boxkampf, »froh, dass es vorbei ist, ausgepumpt in der Ecke sitzend, gespannt auf das Urteil der Punktrichter«, vergleicht er, was in ihm ablief.

Norbert Blüm hat die Macht immer für eine vorübergehende Lebensgefährtin gehalten. Sagt er. War immer tief überzeugt davon, dass es den Moment geben würde, in dem er sie loslassen müsste. Sagt er. War deshalb auf einen solchen Abschied wie diesen hier im September 1998 stets vorbereitet. Erzählt er. Das ging so weit, dass er vor Kabinettssitzungen, in denen es um Grundsätzliches ging, um Richtungswechsel, die ihn hätten erschüttern können in seinem ganz persönlichen politischen Koordinatensystem, ein Rücktrittsgesuch in der Brieftasche mit sich trug, immer mit dem aktuellen Datum versehen.

Da die in solchen Schreiben üblichen Zeilen »Sehr geehrter Herr Bundeskanzler, hiermit bitte ich ...« stets den gleichen Wortlaut hatten, weil das nun mal die vorgeschriebene Form war, musste er nur das jeweilige Datum auf den neuesten Stand bringen. Benutzt hat er den Musterbrief nie, auch niemals verbal mit Rücktritt gedroht. »Man tut es, oder man lässt es.«

Seit jenem Tag der Niederlage im September sind sieben Jahre vergangen. Er sitzt im Souterrain eines Bungalows, in dem auch ein Anwalt sein Büro eingerichtet hat, und strahlt Gelassenheit aus. Die ist nicht aufgesetzt, die kommt von innen. Der Mann, der genauso aussieht, wie er in Talkshows aussieht – klein, rund, verschmitzt –, ist mit sich im Reinen, ganz besonders deshalb, weil Weggefährten wie Kohl ihn nicht mehr kennen wollen, was ihn im Glauben bestätigt, recht gehandelt zu haben.

An der Wand dominiert ein Kreuz, daneben hängen zwei Fotos. Eines zeigt die Werkstatt seines Vaters, und zu sehen ist ein ungeordnetes Chaos, das aber einer immer durchschaute, der fand, was er suchte, eben sein Vater. Sohn Norbert sieht es immer dann, wenn er vom Schreibtisch den Blick hebt. Er lädt ein zur tiefenpsychologischen Interpretation, warum ausgerechnet dieses Foto da hängt. Dass in jedem Chaos, betrachtet man es nur lange genug, eine Ordnung zu erkennen ist? Könnte man so sehen, sagt Norbert Blüm.

Auf dem anderen Foto erkenne ich das Portrait des einst berühmten katholischen Soziallehrers und Intellektuellen Oswald von Nell-Breuning, der sich nur vor dem Einen in Demut beugte und dessen Sätze nie in Frage stellte. Woher ich wisse, wie Nell-Breuning ausgesehen hat, fragt Blüm überrascht, denn als Diener des Herrn habe er mich bisher nicht so recht eingeschätzt.

Er hat mir geholfen, als ich zu schreiben begann, erzähle ich ihm, und er genießt die Rolle des Zuhörers, die eigentlich ja meine ist. Immer dann, wenn bei einem bestimmten Chefredakteur einer bestimmten Zeitung in einer bestimmten katholischen Großstadt ein ganz bestimmter angeblich zu harter Satz Missmut erregte und er anhob, den zu streichen, wies ich darauf hin, dass ich wohl vergessen haben müsste, in Klammern die Quelle des radikalen Gedankens zu nennen. Es handele sich um ein Zitat des berühmten Jesuiten Oswald von Nell-Breuning. Daraufhin blieb der Satz stehen, und nie wurde geprüft, ob meine Behauptung auch stimmte. Sie stimmte nie, aber da der Jesuit so viel geschrieben und dabei auf keine aktuelle Heilslehre Rücksicht genommen hatte, hätte das Zitat tatsächlich auch von ihm stammen können.

Da lacht der Blüm. Wenn er lacht, sieht er aus, als sei die Zeit stehen geblieben, denn so hat er immer gelacht, auch in jenen

Zeiten. Vielleicht hat er damals schon begonnen, sich eine neue Rolle zu suchen. Die des Weglachers.

Am Morgen nach der verlorenen Wahl, am Montag, treffen sich die CDU-Granden in der Vorstandssitzung. Es sei viel geschwätzt worden, sagt Norbert Blüm, hat aber keine Ahnung mehr, was und von wem hauptsächlich. Ist auch unwichtig, keiner weiteren Nachrede mehr wert. Eigentlich ging es ihm nicht schlecht, eigentlich hatte er nicht mal Lust zu trauern, denn das Waisenkind Niederlage war ihm persönlich ein ständiger vertrauter Begleiter, seit er in die Politik gegangen war. Machtverlust war Teil des Spiels, das er so lange mitgespielt hatte, gehörte eben dazu.

Woran er sich sehr gut erinnert, sind die Kleinigkeiten, die ihm auffielen an diesem Tag danach, dem 28. September 1998. Das Gesicht des Pförtners zum Beispiel, der nicht so recht wusste, ob er eine Leidensmiene aufsetzen sollte, als sein wie immer fröhlich anmutender Minister das Amt betrat, oder lieber so tun, als sei es nicht weiter schlimm. Oder die gedrückte Stimmung im Ministerbüro, die verweinten Augen seiner Sekretärinnen, die niedergeschlagene Haltung seiner Referenten. Die hatten viel mehr Anlass zur Sorge, ja zur Trauer, zur Angst vor der Zukunft, denn die würden viel mehr verlieren als er, der abgewählte Minister. »Ich hatte ja nur das Amt verloren, die aber fürchteten um ihre berufliche Existenz.« Wo sollten die landen, wer würde die denn nehmen? Die neuen Herren würden ihre eigenen Leute mitbringen, so wie sie damals 1982 ihre eigenen Leute mitgebracht hatten.

Was wird aus meinem Fahrer? Und was geschieht mit den Leibwächtern? Da kamen wieder mal Nell-Breunings Gedanken ins Spiel, denn Norbert Blüm leckte nicht die eigenen Wunden, sondern kümmerte sich um die der anderen. Empfahl seinem Nachfolger Walter Riester, den er aus vielen politischen Auseinandersetzungen kannte, Gewerkschafter wie er, seinen Fahrer. Der sei ein guter, ein loyaler, ein treuer Mann. Rief bei VW-Arbeitsdirektor Peter Hartz an, dem bekennenden Schröder-Freund, damals noch weitgehend unbekannt im Volk, das einmal in Demonstrationen seinen Namen verwünschen würde, und legte dem einen seiner Leibwächter ans Herz. Der Mann ist heute noch bei VW in Wolfsburg. Hartz nicht mehr.

Mit seinem Fahrer und seinen Leibwächtern hat er nach wie vor einen ganz intensiven, ganz besonderen Kontakt. Aus Langeweile erfunden bei langen Dienstfahrten und geboren aus Blüms Lust am praktischen Blödsinn, hatte der Herr Minister mit denen einst einen »Vico-Torriani-Gedächtnisverein« gegründet. Einziger Zweck des merkwürdigen Männerbundes, der selbstverständlich, wie es sich für einen deutschen Verein ziemte, eine Satzung hatte und einen Kassenwart und einen Vorsitzenden, war die Pflege des Liedguts von Vico Torriani. Da kaum jemand im nüchternen Zustand dessen Lieder singt, sprechen sie zunächst edlen Tropfen zu, bevor sie singen. Die Jahrestreffen sind eine gesellschaftliche Verpflichtung, der sich kein Vereinsmitglied entzieht. Ohne Macht sind sie eh alle gleich und können über ihre Termine selbst bestimmen.

Allen Anrufern, die ihn am Tag nach der verlorenen Wahl trösten wollten und dies mit Grabesstimme, lachte Blüm die Grabesstimme weg. Er fühlte sich zwar physisch ausgelaugt, aber nun keineswegs tödlich verwundet, nur weil es mit dem Ministeramt vorbei war. Andere brachten Blumen. Solche Typen, sagt er lakonisch, die »kannte ich ja zur Genüge. In der einen Hand die Blumen, in der anderen das Messer, auf der Suche nach einer weichen Stelle in mir, in die sie es hineinstoßen konnten.«

In seinem Urteil fühlte er sich erst recht bestätigt, als ihm auffiel, dass es genau diese Typen waren, die sich schnell um die nächste Ecke drückten, wenn sie ihn sahen, den Mann ohne Macht, genau die Typen, die sich früher am liebsten in der Reihe hinten noch einmal anstellten, um ihm bei Empfängen noch einmal die Hand zu schütteln.

An jenem Tag danach war er noch per Dienstwagen ins Ministerium gekommen, doch den gab er korrekt und sich seiner

Pflicht bewusst am Ende des Tages ab. Blieb allerdings ein wenig ratlos zurück: Wie sollte er jetzt nach Hause kommen, hinter Königswinter rauf ins Siebengebirge? Taxi nehmen? Sein Staatssekretär nahm ihn in seinem Privatwagen mit.

So schnell wie an diesem Tag ging es aber dann doch nicht mit dem Abschied von der Macht und dem neuen Leben ohne sie. Der Sonderparteitag der CDU musste vorbereitet werden. Blüm saß nicht nur im Präsidium der Bundespartei, er war auch noch Vorsitzender des Landesverbandes Nordrhein-Westfalen. Ein mächtiger Strippenzieher also, wenigstens das, nach wie vor. Schäuble wurde zum Nachfolger des nachtragenden Kanzlers gewählt, was der nicht so gerne sah, denn der protestantisch-kühle Mann im Rollstuhl, der für Kohl die Kärrnerarbeit geleistet hatte, war längst aus seinem Schatten gewachsen, und Kohl mochte grundsätzlich keinen, der ihm die Show stahl.

Viele CDU-Funktionäre glaubten außerdem, dass sie mit einem Kandidaten Schäuble statt des Kandidaten Kohl bei den Wahlen noch eine Chance gegen Schröder gehabt hätten, wohl ihre einzige, weil Schäuble zwar zum System Kohl gehörte, aber die Wähler nach sechzehn Jahren nicht unbedingt die CDU hatten loswerden wollen, sondern eher deren großen Zampano. Kohl fühlte sich dadurch persönlich beleidigt, die souveräne Haltung, die er in der Wahlnacht zeigte, hatte er wieder abgestreift und war in seine alte Haut zurückgeschlüpft.

Aber Kohl und Schäuble gingen nach außen professionell miteinander um und demonstrierten Einigkeit nach dem Wechsel an der Parteispitze. Die Beziehung sei erst abgebrochen worden, erinnert sich Blüm, der dabei war, als es geschah, als in einer Krisensitzung Schäuble seinen Vorgänger als CDU-Chef dringend aufforderte, endlich die Namen der Schwarzgeldspender zu nennen, um noch größeren Schaden als bereits geschehen von der Partei abzuwenden. Da habe Helmut Kohl nur einmal quer über den Tisch gebrüllt, etwa sinngemäß so: »Du sei mal ganz ruhig, Wolfgang, du hast Leichen im Keller, die sind viel größer als meine.«

Er meinte vermutlich die Umstände, die dann zum Rücktritt Schäubles führten, die 100 000-Mark-Spende des Waffenhändlers Schreiber und die später aufgetauchten Behauptungen der Schatzmeisterin Baumeister über die Rolle, die Schäuble dabei gespielt habe. Solche Lächerlichkeiten allerdings, falls er denn nur die mit den Leichen im Keller gemeint haben sollte, hätte ein Kohl zu seinen guten Zeiten locker ausgesessen, während sein Nachfolger darüber stürzte. Eben das mache den Unterschied aus, höhnte der Alte deshalb anschließend bei jeder Gelegenheit.

Die Schwarzgeldaffäre führte auch zum Bruch zwischen Kohl und Blüm. Als Manfred Kanther dreist behauptete, jüdische Emigranten hätten das Geld für die schwarzen Kassen der hessischen CDU gespendet, vergaß der getreue Knappe Norbert die bisher geübte Parteidisziplin. Denn das war »nicht nur eine gewaltige Lüge, mit dieser Falschaussage war ein Tabu gebrochen worden, moralisch nicht mehr zu vertreten«. Und das passte nicht in sein politisches Koordinatensystem.

Blüm tobte in einer Präsidiumssitzung über diese politische und menschliche Schweinerei, unverzeihlich vor dem Hintergrund deutscher Geschichte, er ging seinen ehemaligen Chef, den er so bewundert hatte in der Stunde der Niederlage am 27. September 1998, direkt an und fragte anklagend, wie er, Norbert Blüm, Sozialexperte, Katholik, Kämpfer für die kleinen Leute, denn noch einem CDU-Wähler erklären solle, dass ein Schwarzarbeiter die Rentenkassen schädige, wenn der wiederum nur kontern müsse, wie es denn mit dem Boss und seinen schwarzen Kassen sei?

Das hat Kohl ihm nie verziehen. Einmal noch hat Blüm versucht, mit ihm zu sprechen, hat angerufen im Büro des ehemaligen Kanzlers. Juliane Weber wimmelte ihn ab, man werde ihn zurückrufen, im Moment sei ihr Chef nicht da. Im Hintergrund hörte Blüm ihn sprechen, denn die Stimme, die kannte er nun ja wirklich und hätte sie unter Tausenden erkannt. Auf den Rückruf, der nie erfolgte, wartet Blüm nicht mehr. Und dass Kohl ihn meint, wenn er dunkel raunend von mediokren Gestalten spricht, denen er vorwirft, die Hand zu beißen, die sie gefüttert hat, lacht er wieder nur weg.

Blüm ist ein überzeugender Weglacher. Es kommt von tief drinnen und klingt nie falsch, und seine Augen lachen stets mit. Er sei, sagt er, kein geborener Sieger, sondern ein gelernter Verlierer. Die haben keine Angst vor den Tagen danach.

Der Klavierspieler

Bettina Borg. Eines Abends kam ihr Mann früher nach Hause als gewöhnlich. Sie hatte ihn nicht erwartet. Überhaupt hatte sie sich längst abgewöhnt, ihn zu erwarten, und sich im nur selten noch gemeinsamen Leben ein eigenes eingerichtet. Für die Außenwelt hielten beide die Fassade einer gutbürgerlichen Ehe aufrecht. Wenn sie bei Festen ihrer Freunde eingeladen waren, traten sie dort selbstverständlich als Paar auf. Schon auf dem Weg zurück jedoch herrschte wieder Schweigen zwischen ihnen. Zu Hause angekommen, ging jeder seines Weges. Die Villa, die sie bewohnten, war dafür groß genug. Seit die Kinder erwachsen waren und in einer anderen Stadt lebten, bot sie genügend Raum, um einander auszuweichen, tagsüber sowieso, weil beide in ihren Berufen gefordert waren, aber auch nachts.

Solches Verhalten allein wäre noch keine Geschichte wert, denn in vielen Ehen, die bereits länger dauern als die laut Statistik üblichen sechs Jahre, gehört Schweigen zum alltäglichen Überlebensmittel. »Man schweigt sich nicht nur an, man schweigt sich aus und vermeidet es so, unangenehme Wahrheiten aussprechen zu müssen, nach deren Offenlegung die Ehe am Ende wäre« (Bettina Borg).

An jenem Abend, an dem er früher nach Hause kam, stand sie gerade in der Küche. Sie sah ihn nicht. Sie hörte ihn, als er die Tür öffnete, denn das Schloss klemmte schon lange. Aber Bettina Borg schaute nicht auf. Wahrscheinlich war er nur gekommen, weil er noch einen anderen Termin hatte und sich für den umziehen wollte. Bis vor zehn Jahren hatte sie ihn an solchen Abenden bedauert, dass er so spät noch arbeiten musste, und sich gefreut, dass er wenigstens vorbeigekommen war, um seinen Kindern Gute Nacht zu sagen.

Dann hatte sie von einer nahen Freundin erfahren, dass er an bestimmten Abenden nicht auf einen Sprung zurückfuhr in seine Kanzlei, sondern auf einen Seitensprung zu seiner Geliebten. Als sie ihn zur Rede stellte, gab er alles ohne zu zögern zu. Weigerte sich aber, das Verhältnis zu beenden. Er brauche diese andere Frau, weil die so anders sei als sie, doch sie brauche er auch. An Scheidung habe er deshalb nie gedacht. Zeigte keine Reue, im Gegenteil. Drohte ihr, falls sie sich dennoch scheiden lassen wolle, müsse sie sich auf einen Rosenkrieg gefasst machen. Er war Anwalt und wusste genau, womit er seiner Frau Bettina Angst machen konnte. Sie schrie ihn an und warf mit Büchern und mit Porzellan und goss Whisky über die Tasten seines Klaviers und heulte, und am anderen Tag fuhr sie zu ihren Eltern.

Doch sie kehrte zurück in das gemeinsame Haus. Ihre beiden Töchter und der Sohn brauchten den Vater. Ihr Mann war ein guter Vater, die Kinder liebten ihn, und diese Liebe wollte sie nicht zerstören, so wie er ihre zerstört hatte. Man traf ein Arrangement unter Erwachsenen, das seitdem galt. Keine Fragen, keine Lügen. Im Laufe der Zeit hatte auch sie sich damit abgefunden. Die Nächte, in denen sie schlaflos verzweifelt war, wurden seltener. Irgendwann schlief sie wieder durch, und manchmal schlief auch sie nicht allein. Freute sich jeden Tag auf ihre Arbeit als Kuratorin in der Staatlichen Gemäldesammlung.

Es ist also erklärbar, dass sie sich um seine unerwartet frühe Heimkehr an diesem Abend nicht weiter kümmerte, sondern in der Küche blieb. Auf einem Beistelltisch neben dem Herd lag die Kunstmarkt-Seite der FAZ, in der sie las, wenn sie nicht gerade ihren Löffel in den Topf tauchte, um die Suppe abzuschmecken, die sie für sich zubereitete. Im Unterbewussten wartete sie wohl auch auf das Geräusch, mit dem die Haustür wieder hinter ihrem Mann zufallen würde.

Doch die Geräusche, die sie hört, klingen ganz anders. Es sind vertraute Töne. Die verblüffen sie. Sie dreht den Schalter am Herd auf die niedrigste Stufe und geht nach nebenan in den Salon. Was sie in dem Moment sieht und was dann passiert, behält sie für den Rest ihres Lebens im Kopf. Ihr Mann sitzt am Klavier und spielt den Valse triste von Sibelius, wie sie automatisch registriert. In ihrer gemeinsamen Liebe zur Musik hatten sie sich einst ineinander verliebt. Ein solches Bild von ihrem Mann hatte sie zwar immer vor Augen, seit sie ihn vor dreißig Jahren zum ersten Mal gesehen hatte, am Klavier sitzend und damals Chopin spielend, aber von nun an wird es für immer genau dieses Bild sein, das sie jetzt in diesem Augenblick vor sich hat.

Er blickt auf, unterbricht sein Spiel, lässt die Hände sinken und sagt in einem beiläufigen Ton: »Ich habe einen Tumor im Hirn.« Legt dann den Kopf in den Nacken, schließt die Augen, setzt die Hände wieder auf die Tasten und spielt weiter. Seine Frau rennt raus, geht in ihr Zimmer, schließt sich ein und beginnt zu weinen.

Sie hat gar nicht erst gefragt, woher er das wisse und ob das sicher sei und warum er ihr nichts von einem Arzttermin gesagt habe. Sie weiß, wie er ist. Bevor nicht alle anderen Möglichkeiten ausgeschlossen sind, würde er so etwas wie einen Gehirntumor nie als Tatsache einfach behaupten. So arbeitete er als Anwalt, so war er auch im normalen Alltagsleben. In dem Moment, da sie weinend auf ihrem Bett liegt, beginnt deshalb ihr Tag danach, der ihr Leben ändern wird.

Zwar weint sie gleichzeitig auch über viele vergangene Jahre, aber daran denkt sie nicht, für Interpretationen der psychosomatischen Art hat sie keine Zeit mehr. Seine Zeit wird von diesem Abend an verrinnen, und seine Zeit ist von nun an auch ihre Zeit. Sie beschließt, ab sofort nichts mehr ernst zu nehmen von dem, was sie bisher so ernst genommen hatte. Seine Freundinnen. Seine erfundenen Geschichten über Referate auf irgendeinem Juristenkongress irgendwo und immer weit weg von der Stadt, in der sie lebten.

Sie geht wieder runter, setzt sich neben ihn ans Klavier, sie spielen vierhändig wie früher, als beide noch blind die richtigen Töne trafen. Dann nimmt sie ihn in ihre Arme, hält ihn lange fest, ohne zu reden, bis auch er zu weinen beginnt und gar nicht mehr aufhört, sie steht auf, zieht ihn hoch, führt ihn die Treppe rauf, und sie lieben sich, wie sie sich seit Jahren nicht mehr geliebt hatten. So wollten sie das Leben festhalten.

Sie setzt ihre Vorsätze in die Tat um. Sie lebt sein Leben für ihn mit und hofft, dass sie es dadurch noch ein wenig verlängert. Sie fragt nicht, wo er war, wenn er nachts nicht nach Hause kommt, denn sie weiß es eh. Er hat die Nacht bei der anderen Frau verbracht. Auch jetzt will er von der nicht lassen. Sie trifft die andere zum ersten Mal, als sie ins Krankenhaus fährt, nachdem ihm die Ärzte auf sein eigenes Risiko die Schädeldecke geöffnet, aber den Tumor nicht entfernt hatten. Der war nicht mehr operabel. Die andere Frau kommt gerade aus seinem Zimmer raus, als sie aus dem Fahrstuhl tritt. Das war der einzige Moment, sagt sie, in dem sie am liebsten umgekehrt wäre und ihn ihr überlassen hätte oder sie ihm, wie immer man das sehen mag.

Aber er war wohl doch die Liebe ihres Lebens, und jetzt, da ihn das Leben verließ, konnte sie mit dieser Liebe wieder leben. Jetzt wollte sie diese Liebe festhalten, solange es nur irgendwie ging.

Der Tumor drückte. Seine Kopfschmerzen wurden unerträglich, und die schweren Mittel, die ihm dagegen verschrieben wurden, nahmen zwar die Schmerzen, doch sie machten ihn depressiv. Einer ihrer Jugendfreunde war Heilpraktiker geworden. Sie erzählte ihm davon, und der hatte einen guten teuren Rat parat: Cannabis. Würde nicht nur gegen die Schmerzen helfen, sondern hätte garantiert auch keine depressiven Nebenwirkungen, und die Folgen von Cannabis auf lange Sicht, die spielten in dem Fall ihres Mannes nun wirklich keine Rolle mehr. Er besorgte ihr von da an regelmäßig das Kraut, das dann abends ihr Mann rauchte und wovon er wie berauscht selig einschlief.

Manchmal rauchte sie mit, und dann flog auch sie davon, und ihre Tränen glitzerten wie Goldstaub, was natürlich ein schwachsinniger Vergleich ist, wie sie nüchtern gerne zugibt, aber im Zustand der Euphorie sei es ihr nun mal so vorgekommen.

Die erwachsenen Kinder verbringen die verbleibenden Tage seines Lebens am Bett ihres Vaters. Er ist zu schwach, um noch aufzustehen, geschweige denn, um Klavier zu spielen. Das letzte Foto zeigt einen fröhlich lachenden Mann mit eingefallenen Gesichtszügen und einem Blick, der schon aus der Ferne kommt. Sie rauchen zusammen mit ihm das Kraut, das ihm gut tut. Schlafen alle auf dem großen Bett ein. Am Morgen wacht Bettina Borg als Erste auf, schüttelt sich den vermeintlichen Goldstaub aus den Augen und greift nach der Hand ihres Mannes. Die ist kalt. Der Klavierspieler hat seinen Traum nicht mehr verlassen müssen, er ist dort geblieben am Ende des Regenbogens.

Zur Beerdigung kommt auch seine Geliebte, aber Bettina Borg sagt nichts und macht auch keine Szene. Wochen später trifft sie die Frau am Grab, als sie eine Rose niederlegt. »Ich möchte Sie nie wieder am Grab meines Mannes sehen«, sagt sie und betont die beiden Wörter *meines Mannes*. Dann bleibt sie stehen und wartet, bis sie die andere Frau am Ende der Allee nicht mehr erkennen kann.

Die schöne Elisabeth

Frank Elstner. Ausgerechnet in einem Biotop des Zölibats, wo die Warnung vor Sinnlichkeit und Lust und Liebe zur täglichen Düngung der Heranwachsenden gehörte, veränderte sich über Nacht das Leben des Zöglings Tim Maria Franz Elstner. Katholische Patres im badischen Rastatt sind schuld daran, dass aus ihm nicht das wurde, was er ihrer Meinung nach werden sollte.

Sondern das, was bekanntlich aus ihm wurde: der bekannte Frank Elstner, damals nach einem seiner drei Taufnamen Tim Maria Franz nur kurz Tim genannt.

Heute wäre Elstners Erwachen keine Geschichte, nicht mal eine Anekdote wert, würden selbst katholische Priester darüber lachen, aber in den fünfziger Jahren des vergangenen Jahrhunderts galten allgemein – und nicht nur in katholischen Internaten – ganz andere, heute als unvorstellbar spießig geltende Moralvorstellungen.

Tim Maria Franz hatte aber schon damals sofort begriffen, was ihm widerfuhr. Bis dahin nahm er jeden Tag, wie er kam, und wenn der nichts Aufregendes brachte, wartete er halt auf den nächsten. An dem Tag, von dem er erzählen wird, überkam ihn die Erleuchtung. Es war eine andere als die in den Fürbitten während der Messen täglich erflehte.

Die Ereignisse zu schildern ginge in einem Film einfacher. Die Vergangenheit würde aus der langsam verdämmernden aktuellen Einstellung aufsteigen, in der Frank Elstner mit mir im Garten in Baden-Baden sitzt, als ich ihn frage: Und wie hieß das Mädchen?

Rückblende also.

Der Schüler Tim Maria Franz berechtigte zu gewissen Hoffnungen, als ihn seine Eltern im Sommer 1954 von Baden-Baden, wo sie wohnten, auf ein katholisches Internat in Rastatt gegeben hatten, auf Gottes Güte vertrauend. Seine Leistungen im örtlichen Markgraf-Ludwig-Gymnasium verdienten das Prädikat mäßig, doch das allein war nicht der Grund, ihn den Priestern anzuvertrauen. Seine Eltern, Vater wie Mutter Schauspieler, beide freischaffend, reisten mit Tourneetheatern durchs Land, hatten andererseits oft gar kein Engagement und mussten dann zu Hause auf neue Angebote warten. Wenn sie unterwegs waren, fehlte es Tim Maria Franz an Nähe. Wenn sie da waren, fehlte es der Familie an Geld.

Schon als Zehnjähriger half er deshalb, den Familienetat aufzubessern. Beim Kinderfunk des Südwestradios wurde er regelmäßig eingesetzt, die Werbespots für das Kakaogetränk Kaba brachten sogar richtig gute Honorare. Der Junge sprach im Hörspiel »Bambi« die Hauptrolle, das Reh und das Kind kamen an bei den Hörern. Sie mochten seine Stimme und ihren warmen Klang. Ganz der begabte Spross seiner Eltern, wurde er gelobt, bestimmt würde er auch mal Schauspieler werden wie die.

Genau das aber wollten seine Eltern verhindern. Aus ihrem Sohn sollte was Richtiges werden. Etwas Bürgerliches. Etwas Solides. Nichts ganz Großes, nichts ganz Kleines, schön in der Mitte zwischen oben und unten auf festem Boden stehend. Beim zuständigen Finanzamt unter »B« wie Banker oder, so Gott denn will, auch bei »P« wie Priester angesiedelt und nicht unter »V« wie Verschiedenes – Schausteller, Schauspieler, Schreiberlinge. Mutter und Vater erstrebten für ihren Sohn Ordnung im Alltag. Da sie ihm diese Ordnung nicht bieten konnten auf Grund ihrer unsicheren Alltage, suchten sie ein Internat für ihn. Im badischen Rastatt wurden sie fündig. Für externe Schüler betrugen die Gebühren – Essen und Logis und Unterricht als Paket – achtzig Mark pro Monat. Das konnten sie sich leisten.

Selbstverständlich war es ein Institut ausschließlich für Jungen, Mädchen wurden nicht geduldet. Die Anstalt gehörte zur allein selig machenden Kirche, und im damaligen Selbstverständnis der zölibatären Diener Gottes wurden überirdisch schöne und verführerische Frauen nicht vom Herrn gesandt. Die irdischen Bräute Christi waren deshalb im katholischen Männerbund Kirche asexuelle Wesen, androgyn wie Engel, nur eben ohne Flügel. Offiziell einzusetzen als Haushälterin, Sekretärin, Putzfrau, Köchin. Nonne. Was manche angeblich keuschen Schwarzröcke mit denen außerdem noch anzufangen wussten, war ein wohlgehütetes Geheimnis.

Die Zeugnisse von Tim Maria Franz in Rastatt sind bald besser, als es die in Baden-Baden gewesen sind. Nur in Latein hat er Schwierigkeiten, denn vor dem Wechsel hatte er ein neusprachliches Gymnasium besucht, und deshalb fehlten ihm drei Jahre Lateinunterricht. Latein müsse er nachholen, predigen seine Lehrer, Latein sei nun mal die Voraussetzung für seinen künftigen Lebensweg. Wie selbstverständlich gehen die Patres in Rastatt davon aus, dass auch Tim Maria wie die meisten seiner Mitschüler später mal Pfarrer werden wird, um seiner Gemeinde zu dienen, oder zumindest Theologie studieren wird, um die reine Lehre zu verbreiten.

Womit sie im Prinzip Recht behalten sollten. Der Unterschied besteht darin, dass Elstners Gemeinde nicht aus ein paar Dutzend Katholiken besteht, die in einer halb leeren Kirche an seinen Lippen hängen, wenn er vom kommenden Reich Gottes erzählt, sondern dass er via Bildschirm zu Millionen ins Haus kommt, die an seinen Lippen hängen, wenn er die Gewinnzahlen der Fernsehlotterie verkündet.

Tim hatte drei Jahre nach dem Einzug in die Schule ein Revers unterschrieben, in dem sinngemäß stand, dass er vorhabe, Pfarrer zu werden. Man würde den für alle Schüler gleich lautenden Text heute einen *letter of intent* nennen. Die fromme Absicht hielt bei Elstner bis zu einem bestimmten Augenblick.

Der ereilte Tim Maria Franz an einem Sonntag im Dezember 1957 in der Aula des Internats. Es war ein *coup de foudre*, was man frei etwa so übersetzen könnte, dass er sich blitzartig binnen eines einzigen Herzschlags verliebte. An das genaue Datum kann er sich nicht mehr erinnern. Ein Sonntag muss es gewesen sein, weil das erste der um diese Jahreszeit üblichen Adventskonzerte gegeben wurde. Für Mitschüler, für Eltern, für Gönner, für Gottes treue Diener, Brüder wie Schwestern. Die Schwestern des Alltags waren die üblichen gesichtslosen Nonnen, Bräute Christi. Schöne Frauen schienen fern. Frank wusste natürlich, dass es sie gab, sogar in Rastatt, aber bisher hatte ihn noch keine ergriffen.

Plötzlich war eine Schöne nah. Ganz nah.

In meiner Rückblende fährt die Kamera für eine Nahaufnahme auf ihr Gesicht. Das Mädchen wäre auch dann aufgefallen, wenn es nicht so hinreißend ausgesehen hätte. Allein die Tatsache, dass unter all den frommen musizierenden Jünglingen ein weibliches Wesen saß, musste auffallen.

Es ist die Nichte eines Lehrers. Die junge Frau spielt die Querflöte. Jetzt schwenkt die Kamera zurück in die Aula und zeigt in Großaufnahme das Gesicht von Tim Maria Franz Elstner. Er sieht aus, als habe ihn der Blitz getroffen, als habe ihn die oft erbetene Erleuchtung ereilt, als habe er den Heiligen Geist gesehen. Seinen Lehrern wäre eine Begegnung mit dem lieber gewesen, aber es war bei ihm nun mal ein sehr irdischer Effekt, der ihn von einem Saulus zu einem Paulus machte, es war Liebe auf den ersten Blick.

Schlagartig ist es vorbei mit allen Gedanken an eine womöglich theologische Laufbahn samt der gehörigen Pflicht zum Zölibat. Beim Anblick des Mädchens Elisabeth fällt Tim Maria Franz in einem einzigen magischen Moment vom Glauben direkt in die Arme der Sehnsucht. Es wird noch viele Endstationen Sehnsucht in seinem Leben geben, die sich irgendwann alle als Zwischenstationen entpuppen. Er wirkt zwar optisch auch heute wie der Prototyp eines traumhaften Schwiegersohnes, doch das täuscht. Seine Träume sind unter der Fassade eines Durchschnittstyps nur gut verborgen. Von seiner jugendlichen Sehnsucht schwärmt er noch immer, inzwischen dreiundsechzig Jahre alt. Weil das so ist, wäre er bestimmt kein vorbildlicher Priester geworden, nur ein geliebter, aber in jenem Augenblick damals am Sonntag gilt seine Sehnsucht nur dieser einen Frau.

Die muss es sein.

Am Tag danach steht fest: Good bye, Jesus. Tim beginnt, das Mädchen zu belagern, angeblich getrieben vom Interesse an der Kunst des Flötens und der Liebe zur geistlichen Musik. Der Onkel denkt sich nichts Böses, bestärkt die jungen Menschen im Flötenspiel und dem Studium der Noten. Die Flötistin legt ihr Instrument zur Seite, wenn der Onkel den Raum verlässt, und vergisst Dur und Moll. Wachsamkeit ist geboten, aber auch Eile, denn sie, die eine, die Angebetete, wird nur für die Konzerte vor Weihnachten an den Wochenenden nach Rastatt kommen, länger kann sie nicht wegbleiben von zu Hause, denn auch sie geht noch zur Schule.

Der Verliebte muss sich dringend etwas einfallen lassen. Seine wohligen Gefühle wollen Erfüllung. Er lässt sich was einfallen. Im Internat hatten die Schüler Freiräume nur in ein paar dunklen Kellerecken für heimlich gepaffte Zigaretten. Wo hätten sich die Liebenden treffen sollen? Im Park, im Wald, auf der Wiese. Aber jetzt im Winter? Der siebzehnjährige Tim Maria Franz nahm sich noch im Januar, fünf Wochen nach dem Auftritt des Mädchens mit der Querflöte, bei der Witwe Brunkwitz in der Nähe der Schule ein Zimmer, Miete vierzig Mark. Fortan wohnte er außerhalb der pubertär-miefigen Schlafsäle und konnte mit der Nichte, die ab Ende Januar regelmäßig ihren Onkel besuchte, die Kunst der Liebe üben, *ars amandi*.

Ein Leben außerhalb der bisher üblichen Normen kostete Geld. Elstner hatte ja – von Kindesbeinen an nachweisbar und hörbar – andere Talente, die hier in Rastatt nur brachlagen. Er bewarb sich um eine Rolle in einer Inszenierung des Kammertheaters im nahen Karlsruhe, bekam sie auch. Allerdings trat er unter einem anderen Namen auf, Christian Ort, damit er seinen Schuloberen nicht weiter auffallen würde, durch eine Erwähnung in

Theaterkritiken zum Beispiel. Zufällig aber besuchte ein Lehrer eine Aufführung und erkannte seinen höheren Schüler.

Am nächsten Tag machte er Meldung im Rektorat. Ein Eintrag in die Akte Elstner folgte, aber die hatte keine Folgen. Sie konnten dem spielfreudigen Schüler nichts tun. Er hatte nicht gegen irgendwelche Schulregeln verstoßen, als er auf der Bühne stand. »Meine ganze Art hat ihnen nicht gepasst«, meint Frank Elstner heute, »ich war ihrer Kontrolle entglitten, und sie hatten keine Handhabe gegen mich.«

Auch die Beziehung mit des Pfarrers Nichte, inzwischen nicht mehr geheim zu halten, passte den frommen Herren nicht in ihr Weltbild, aber wieder konnten sie nichts dagegen unternehmen, weil er außerhalb der Schule und damit jenseits ihrer Hausordnung wohnte, weil er pünktlich das Schulgeld bezahlte, weil seine Zeugnisse bis zum Abitur keinen Anlass boten, ihn wegen mangelnder Leistungen zu relegieren.

Das bevorstehende Examen bereitete Tim keine schlaflosen Nächte. Er freute sich aufs Abitur. Danach würde er Rastatt verlassen. Mit Elisabeth irgendwo, ohne sich vor neugierigen Blicken verstecken zu müssen, ein gemeinsames Leben beginnen.

Um ihn für seinen Sündenfall zu bestrafen, ließen ihn die geistlichen Herren bei der Prüfung durchfallen. So wenigstens sieht es Frank Elstner bis heute. Nach den Ferien sollte er das Schuljahr wiederholen, aber er hatte sich längst anders entschieden. Er rächte sich an denen, die ihn hatten fallen lassen, auf andere Weise, kam zur ersten Stunde in die neue Klasse, ging danach sofort ins Direktorat und teilte dem obersten Lehrkörper mit, dass dieser Tag in der Anstalt sein letzter gewesen war. Das Abgangszeugnis – glänzende Noten in allen Fächern, eben bis aufs Fach Latein – nahm er gleich mit.

Die Eltern jammerten. Abgebrochene Ausbildung. Kein Abitur. Was soll aus dem Jungen werden? Wird er sich als Schauspieler durchschlagen müssen, mal beschäftigt und mal durch Zufall frei, so wie sie?

Ein Freund aus Baden-Baden hatte eine bessere Idee. Tim habe doch, wie man weiß, eine gute Stimme, und zufällig habe er gerade erfahren, dass der unter jungen Leuten populäre Sender Radio Luxemburg dringend Mitarbeiter suche. Discjockeys zum Beispiel. Elstner fuhr nach Luxemburg, sprach vor und wurde engagiert. Weil ihn die Radiomacher Frank nannten, blieb auch er dabei. Die Namen seiner Kindheit leben nur noch in seinem Pass. Frank Elstner zog mit Elisabeth, die bald schwanger war, ins Großherzogtum.

Die etwas andere Rundfunkanstalt, Urgroßmutter aller heutigen RTL-Programme, wurde von öffentlich-rechtlichen deutschen Monopolisten als Piratensender geschmäht. Radio Luxemburg war in deren durch Paragraphen geschütztes Stammland eingebrochen, übersprang im Äther aber ganz einfach diese bürokratischen Hürden, und auf den laut Werbung fröhlichen Wellen ritt Frank Elstner ganz oben. Die jungen Deutschen bekamen von ihm Musik, die ihre heimeligen Sender nicht spielten, bekamen Rock und Pop und Hitparaden. Sie nahmen dafür sogar in Kauf, dass jenseits der natürlichen geografischen Grenze – den Höhenrücken von Hunsrück und Eifel zum Beispiel – Radio Luxemburg nur mit Nebengeräuschen zu empfangen war. Doch lieber hörten sie die von Krächzen und Rauschen untermalte Musik aus der Ferne als die reinen deutschen Schlager aus der Nähe.

Frank Elstner, ständige Adresse Luxemburg, war eine feste Größe in der deutschen Medienlandschaft. Eigentlich hätte er für die Patres in Rastatt jedes Jahr um die Osterzeit ein paar bunte Eier schicken müssen als Dank dafür, dass sie ihn durchs Abitur hatten fallen lassen. Eigentlich hätte er an jedem ersten Adventssonntag eine Kerze anzünden müssen zum Gedenken an jenen Tag, an dem er das Mädchen mit der Querflöte erblickte. Seine große Liebe, die er damals entdeckte, ist die Mutter seines ersten Sohnes.

Ein anderer Tag, den er altersweise als den »mir liebsten Tag danach« bezeichnet, ist schon drei Stunden alt, und der beginnt mitten in der Nacht. Vor Frank Elstner steht eine entkorkte Flasche Châteauneuf du Pape. Draußen ist es noch dunkel. Über dem Tisch strahlt eine einzelne Lampe. Sie hängt ziemlich tief, und ihr Schein reicht nicht in alle Winkel der Küche. Elstner füllt ein Glas mit Wein, hält es an die Nase, trinkt einen Schluck, legt einen Kugelschreiber neben ein paar Blätter weißes Papier, rückt einen Stuhl näher an den Tisch. Dann zündet er sich eine Zigarette an. Damals hat er noch geraucht.

Es ist still im Haus. Seine Frau schläft, sein Sohn schläft. Alle Luxemburger schlafen. Auch er ist müde. Aber er kann nicht schlafen. Eine Idee gibt keine Ruhe. Die will raus aus dem Kopf. Elstner muss sich von ihr befreien. Deshalb sitzt er morgens um drei Uhr, mitten in der Nacht, am Küchentisch seines Hauses und trinkt und schreibt und qualmt.

Dass der nächste Tag, der in ein paar Stunden heraufdämmern wird, seine Karriere anschubsen und ihn letztlich zum Millionär machen wird, ahnt er natürlich nicht, als er unter der Überschrift

»Wetten, daß
SPIELEREIEN
mit
FE«

zu schreiben beginnt. Frank Elstner will diese Idee endlich zu Papier bringen, loswerden, um wieder ruhig schlafen zu können. Zum ersten Mal hatte sie ihn überfallen, als er in Miami bei einem Hunderennen erlebt hatte, wie Wettlust die Zuschauer packte. Auch nüchterne Zeitgenossen gerieten in einen kurzen heftigen Rausch. Die Lust zu wetten, sich zu messen mit anderen oder gar das Schicksal herauszufordern per Wette, ist ein »elementares menschliches Bedürfnis«, erkannte er, das müsste sich übertragen lassen ins Fernsehen. Wetten auf dem Bildschirm. Wetten für alle. Wetten als Show. Zuschauer gegen den Sender. Prominente gegen Prominente. Oder die von unten gegen die da oben. Wahnsinn ohne Grenzen.

Die Idee zu »*Wetten, dass ...*« schlich sich damals in Florida bei

Elstner ein, blieb aber noch ruhig und störte ihn nicht weiter bei der normalen Arbeit nach seiner Rückkehr.

Seit ein paar Wochen aber nervt sie ihn. Darum sitzt er jetzt hier und schreibt. Die Blätter, die er damals voll gekritzelt hat, hütet Frank Elstner wie eine Ehrenurkunde. Seine Schrift, logischerweise in der alten Rechtschreibung, sieht sauber aus. Die Gedanken sind geordnet. Sie scheinen darauf gewartet zu haben, endlich abgerufen und zu Papier gebracht zu werden.

Zeile für Zeile hat er aus der damaligen Wett-Erfahrung eine Unterhaltungssendung konzipiert. Es wird mal die erfolgreichste Show in der Geschichte des deutschen Fernsehens. Schon die Überschrift, die er oben notiert hatte – »Wetten, daß ...« – las sich gut. Darunter steht, was er sagen will:

»Ziel: Die große Herausforderung ans Fernsehen. Zuschauer können ihre tollsten Wettideen einsenden. Wir suchen aus und: halten die Wette (z. B. Peter Müller aus Barmen: Liebes ZDF, ich wette, daß es Euch nicht gelingt, daß Karajan ein Heinolied singt). In jeder Sendung eine Wette.

Ablauf:

FE begrüßt und stellt den Herausforderer des Abends vor (Talk). Wie kamen Sie auf die Idee? Höhepunkt und Schluß: Die Wette wird gehalten.«

Die Nacht am Küchentisch, in der »Wetten, dass ...« geboren wurde, liest sich für Menschen, die geregelte Arbeitszeiten haben – Beamte, Busfahrer, Bademeister – aufregend, fast spannend. Für Kreative sind quälende Kopfgeburten Alltag, ganz egal zu welcher Uhrzeit.

Elstner ist so ein Kreativer.

Er hätte ja zufrieden sein können mit dem, was er bis zu dieser Aprilnacht 1980 bereits erreicht hatte – Direktor bei Radio Luxemburg. Moderator der Spielserie »Montagsmaler« in der ARD. Produzent verschiedener TV-Formate. Denn seine beruflichen Möglichkeiten schienen begrenzt zu sein, als er ein Jahr vor dem Abitur ohne Schulabschluss die höhere Lehranstalt verließ und bei einem kleinen Radiosender in Luxemburg Platten auflegte.

Doch trotz seiner Erfolge, die sich auch niederschlugen in einem Haus in bevorzugter Wohnlage, ist der Direktor mit dem nach einem Unfall nötigen Glasauge, das er bis heute nur bei guten Freunden herausnimmt und neben den Teller legt, höchst unzufrieden. Es ist übrigens nicht mehr Elisabeth, die oben schläft. Es ist schon längst eine andere Frau, die sein Leben teilt, und auch diese Liebe wird nicht dauern.

Frank Elstner wird immer trunkener von seinen Einfällen. Schreibt hin, wetten zum Beispiel, dass es uns gelingt, die – damals erbarmungslos sich über die richtigen Krebstherapien attackierenden – Kontrahenten Julius Hackethal und Mildred Scheel die Balkonszene aus »Romeo und Julia« spielen zu lassen?

»Spielregeln … müssen aufgestellt werden, damit Dummheiten vermieden werden. Ich darf nie im Mittelpunkt der Wette stehen (Sonst: machen Sie mal eine Ansage in Unterhose). Superpreis. Philosophie. Das Fernsehen kann endlich einmal zeigen, was es kann. Die immense Creativität, die in der großen anonymen Masse Zuschauer steckt, wird geweckt. FE nimmt Herausforderungen an. Die komischsten Geschichten sind auf einmal realisierbar. Denn: Die Verantwortung trägt der Zuschauer. So etwas gab es noch nicht … Das Ungewöhnliche und Freche (im guten Sinne), das hier im Fernsehen geschieht, fällt voll auf das Image des ZDF. Wetten, daß das ZDF mal wieder vorne liegt? Wetten, daß dieser Begriff schon von jedem Zuschauer in die Tat umgesetzt wurde?«

Selbst hatte er so einen Rausch auch mal erlebt, ein einziges Mal in London 2000 Mark auf einen Windhund gesetzt, einen krassen Außenseiter, aber ein Vielfaches gewonnen. Er hatte den Gewinn nicht für sich behalten, sondern mit Geschäftspartnern und Freunden »anschließend auf einer wahren Orgie verjubelt. Es war übrigens die einzige Orgie meines Lebens.«

Was die beiden öffentlich-rechtlichen deutschen Fernsehsender damals so dringend brauchten, wie sie es heute brauchen, ist eine Unterhaltungsshow für den Samstagabend. ZDF-Intendant Dieter Stolte kannte Frank Elstner und fand ihn gut. Sein Angebot lautete etwa so: »Kommen Sie zu uns, Frank. Mit der richtigen

Idee gehört der Samstagabend Ihnen. Wir machen Sie zum Star, und reich werden Sie außerdem.«

Diese Verlockungen, diese Perspektiven waren es, die ihn nicht schlafen ließen. Die Aussicht auf den Schatztopf am Ende des Regenbogens. Deshalb war die Idee, die in Miami geboren worden war, nicht mehr ruhig zu stellen. Deshalb sitzt er in dieser Aprilnacht am Küchentisch und bastelt an seinem Konzept für eine alle anderen aus dem Rennen schlagende Show, die er zudem selbst moderieren will.

Die Schrift am Ende des letzten Blattes gerät leicht außer Form, aber es war ja schon spät, als er diesen Satz schrieb, und die Flasche Rotwein war leer, als Frank Elstner notiert: »*Wetten, daß diese IDEE Fernsehgesprächsthema Nr. 1 wird?*«

Es ist fünf Uhr. Für ihn zwar spät, für andere aber viel zu früh. Ungeduldig wartet Elstner noch eine Stunde ab, dann ruft er morgens um sechs Uhr Heinrich Walter, den Marketingdirektor von Radio Luxemburg, an. Bald darauf sitzt der bei ihm in der Küche. Liest alles durch und sagt nur kurz: »Müsste funktionieren.« Wieder eine Stunde später, so gegen acht Uhr, telefonieren sie mit dem Unterhaltungschef des ZDF, Wolfgang Penk. Er ist gerade erst aufgewacht. Er fährt gar nicht erst in sein Büro, sondern macht sich direkt auf den Weg, trifft nachmittags um vierzehn Uhr in Luxemburg ein. Um sechzehn Uhr sind sich alle einig.

Dieser Tag, der vor dreizehn Stunden nachts um drei Uhr begann, verändert Frank Elstners berufliches Leben, so wie der andere Tag damals sein privates verändert hat. Zwar wird es noch viele Monate dauern, bis er am 11. Februar 1981 zum ersten Mal mit »Wetten, dass ...« auftritt und den Samstagabend erobert, den er dann viele Jahre lang beherrscht, so wie sein Nachfolger Thomas Gottschalk es bis heute tut – immer noch mit Frank Elstners Idee aus der Küche. Aber die Nacht, in der »Wetten, dass ...« auf die Welt kam, markiert den Durchbruch Elstners zum Ruhm. Der etwas andere Direktor kündigt seine feste Stellung und begibt sich hinaus in den TV-Dschungel, wo feste Regeln des Überlebens gelten. Heinrich Walter ist übrigens noch immer bei ihm, als Partner in seiner Produktionsgesellschaft.

Hätten ihn allerdings zwanzig Jahre davor seine Lehrer wegen ungebührlichen Betragens in einem Fall von unchristlicher, aber aufregender erster Liebe nicht durchs Abitur fallen lassen, wer weiß, vielleicht hätte sich Elstner doch noch für eine andere Frau entschieden. Für Mutter Kirche. Hätte sich wie manche seiner Mitschüler zum Priester weihen lassen. Wer weiß: Vielleicht wäre ohne das Mädchen mit der Querflöte Hochwürden Tim Maria Franz Elstner heute der für Rastatt und Baden-Baden und Umgebung zuständige Weihbischof.

Frank Elstner hebt sein Glas auf den Tag danach. Auf den ersten. Auf die erste große Liebe.

Der Pflichterfüller

Björn Engholm. An seine Gefühle in ganz bestimmten Situationen mag sich Björn Engholm gern und gut erinnern, um von Gefühlen in ganz bestimmten anderen Situationen nicht erzählen zu müssen. So erzählt er gern und gut, was er empfand, als er zum letzten Mal Willy Brandt sah, in Unkel. Der große alte Mann der SPD, zeitlebens viel jünger als seine Enkel – Lafontaine, Schröder, Engholm, Scharping –, die ihn deshalb als Lordsiegelbewahrer ihrer verwehten Jugendträume verehrten, saß, oder nein: lag in Decken gehüllt, unter der strengen Obhut seiner Ehefrau Brigitte, in einem Liegestuhl im Garten. Herbstsonne spiegelte sich im Rhein.

Brandt war alles untersagt, was ihm das Leben lebenswert gemacht hatte. Er durfte keinen Alkohol mehr trinken, rauchen schon mal gar nicht, die einzige Frau in greifbarer Nähe war seine, er sollte ruhen statt zu reden. Eine unheilbare Krankheit zerfraß ihn von innen, der Todesengel schlug schon mit den Flügeln, abflugbereit. Brigitte Seebacher-Brandt kümmerte sich Tag und Nacht um ihn. Sie wusste, dass es jederzeit vorbei sein konnte, passte auf, dass er wenigstens alle Anweisungen der Ärzte befolgte. Auch Willy Brandt selbst wusste natürlich, dass er sterben musste, aber darüber zu reden wäre ihm nicht in den Sinn gekommen.

Als Genosse Björn eintraf, der andere Lübecker, privat wie Brandt auch eher schweigsam und nicht zur Erkundung seiner Innenwelt neigend, erst recht nicht bereit, sie von anderen erforschen zu lassen, zog sich Brigitte Brandt zurück. Die beiden Männer wollten unter vier Augen miteinander sprechen. Ein letztes Mal. Es ging um die Partei, und es ging um den Staat und um das politische Testament des Todkranken. Sie fuhr in die Stadt, um Einkäufe zu machen. Kaum war sie weg, beschrieb Willy dem Besucher, wo noch eine Flasche besten französischen Rotweins versteckt sein dürfte. Engholm holte und entkorkte sie. Gemeinsam tranken sie die Flasche aus. Nach diesem Tag hat Engholm den charismatischen Alten, dessen amtierender Enkel er damals war, nicht mehr gesehen.

An ganz bestimmte andere Gefühle, persönliche statt politische, dagegen kann sich Engholm kaum noch erinnern. Sagt er zumindest. Es scheint ihm egal zu sein, ob das glaubhaft klingt. Klingt es nicht. Wäre ja auch verwunderlich, wenn er ausgerechnet seine persönlichen Gefühle in jenen politischen Situationen, von denen er weiß, dass man jedes Detail kennt, vergessen hätte. Er hat sie beerdigt, um nicht immer wieder an sie erinnert zu werden. Besuche am Grab, in dem sie liegen, lehnt er höflich ab.

Doch der Friedhof, auf dem die politischen Affären der Bundesrepublik begraben sind, ist öffentliches Gelände. Ein Rundgang vorbei an den Denkmälern, auf denen bestimmte Ereignisse samt Datum geprägt sind, ein Abstecher in deutsche Zeitgeschichte, steht jedermann frei. Engholms Part in dieser Chronik ist nicht geringer als der von Willy Brandt. Dass sie unfreiwillig Hauptrollen übernehmen mussten, weil ihre Gegner sie als Schurken darstellen wollten, war ärgerlich, aber nicht zu vermeiden. Deshalb sind auch ihre Namen neben denen der tatsächlichen Halunken in Stein gehauen.

Auch darüber sprachen sie im Garten in Unkel. Wie sie umgehen – oder umgingen – mit den ganz bestimmten Tagen danach, an denen eine scheinbar geordnete Welt, in der sie unabdingbare Pflichten zu erfüllen glaubten, über ihnen zusammenbrach. Engholm hatte erlebt, so wie der andere deutsche Spitzenpolitiker, mit dem am Rhein er den Becher leerte, wie dreckig das Geschäft sein kann, das er hauptberuflich betrieb. Die Politik. Er hatte erfahren so wie der andere, von dem er Abschied nahm, wie es einem ergeht, der fertig gemacht werden soll. Bei ihm wie einst bei dem verlor der politische Gegner jede Hemmung und vergaß jeden Anstand. Bei ihm wie bei dem war es Rufmord, was geschah.

Einst die dumpfen Vorurteile der noch immer nicht nazifreien Republik gegen Brandt ausschlachtend – uneheliches Kind, Emigrant, Vaterlandsverräter –, bediente sich bei Engholm nun die nächste Generation derselben Partei aus des deutschen Spießers verschwiemeltem Wunderhorn. Das unter die Gürtellinie zielende Gerücht, SPD-Kandidat Björn Engholm, 1987 chancenreicher Herausforderer des damaligen CDU-Ministerpräsidenten von Schleswig Holstein, habe Aids, sollte sein politisches Leben beenden. Er sei ein Risikofaktor für alle, die sich in seine Nähe begeben würden, es lohne sich nicht mal, ihn zu wählen, weil er ja eh bald tot sein würde.

Krönung der Kampagne war das scheinheilige Mitleid der christdemokratischen Bluthunde mit Engholms Frau Barbara, die sich furchtbar fühlen müsse, denn bekanntlich hole Mann sich Aids nur unter Männern. Medizinisch unhaltbar, diese Behauptung, aber wer interessierte sich für wissenschaftliche Fakten, wo es doch schon reichte, die alltäglichen zu fälschen.

Eine Treibjagd, die beim Showdown in einem Skandal endete, wie ihn die Bundesrepublik noch nicht erlebt hatte, kann man nicht verdrängen und vergessen schon mal gar nicht. Die Vermutung liegt also nahe, dass es für Björn Engholm einen höchst eigenen Tag danach gibt. Den Tag, an dem eine geschockte Öffentlichkeit erfuhr, was ihm widerfahren war. Den Tag, an dem sich herausstellte, wer hinter diesen Machenschaften stand. Den Tag, an dem klar wurde, dass Uwe Barschel gelogen hatte, als er sein Ehrenwort als Saubermann gab. Den Tag, an dem der Rufmord aufgeklärt und die Mörder beim Rufnamen genannt wurden.

Den Tag der Rache.

Eine ideale Konstellation: Wenn ein einziges Ereignis das ganze Leben auf den Kopf stellt oder verändert, muss jede Minute dieses Tages für immer unauslöschlich sein.

Ach was, winkt Björn Engholm ab und zieht an seinem Zigarillo. Es war zwar ein Tag, wichtiger als viele andere Tage, das schon, aber nicht wesentlich für sein Leben, nur wesentlich für seine Karriere. Die ging von da an steil nach oben, bis ihn genau diese Affäre, auf dem Friedhof der Skandale begraben als Barschel-Affäre, wieder einholte und seine politische Laufbahn beendete. Falls er allerdings vor Aufdeckung der Intrige den Dunkelmann erwischt hätte, der für die Verleumdungen verantwortlich gewesen ist, so viel immerhin gibt Engholm von seinen Gefühlen dann doch preis, »hätte ich anschließend wegen Totschlags viele Jahre im Knast verbracht«.

Womit er indirekt bestätigt, wie tief ihn getroffen hat, was gegen ihn inszeniert worden war. Jenes widerwärtige Schurkenstück, geschrieben und aufgeführt, um vor aller Augen, auf offener Bühne seine Ehre zu zerstören, seine Würde und damit seine Zukunft, hatte aber einen Autor. Dass die Ehrverletzung ausgerechnet zutage kam, als Barschel per Ehrenwort beschwor, nichts damit zu tun zu haben, würden Zyniker ausgleichende Gerechtigkeit nennen.

Engholm ist kein Zyniker. Engholm ist der Droge Macht nie verfallen. Er ist kein Politjunkie. Er hat nicht zynisch jede sich bietende Chance ausgenutzt, um ganz nach oben zu kommen, er hat gewartet, bis sie ihn rief, und sich erst dann mit der Macht ins Bett gelegt. Hörig war er ihr, und dies darf man ihm glauben, allerdings nie, womit er später auch erklären wird, dass ihn nicht umwarf, sondern nur traf, als sie sich von ihm trennte und anderen Geliebten hingab.

Ein halbes Jahr nach Uwe Barschels verlogenem Ehrenwort wird Björn Engholm als Folge der Affäre in den fälligen Neuwahlen am 8. Mai 1988 mit vierundfünfzig Prozent aller abgegebenen Stimmen Ministerpräsident von Schleswig-Holstein. Der Mann, der seine Macht, abhängig von ihr wie ein Junkie, gegen Engholm missbrauchte, ist da bereits seit Monaten tot. Selbst Uwe Barschels geheimnisumwitterter Selbstmord in der Badewanne eines Genfer Hotels am 11. Oktober 1987 war »tragisch. Aber viele ahnten, dass er irgendwann so enden musste. Kein Amt und kein Rang sind es wert, sich so zu verlieren.«

So würde Genosse Björn nie enden, falls seine Macht mal endete. Dem Politiker Engholm hat es genügt, ihm angetragene Pflichten zu erfüllen, statt in Pflichterfüllung seine Lebensaufgabe zu sehen. Das wird ihn nach dem Sturz vor dem Absturz retten. Er betrachtete die Privilegien der Macht nicht als ihm selbstverständlich zustehende Statussymbole – Bodyguards, Fahrer, Referenten –, allenfalls als einen Ausgleich für die Lasten des Sechzehn-Stunden-Alltags. »Schon mein Amt in Kiel als Regierungschef war in Wahrheit nicht vereinbar mit dem eines SPD-Parteichefs. Der eine hat qua Amt Entscheidungen zu treffen, Dutzende Male jeden Tag, muss sich dabei verlassen auf die Akten, die ihm vorgelegt werden, und ob er immer richtig entscheidet, stelle ich mal dahin. Der andere muss seiner Partei über den politischen Alltag hinaus Perspektiven aufzeigen, Horizonte zeigen, Visionen ausmalen. In einer Person geht das einfach nicht zusammen.«

Deshalb hält er den Entschluss von Gerhard Schröder, zu dem er keinen Kontakt hat und auch nicht sucht – was ihn mit Lafontaine und Scharping verbindet –, sich aufs Kanzleramt zu konzentrieren und auf den Parteivorsitz zu verzichten, für klug und weise. Hätte er ihm nicht zugetraut, dem schnellfüßigen Gerd.

Engholms eigentlicher Tag, der tatsächlich sein Leben radikal veränderte, der die Maximen seines Handelns bis heute bestimmt, fand deshalb viel früher statt. Vor mehr als fünfzig Jahren.

Da lebte er mit seinen Eltern und seiner älteren Schwester in Lübeck, wo er heute noch lebt. »Wir waren eine ganz normale Familie.« Sein Vater arbeitete als Speditionskaufmann, das Einkommen reichte für die kleinbürgerlichen Bedürfnisse der Engholms. Björn ging aufs Gymnasium. Es gab die üblichen Konflikte zwischen autoritärem Vater und pubertärem Sohn, aber da der Vater kein Nazi gewesen war, nur ein »anständig gebliebener Deutschnationaler«, hielten sich die Konflikte in den zwischen Generationen seit jeher üblichen Grenzen. Björn wuchs nicht in einem sozialdemokratischen Familienbiotop auf, was seine spätere Laufbahn als logisch erklären könnte, er brauchte einen ganz bestimmten Anstoß von außen, um zu erwachen. Der passierte im Sommer 1954. Björn war fünfzehn Jahre alt. Im November würde er sechzehn werden.

Nach einem Zusammenbruch wird Engholms Vater ins Krankenhaus eingeliefert. Herzinfarkt. Man weiß nicht, ob er durchkommt. Die medizinischen Möglichkeiten sind in den fünfziger Jahren noch ziemlich beschränkt. Am Tag, der Björns Leben verändern wird, ruft der behandelnde Arzt bei seiner Mutter an und sagt ihr, dass sie es nicht geschafft haben, ihren Mann am Leben zu erhalten. Niemand war bei ihm, als er starb. Er wird aufgebahrt. Ob jemand die Sachen des Verstorbenen holen könne?

Der fünfzehnjährige Björn fährt per Fahrrad in die Klinik. Einer musste es ja tun, sagt er heute lakonisch. Der eine ist er. Er hängt seinen Matchsack um, in den müsste passen, was sein Vater im Krankenhaus hinterließ. Ein Matchsack war bei den Jugendlichen damals ein Statussymbol wie heute die Tragetasche mit dem Laptop und wird deshalb so genannt, weil vor einem Match die Akteure ihre Schuhe und ihre Trikots in Beutel aus Stoff oder Plastik packen, die sich per Schnur verschließen lassen. In seinem Matchsack verstaut Björn Engholm die Habseligkeiten seines toten Vaters, den Anzug, den er trug, als er eingeliefert wurde, das Hemd, die Wäsche. Er stopft alles rein, ohne auf Falten, Formen, Fasson zu achten, denn es würde nie mehr gebraucht werden, und fährt zurück nach Hause. »Ich wusste, ab jetzt wird alles anders. Ab jetzt beginnt ein anderes Leben. Ab jetzt kommt es auf mich an.«

An den Tag nach dem Tod des Vaters kann er sich deshalb genauer erinnern als an jene Tage, die nicht so weit zurückliegen. Dieser Tag damals war der Beginn eines neuen und nicht mehr selbst bestimmten Lebens und gleichzeitig der Tag der bleibenden Erkenntnis, dass nichts vorbei sein muss, wenn es augenscheinlich vorbei ist. Der Sohn hat inzwischen schon mehr Lebenszeit zu tragen als sein Vater, der kurz vor dem sechzigsten Geburtstag gestorben war. Björn Engholm ist sechsundsechzig.

Der Tag bedeutete mehr als einen Abschied von der Kindheit, bedeutete mehr, als Halbwaise zu sein, keinen mehr zu haben in der Familie, mit dem er mal von Mann zu Mann würde reden können. Er erklärt seine Gefühle von diesem Tag, wiederum lieber abwehrend als deutend, am liebsten logisch: »Ich hatte einfach keine Zeit zu weinen. Die Mutter – mit der höchst bescheidenen Rente – und ich mussten das Leben von nun an alleine packen.«

Seine Schwester und seine Mutter hielten sich in ihrer Trauer an ihm fest, und deshalb konnte sich der Sohn nur an der Pflicht festhalten, nicht an ihnen. Der Ernährer der Familie war tot. Dessen Platz am Kopfende des Tisches blieb leer. Einer musste ihn jetzt ausfüllen. Von dem Tag an war Björn nicht nur ein fünfzehnjähriger Junge, sondern der einzige Mann im Haus. Ein Mann im Haus hatte damals eine andere Wertigkeit als heute, wo manche Frauen liebend gern auf einen verzichten können. Zu viele Männer waren im Krieg gefallen, nicht mehr nach Hause gekommen, zu viele Mütter hatten ihre Kinder alleine großziehen müssen. Soziologen nannten die Gesellschaft eine vaterlose.

Ein Mann im Haus hatte in jenen Zeiten gewisse Rechte, die nicht in Frage gestellt wurden. Die Rollen in der Familie waren klar verteilt. Er bestimmte, was zu tun war, hatte aber andererseits auch die Pflicht, sich um alles zu kümmern. Für andere da zu sein war ein Bestandteil dieser Pflicht. Björn Engholm war fünfzehn, als sie ihm auferlegt wurde. Er nahm sie an. Was er sich auflud, begleitete ihn seitdem.

Das begann schon danach mit seinem Verhalten in der Schule. Er ließ sich von den selbst ernannten Autoritäten dort, bei denen es noch genauso stank wie unter den Talaren der Professoren an den Hochschulen, nichts mehr gefallen. Mit einer Vorladung seines Vaters, samt entsprechenden Folgen und Strafen, konnten sie ihm nicht mehr drohen. Da lachte er nur. Weil er auf sich gestellt war, stellte er die bisher auch für ihn geltenden Regeln in Frage.

Die erzwungene Selbstständigkeit machte ihn autonom. Man kann Sturheit nennen, was Björn auszeichnete, man kann es auch sein politisches, sein sozialdemokratisches Erwachen nennen, im Geiste der Tradition der Arbeiterpartei, bestehende Verhältnisse in Zweifel zu ziehen und nicht als gegeben hinzunehmen. Der alltägliche Kampf zog sich noch hin bis zur Mittleren Reife, dann verließ er das Gymnasium. Mit der ihm eigenen Scheu vor großen Worten umschreibt er es heute etwa so, dass man nicht mehr zueinander gepasst habe.

So einfach ist es nicht gewesen. Die Geschichte vom aufsässigen Björn eignet sich nicht für Feuerzangenbowlen. Sie war viel simpler: Die Pflichten nach dem Tod des Vaters waren einfach wesentlicher und damit wichtiger als seine Neigungen. Der Junge verließ die Schule, um als Schriftsetzer beim sozialdemokratischen Wullenwever-Verlag Geld zu verdienen. Der einzige Mann im Haus ging aus dem Haus, und vom Lohn gab er zu Hause ab. Damals war Schriftsetzer ein Beruf mit Zukunft, in dem schon Lehrlinge anständig bezahlt wurden. In der politischen Farbenlehre galten Schriftsetzer als rot, als treue Genossen. Das war Björn Engholms erste Begegnung mit der real existierenden Sozialdemokratie, und bald trat er in die Gewerkschaft ein, wo ebenfalls Solidarität mehr Gewicht hatte als das Kapital. Was man dessen Vertreter bei jeder Gelegenheit spüren ließ.

Fürs tägliche Brot war durch den Brotberuf gesorgt, der Wunsch nach mehr als dem Notwendigen blieb. Im zweiten Bildungsweg holte Engholm das Abitur nach – sagen ließ er sich auch auf dem neuen Gymnasium nichts mehr, als Schulsprecher war er eh schon eine Respektsperson –, studierte Volkswirtschaft und Politik, schrieb für Gewerkschaftsblätter nebenbei Artikel, wurde zum Vorsitzenden der Lübecker Jungsozialisten gewählt, weil er besser reden konnte als alle anderen, und schließlich ab 1969 in den Bundestag. Jetzt war die früh erfahrene Pflicht, für andere da sein zu müssen, die ideale Voraussetzung für den Beruf. Er vertrat nicht mehr den Vater im Haus, sondern das Volk im Hohen

Haus. Das leistete er ebenso selbstverständlich wie einst als Junge und ebenso ohne große Worte.

Weil 1969 mit dem Wahlsieg seines Idols Willy Brandt eine sozialdemokratische Epoche angebrochen war, konnte er mit den Erfahrungen seiner Vergangenheit eine Zukunft aufbauen. Stationen auf dem Weg: Bundesminister für Bildung und Wissenschaft im letzten Kabinett Helmut Schmidt, SPD-Fraktionschef in Kiel, Ministerpräsident von Schleswig-Holstein, Kanzlerkandidat mit dem unverbrauchten Image des Neuen gegen Helmut Kohl, den scheinbar verbrauchten Alten der anderen, schließlich Vorsitzender der Sozialdemokratischen Partei.

Was allerdings ein anderer von den Enkeln hätte werden können, denn Björn Engholm hat sich um den Vorsitz nicht beworben. Mit Lafontaine gab es nächtliche Gespräche, der sollte eigentlich Hans-Jochen Vogel beerben, war ausgeguckt worden von den Strippenziehern der Partei, doch Lafontaine wollte nicht. »Verständlich, dass er zögerte«, sagt Björn Engholm, »dem saß buchstäblich noch das Messerattentat im Nacken.«

Hinter dem Gehabe des entscheidungsfreudigen Tribunen Oskar steckt ein selbstverliebter Cunctator. Der wahre Hamlet der SPD war der König von der Saar, nicht Engholm, der abschätzig mit diesem Etikett beklebt wurde – was in der Politik als Synonym für mangelnde Entscheidungskraft verwendet wird –, der aber Shakespeare kannte und deshalb sehr wohl zwischen Sein oder Nichtsein unterscheiden konnte.

Als ihn der tote Barschel stürzt, steht Engholm auf dem Gipfel seines politischen Lebens. Der mächtigste Mann der SPD. Regierungschef eines Bundeslandes. Vorsitzender der Partei. In sämtlichen Umfragen als künftiger Kanzler der Bundesrepublik gehandelt. Am 3. Mai 1993 tritt dieser Mann von allen Ämtern zurück. Er ist bei einer Lüge ertappt worden. Kommt seinen Gegnern zuvor, die ihm nicht verziehen haben, die auf einen solchen Moment der Rache gewartet haben. Er verzeiht sich selbst nicht und geht von Bord.

Vor dem Untersuchungsausschuss des Kieler Landtages hatte er behauptet, erst am 13. September 1987, am Wahltag, von Uwe Barschels Machenschaften erfahren zu haben. Das war falsch. Das war gelogen. In Wahrheit wusste Engholm es schon eine Woche vorher. Den Entschluss, sich radikal aus dem politischen Leben zurückzuziehen und ein radikal anderes zu beginnen, traf er nach Beratungen in der Familie und mit seinen engsten Vertrauten. Zu denen gehört Willy Brandts Freund Egon Bahr, mit dem sich Engholm die Erträge eines Weinbergs in Rheinland-Pfalz teilt.

Da er diesen Entschluss für sich also schon gefasst hatte, trat er am Tag, an dem er ihn öffentlich machte, gefasst vor die Öffentlichkeit. Und verschwand sofort danach für vier Tage, um sich auszuruhen, nicht etwa um zu trauern und »meine Wunden zu lecken und mich bedauern zu lassen«, sondern um der Meute zu entkommen, den Wegbegleitern, den Journalisten, die am Vortage des Rücktritts das Haus belagerten und Kameras auf Stativen hochfuhren, um in die Wohnung zu schauen. War kurzfristig ja selbst mal Journalist gewesen und kannte die nicht von Gnade oder Mitleid bestimmten Gesetze der Branche.

Die Geschichte des an eigenen Moralvorstellungen gescheiterten Moralisten Engholm war ähnlich griffig wie jene klassische vom Mann, der seinen Hund beißt. Die Frage nach der Dimension, nach der Schwere der Schuld und dementsprechend der zu leistenden Sühne wird in solchen Fällen nicht mehr gestellt. Auf dem Friedhof der Affären steht Engholms Name aber nach wie vor auf den Grabsteinen der Opfer, nicht auf denen der Täter.

Wie damals, als sein Vater starb, trauerte er nicht dem nach, was für immer gestorben war. Wie damals war der Abschied zwar verbunden mit innerer Wehmut, über die er nicht spricht, aber er fürchtete sich nicht vor dem, was kommen würde. Björn Engholm war auf einen Tag wie diesen vorbereitet. Was er sich sagte, klang sogar wie das, was er sich als Junge gesagt hatte: Du bist auf dich allein gestellt, doch du wirst es schaffen. Weil er inzwischen aber nicht mehr fünfzehn war, ließ er sich nicht mehr in die

Pflicht nehmen. Widmete sich fortan der Kunst, der Literatur, der Musik, nicht nur passiv als Genießer, sondern aktiv als Kurator, als Beirat, als Festredner. Wenn er auftrat, waren wie einst die Säle voll. Im Unterschied zu den anderen gefallenen Enkeln lehnte er freundlich stur alle Fragen zur aktuellen Politik ab.

Das hält er bis heute so. Der Mann, der schon als Junge den Tag danach erlebte, der sein Leben änderte, ist schließlich Herr seiner Zeit.

Der angekündigte Selbstmord

Petra Friedel. Dass er Pillen schluckte und sich nicht vor einen Zug oder von einem Hochhaus stürzte, hatte mit seinem Beruf zu tun. Mit Medikamenten kannte er sich aus. Ludwig Friedel war Arzt. Dass er sterben wollte, kann aber nicht daran gelegen haben, unheilbar krank gewesen zu sein, wovon er als Mediziner gewusst hätte. Bei der Autopsie, die in allen Fällen von Freitod obligatorisch ist, also auch in seinem Fall, fand der Pathologe außer den üblichen altersbedingten Veränderungen nichts Auffälliges in seinen Organen und ein Karzinom schon gar nicht. Unwahrscheinlich auch, dass es Existenzangst war, eine Angst, im Alter zu verarmen, die Ludwig Friedel den Tod als bessere Alternative zum Leben wählen ließ.

Zwar hatte er im Laufe der Jahre nichts zurückgelegt für seinen Ruhestand, lieber sein Geld ausgegeben für Reisen und für Kunst und für Autos, die nicht zu ihm passten, hatte große Summen an zu viele Menschen verliehen, ohne sie je an die Rückzahlung zu erinnern. Aber seine Pension betrug um die sechstausend Mark im Monat. Davon hätte sich leben lassen.

In einer unausgepackten Weinkiste, die seine Frau erst Wochen nach seinem Tod öffnete, als sie seine Wohnung auflöste, fand sich zudem ein verschlossener Brief seines Nachfolgers, der ihm großzügige Honorare für Beratungen zusicherte, auf die man trotz seines Ausscheidens aus der Klinik nicht verzichten wolle.

»Vielleicht«, sagt der heute, fünfzehn Jahre nach dem Selbstmord des berühmten Chirurgen, der einst sein Chef war – und anders heißt als hier in diesem Text –, hätte er sich nicht umgebracht, wenn er den Brief gelesen hätte. Er verflucht die Nachlässigkeit seines Sekretariats. Die Kiste mit Wein war ein Weihnachtsgeschenk, der Brief sollte extra versandt werden, getrennt von den zwölf Flaschen Château Lafite, damit er erst den lese und sich dann ein Glas einschenke. Weil es aber, aus Versehen, anders lief, Wein und Brief, um Porto zu sparen, zusammen verschickt wurden, fühlt sich sein Nachfolger irgendwie mitschuldig am Selbstmord des Arztes.

Niemand müsse sich schuldig fühlen, sagt die Witwe von Ludwig Friedel und schließt sich in diese Absolution mit ein. »Mein Mann wollte nicht mehr leben, er hatte sich lange vor dem tatsächlichen Selbstmord dazu entschlossen, hat falsche Spuren gelegt, hat nach außen den in sich ruhenden Alten gespielt, aber tatsächlich wohl seinen Abgang sorgfältig vorbereitet. Wir hätten das selbst dann nicht verhindern können, wenn wir von seinen Absichten etwas geahnt hätten.«

Sie ahnte etwas, doch sie konnte mit dieser Ahnung mangels konkreter Indizien nichts anfangen. In den schlaflosen Nächten nach dem Selbstmord fiel Petra Friedel auch wieder ein, dass er ihr ein Jahr vor seinem Tod ernsthaft vorgeschlagen hatte, gemeinsam aus dem Leben zu scheiden, dem historischen Beispiel Heinrich von Kleists und seiner Geliebten Henriette Vogel folgend. Die Erinnerung daran hatte sie verdrängt, auch deshalb, weil ihr Mann nie wieder davon gesprochen hatte. Die Idee schien beerdigt.

Der Gedanke, sich umzubringen, kam ihr geradezu absurd vor, und nicht nur aus Liebe zu ihm, mit dem sie alt werden wollte, sondern vor allem aus Liebe zum Leben. Sie war zwanzig Jahre jünger als er, mädchenhaft zart, blond, klein. Noch heute wirkt sie wie eine junge Frau, die noch alles vor sich hat. Sie ging gern aus, gern ins Kino, gern ins Theater, gern in Konzerte. Er hatte dafür nie Zeit. Sein Alltag bestand nur aus Arbeit. Als er fünfundsechzig wurde, hatte er seinen Beruf aufgeben müssen, und das hatte für ihn offensichtlich die Aufgabe seines Lebens bedeutet. Konsequent gab er es stattdessen selbst auf.

Der Tag danach dauerte für seine Frau Petra nur ein paar Sekunden. Die erlebte sie am Telefon in ihrem Münchner Antiquitätenladen. Es traf sie die Gewissheit, dass er tot sein müsse, so unvermittelt, dass sie nicht mal losheulen konnte. Zu heulen wäre ohnehin zu früh gewesen, denn noch ging es dem Anrufer darum, von ihr zu erfahren, wo denn ihr Mann sein könnte. Hätte sie sagen sollen, ich weiß nicht, wo er ist, aber ich weiß, er ist tot?

Der Anruf kam aus Stuttgart, wo er jahrzehntelang als Chefarzt einer auf Krebsoperationen spezialisierten Klinik gewirkt hatte. Seit dem 1. Januar 1990 befand er sich zwar offiziell im verdienten Ruhestand, aber er hatte seinem Nachfolger versprochen, an diesem Freitagmorgen bei einer komplizierten Operation zu assistieren, weil er auf Grund seiner Erfahrungen besser beurteilen konnte als jeder andere, ob ein Tumor bereits tödliche Zellen gestreut hatte oder der Patient durch den Eingriff doch noch eine Chance haben würde. Deshalb vermissten sie ihn.

Vergeblich versuchten sie es unter seiner Privatnummer in dem Appartement, das nicht weit entfernt von der Klinik lag. Handys waren damals nicht verbreitet, er hätte auch bestimmt nicht gewusst, wie man damit umzugehen hatte, und er besaß auch kein Autotelefon. Seltsam zwar, dass er nicht in der Klinik angerufen hatte, um abzusagen. Ungewöhnlich. Pflichtvergessenheit kannten sie nicht von ihm. Sie operierten ohne ihn, aber das Gefühl, dass irgendetwas nicht stimme, das blieb, und deshalb riefen sie danach bei seiner Frau an.

Die lebte in München, aber bei der war er nicht. Sie glaubte, er sei in Stuttgart und käme am Abend, wie versprochen, zu ihr nach München. Einen Tag zuvor hatte er sich eigenen Angaben zufolge aus Weimar gemeldet, und sie hatte nicht daran gezweifelt, dass er aus dem »Hotel Elephant« anrief, dem berühmten. Das Gespräch war ziemlich kurz, aber auch das hielt sie für normal. Er hasste Smalltalk, und so kurz nach der Wende saßen außerdem noch manche in den Leitungen, die sie einst zur Überwachung fremder Gäste selbst gelegt hatten.

Er musste in Wirklichkeit aber schon in Stuttgart gewesen sein, als sie zum letzten Mal seine Stimme hörte. Das stellte sich bei Recherchen nach seinem Tod heraus. Die Reise in die sieche, fast schon ehemalige DDR, wo er sich mit Medizinern treffen wollte, die er von verschiedenen Kongressen kannte, hatte er abgebrochen. Auch das erfuhr Petra Friedel erst viel später.

Sowohl sie als auch seine Kollegen aber glaubten, dass er sich auf der Reise durch ein bis vor kurzem noch fernes Land befand, so wie er es ihnen erzählt hatte, und sie ahnten nicht, dass er sich bereits auf eine weite, eine andere Reise vorbereitete. In seinem Appartement in Kliniknähe. Als Petra Friedel an jenem Morgen der Anruf aus Stuttgart erreichte, wusste sie sofort, was passiert war, dass er Ernst gemacht hatte. »Ich begriff in der Sekunde, jetzt hat er es getan.«

Seit einigen Wochen war er im Ruhestand, doch selbst danach hatte er sein Büro behalten und seine Sekretärin, musste zwar nicht mehr jeden Morgen im Operationssaal stehen, hatte auch keinen Bereitschaftsdienst mehr, aber da ihn die Jüngeren immer wieder heranzogen bei Diagnosen und immer wieder seinen Rat suchten, weil er mehr Erfahrung hatte und Symptome eher erkennen würde als sie, blieb er nach der feierlichen Verabschiedung da. Noch immer verbrachte er zehn Stunden täglich in der Klinik, in der er nichts mehr zu sagen hatte. Sein neuer Status eines *elder statesman* schien ihm sogar zu gefallen, er strahlte Zufriedenheit aus. Seine Frau hat übrigens nie erfahren, ob er an seinem fünfundsechzigsten Geburtstag freiwillig den Abschied genommen oder ob ihn die Verwaltung der Klinik dazu gedrängt hatte. Er sprach mit ihr nie darüber.

Nachdem sie ihn gefunden hatten, wussten sie alle von Begegnungen zu berichten, bei denen ihnen aufgefallen war, dass diese Gelöstheit, diese Gelassenheit, diese Ruhe atypisch war für ihn. Darüber hatten sie sich aber nur für einen Moment gewundert. Keinen weiteren Gedanken darauf verschwendet und sich allenfalls mal in der Kantine darüber unterhalten, wie erstaunlich gut und schnell sich ihr ehemaliger Chef in die neue Rolle eingelebt habe. Dass er deshalb so gelassen ruhig war, weil er für sich eine Entscheidung getroffen hatte, dass er systematisch seinen Selbstmord vorbereitete, argwöhnte natürlich niemand.

Sogar sein Appartement, zwei Ecken von der Klinik entfernt – wo sie zunächst vergeblich versuchten, ihn zu erreichen –, hatte er nicht gekündigt, obwohl keine Notwendigkeit mehr bestand, im Falle eines Notfalles schnell im Krankenhaus zu sein. Es gab deshalb an dem Vormittag, als sie bei seiner Frau anriefen, weil er nicht im Operationssaal aufgetaucht war, keinen Anlass, an andere Ursachen für seine Abwesenheit als die, dass er sich noch in der DDR aufhielt oder schon bei ihr in München war, einen Gedanken zu verschwenden.

Dass beide nicht zusammenwohnten wie andere miteinander lebende Ehepaare, hatte nichts zu tun mit mangelnder Zuneigung. Sie führte ein Antiquitätengeschäft in München, und das zu leiten machte ihr Spaß, und sie hatte keine Lust, in Stuttgart die Chefarztgattin zu spielen, die an der Seite ihres Mannes irgendwelche gesellschaftlichen Verpflichtungen wahrnahm. Die hätte sie außerdem eh meist alleine wahrnehmen müssen, denn er pflegte in seinen aktiven Zeiten sechzehn Stunden pro Tag in der Klinik und bei seinen Patienten zu verbringen. Deshalb war Petra Friedel, seine zweite Frau, in München geblieben. Durch die räumliche Trennung blieben sie sich nahe, denn wenn sie sich trafen, entweder bei ihr in der gemeinsamen großen Wohnung oder bei ihm in Stuttgart, dann war er nur für sie da und sie nur für ihn. »Er hat mir nie gesagt, dass er mich liebt, weil er sich aus großen Worten nichts machte, aber seine Liebe durch viele kleine Gesten der Zuneigung gezeigt.«

Wie nahe sie sich waren, erzählte sie erst später. Über Selbstmord gesprochen hatte er oft, weil sein Nazi-Vater freiwillig aus dem Leben geschieden war und nicht mal einen Brief hinterlassen hatte. Der Brief, den er für sie hinterließ, ist ein Brief der Liebe, zum ersten und zum letzten Mal erhielt sie von ihm einen

Liebesbrief. Er bittet darin nicht um Verzeihung, er stellt nur fest, dass er müde sei und keine Lust mehr habe. Der Brief endet mit einem Zitat von Kleist aus dessen Stück »Der Prinz von Homburg« und dem lakonischen »Das war's, Ludwig Friedel«. In zwei weiteren Briefen, einer gerichtet an Freunde und der andere an seine erwachsenen Töchter aus erster Ehe, bittet er ganz allgemein nur um Verständnis, nicht um Verzeihung.

Sie hat in den paar Sekunden danach, als mit dem Anruf ihr bisheriges Leben endete, weil er seines beendet hatte, preußisch emotionslos reagiert. Das hätte ihm gefallen. Seine Sekretärin solle mal in der mittleren Schublade des Schreibtisches nachschauen, da dürfte ein Zweitschlüssel für die Wohnung liegen. Bat aber den Chirurgen, den sie kannte, im gleichen Atemzug darum, die Frau nicht alleine loszuschicken, sie zu begleiten. »Ich habe da so eine ganz bestimmte Ahnung«, antwortete sie, als der fragte, warum das denn nötig sei. Und fragte zurück, immer noch scheinbar kühl bis ins Herz, das gerade zerbrach, ob er etwa schon mal erlebt habe, dass ihr Mann einen Termin, den er zugesagt hatte, nicht eingehalten hatte?

Sie gingen deshalb zu dritt. Die Sekretärin, zwei Ärzte. Schlossen das Appartement auf, riefen laut seinen Namen, bekamen keine Antwort. Totenstille. Sie fanden ihn im Schlafzimmer. Ludwig Friedel lag im Bett. Er hatte einen Anzug an, die Krawatte saß korrekt, er wollte dem Tod in Würde begegnen. Auf dem Nachttisch lagen die drei Abschiedsbriefe, der an die Freunde, der an die Töchter, der an seine Frau. Noch aus der Wohnung riefen sie bei ihr in München an, und auch jetzt, da sie die Bestätigung für ihre Ahnung bekam, hat sie nicht geweint, nur leise gesagt: »Ich wusste es.«

Zwei Stunden später traf Petra Friedel in Stuttgart ein. Kripobeamte und die Spurensicherung und der Arzt, der den Totenschein hätte ausstellen sollen, waren längst vor Ort, denn in solchen Fällen muss ermittelt werden, um Fremdverschulden auszuschließen. Ludwig Friedel lag noch im Bett, so wie sie ihn gefunden hatten. Darauf hatte sie bestanden, bevor sie losfuhr in München. Sie wollte ihn noch einmal in seiner Wohnung sehen und bat jetzt lediglich darum, sie für einige Minuten mit dem Toten allein zu lassen.

Jeder Mensch trauert auf seine Weise, und jeder fällt sichtbar oder nicht sichtbar aus seiner Welt. Sie hielt sich aufrecht, so wie sie es von ihm gelernt hatte in vielen Situationen – man nennt eine solche Haltung preußisch. Nach einigen Tagen wurde ihr mitgeteilt – man nennt das: schonend beigebracht –, *wie* er sich umgebracht hatte. Auf die Details, sagt sie heute, hätte sie verzichten können, aber keines hat sie vergessen: Barbiturate hat er genommen, eine Flasche Wein bis zur Neige geleert und, da er nun mal ein Fachmann war, auch dafür gesorgt, dass er nichts würde erbrechen müssen.

Petra Friedel organisierte die Beerdigung. Einen einzigen Wunsch hat sie ihm nicht erfüllen wollen – dass er ohne Feier in einem Massengrab verscharrt werde. Seine Freunde und seine Töchter und seine Ex-Frau und seine Brüder, die er verabscheute im Leben, kamen auf den Waldfriedhof, und einer seiner Kollegen hielt eine Rede, und alle weinten. Ihre Mutter, die nur zwei Jahre älter war als ihr Schwiegersohn, schluchzte laut. Auf seinem Grabstein, geschmückt mit dem Relief eines befreundeten Bildhauers, fehlt sein Name. Kein Pfarrer gab ihm das letzte Geleit, denn an Gott glaubte er nicht. Bei Untersuchungen der Körper von Verstorbenen, hatte er zeitlebens wie Sauerbruch betont, habe er nie eine Seele gefunden.

Es ist bei jenem einzigen Moment geblieben, dem Anruf, der ihr Leben veränderte, weil er sich seines genommen hatte und es nicht mehr mit ihr teilte. Seitdem ist jeder Tag für Petra Friedel ein Tag danach. An jedem Tag denkt sie an ihn. Ohne Verbitterung, aber auch ohne Schmerz. Er lebt in ihr, ganz so, als käme er am Freitagabend nach Hause, als müsse sie nur das Bett aufdecken für die Nacht.

Die Tränen des Predigers

Joachim Gauck. Für seinen Tag danach war es noch zu früh. Bis es Mitternacht sein würde, fehlten etwa fünfzehn Minuten. Joachim Gauck erinnert sich deshalb so genau daran, obwohl es im Rückblick ja auf die paar Minuten nun auch nicht mehr ankommt, weil es nicht um die Zeit geht, sondern um das Ereignis. Zum ersten Mal in seinem Leben hatte er bei einer Demonstration mitgemacht. Freiwillig. Er hatte sogar dazu aufgerufen, auf die Straße zu gehen und zu protestieren.

So was vergisst man nicht.

Doch das allein hätte noch nicht gereicht, sich an diesen Tag als einen zu erinnern, der sein Leben veränderte, an einen Tag, der aus Pastor Gauck den Citoyen Gauck machte.

Er kann sich deshalb an jede noch so unbedeutend scheinende Einzelheit erinnern. Er weiß, wie das Wetter war an diesem 12. Oktober 1989 in Rostock – nasskalt und stürmisch –, und er weiß auch, dass es aufgehört hatte zu regnen, als er, umringt von seiner Herde, die St.-Marien-Kirche verließ. Auf den Straßen drängten sich viele Menschen, später mal veröffentlichte Zahlen sprechen von dreißigtausend, die sich zum Protest versammelt hatten und dann durch die Stadt marschierten. Ungewöhnlich für die bis dahin herrschenden Bedingungen in der DDR, wo Demonstrationen nur tagsüber erlaubt waren, um das Volk auch sichtbar unter Kontrolle zu haben, und auch nur dann, wenn Vater Staat dazu aufgerufen hatte, sich in Reih und Glied zu sammeln. Am Tag der Arbeit. Am Tag des Friedens. Am Tag der deutsch-sowjetischen Freundschaft.

Nichts Ungewöhnliches aber zu diesen Zeiten im ostdeutschen Herbst 1989, wenige Wochen nach der Prager Balkonrede von Hans-Dietrich Genscher, mit der er den Tausenden von Flüchtlingen, die auf dem Gelände der Botschaft kampierten, die bevorstehende Ausreise in die Bundesrepublik verkündete.

Für zufällige Beobachter muss es in der Nacht von Rostock ausgesehen haben, als sei im Dunkeln eine Armee unterwegs, die nur hin und wieder auftauchte im blassen Schein der Laternen oder dem gelben der blinkenden Verkehrsampeln, um dann wieder von der Finsternis verschluckt zu werden. Autos kommen nicht mehr durch, auch die der Volkspolizei stehen still.

Zufällige Beobachter am Straßenrand jedoch gibt es in dieser Nacht nicht. Wer jetzt unterwegs ist, der ist nicht zufällig unterwegs. Die vom gestern noch mächtigen Volksstamm der auffälligen Beobachter haben ihre Schlapphüte ins Gesicht gezogen, sich in ihr dem Volk bekanntes Hauptquartier verdrückt und dort schnell das Licht ausgemacht. Nach draußen trauen sie sich nicht. Zum ersten Mal seit dem Arbeiteraufstand 1953 wagt sich die Staatsgewalt nicht auf die Straßen, denn wie damals spielt sich auf den Straßen Unerhörtes ab.

Was sie hören durch geschlossene und vergitterte Fenster, ist lautstark Volkes Stimme. Die macht ihnen Angst, weil die Menschen draußen deutlich hörbar – »Stasi in die Produktion« – keine Angst mehr haben vor ihnen, den bislang so gefürchteten Bütteln. Bisher besaßen sie allein das Monopol, Furcht und Schrecken zu verbreiten. Nun scheißen sie sich vor Angst in die Hosen.

Joachim Gauck marschiert gerade »von der Ohnmacht zur Vollmacht«, in sein zweites Leben. Aber das weiß er in diesem Moment noch nicht. Neben ihm geht ein Freund. Oder war es doch seine Frau? Er denkt nach. Nein, fällt ihm nicht mehr ein. Aber eines weiß er: »Als die Demonstration vorbei war und sich alles wieder verlief und auch wir auf dem Weg nach Hause waren, glücklich in einem nie erlebten Maß, fing ich plötzlich an zu weinen.«

In diesen Sekunden beginnt sein Tag danach.

Demonstrierend ist er der Diktatur entlaufen, hat sich nicht mehr von ihren Androhungen einschüchtern lassen. Hat Schritt für Schritt begriffen, was Vaclav Havel mal mit der lakonischen Metapher umschrieben hat, die Macht der Mächtigen wachse nur durch die Ohnmacht der Ohnmächtigen. Im Zuge der Gorbatschowisierung hat der Bazillus Demokratie an diesem 12. Oktober 1989 Mecklenburg-Vorpommern und die Hansestadt Rostock erreicht. Joachim Gauck hatte im Anschluss an seine Predigt zur Großdemonstration aufgerufen, er ist deshalb verantwortlich für alles, was dabei passieren könnte.

Bisher konnte nie was passieren bei Demonstrationen, denn im Osten gab es – außer ebenjenem erwähnten Aufstand der Arbeiter im Juni 1953 – ja bekanntlich nur von der Partei befohlene Aufmärsche mit vorgegebenen Parolen. Auch jetzt gibt es keine Störung, allerdings aus anderen Gründen, denn die Staatsgewalt hat nichts mehr zu sagen. Die Rostocker überwinden in dieser Nacht den Kriechgang, an den sie sich wie andere DDRler seit Jahrzehnten gewöhnt hatten, um möglichen Schlägen möglicher Büttel zu entkommen. Diese Typen fürchten sie nicht mehr. Sie gehen aufrecht.

In dieser Nacht sind sie nach der Gauckschen Definition aus der Ohnmacht in die Vollmacht marschiert, angeführt von ihrem Hirten Joachim Gauck. Mit dem Gleichnis von der Ohnmacht und der Vollmacht erklärt er zugleich für sich persönlich jenes Gefühl, das ihn zum Weinen trieb, und befreit es damit von jedweder sentimentaler Rührseligkeit. Es ist auch ein ganz anderes Weinen als das, was die gerade noch Mächtigen in der gleichgeschalteten Presse als Parole ausgaben, nachdem selbst von diesen notorischen Berufslügnern nicht mehr zu leugnen war, wie viele junge Familien bereits über Ungarn und die Tschechoslowakei das Land verlassen hatten: »Wir weinen ihnen keine Träne nach.«

Gauck weinte nicht nur *wie* befreit, er weinte befreit. »Ich fühlte mich fähig, etwas zu tun, und nicht mehr gezwungen, ohnmächtig darauf zu warten, was die Mächtigen mir zu tun befehlen werden.« Ein solcher Satz, der als Predigt von der Kanzel herab wie Gottes Wort klingt, was zum Beruf des Mannes passen würde, der ihn sprach, muss eingekreist und geerdet werden, denn sonst hört er sich nur pathetisch an.

Was tatsächlich damals überall in der kaum noch real existierenden DDR geschah, ist Geschichte. Sie hielt den Atem an, bevor sie die Backen aufblies und wegpustete, was dem Fortschritt im Wege stand. Wie man weiß, geriet ihr Mantel dadurch in Bewegung, und bevor es den wieder wegtrug, zog ihn sich Helmut Kohl an. Aber das ist nun wirklich eine andere Geschichte. Was sich konkret in Rostock ereignete, umschreibt Joachim Gauck so: »Wir waren nach dieser Nacht, nach dieser Demonstration dazu ermächtigt, zumindest fühlten wir uns so, über unser Leben selbst zu entscheiden.«

Dafür hätten Westdeutsche nicht demonstrieren müssen, im Westen war Selbstbestimmung schon lange selbstverständlich. Für die Deutschen im Osten war die mutige Entscheidung, ihrer Ohnmacht nicht mehr nachzugeben, bis die weg sind, die an der Macht waren, eine ganz neue Erfahrung. Vergleichbar vielleicht dem Erleben der ersten Liebe bei Heranwachsenden. Aus diesem pubertären Stadium großer Erwartungen und entsprechend eben großer Enttäuschungen kamen »viele von uns nie ganz heraus, bis heute nicht, trotz aller Fortschritte«, sagt Gauck, und er horcht seinen Worten nach, als seien sie ihm soeben auch erst in ihrer Tragweite bewusst geworden. Was natürlich nicht stimmt. Das weiß er schon lange.

Man möge sich doch bitte nur ein einziges Bild vor Augen halten, ein Foto vom kleinen, dünnen Lothar und daneben dem großen, dicken Helmut, darin sei eigentlich alles ausgedrückt. Die Ostler sind noch nicht da angekommen, wohin sie aufgebrochen waren. Gauck allerdings ist längst da, er gehört zum Establishment der gesamtdeutschen Gesellschaft. Er hat gelernt, sich so auszudrücken, dass ihn sowohl seine ehemaligen Landsleute verstehen als auch seine neuen. Sonst könnte er nicht so plastisch begründen, aus seiner Warte, warum die einen noch unterwegs sind: »Sie wussten nicht genau, was der Westen ist, aber sie wussten, was der Osten ist. Und diesen Osten wollten sie nicht mehr.« Heute wissen sie, wie kalt der Wind aus dem Westen weht, und aus der Sehnsucht nach der andererseits auch bequem gewesenen Ohnmacht im vertrauten Mief DDR schlagen die Nostalgiker politisches Kapital.

Zu denen gehört Gauck nun bei Gott nicht.

Wenn er über die spricht, übermannt den linken Konservativen unheiliger Zorn. Ausgerechnet jene, die einst das Volk ausgebeutet und belogen und geknechtet haben, ausgerechnet jene mit den bösartigen grauen Gesichtern, ausgerechnet jene Typen, die den Tag der Abrechnung fürchten mussten, führten dann vierzehn Jahre später die Demonstrationen gegen Hartz IV an und behaupteten, auch sie seien das Volk. Verwechselten dabei Volk mit Volkspolizei, zu der sie gehörten, verwechselten Täter mit Opfern und taten so, als habe es nie Täter gegeben, immer nur Opfer. Zu denen selbstverständlich inzwischen auch sie gehörten. Die Täter von gestern.

Im Hauptberuf war Joachim Gauck damals Pastor in Rostock-Ebershagen, betreute seelsorgerisch eine Gemeinde. Dass er außerdem Stadtjugendpfarrer für ganz Rostock ist, erklärt seine Anwesenheit in dieser Nacht, die seine wurde. Er hat in St. Marien am Ziegenmarkt gepredigt, die Kirche war voll. Das war sie früher nie, wenn da sonntags Gottes Wort verbreitet wurde. Seit drei, vier Wochen verkündigte Gauck nicht das kommende Reich, sondern bittet, anfangs verklausuliert, bald für jeden verständlich, auch für Atheisten, um Erhörung der Gebete, Gott möge den Herrschenden hier auf Erden Verstand und vor allem die Einsicht schenken, dass ihre Zeit vorbei sei. Das sprach sich herum. Die Kirchenbänke füllten sich. Bald reichte der Platz im Kirchenschiff nicht mehr, um alle aufzunehmen. Wenn Seelsorger Gauck redete – im Namen des Herrn, aber für das Volk –, standen Tausende vor dem Tor und hörten der Außenübertragung zu. In anderen Kirchen der Stadt das gleiche Bild.

Die Staatsgewalt ließ es geschehen, denn sie hatte im Oktober 1989 schon keine Macht mehr, die Kundgebungen zu verhindern oder wie gewohnt aufzulösen durch Gewalt. Joachim Gauck, Vater von fünf Kindern, war vor dem letzten Aufbäumen gegen diese allgegenwärtige Staatsgewalt, deren Agenten ja, wie man später erfuhr aus den Akten, die Gauck verwaltete, auch im Schutz der Kirche ihre Mitmenschen bespitzelten, bislang zurückgeschreckt, denn er wollte nicht im Knast landen. Er zitiert den Apostel Paulus, der geschwiegen hat, als er hätte reden müssen, und weggeschaut, als er hätte hinsehen müssen, und reiht sich ein unter die, die allzumal nur Sünder waren. Aus einer Diktatur kommt niemand unbeschadet heraus.

Er war kein geborener Held, wurde erst in den Wochen vor seinem Tag danach zu einem Helden, wie sie in solchen Zeiten geboren werden. Die Verlogenheit des Systems fraß nicht mehr nur die Seelen auf, sie tat inzwischen körperlich weh. Gaucks Verstand, der ihm lange schon sagte, dass es so in der DDR nicht weitergehen könne, hatte sein Herz erreicht. Jetzt reichte es ihm nicht mehr, um Gottes Gnade zu bitten und um die Erlösung von allem Übel.

Das Übel hatte einen Namen, und diesen Namen hat er nicht mehr verschwiegen in seinen Predigten. Das korrupte Regime der alten Männer war am Ende, doch deren tatsächliches Ende, glaubte Gauck, würden erst seine Kinder erleben, er wohl nicht mehr. Ihm blieb nur die Verheißung jenseits im Eden. Doch nun war es Gott und den zuerst mutigen Sachsen sei Dank geschehen, dass er selbst es erleben durfte. Deshalb die Tränen in dieser Nacht. »Ich habe sicher auch geweint, weil ich traurig war, dass meine Söhne, vor allem Christian, nicht dabei sein durften. Die wären bestimmt in der ersten Reihe mitmarschiert.« In der ging nun ihr Vater.

Als zwei Söhne 1987 ausreisen durften, als er mit seiner Frau am Bahnhof in Rostock auf die Abfahrt des Zuges in den Westen wartete, stand er eher kühl und gefasst auf dem Perron, obwohl er ahnte, er würde sie sicher für lange Zeit nicht wiedersehen. Seine Frau verstand seine Kühle nicht. Ihr brach das Herz. Der Pfarrer glaubte jedoch, sich ein gebrochenes Herz und Tränen nicht leisten zu können. Er musste für die anderen mit gebrochenen Herzen und zerstörten Seelen in seiner Gemeinde da sein, für die Verzagten und die Zagenden Stärke zeigen. »Ich durfte der Ohnmacht nicht nachgeben, solange die anderen an der Macht waren, denn sonst hätten sie gewonnen.«

Im September 1989 bereits hatten die Demonstrationen in Leipzig begonnen, und weil das Westfernsehen davon Bilder zeigte und weil das im Osten natürlich gesehen wurde, hatten sie überall dort, wo sie das sahen, ihre Vorbilder. Aha, so geht das. Selbst die aus der Heldenstadt Leipzig hatten sich nicht gleich bei der Premiere getraut, aufrecht zu gehen, noch im ersten Akt haben prügelnde Stasibanditen sie von der ersten freien Volksbühne gejagt. Seit die Rufe »Wir sind das Volk« aber unüberhörbar sogar bis nach Mecklenburg-Vorpommern drangen, wo schon immer alles etwas später ankam als in anderen Teilen der verrotteten Republik, war auch in St. Marien die Kirche voll, wenn Joachim Gauck Gottes Hilfe im Widerstand gegen die Herrschenden erbat. Man hatte sich in Rostock sowohl in den Gemeinden als auch im Neuen Forum, dessen Mitgründer und Sprecher Gauck war, für den Donnerstag als Aktionstag entschieden, wollte denen in Sachsen nicht alles nachmachen. Leipziger Bürger spielten auf den Straßen inzwischen nach dem obligatorischen Friedensgebet in ihrer Nikolaikirche montags nach ihren Regeln. Anweisungen ignorierten sie. Die Bühne, die sie besetzt hatten, gaben sie nicht mehr frei.

Als es in Rostock losging, am ersten Donnerstag, war nur die Kirche voll. Nach dem Gottesdienst verlief sich das Volk. Am folgenden Donnerstag musste die Predigt von Joachim Gauck schon auf den Vorplatz übertragen werden, auf dem die Menge dicht gedrängt stand. Am dritten Donnerstag waren es nach den Kanzelreden gegen die da oben bereits dreißigtausend Menschen, die sich nicht mehr still verliefen und nach Hause gingen, die sich trafen zu einem mächtigen Demonstrationszug und gemeinsam durch die Stadt zogen. Erst nur schweigend, rhythmisch in die Hände klatschend, so wie sie es von den Übertragungen des Westfernsehens aus Leipzig gelernt hatten, doch dann ertönte auch hier der Ruf, der seitdem »in Stein gemeißelt gehört« (Gauck), der Ruf »Wir sind das Volk«.

In jener Nacht wusste er, dass sie gewinnen würden. Das kam Gauck wie ein Wunder vor. Er hat sich erst viel später intellektuell erklären können, wie dieses Gefühl entstanden war. Hat lange darüber nachgedacht und irgendwann begriffen, dass es ganz einfach zu erklären war. Joachim Gauck war da angekommen, wo er immer schon hinwollte.

Aber warum kam diese Erkenntnis so spät?

Auch das weiß er, denn der Intellektuelle mit der tragenden Stimme kann sich jetzt alles erklären. Nach dieser Nacht hatte er keine Zeit mehr, über die Ursachen nachzudenken, weil er Tag und Nacht mit den Wirkungen beschäftigt war. Zunächst beschlossen er und seine Mitstreiter im Neuen Forum, die ihnen in ihrer ideologischen Sturheit und subtilen Korruptionslust sattsam bekannten Stadträte zu entmachten. Beschlossen, getan, geschehen. Mit jeder Großdemonstration wurde das Volk frecher und wurden seine Forderungen konkreter. Neues Forum. Runder Tisch. Wieder ein kleines Wunder. »Trotz der Sehnsucht nach Freiheit gibt es eine Gewöhnung an Ohnmacht. Wir hatten nie erfahren und gelernt, wie es ist, ein Bürger zu sein. Wir hatten keine Tradition wie die im Westen, die begann mit frei gewählten Klassensprechern, Schulsprechern, Elternsprechern. Geschweige denn mit Stadträten und Bürgermeistern und Abgeordneten.«

Am liebsten würde der bekennende Christ anheben zu einem Diskurs über die langen Schatten der Diktatur. Er kann das aus dem Stand. Denn fünfzehn Jahre nach der Einheit ist Joachim

Gauck eine öffentliche Person, tanzte mal kurzfristig im Reigen der Nachttalker im Fernsehen, wurde gehandelt für alle möglichen Aufgaben, sogar mal für das höchste Amt im Staat, und ist entsprechend versiert im Umgang mit der Öffentlichkeit. Seine Essays werden gern gelesen und seine Erkenntnisse zitiert: »Ach, wäre das schön, aufzuwachen und einfach gesund aus dem Bett in den Frühling draußen zu hüpfen. Aber der Einsichtige (der Arzt wie der Patient) weiß, dass es im Leben anders ist: Vor der Gesundheit kommt der Heilungsprozess. In dieser Zeit geschieht viel Arbeit, werden medizinisches Wissen und die physischen und psychischen Kräfte des Patienten einen Bund eingehen, und am Ende dieses Prozesses kann dann alles gut werden. So wollen wir in unsere neue Demokratie eintreten: wach, informiert und angetrieben vom Willen zu mehr Gerechtigkeit und Wahrhaftigkeit.«

So mit Sprache umzugehen hat er einst gelernt als Diener Gottes, hat er danach geübt als Staatsdiener, als Leiter einer Behörde, die seinen Namen trug, Gauckbehörde. Eigentlich lautete der Titel für deren Chef im korrekten Amtsdeutsch »Bundesbeauftragter für die Unterlagen des Staatssicherheitsdienstes der ehemaligen DDR«. Als ihn der damalige Bundeskanzler berief, gab Gauck übrigens seine Ordinationsurkunde als Pfarrer ab. Die Schatten der Diktatur fand er in den Akten der Stasi, die er zu verwalten und zu durchforsten hatte. Hätte man die vielen Ordner aneinander gelegt, wäre das eine Strecke von 180 Kilometern geworden. So lang waren sie, die Schatten der Vergangenheit. Bis heute sind nicht alle ausgeleuchtet.

Er predigte auch in diesem Amt. Nur anders als bisher. Einen Schlussstrich zu ziehen unter die Vergangenheit, was angeblich christlich sei, lehnte der ehemalige Pfarrer ab. Im Gegenteil. Zwar sei Vergebung ein Gebot Christi, aber zunächst müsse alles aus jener finsteren Zeit aufgearbeitet werden. Welche Lüge zur Wahrheit gemacht wurde und welche Wahrheit zur Lüge und von wem ausgesprochen und gegen wen benutzt. Der Verein, den er in Berlin leitet, seit er sein Amt der Aufarbeitung an Marianne Birthler übergab, passt zu ihm. Der heißt »Gegen Vergessen – für Demokratie«.

Die Nacht von Rostock war zwar sein Urerlebnis. Von dem, was danach passierte, hat ihn nichts mehr so berührt, im Kopf und im Herzen. Aber sein Tag danach, die Sekunden, in denen er befreit von einer Last, die er jahrelang trug, zu weinen begann, der wird nie enden.

Die Eisblumen

Peter Gauweiler. Die meisten solcher Danach-Tage erlebte er im Februar 1994. Viele Tage danach auch in den Jahren davor. Es fällt ihm schwer, sich rückblickend auf einen einzigen Tag festzulegen. Denkbar wäre der erste Morgen am Schreibtisch seiner Kanzlei unterm Dachgeschoss in der Münchner Innenstadt. Blick über die verschneiten Dächer. Verhangener Himmel. Abgehangener Kopf. Nicht wegen auf ihm lastender Gedanken oder der Angst vor dem, was jetzt auf ihn zukommt, sondern vom Rotwein, den er in der vergangenen Nacht zu sich genommen hatte.

Zwei oder vielleicht auch drei Flaschen der besten Lage hatte Peter Gauweiler mit einem anderen gottesfürchtigen Bayern getrunken. Bis morgens halb drei Uhr hoben sie die Gläser und prosteten sich zu und redeten zwar auch über Gott, aber vor allem über die Welt, ihre Welt. Der andere war nicht nur ein geborener Bayer, sondern ein hochwohlgeborener. Herzog Albrecht. Seine Königliche Hoheit, Chef der Wittelsbacher. Die Wittelsbacher haben Bayern beherrscht, bevor die CSU sie ablöste. Das Interregnum, als zunächst Kurt Eisner von der USPD und nach den Nazis der SPD-Mann Wilhelm Hoegner den Freistaat regierte, ist längst vergessen und gilt als inzwischen dem Volk verziehener Ausrutscher.

Spätabends war Peter Gauweiler ins herrschaftliche Schlösschen am See gekommen. Der Besitz liegt nicht weit entfernt von jener Stelle, an der einst König Ludwig II., Urgroßonkel der seinen Gast höchstselbst am Portal erwartenden Hoheit, ins Wasser gegangen ist oder von seinem Leibarzt Gudden in die Tiefe gezogen wurde. Ein nie aufgeklärtes bayerisches Geheimnis. Andernfalls wäre der berühmte Märchenkönig kein Mythos und sein Tod nur eine Fußnote der Historie und sein wahnsinniges Lustschloss Neuschwanstein nicht der beliebteste Treffpunkt japanischer Touristen in Europa.

Historische Abschweifungen, festzumachen an bestimmten Daten und Tagen, weg von der vagen Erinnerung an seinen Tag danach, fallen Gauweiler leicht. Er kennt sich aus in der Geschichte. Lieber noch spricht er über den Charakter der bayerischen Löwen, zu deren Stamm er sich zählt und seinen Nachbarn am Starnberger See erst recht. Die Erzählung von der weinseligen Nacht im Schloss löst eine andere Erinnerung aus. Er zitiert aus einer Rede, die er kurz vor seiner Ankunft in Seeshaupt gehalten hat, das ebenfalls am Starnberger See liegt, in der es wie üblich bei ihm um den elementaren Schutz der Heimat vor unerwünschten Elementen wie Asylbewerbern ging, um die Reinhaltung von Luft und Wasser, den Ausbau von Münchner Dachgeschossen als bisher nicht genutzte Chance gegen die Wohnungsnot, um Instandsetzungsarbeiten auf den Autobahnen, die auf seine Anweisung hin nicht nur tagsüber, sondern auch nachts durchgeführt wurden, um möglichst schnell freien Bürgern wieder freie Fahrt zu bieten.

Eine Rede wie üblich? Stimmt nicht so ganz. Inhaltlich ja, aber alles andere war nicht wie sonst üblich. Es war Gauweilers letzte Rede als bayerischer Umweltminister. Genau genommen war er sogar schon Ex-Umweltminister, als er sie hielt, denn am Vormittag hatte er das Kabinett Edmund Stoiber verlassen. In der Wirtschaft wird bei solchen erzwungenen freiwilligen Trennungen dem Scheidenden für die geleistete Arbeit gedankt, aber im Unterschied zu entlassenen Politikern müssen Manager anschließend über die wahren Gründe schweigen, weil ihr Schweigen mit Abmachungen geregelt ist und teuer bezahlt wird.

Am Tag danach sitzt er nun unausgeschlafen in seinem Münchner Anwaltsbüro, das er die letzten acht Jahre eher selten betreten hat, trinkt stilles Wasser und massiert sich die pochenden Schläfen. Peter Gauweiler fühlt sich trotz des noch nicht vertriebenen Katers ganz gut. In der Stadt hingen noch Plakate, die seinen Aschermittwoch-Auftritt im Pschorr-Keller angekündigt hatten. Wohl überlegt hatte der jetzt ehemalige Minister den ersten Tag nach dem Fasching, den Aschermittwoch, für seine letzte große Rede gewählt.

Schluss mit lustig war nicht nur das Motto der beginnenden Fastenzeit. Gauweiler wollte unmittelbar und zeitnah auf den politischen Frühschoppen der CSU, der traditionell am Aschermittwoch stattfindet, reagieren können. Er hat seine lieben Parteifreunde wissen lassen, dass er genau darauf achten werde, was dem lieben Edmund bei seiner Rede in Passau zum Thema Gauweiler einfalle.

Den Saal hatte er schon lange gebucht, geplant gewesen war anfangs nur die übliche Abrechnung mit den politischen Gegnern. Inzwischen hatten die meisten von denen das gleiche Parteibuch wie er. Die Ankündigung, Klartext zu reden, wofür er sowieso berühmt-berüchtigt war, hatte nunmehr eine andere Bedeutung. Führende Christsoziale empfanden das auf Plakaten gedruckte Versprechen »Jetzt rede ich« als Drohung.

Was für ein Abend. Da zog er die Handschuhe aus, da schimpfte er auf die Presse, die ihn verfolgt habe, was allgemeines Buh und Pfiffe auslöst. Die Medienvertreter rückten zusammen und duckten sich weg. Er polterte gegen die »Herrschaft der Linken«, aber von denen war keiner im Saal. Verhöhnte die Führungsspitze der CSU und warf ihr vor, den »Kurs von Strauß verlassen zu haben«, doch die saß woanders und nicht an einem der Stammtische. Die bierdimpfeligen Christsozialen vor Ort tobten, wollten ihre Parteibücher verbrennen und Richtung Staatskanzlei marschieren, was Gauweiler verhinderte. Jubelten ihm unter den Klängen des Bayerischen Defiliermarsches zu, ihm, dem wahren Erben ihres geliebten Franz Josef, ihres toten Königs.

Noch im Januar war auch Gauweiler kurzfristig so gut wie tot gewesen – bewusstlos, nicht nur politisch tot. In Stuttgart hatte ihn während einer Ansprache der Tod berührt: »Ich stand auf einmal neben mir, sah mich selbst am Mikrophon. Spürte noch, wie der Geist den Körper verließ, und dachte, Scheiße, so ist es also, das Sterben, und dann fiel ich um.« Wie sein Vorbild Franz Josef Strauß hatte sich der »christliche Fundamentalist« (Gauweiler über Gauweiler) für unverwundbar gehalten. Zumindest körperlich, doch auch Strauß hatte es ein paar Jahre zuvor mitten aus dem Leben gerissen.

Auf der Intensivstation wacht Gauweiler wieder auf. War doch nichts mit dem Sterben. Erneut denkt er: Scheiße. Mit welchen Behinderungen er ab jetzt würde leben müssen. Nicht mehr auf seine geliebte Alm steigen zu können. Nicht mehr dem politischen Stress gewachsen zu sein. Herzinfarkt. So eine verdammte Scheiße. Dr. Peter Gauweiler, 44, verheiratet, evangelisch, Rechtsanwalt, damals Vater von zwei kleinen Kindern – inzwischen sind es vier –, Umweltminister des Freistaates Bayern, deutlich sichtbares Übergewicht, lässt sein Leben Revue passieren, Augen geschlossen, angeschlossen an irgendwelche Apparate.

Der biografische Film, der dabei abläuft – Produktion Gauweiler, Regie Gauweiler, Drehbuch Gauweiler, Hauptrolle Gauweiler –, wird nie ausgestrahlt, weil der Patient überlebt und das Material aus seinem persönlichen Archiv nicht der Öffentlichkeit freigibt, sondern im Kopf behält. Er macht sich, zur Untätigkeit gezwungen, gefesselt ans Bett des Stuttgarter Krankenhauses, über vieles Gedanken, wofür er bislang keine Zeit zu haben vorgab. Er gibt heute, aus sicherer Entfernung zum Geschehen, im Rückblick sogar vor, erkannt zu haben, was für ihn wesentlich ist und was nicht.

Damals glaubt er, es sei leider zu spät für den guten Vorsatz, ein neues Leben zu beginnen. Seine Stimmung ist so dunkel wie das Zimmer, in dem er liegt. Plötzlich wird es hell. Es sind nicht die Engel des Herrn, die ihn holen wollen ins Licht. Es ist nur ein Halbgott in Weiß, Chef der Abteilung, in der er liegt. Der Professor hat die Ergebnisse der Untersuchungen dabei, die sie nach Gauweilers Einlieferung mit dem Bewusstlosen angestellt haben.

Gute Nachrichten bringt er mit. Es war kein Infarkt. Nur eine vorübergehende Schwäche. Ein bisschen Herzflimmern noch zeigen die Monitore an, aber das werde man in ein paar Tagen in den Griff bekommen, den Patienten mit Medikamenten darauf einstellen können. Nichts Ernstes also.

Willkommen zurück im Leben.

Sofort verdrängt Gauweiler, was er sich zuvor vorgenommen hatte, falls er denn davonkäme – sein altes Leben neu zu ordnen. Freut sich stattdessen darauf, bald wieder mitspielen zu können, als sei nichts weiter passiert. Auferstanden von den scheinbar Toten fühlt er sich stärker denn je. In der Bayerischen Staatsregierung jedoch hatten sie ihn schon abgeschrieben und seine Zukunft beerdigt, hatten sie auf die ihnen so unverhofft gebotene Chance gesetzt, dass er zurücktreten müsste, ohne dass sie ihn treten mussten. Aus gesundheitlichen Gründen, was angesichts des Zusammenbruchs am Rednerpult keinen verwundern dürfte, könnte er Ministerpräsident Edmund Stoiber um Entbindung von seinen Aufgaben bitten, und der würde dem Wunsch zustimmen, sich nicht die Hände schmutzig machen müssen.

Dr. Edmund Stoiber würde offiziell sein Bedauern aussprechen und inoffiziell dankbar seufzen, Gauweiler endlich losgeworden zu sein. Den letzten Getreuen von Franz Josef Strauß. Den letzten Ritter von dessen Tafelrunde. Den letzten Vertreter des *ancien régime*, der alten Amigo-Republik christsozialer Prägung, von der sich Stoiber radikal – und in der öffentlichen Wahrnehmung als Saubermann gefeiert – distanziert hatte, als habe er vor seinem Amtsantritt noch nie etwas davon gehört. Die Amigos seiner Vorgänger Franz Josef Strauß und Max Streibl bekamen am Hof des Neuen nicht einmal mehr ein Gnadenbrot. Nur Gauweiler hatte keinen Dreck am Stecken, der ließ sich nicht so einfach als Altlast entsorgen.

Der Herr Ministerpräsident ruft mit Genesungswünschen bei Gauweiler an, als der wieder zurückgekehrt ist. Man müsse sich treffen, am besten morgen, wenn es dem lieben Peter passe. Dem passt es. Noch ahnt er nichts Böses, obwohl er dem von ihm »wieseliger Edi« genannten Stoiber, dessen Art zu reden außer Mathias Richling nur der Hamburger Ole von Beust besser nachmachen kann als er, alles zutraut. So wie umgekehrt der ihm. Das gegenseitige Misstrauen gehört zum täglichen Geschäft unter Parteifreunden, und bei Gott nicht nur in der CSU.

Vielleicht funktionieren Gauweilers politische Instinkte noch nicht so recht. Die Begegnung mit einem Gegner ganz anderen Kalibers, Gevatter Tod, ist noch nicht so lange her. Als ihn kurz nach dem Gespräch mit Stoiber aber der Chefredakteur des »Münchner Merkur« anruft, ein Mann mit besten Kontakten in die Staatskanzlei, und ihn um ein Zitat bittet, weil er morgen mit der Schlagzeile aufmachen wolle, Gauweiler trete aus gesundheitlichen Gründen zurück, ist der Schwarze Peter schlagartig hellwach und sofort in Stimmung.

Zunächst einmal dementiert er. Von wegen morgen sei sein Tag danach. Er wisse von nichts und habe im Übrigen auch nicht vor, sich vom Amt zu verabschieden. Bestätigen könne er nur, dass er sich morgen mit Stoiber treffen werde, was aber ganz normal sei, denn der sei schließlich sein Chef. Legt auf und überlegt sich eine Strategie. Er bereitet sich darauf vor, am nächsten Morgen um sein Amt kämpfen zu müssen.

Die existenziellen Fragen, ob er überhaupt noch kämpfen will, ob sich das alles lohnt, die ihn vor ein paar Nächten gequält haben angesichts des vermeintlichen Abschieds von seinem bisherigen kämpferischen Leben, stellt er sich nicht mehr. Er ist wieder der alte Gauweiler. Als ob ein Tag wie der in Stuttgart nie stattgefunden hätte und es ab jetzt wieder jede Menge ganz normale Tage geben würde.

Anfangs hatte er sich sogar gelangweilt im Amt des Umweltministers, in das er 1990 abgeschoben worden ist. Was sollte daran reizvoll sein, hier eine Flusskrümmung zu erhalten und dort ein Klärwerk zu eröffnen. Das waren ganz andere Herausforderungen gewesen im Innenministerium, und vor allem gab es da ganz andere Gelegenheiten, sich zu profilieren, und ganz andere Möglichkeiten, beim Volk zu punkten. Als Staatssekretär hatte sich Gauweiler dort, folgend der vorgelebten Karriere seines Idols FJS, mit populistischen Maßnahmen wie dem Aidstest für alle Beamtenanwärter und Asylbewerber einen gewissen Ruf erworben. Einen ganz gewissen.

Wie einst Strauß ist Gauweiler einerseits ein Liberaler, weil er den sinnlichen Genüssen des Lebens gewogen ist und anderen gönnt, was er sich erlaubt. Aber wie der ein gnadenloser Konservativer in der Überzeugung, *law and order* sei durchzusetzen gegen jede Liberalisierung der staatlichen Ordnung. Er ist gebildet und kann sich benehmen, was ihn von anderen Rechtsauslegern wohltuend unterscheidet. Auch andere typische Eigenschaften seines Mentors Strauß, der den damals siebenunddreißigjährigen Münchner Rechtsanwalt und Stadtrat 1986 in sein Kabinett holte, hat er kopiert. Seinen Spezln führte Gauweiler einst gern vor, wie mächtig er war, und ließ ihnen vom Musikkorps der Bereitschaftspolizei den Marsch blasen. Im Ministerium fürchteten sie seine unvermittelten Ausbrüche. Widerspruch erstickte er im Keim, zog schon mal einen Referenten, der solches wagte, an der Krawatte über den Schreibtisch, um seinen Ansichten und Forderungen den nötigen Nachdruck zu verleihen.

In jeder Beziehung also der würdige Nachfolger, nicht im Amt, aber im Geiste des verstorbenen Mentors. Keinen anderen bayerischen Politiker verabscheuten deshalb Linke und Liberale so sehr wie ihn, aber so viele von denen gab es ausweislich der Stimmenauszählungen nach Landtagswahlen in Bayern eh nie.

Nur in der Landeshauptstadt waren sie stärker vertreten, weshalb der Schwarze Peter dort auch in der Oberbürgermeisterwahl gegen Christian Ude von der SPD den Kürzeren gezogen hatte. Was ihn wurmte, weil es seiner Überzeugung nach nicht daran lag, dass der Sozialdemokrat populärer war als er, sondern vor allem daran, dass seine Parteifreunde das Geschäft des Gegners besorgt hatten. Nicht von ungefähr, sondern von denen gespickt, druckten Münchner Zeitungen immer wieder Artikel mit Insiderinformationen über eine unappetitliche Affäre, über eine so genannte Verpachtung früherer Mandanten, die ihm nach einer vertraglich zugesicherten möglichen späteren Rückkehr in die Kanzlei anzurechnen seien. Allerdings ging der Schmerz über die Niederlage nicht so tief, als dass er unter seine politischen Tage danach den Tag nach der 1993 verlorenen Schlacht notiert hätte.

Inzwischen fühlte er sich in der Rolle des Kämpfers für eine saubere Umwelt unter weißblauem Himmel so wohl wie als Kämpfer für saubere Verhältnisse in der Asylpolitik, als Kämpfer gegen die von ihm Esperantogeld genannte kommende neue Währung Euro. Dass er Theo Waigel, der als Finanzminister im Kabinett Kohl die Maastrichter Verträge aushandelte, damit in den Rücken fiel – was er nicht so sieht, er nennt es Kampf mit offenem Visier –, war Gauweiler egal.

Das beweise nur seine Unabhängigkeit von Intrigen und Kungeleien in verräucherten Hinterzimmern. Wer sich wie er die einander herzlich abgeneigten CSU-Granden Waigel und Stoiber gleichermaßen zu Gegnern gemacht habe, müsse einfach souverän sein. Beide wiederum sannen unabhängig voneinander auf Rache, das stimmt, warteten auf den richtigen Tag und den besten Anlass. Auch das wusste Gauweiler, denn er selbst hat in diesem von Strauß geprägten System von Teilen und Austeilen Karriere gemacht, und falls es ihn trifft, trifft es keinen Schuldlosen. Pardon hatte er nie gegeben, Pardon hatte er nicht zu erwarten.

Das Gespräch mit Edmund Stoiber, das am Tag nach Gauweilers Rückkehr in die politische Arena stattfand, würde man zwar gern im Wortlaut nachlesen, aber da es eine Aussprache unter vier Augen war und der eine naturgemäß darüber nicht spricht, gibt es als Beleg für den Inhalt nur den Klartext des einen. »Du musst mich schon selbst entlassen«, habe er sinngemäß gesagt, nachdem er die Bitte um einen selbst zu vollziehenden Rücktritt aus gesundheitlichen Gründen abgelehnt hatte. Die Entscheidung wollte er Stoiber nicht abnehmen. Schon aus moralischen Gründen nicht. Denn bei einer Amtsaufgabe aus den genannten gesundheitlichen Gründen hätte er die volle Pension eines Ministers bekommen. »Wie sollte ich einer Putzfrau erklären, dass sie bis zum 60. Lebensjahr hart arbeiten muss, während ich mich noch vor meinem fünfundvierzigsten Geburtstag als Frührentner hätte bequem zurücklehnen können?«

Der Dialog unter Parteifeinden dauerte knapp dreißig Minuten. In kühler Distanz. Mit der Ankündigung »So verlasse ich mein Amt nicht, das mache ich nicht« verließ Gauweiler das Chefbüro, beruhigte sich auf dem Weg nach unten und trat scheinbar gelassen vor die wartenden Journalisten, die wissen wollten, wie er seinen letzten Tag im Amt zu verbringen gedachte. An den Gerüchten über seinen Rücktritt sei nichts dran, verkündete er ihnen. »Ich regiere weiter mit.«

Genau das aber wollte der verhindern, der oben zurückblieb. Stoiber bereitete sich auf die nächste Attacke besser vor. Schon am Wochenende danach hat er vor, in einem erneuten Gespräch mit Gauweiler die Niederlage wettzumachen. Doch der ist, wie er sich ausdrückt, ja »nicht auf der Brennsuppe dahergeschwommen«, was übersetzt so viel bedeutet wie: auch mit allen Wassern gewaschen. Er war ganz einfach nicht zu erreichen. Hatte sich mit seiner Frau zu einem Abendessen abgesetzt und der Haushälterin aufgetragen, alle Anrufer abzuwimmeln mit dem Satz, sie passe nur auf die Kinder auf und wisse auch nicht, wo die Herrschaften seien und wann die nach Hause zurückkämen. Dafür wird sie später vom Hausherrn gelobt.

Am Sonntag dann, dem Tag darauf, stellt er sich am Telefon. Ob er es sich noch einmal überlegt habe?, fragt ihn sein Chef. Nein, hat er nicht. Dann muss ich dich entlassen. Gauweiler antwortet, dann müsse er das wohl so tun, legt auf, wählt neu, diktiert seinem Referenten einen Text voller deutlicher Vorwürfe gegen Stoiber, falls der wirklich die Entlassung bekannt geben würde. Doch nichts geschieht. Überhaupt tun alle so, als sei nichts weiter geschehen. Gauweiler geht täglich in sein 600-Mann-Ministerium, schwänzt aber die wöchentliche Kabinettssitzung, hat angeblich am Chiemsee einen Tunnel für wandernde Kröten zu eröffnen, oder war es ein Biotop für Lurche?

Waigel meldet sich, weder ein Freund von ihm noch einer von Stoiber. Mensch, da fahren zwei Züge aufeinander zu, und das gibt einen Knall, der uns nur schadet. Kannst du nicht wenigstens um der Partei willen nachgeben? Nein, kann er nicht. »Ich lasse mich nicht demütigen und stimme dieser Demütigung auch noch öffentlich zu.«

Er weiß allerdings, dass er keine Chance mehr hat, dass er den Tag der Entscheidung nur verzögern, aber nicht mehr verhindern kann. Nimmt deshalb eine Einladung zum Frühstück bei Stoiber in Wolfratshausen an, an jenem Tisch, an dem ein paar Jahre später Angela Merkel von Stoiber über denselben gezogen wird und ihm die Kanzlerkandidatur überlässt. Waigel ist als Mediator dazugebeten worden. Das Zimmer ist geheizt, die Atmosphäre kalt. »Es waren Eisblumen am Fenster«, erinnert sich Gauweiler voller Ironie, »von innen, nicht von außen.«

23. Februar 1994. Gauweiler selbst verkündet seinen Rückzug aus der Politik ohne Angabe von Gründen. Alle wissen, dass der Grund Stoiber heißt. Der Ex-Minister gibt sich nach außen betont gelassen, obwohl er alles andere als gelassen ist. »Alle, die sich freuen, endlich eine schöne Position erreicht zu haben, und sich in ihr häuslich einrichten wollen, irren sich grausam. Irgendwann werden sie entdecken, dass ihre Kündigungsfrist gerade dazu ausreicht, den Schreibtisch auszuräumen.«

Klingt wie für ihn erfunden, ist aber von ihm schon drei Jahre vorher als Gleichnis von Macht und ihrer Vergänglichkeit formuliert worden und ihm jetzt wieder eingefallen.

Als er zehn Jahre später davon erzählt, in sich ruhend in der Restaurant genannten Kantine des Berliner Bundestages, zu dessen Abgeordneten er inzwischen gehört, fallen ihm noch mehr Tage danach ein. Als er am Bett von Strauß saß, der sterbend im Krankenhaus der Barmherzigen Brüder in Regensburg lag. Tage nach dem Tod am 3. Oktober 1988, als ihm keine Zeit blieb, den Verlust des politischen Übervaters zu betrauern, weil er als zuständiger Staatssekretär im Innenministerium den Trauermarsch durch München, von der Feldherrnhalle zum Siegestor, organisieren musste. Der Empfang für die üblichen Staatstrauer tragenden Verdächtigen in der Münchner Residenz, als er schon gemieden wurde von Parteifreunden, weil der nächste König sehr genau beobachten ließ, wer mit dem wichtigsten Knappen des alten, des gerade verstorbenen Herrschers zur Gruppenbildung neigte.

Für diese Art von opportunistischen Volksvertretern hat Gauweiler nur Verachtung übrig. Er besteht auf einem eigenen Standpunkt und steht nicht auf einem, den die Partei als verbindliche Plattform für alle vorgibt. Er ist stolz auf seine Unabhängigkeit, die sich auch darin ausdrücke, dass er von seinen Diäten, die er als Abgeordneter der CSU bekommt, nicht mal die anfallenden Steuern für seine Anwaltshonorare bezahlen kann. Im Gegensatz zu seinem Freund Oskar Lafontaine, dem Kolumnisten der »Bild«-Zeitung und ehemaligen Volksaufklärer der SPD, hält er viel vom großen Kommunikator Gerhard Schröder. Dessen Nein zum Krieg der Amerikaner, dessen Weigerung, deutsche Soldaten in den Irak zu schicken, hat er öffentlich laut unterstützt, und dass ihn die eigenen Leute daraufhin als Kameradenschwein beschimpften, war ihm egal. Er hat sein Bundestagsmandat direkt und nicht über die Landesliste gewonnen, fühlt sich deshalb nicht zuerst der Partei verpflichtet, sondern vor allem seinen Münchner Wählern.

Von der letzten Schlacht im Pschorr-Keller spricht er blitzenden Auges. Danach der Tag war grau. »Eine Wetterwolke der Niedergeschlagenheit hing über mir.« Nicht mehr zu wissen, wie er diese Sucht, Politik zu machen und sich mit Gegnern zu messen, bekämpfen, besiegen, überwinden sollte. Es schien alles unendlich langweilig, was jetzt auf ihn wartete. Prozesse. Akten. Plädoyers.

Sein Vater, gläubiger Nazi, früh verstorben, was Gauweilers bedingungslose Nähe zur Vaterfigur Strauß erklären mag, hat ihm indirekt geholfen. Der war 1945 aus dem Krieg heimgekehrt, einarmig, Seele zerstört, weil er »seine Ehre einem Verbrecher« geopfert hatte. Auf den Trümmern ihres Lebens baute die Vätergeneration ein neues auf. Der Sohn dagegen hatte nichts weiter verloren als die Macht. Als ihm bewusst wurde, wie lächerlich im Vergleich zu dem Verlust seines Vaters seiner war, der Verlust von Macht, war Peter Gauweiler bereit, ein neues Leben zu beginnen. »Das war mein erster Tag davor.«

Aufgeben gilt nicht

Alida Gundlach. Sie ist anders als sonst. So ein Auftreten kennt man nicht von ihr. Sie ist doch immer freundlich und geduldig. Bleibt sogar herzlich, wenn Gast und Thema ihr von Herzen zuwider sind. Wenn ihr keiner der zuständigen Redakteure hatte erklären können, warum strunzdumme Kichertussis oder plattgegelte Holzbohlenköpfe für die Sendung eingeladen wurden. In solchen Fällen überlegt sie sich allenfalls ein paar Fragen, die deren Fassungsvermögen nicht übersteigen würden. In routinierter Gelassenheit nimmt Alida Gundlach deshalb donnerstags hin, was durch sie eh nicht mehr zu ändern ist. Denn am Freitag ab 22 Uhr wird gesendet. Live. Zwei Stunden lang. Die erfolgreichste und älteste deutsche Talkshow. Die vom NDR.

Wegen ihrer herzlichen Ausstrahlung, bar jeglicher Häme und fern jeglicher Arroganz, lieben die Zuschauer ihre Alida. »Ihre« bedeutet, dass sie zu jeder Familie gehört. Als Gastgeberin ist sie seit vielen Jahren – bei ihrem Abschied werden es dann siebzehn sein – die einzige Konstante der NDR-Talkshow. Die Frau hat alle überlebt, die ihr, mal länger, mal einmalig, als Moderator zur Seite gesetzt wurden, und sie ist dabei in Würde älter geworden, allerdings nie so alt, wie sie tatsächlich ist.

Schon am Abend zuvor, da also wie üblich Themen und Musik und Struktur der Sendung vom kommenden Tag besprochen werden, fällt Co-Moderator Hubertus Meyer-Burckhardt auf, dass Alida so biestig ist, so schroff, so dünnhäutig, ja: so aggressiv. Er fragt sie auf seine väterliche Art, was denn mit ihr los sei, doch sie macht nur eine abwehrende Handbewegung und gibt ihm keine Antwort. »Was hätte ich ihm denn sagen sollen? Dass mein

Mann im Koma liegt und ich hier Juhu machen musste?« Sie sagt es ihm erst, als die Vorgespräche beendet sind und sie gemeinsam im Fahrstuhl nach unten fahren.

Die Talkshow im Dritten Programm wurde live am Freitag, dem 26. März 1999, ausgestrahlt, und »irgendwie stand ich die zwei Stunden durch«, obwohl sie die zwei Stunden live eher neben sich stand.

Am Montag davor hatte sie sich noch in einer überschaubaren Welt bewegt. Alida Gundlach lebt mit ihrem Mann Burkhard auf Mallorca. Ihre Finca an einem Hügel ist ihr Standort. Ihre Basis. Ihr Fluchtpunkt. Von Palma aus fliegt sie regelmäßig zu Galas, die sie moderiert, zur NDR-Talkshow, zu Dreharbeiten mit scheinbar Prominenten an augenscheinlich prominenten Plätzen, zur Produktion ihrer TV-Reihe »Perlen des Nordens«, was sowohl Schlösser sein können als auch Schlossherren als auch deren Schlosshunde. Alida Gundlach liebt Tiere und würde die fast jedem Menschen vorziehen. Über die Schar ihrer Hausgenossen, unter ihnen Schweine, Esel, Hunde, Katzen, Gänse, deren Zahl zwischen zehn und zwanzig schwankt, schrieb sie unter dem Titel »Socke & Konsorten« mal ein erfolgreiches Buch. Socke ist der Name ihres liebsten Hundes.

An diesem Montagmorgen hat sie die Tiere gefüttert und gestreichelt und mit den meisten von ihnen gesprochen. Dann hat sie sich in die Sonne gesetzt und gefrühstückt. Allein zu sein ist für sie immer dann, wenn sie in Deutschland für TV-Auftritte unterwegs sein muss oder auf Tourneen ist oder bei Dreharbeiten, zwar normal, aber hier auf Mallorca ist sie eigentlich nie allein. Da sitzt stets Burkhard neben ihr, der Hüter des Hauses, der immer da ist, wenn sie nicht da sein kann. Jetzt ist sie da, und er ist weg, und deshalb überfällt sie ein Gefühl der Verlassenheit.

Es macht sie unruhig.

Alida Gundlachs Mann liegt um diese Zeit in einer Münchner Klinik auf dem Operationstisch. Bei einer Routineuntersuchung war in seinem Gehirn ein Hämatom entdeckt worden, das bislang nie auffiel, ihm auch nie Schmerzen bereitete. Die Ärzte hatten ihm in Anwesenheit seiner Frau empfohlen, sich sofort und ohne Verzögerung operieren zu lassen, in solchen Fällen käme es auf Tage an, nicht auf Wochen. Der Kranke, der sich nicht krank fühlte, sondern stark, hatte ohne zu zögern zugestimmt. Er vertraut den Medizinern. Sie wollen per Laser operieren statt wie früher üblich mit dem Skalpell, da bleiben weniger Narben.

Burkhard, der als Nachnamen nicht den Namen seiner Frau trägt, weil er eine eigene Identität hat, vor ihr sowieso und mit ihr erst recht, eben nicht nur der Mann an ihrer Seite sein will, ist ein großer, starker, lebenslustiger Kerl, schlank, sportlich, selbstsicher und vor allem gesund, wie er glaubte. Wie kann es passieren, dass bei ihm plötzlich ein Hämatom im Kopf auftaucht?

Können die Neurologen auch nicht sagen, aber sie wissen aus Erfahrung, dass ein winziger Blutball, der jederzeit platzen kann, aus lächerlich scheinendem Anlass entsteht. Durch eine Fahrt in einem schnellen Fahrstuhl. Durch einen Druckabfall auf einem der Flüge nach Deutschland, wohin er sie manchmal begleitete, falls Alidas Sohn aus ihrer ersten Ehe, falls Verwandte oder falls Freunde für ein, zwei Tage die Versorgung der Tiere übernahmen. Kann passiert sein nach einem längst vergessenen zufälligen Sturz, der sichtbar keine weiteren Folgen hatte. Was im Gehirn passiert, ist schließlich unsichtbar.

Er ist nach der Diagnose gleich in der Münchner Klinik geblieben, um auf die Operation vorbereitet zu werden, seine Frau war zurückgeflogen nach Mallorca. Sie gab sich nach außen hin zuversichtlich, aber sie machte sich Sorgen, sie hatte Angst, obwohl alles nach einem Routineeingriff klang, obwohl ihr und ihm ja versprochen wurde, es werde keine bleibenden Schäden geben und er werde nach ein paar Wochen Rekonvaleszenz wieder ganz so sein wie früher.

Unruhig war sie also, als sie durch den Garten ging, und nervös ist sie, als sie dann auf der Terrasse ihren Kaffee trinkt. Sie wartet auf die Nachricht aus München, dass alles gut gegangen sei. Der

Anruf erfolgt so gegen elf Uhr. Gut gegangen ist nichts. Ihr Mann war nach der Operation nicht aufgewacht, er ist ins Koma gefallen.

Alida Gundlach reagierte, wie sie immer reagierte, wenn ihr unvorhergesehen Schreckliches passiert. Schaltete jede Emotion aus, als hätte sie die Gabe, einen Schalter einfach auf Off zu drehen, um nicht weinen oder klagen zu müssen, bat eine Nachbarin, sich abends und morgens um die Tiere zu kümmern, buchte einen Flug mit der nächsterreichbaren Linienmaschine und landete am Nachmittag in München. »Da sah ich ihn liegen, bewusstlos, im Koma, eingefallenes Gesicht, nicht ansprechbar.« Da erst weint sie.

Sie wird von den Ärzten, die ihr vor ein paar Tagen noch den Eingriff als Routine dargestellt hatten, jetzt über die Risiken der Lage informiert. Es mag sein, dass er wieder aufwacht, Gehirn und Motorik aber geschädigt sein werden. Es mag sein, dass er nicht überlebt, nicht mehr aufwacht. Eines jedoch sei sicher: Sie könne hier nichts für ihn tun, rein gar nichts. Es habe keinen Sinn, wenn sie bleibe, denn er würde ja nicht mal mitbekommen, dass sie gekommen sei.

Sie kann auch gar nicht bleiben, denn sie hat Verpflichtungen. Zum Beispiel als Moderatorin in jener NDR-Talkshow, zu deren Vorbereitung sie in zwei Tagen in Hamburg sein muss. Sie fliegt zunächst zurück auf ihre Insel und organisiert die Verpflegung der Tiere. »Mein Paradies fand ich auf Mallorca«, schrieb die gebürtige Hannoveranerin mal in einem ihrer Bücher über die Insel ihrer Träume. »Es ist eine Finca in einem kleinen Dorf nah am Meer. An guten Tagen kann man das Salz schmecken. Die Helligkeit verjagt dunkle Gedanken und verbindet sich mit dem Duft von Meer und Kräutern zu einer unwiderstehlichen Mischung.«

Die dunklen Gedanken, die sie jetzt überfielen, ließen sich nicht vertreiben. Die nisteten sich bei ihr ein, suchten sich in ihrem Bewusstsein einen Platz, blieben von da an fast ein Jahr lang ihre Untermieter. Alida Gundlach konnte sie nicht loswerden, aber sie konnte sie in einer fensterlosen Zelle einsperren, falls es die Situation erforderte. Also oft.

Das eherne Gesetz aller Entertainer, aller Clowns, aller Mimen, unabhängig von der Klasse, in der sie sich bewegen, aufzutreten und ihre Rollen zu spielen, ganz egal, wie weh das tut, ist ihr von Kindesbeinen an vertraut. Man sagt nicht ab, man beißt die Zähne zusammen, man tritt auf. Als Vierzehnjährige hatte sie sich einen großen Zeh gebrochen, und das tat verdammt weh. Dennoch ging sie wie üblich zum Balletttraining, hielt sich an der Stange fest und folgte wie die anderen Elevinnen den angesagten Exercices. Die Ballettmeisterin kam auf sie zu, weil sie irgendwas an ihrer Haltung störte, nahm ihren Fuß, drückte und drehte, bis er die richtige Stellung hatte. Dem Mädchen Alida liefen die Tränen übers Gesicht, aber sie klagte nicht und beendete die Übung.

So wie bei der NDR-Talkshow vom 26. März 1999.

Nie habe sie über das geredet, was sie bewegte, sagt sie, vor allem dann nicht, wenn es sie selbst betraf, bevor »etwas noch nicht entschieden war. Was hätte ich also jetzt sagen sollen – dass mein Mann gerade stirbt oder vielleicht doch nicht, dass er ein Pflegefall bleiben wird, falls er alles überlebt?«

Also hielt sie nur durch und nahm am nächsten Morgen die erste Maschine zurück nach Hause.

In den nächsten acht Wochen, die sie an sich abprallen lässt und in denen sie sich auf ihre Termine und auf ihren Mann konzentriert, der weiterhin in München liegt, bereitet sie eine mögliche andere Zukunft vor. Sie bestellt Handwerker und erwartet von denen Vorschläge, wie sie alles so umbauen können, dass es rollstuhlgerecht wird. Sie sagt das Wort rollstuhlgerecht, als ginge es um die Lösung eines rein logistischen Problems, nicht um Burkhard, nicht um sie. Schrägen statt Stufen in den Garten, Zugang zum Pool auf einer Rutsche, Ausbau der ebenerdigen Räume ohne Schwellen, die sie bislang nicht wahrgenommen hatte. Auf den Gedanken, ihren Mann in ein Heim zu geben »und ohne ihn alleine hier zu leben, auf den Gedanken kam ich nie«.

In München ist der zwar aufgewacht, aber nicht ansprechbar. Sie besucht ihn, sooft es ihre Termine erlauben. Zunächst starrt er nur die Decke des Zimmers an, als suche er nach einem festen Punkt, irgendeinem Halt, an dem er seine Rückkehr aus dem Niemandsland beginnen kann. Dann starrt er sie an, immer noch schweigend. Nach ein paar Wochen kommen gurgelnde Laute aus seinem Mund wie bei einem Kleinkind, das unter der begeisterten Anteilnahme seiner Eltern nach ersten Worten sucht. Er findet seine noch nicht. Sie hält seine Hand und redet auf ihn ein, und er kann ihr nicht widersprechen. Täglich werden jetzt mit dem Kranken Übungen gemacht, wird seine Motorik trainiert, sein Gedächtnis erprobt, Sprache gesucht. Seine Frau informiert sich über die bestmöglichen Rehabilitationszentren, denn in diesem Zustand wird er ja nicht bleiben. Es wird ihm mal besser gehen.

Hofft sie.

Wenn auch nicht mehr gut.

Fürchtet sie.

Die besten sind die teuersten. Ihre Krankenversicherung lehnt es ab, die Kosten zu übernehmen, falls sie sich nicht auf eine jener staatlichen Kliniken einlässt, die ihr von der Kasse empfohlen werden. Sie entschließt sich selbstverständlich für die beste Klinik, doch das ist eine private. Die rund 250 000 Euro, die sie das alles einmal kosten wird, nennt sie den nun mal zu bezahlenden Preis für ein neues Leben.

Das beginnt mit einem Schock, doch dieser Schock ist gleichzeitig die »schönste Liebeserklärung, die ich je bekommen habe«. Natürlich weiß sie das Datum. Es war der 26. Mai 1999. Für sie ein Tag von vielen, an dem sie ihren Mann in der Klinik besucht. Für ihn war es der Tag danach. Den Tag zuvor hatte er, mühsam sich zwingend, Buchstabe für Buchstabe in seltsamer Kinderschrift, krakelig und unbeholfen, weil er kaum die Hand bewegen konnte, auf einen Zettel geschrieben, was er nicht sagen konnte, weil er keine Gewalt mehr hat über seine Sprache. Er weiß aber, wie es um ihn steht. Er kann es nur nicht sagen.

Auf dem Zettel stand »Ich gebe dich frei«, und diesen Zettel streckt er ihr entgegen, als sie an den Rollstuhl tritt, in dem er jetzt tagsüber sitzt. Sie weint und umarmt ihn, und er weint, und beide sind sich nahe wie nie, weil er ihr in diesem einen Satz gezeigt hat, dass er sie zu sehr liebt, um sich ihr weiterhin zumuten zu wollen. So etwa beschreibt sie das Gefühl, das sie hatte in diesem Moment. Sie denkt nicht einen Augenblick daran, sich freigeben zu lassen.

Es ist Ende Juni, als ihn die Münchner Ärzte für transportfähig erklären. Mit ihr und einem Zivildienstleistenden, der ihn bis zur Ankunft in der ausgesuchten Reha-Klinik im Weserbergland betreuen soll, bringt ihn ein Krankenwagen zum Flughafen München. Die Abflughalle ist voller fröhlicher lauter Menschen, Urlaubszeit. Ihr Mann, der nach wie vor nur Gurgellaute ausstoßen kann, deren Bedeutung sie nachfragend entschlüsselt, sitzt zusammengesunken in seinem Rollstuhl und starrt mit großen Augen auf seine Umgebung. Die scheint ihn zu verschrecken. Seine Frau will sich um die Bordkarten für den Flug kümmern, sagt ihm, dass der Zivi bei ihm bleiben werde, sie gehe nur kurz zum Schalter. Er greift mit einer Hand ihren Arm und krallt sich daran fest, lässt sie nicht los. Sie schickt den Zivi zum Schalter. Der ist hilflos, weil er noch nie in seinem Leben geflogen ist. Alida Gundlach erklärt ihm alles. Er schafft es.

Die Ankunft in der Klinik hat sie in Szenen gespeichert, die sie bei Bedarf einspielen kann. Als betrachte sie einen Film, der mit ihr nichts zu tun hat, sie aber berührt. Das Zimmer, in dem der Kranke untergebracht wird, ist groß und hell, und inmitten dieses von der Sonne durchfluteten Zimmers sitzt er verloren in seinem Rollstuhl. Sie weiß, dass er alles begreift, was passiert, und sie ahnt, wie ihm zumute sein muss, seine Gefühle nicht ausdrücken zu können. Er weiß, dass sie ihn wieder verlassen wird, weil sie auftreten muss, und dass sie dabei lachen muss und dass sie vor der Kamera fröhlich sein muss und nicht weinen darf.

Auch jetzt spielt Alida Gundlach ihre Alles-wird-wieder-gut-

Rolle, aber das Drehbuch dieses imaginären Films hat an diesem Tag einen anderen Schluss für sie vorgesehen.

Sie umarmt ihn, verabschiedet sich, geht raus, und erst draußen vor der Klinik knicken ihr die Beine weg. Sie bricht zusammen, schafft es noch auf eine Bank, setzt sich hin. »Ich war plötzlich unfähig, mich zusammenzunehmen. Aber ich habe es geschafft, dass er diesen Zusammenbruch nicht erlebt hat.«

Am Tag danach tritt sie als Stargast in einer Lottoshow des Fernsehens auf und verliert alles, was auch »immer es da zu verlieren gab, weil ich nur einen Gedanken im Kopf hatte und gar nicht sah, was ich tun sollte und was nicht«. Doch sie wirkt fröhlich wie immer. Es gibt in den Monaten, die folgen und deren Tage geprägt sind von Anreise und Abreise, ganz einfach zwei Frauen, die Alida Gundlach heißen. Beide sind rein äußerlich betrachtet gleich, beide sind bekannt, beide sind erkennbar, beide sind berühmt, beide nie durch Zufall frei.

Die eine Frau tut alles, um die Fassade des stets fröhlichen Fernsehstars aufrechtzuerhalten, denn dieses bunte Image ist ihr Kapital. Die andere Frau weiß nicht, wie lange sie durchhalten wird, aber sie hält durch und lässt ihre Untermieter, die schwarzen Gedanken, kaum raus aus der Zelle. Mit einigen ihr nahen Menschen spricht sie über Burkhards Zustand, aber es sind wenige.

Das meiste macht sie, wie sie es gelernt hat und wie sie es immer schon gehalten hat, lieber im stummen Dialog mit sich selbst aus. Was ihr widerfährt und wie sie ihre wechselnden Stimmungen erlebt und welche Hoffnungen sie hat und welche Ängste, trägt sie in ein Tagebuch ein. Sie schreibt sich die Last von der Seele und richtet sich innerlich auf ein anderes Leben ein. Der Tag, an dem ihr Mann die Klinik verlassen darf, weil die dort für ihn nichts mehr tun können, dieser Tag wird kommen. Auf den will sie vorbereitet sein. Denn danach wird erst recht nichts mehr so sein, wie es mal gewesen ist. Fast neun Monate ist er jetzt schon nicht zu Hause gewesen auf Mallorca. Sprechen kann sie mit ihm darüber, auch wenn er nach wie vor so klingt, als habe er eine heiße Kartoffel im Mund und müsse versuchen, seine Worte um die herumzudrücken.

Jeden Tag muss der Patient acht Stunden Therapie durchstehen, jeden Tag. Es ist anstrengend, und die Ärzte empfehlen ihm, sich abends früh hinzulegen und auszuruhen. Burkhard denkt nicht daran. Wenn die acht Stunden um sind, trainiert er alleine weiter wie ein Hochleistungssportler, der weiß, nur dann, wenn er das Quäntchen besser ist als die anderen, wenn er sich mehr quält als die, nur dann wird er eine Chance haben. Macht Übungen, um die Muskeln zu stärken, geht immer über die Schmerzgrenze hinaus, und wenn er erschöpft ins Bett sinkt, ballt er die Fäuste, immer wieder, immer wieder.

Das harte Programm wird Folgen haben.

Eines Tages im August, nein: nicht eines Tages, denn sie hat am Tag danach in ihr Tagebuch eingetragen, dass es der 6. August 1999 gewesen ist, besucht sie ihn in der Klinik. Es ist Sommer, und es ist heiß. Er schwimmt draußen im Freibad. Sie schiebt den Rollstuhl Richtung Bassin, aus dem er gleich steigen wird, um dann mit ihm durch den Park spazieren zu fahren. Er klettert mit Hilfe eines Pflegers aus dem Becken, lässt sich am Rand die Krücken geben, und dann stakst er auf sie zu, lacht sie an. Zum ersten Mal seit März geht er auf eigenen Beinen, wenn auch mit Hilfe der Stöcke, wenn auch mühsam. Da weiß sie, dass sie gewonnen hat.

Acht Wochen später holt sie ihn nach Hause. Am 28. Oktober landen sie auf Mallorca. Vom nächsten Tag an macht er seine täglichen Übungen mit den Therapeuten vor Ort. Die Tiere schauen zu, die Sonne wärmt. Am Ende dieses Jahres sitzen die beiden zusammen am Kamin, und um Mitternacht gehen sie auf die Terrasse, schauen in den Himmel und begrüßen gemeinsam ein neues Jahrtausend. Ende Februar 2000, fast genau zwölf Monate nach der Operation, ist ihr Mann wieder ganz so wie früher, »sieht aus wie immer, spricht wie immer, liest und strengt sich an« und umsorgt sie wie früher, als sich noch niemand um ihn Sorgen machen musste.

Aber so wie früher ist es nicht geworden. Die Tage danach waren anders als früher die Tage. Er höre genauer hin als vor seiner Krankheit, sagt Alida Gundlach. Er sei dankbar, dass er überhaupt leben darf, er habe eine »Demut vor der Schöpfung« gelernt, die ihm früher fremd war. Nimmt nichts mehr hin als selbstverständlich und »genießt Augenblicke im Leben, die er früher nicht mal gesehen hätte«.

Sie hat einen anderen Mann im Haus, obwohl es der ist, den sie immer wollte. »Das Glück entstand aus der Nachricht, dass es mit meinem Glück zu Ende sein könnte. Vom Tag danach an hat sich mein Leben verändert, doch ein Jahr danach hatte ich ein neues Leben im Arm.« Mit dieser Geschichte würde sie von ihren Nachfolgern sicher in die NDR-Talkshow eingeladen.

Aber Alida Gundlach ginge da nicht hin. Würde absagen. Freundlich natürlich, so wie es ihre Art ist.

Ein stummer Abgang

Thomas Haffa. Als ihn Analysten und Journalisten noch umschwärmten wie Motten das Licht, als seine Firma an der Börse höher gehandelt wurde als die Deutsche Lufthansa, als er ganz oben angekommen war, stand ihm seine Botschaft scheinbar ins Gesicht geschrieben. Wie ein x-beliebiger Prolo, dessen zweite Heimat die Sonnenbank ist, trat der Gründer von EM.TV stets braun gebrannt vor seine Gemeinde. Die Gläubigen jubelten ihm zu, wenn er ihnen goldene Zeiten verhieß. Später mal wird ihn dieselbe Gemeinde, dann Gläubiger statt Gläubige, aus ebenso vollem Herzen verdammen.

Bei Dagobert Duck glitzerten Dollarnoten in den Augen, wenn er sich abfederte vom Sprungbrett, um in seine Dukaten zu tauchen. Bei den deutschen Goldgräbern, die mit steigenden Aktienkursen von EM.TV reich geworden waren, aber den Hals nicht voll bekommen konnten und noch reicher werden wollten, waren es erst die Zeichen der Mark, dann die des Euro, die ihnen den Blick auf Risiken verstellten. Im Oktober 1997 kostete die Aktie pro Stück 34 Mark, Anfang März 2000 stand sie bei 10 166 Mark.

Haffas Bräune jedoch rührte nicht vom Nichtstun, signalisierte nur strotzende Gesundheit, war nicht die Farbe des Aufsteigers aus Pfaffenhofen, der es in die beste Münchner Wohnlage geschafft und dort sein Anwesen neben die Villen des alten Geldes gesetzt hatte. Er trug mit seinem Gesicht auch eine neue Ära auf den Markt. Seht her, so frisch und fröhlich sehen die Manager der New Economy aus. Die Macher der bisherigen Deutschland AG mit ihren dunklen Anzügen und bleichen Mienen wirkten dagegen wie Fossilien aus grauer Vorzeit.

Bei denen hatte der Aufstieg an die Spitze und der Kampf gegen die Wölfe, die hungrig um ihre Stühle kreisten, so wie einst sie um die ihrer Vorgänger, sichtbare Spuren hinterlassen. Deren Glück war der Job. Für den lebten sie. Blendende Lichtgestalten à la Haffa, wie immer sie hießen – Lars Windhorst und Peter Kabel, Gerhard Schmid und Alexander Falk, Bodo Schnabel und Paulus Neef –, verbreiteten schon per Körpersprache undeutsche Lässigkeit. Dealmaker nannte man sie im branchentypischen *newspeak*, aber in ihren Gesten und Reden steckte auch was von Cardealern, Autoverkäufern. Sie waren ein bisschen zu alert. Ein bisschen zu hipp. Ein bisschen zu smart. Ein bisschen zu locker. Ein bisschen zu selbstbewusst. In anderen Zeiten hätte man ihnen ohne vorherige Prüfung durch einen unabhängigen Experten keinen Gebrauchtwagen abgenommen.

Aber diese damals waren keine normalen Zeiten. Jungs wie Haffa lebten dem Anschein nach in den Tag hinein, zeigten in der selbst erschaffenen Realität stolz ihren Reichtum und waren laut Aktienkurs tatsächlich erfolgreicher als die Boys von der Old Economy. Auch die Regeln, nach denen ihre Karrieren abliefen, galten nichts mehr. Die Emporkömmlinge drängten sie beiseite.

Thomas Haffa hatte vor dem Abitur die Schule verlassen und ein bisher verborgenes Talent als Verkäufer in sich entdeckt, was wiederum dem Filmhändler Leo Kirch nicht verborgen blieb. Worauf er den talentierten Mr. Haffa, der mit dem Verkauf von Büromaschinen, Plüschpuppen, Zeichentrickfiguren und tatsächlich auch Autos Erfolg hatte, in sein Reich holte. Dort mehrte der junge Mann den Marktwert der zur Kirchfamilie gehörenden Videoabteilung.

1989 löste sich Haffa von seinem Übervater, gründete seine eigene Firma EM.TV, die sich auf den Erwerb der TV-Rechte von internationalen Kinder- und Jugendprogrammen konzentrierte. Schon 1998 war EM.TV laut Börsenkurs eine Milliarde Mark wert. Und alle, die ein Jahr zuvor für ein paar tausend Mark Aktien gekauft hatten, wie so viele von Haffas ehemaligen Nachbarn aus Pfaffenhofen, waren in seinem Windschatten bereits jetzt zu Millionären geworden.

Wären heute noch reich, hätten sie zum richtigen Zeitpunkt verkauft, statt sich von Geldgier leiten zu lassen. Die guten Katholiken von Pfaffenhofen wissen, dass sie selbst schuld sind, alles verloren zu haben, bekennen dies spätestens im Beichtstuhl. Betrachten es vielleicht als gerechte Strafe Gottes, weil sie beim Tanz ums Goldene Kalb so blind mitgemacht hatten. Was erklären könnte, dass sich Haffa in »meinem Heimatort immer noch sehen lassen kann, ohne verprügelt zu werden« und dass die Anerkennung, ist eben trotz allem *unser* Thomas, noch immer respektvoll klingt.

Mit seinem Erfolg ging Haffa auf Münchens Pisten protzen. Die Society, deren Sein vom Schein geprägt ist, nahm ihn sich zur silikongeschwollenen Brust. Er passte sich den Sitten im Bussi-Klub an. Gab rauschende Feste vor Ort oder in Kitzbühel, winters ein Vorort von München, hielt Hof auf seiner Yacht am Mittelmeer, ließ da wie dort und überall sonst den Champagner nie warm werden und war unter den Fürsten des Neuen Marktes bald der Großfürst.

Bis zu dem Tag, an dem er von der Wirklichkeit eingeholt wurde und danach bleich aussah unter der Bräune.

»Bei mir waren es eigentlich zwei Tage«, erklärt Thomas Haffa, dreiundfünfzig, und streicht über seine Manschettenknöpfe. Alles sitzt an ihm, das Hemd, der Anzug, die Haltung. Er selbst in einer Etage in Münchens Innenstadt. Seine neue Firma heißt Trailer Holding GmbH, an der hält er 37,5 Prozent. Die Bräune im Gesicht ist immer noch echt. Nicht nur die hat er sich erhalten. Zwar war er vor wenigen Jahren noch ein Milliardär, wurde der Aktienwert seiner Firma auf dem Höhepunkt des Booms auf dreizehn Milliarden Euro geschätzt. Aber auch das, was ihm nach dem Sturz geblieben ist, kann sich sehen lassen. Er wird nie dem Staat zur Last fallen. Experten schätzen sein Vermögen immer noch auf mehr als hundert Millionen Euro, was er nicht kommentieren mag. Das Kapital der von ihm gegründeten Stiftung für psychisch gestörte Kinder ist durch den Aktiensturz von zehn auf anderthalb Millionen Euro geschrumpft.

Die 240 Tagessätze zu je 5000 Euro, die er zahlen musste, nachdem ihn und seinen Bruder Florian, Konzernvize und Finanzvorstand, der mit 240 000 Euro Strafe davonkam, ein Münchner Gericht wegen »unrichtiger Darstellung der Unternehmensverhältnisse« verurteilte, hätte ein bestimmter Vertreter der Old Economy als Peanuts bezeichnet. Sie sind es für Haffa auch, aber vor solchen Vergleichen hütet er sich. Er stellt inzwischen sein Licht lieber unter den Scheffel, statt die Scheinwerfer auf sich zu lenken. Er hat nicht vergessen, dass ihn empörte Anleger auf Flugblättern, direkt vor seiner Villa verteilt, auch an die wohlsituierten Nachbarn, als Betrüger und Verbrecher gebrandmarkt haben. Er scheut ganz im Gegensatz zu früher, wo er sich im Licht der Öffentlichkeit sonnte, die Öffentlichkeit, steht lieber am Rand als in der Mitte, lieber in der Ecke statt auf der Bühne. Und vor allem: Er wägt seine Worte.

Zwar sieht er sich als Opfer widriger Umstände und neidischer Konkurrenten, keinesfalls als Verursacher einer beispiellosen Geldvernichtung, als Hauptperson in einem Wirtschaftskrimi. Aber er wird sich mit seiner Rolle wohl abfinden müssen, denn die Revision des Urteils vom 8. April 2003, nach dem er 1,2 Millionen Euro hatte an die Justizkasse abführen müssen, lächerlich im Verhältnis zu seinem Gesamtvermögen, wurde abgelehnt, und damit ist der Richterspruch rechtskräftig.

Es könnte neue Prozesse geben, doch lange Erklärungen, wer wann wem was warum nicht oder doch gesagt hat, sind ein Fall für die nächste Runde vor Gericht. Worum es in den angestrebten Prozessen im Detail geht, füllt bei den Anwälten in ihren Klageschriften und Abwehr-der-Klage-Schriften viele hundert Seiten, doch beide Parteien geben zu, nicht alles zu verstehen, geschweige denn, es Laien erklären zu können.

Im Kern, so viel kann gesagt werden, geht es um viel Geld.

Nicht erstaunlich angesichts der handelnden Personen. Wichtige Prüfungen der in Bilanzen aufgelisteten Posten, *due diligence* genannt, seien nicht erfolgt. Werner E. Klatten, Duz-Feind von Thomas und mittlerweile Vorstandschef der abgemagerten EM.TV, will 130 Millionen Euro von den Brüdern Haffa und ihren damaligen Aufsichtsräten wegen angeblichen Fehlverhaltens beim Einstieg in die Formel 1.

Für die Formel 1 hatte der ältere Haffa damals 1,8 Milliarden Euro bar und außerdem Aktienoptionen lockergemacht, um den Rennzirkus exklusiv vermarkten zu dürfen. Erstens viel zu teuer, sagen seine Prozessgegner, zweitens sei der mögliche Umsatz zu früh in der Bilanz eingebaut worden. Die Haftpflichtversicherung deckt bei fahrlässigem Verhalten – und von dem, nicht von einem betrügerischen Vorsatz gehen die Klatten-Anwälte aus – rund 102 Millionen Euro ab. Man dürfte also nicht falsch liegen, wenn man vermutet, dass sich die Streitenden am Ende auf einen Vergleich einigen, der etwa dieser Summe entspricht. Beide hätten was davon. Der eine, Klatten, viel Geld, das er für die laufenden Geschäfte braucht, der andere, Haffa, muss nicht an sein Erspartes, das sich zusammensetzt aus rechtzeitig verkauften eigenen Aktien und aus den Erlösen bei der Aufteilung seines einst glitzernden Reiches.

Von dem einstigen Medienhandel hat er sich nicht nur unfreiwillig trennen müssen, von dem hat er sich inzwischen auch freiwillig gelöst. Sagt er. Das Manuskript eines Buches »Geht nicht gibt's nicht«, lange schon angekündigt, liegt noch bei diesem oder jenem Verlag. Vielleicht erscheint es noch, vielleicht auch nicht. Er will sich rechtfertigen, seine Weste weiß waschen. Dass er ebenso wenig schreiben kann wie eine andere Lichtgestalt der New Economy, der selbstgefällige Münchner Chiphändler Erich Lejeune, ist kein Hinderungsgrund. Auch dessen Bücher verstopften einst die Regale, auch der fand einen Ghostwriter. Bei Thomas Haffa bliebe allerdings alles in der Familie. Seine Frau ist Journalistin.

Er behauptet trotzig, noch sei sein Traum nicht vorbei, aber er ahnt, denn dumm ist er nun mal nicht, dass er sich was vormacht, und schwärmt stattdessen von seinen aktuellen Aktivitäten: Vermietung und Verkauf von Luxusyachten, Leasing von Privatjets durch seine Flugzeugfirma Air Independence. Alles hört sich so an, als spiele er zwar mit, aber so richtig Spaß habe er nicht dabei. Ihm fehlen der Glamour früherer Tage und die damaligen Mitspieler. Namen wie Haim Saban und Leo Kirch und noch ein paar aus der Liga, zu der er mal gehörte, fließen ihm glänzenden Auges von den Lippen, da er nach wie vor mit ihnen Kontakt hat.

Sein Engagement bei einer Firma für Fahrzeugbau in Ulm, die er und Partner aus der Insolvenz übernommen und dadurch siebenhundert Arbeitsplätze gerettet haben, ist dagegen was Eigenes, hat was mit den Tagen zuvor zu tun und nichts damit, was er seit den Tagen danach macht. »Der Geruch von Landwirtschaftsmaschinen war der Geruch meiner Kindheit. Mein Vater war Vertriebschef für einen bestimmten Hersteller, und mit uns Kindern ist er samstags zu den Messen gefahren, wo die Traktoren ausgestellt waren. Das fand ich aufregend.« Als Thomas Haffa seiner Frau und seinen Söhnen etwas Aufregendes bieten wollte nach seinem Sturz, als er ihr vorschlug, ein Jahr lang um die Welt zu segeln, scheiterte das am Widerspruch der Familie.

Bleiben wir beim Tag danach, Herr Haffa?

»Bei den Tagen danach, bitte«, verbessert er und schaltet an einem seiner Handys die Mailbox ein. Nimmt aber, falls ein Geschäft in der Luft liegen sollte, den anderen Apparat mit in die Bayerischen Stuben. Die gehören zum Hotel »Bayerischer Hof«, liegen neben seinem neuen Büro und haben mit den Bierbeisln des gemeinen Volkes außer den auch dort angebotenen Spezialitäten wie Leberkäse, Weißwürste, Brezeln nichts gemein. Haffa wird als Stammgast entsprechend freundlich begrüßt.

»Der schlimmste Tag war der 5. Dezember 2000. Bevor der zu Ende war, ging es mir schon schlecht.« Das hatte sich durch viele Berichte, die von den Schwierigkeiten des einstigen Börsenstars EM.TV berichteten, die gespickt waren mit Zahlen über Verluste und großspurige Luftnummern und garniert mit Zitaten von Wirtschaftsprüfern, von denen viele einst dringend zum Kauf der jetzt so tief gefallenen Aktien geraten hatten, bereits angedeutet. Am 5. Dezember war Showdown angesagt in München. »Der Promenadeplatz war so gut wie gesperrt, weil so viele U-Wagen parken mussten. Was da passieren würde, wollte man live senden.«

Was verständlich war. Denn als es ihm gut ging, hatte der Aufsteiger Thomas Haffa die Medien zur Mehrung seines Ruhms eingeladen auf seine Yacht, hatte keines der Ereignisse versäumt, von denen anschließend in bunten Blättern berichtet wurde. Er gehörte zu den angeblich Schönen und Reichen. Viele waren weder das eine noch das andere, falls man genauer hinschaute. Aber so genau schaut in München keiner hin.

Thomas Haffa, nicht mehr ganz so lässig, nicht mehr ganz so smart, saß neben Dieter Hahn, Leo Kirchs Stellvertreter und Partner in der Firma Junior.TV, die gemeinsam Kirch und Haffa gehörte. Bleich das Gesicht, angestrengt die Züge, fahl die Bräune. »Der Hahn wollte mich auf offener Bühne schlachten«, erinnert sich Thomas Haffa und beißt in die Brezel, »ich sollte an diesem Tag geopfert werden. Der hat mir, mit einer Hand das Mikrophon abdeckend, damit keiner was hören konnte, doch tatsächlich zugeflüstert, ich solle am besten auch Fehler, die ich nicht gemacht habe, zugeben und abtreten. Dann sei es ausgestanden.«

Das hätte Haffa mit Hahn vielleicht nicht anders gemacht, wäre der an seiner Stelle gesessen. Aber Thomas Haffa dachte nicht daran. Versuchte den Journalisten stattdessen zu erklären, dass er sich selbst getäuscht fühlte von seinem ehemaligen Finanzchef, dass es nur eine Frage der Zeit wäre, bis der nächste große Deal ins Haus stehen würde, dass er sich mit Formel 1 und den Rechten an Muppets-Schöpfer Jim Hensons Company nicht verhoben hätte, dies alles Werte wären, die man wieder verkaufen könnte. Was sicher stimmte. Allerdings nicht zu der Summe, die Haffa als zu entrichtenden Kaufpreis unterschrieben hatte.

Doch wer wollte das schon hören. Man interessierte sich vielmehr für den scheinbar unaufhaltsamen Sturz der Aktie und den Sturz ihres Verkäufers. Keiner bedauerte die Demontage des Sonnyboys, denn der hatte zu oft und bei jeder sich bietenden Chance den großen Larry gegeben, ob auf der Fernsehmesse Midem in Cannes oder als *global player* in Hollywood, wenn da die großen Deals aufgerufen wurden.

Warum wollte Hahn ihn fertig machen? »Ist doch klar«, winkt Haffa da ab und schiebt den Rest der Brezel rein, »der war eifersüchtig auf mein Verhältnis zu Leo Kirch und neidisch auf meinen Erfolg.« Leo Kirch, auf den Haffa bis heute nichts kommen lässt, »ist der Einzige, der immer zu mir hielt«. Auch Kirch hatte bald seine Tage danach vor sich, aber damals galt er noch als ziemlich großer Zampano.

Nach diesem Tribunal, in dem Thomas Haffa den letzten Rest von Bräune im Gesicht verlor, ging es ihm schlecht. Psychisch und physisch. Er war gesund, das hatte er sich kurz davor in einer Klinik bei einer Untersuchung für gestresste Manager bestätigen lassen, aber die Schmerzen in der Bauchgegend, von denen er inzwischen weiß, dass es Phantomschmerzen waren, raubten ihm den Atem, nahmen ihm die Luft, erdrückten ihn fast.

Nein, sagt er, zum Arzt sei er nicht gegangen am Tag danach, sondern in seine Firma. »Ich war zwar schon totgeschrieben, insofern hätte es außer der Überschrift keinen großen Unterschied gemacht, wenn es mich nun auch tatsächlich erwischt hätte, aber ich wollte es denen zeigen.« Zeigen, dass er nicht umzubringen war, trotz allem. »Ich arbeitete wie ein Wahnsinniger zwanzig Stunden am Tag, um den Laden zu retten.«

Dort hatte er seine großen Triumphe gefeiert, dort hatte er sich von seinen Leuten bewundern lassen, im Glanz des schönen Scheins, dort hatten schon Anfänger mehr verdient als anderswo gestandene Manager. Sie waren reich geworden durch ihn und die EM.TV-Aktien, wie man an den Luxusschlitten feststellen konnte – Porsche, Jaguar, BMW Z 4 –, die sie fuhren.

Jetzt spürte er die Blicke seiner einst so treuen Gemeinde.

Nicht mehr nur bewundernd, in manchen lag Verachtung. Er merkte, dass es neben dem Bauchweh andere Folgen des einen Tages danach gab, nämlich viele ähnliche Tage danach, und fühlte sich »wie jenes Murmeltier aus dem berühmten Film, das täglich aufs Neue grüßte. So ein Murmeltier war auch ich, immer wieder ging der Film von neuem los, schlich ich mich täglich in meine Firma.«

Er hatte es gern gelesen, als sie ihn hochschrieben, nun konnte er – konnten auch seine Kinder und seine Frau – täglich lesen, wie sie ihn niederschrieben. Ein Luftikus. Ein Angeber. Ein Schwätzer. Ein Blender. »Ich war das prominenteste Opfer des Neuen Marktes«, sagt er, und es klingt ein wenig Stolz mit über seine verlorene Vergangenheit als Großspurer, selbst jetzt noch, »ich hatte irgendwann einfach keine Chance mehr, gegen die sich selbst erfüllende Prophezeiung, dass ich schuld sei am Unglück vieler einfacher Aktionäre.«

Thomas Haffa stellt sich als unschuldig ins Unglück Geratener dar, dem keiner mehr was abkaufen will, weder einen Gebrauchtwagen noch die Beteuerungen, stets das Beste gewollt zu haben. Der Markt hat es gegeben, allerdings vor allem ihm, weil er sein Aktienpaket vor dem Crash rechtzeitig verkaufte, der Markt hat es genommen, allerdings vor allem den anderen, die ihre Aktien, im Glauben fest an seine Sprüche, behalten hatten.

Ein halbes Jahr hält das Murmeltier Haffa noch durch. Dann schafft er es nicht mehr. Am 24. Juli 2001, eine Woche vor der Aktionärsversammlung von EM.TV, tritt er von seinem Posten als Vorstandsvorsitzender zurück. Geht in sein Büro, sieht bei seiner Sekretärin im Vorzimmer auf deren Schreibtisch einen Prospekt des »Elounda Beach Hotel« liegen, nimmt den mit in sein Zimmer, schaut sich die Hochglanzfotos der Hotelanlage auf Kreta an, greift zum Hörer, wählt höchstselbst und fragt, ob ihre teuerste Suite frei sei. Die besteht aus einer einzelnen Villa, bietet 120 Quadratmeter Wohnfläche, zwei Schlafzimmer, eigenen Pool und kostet 3426 Euro pro Nacht, Frühstück allerdings im Preis nicht inbegriffen. Dann ruft er seine Frau an und bittet sie zu packen. Noch am Nachmittag desselben Tages fliegt er mit seiner Jetstream – oder war es die Challenger? – von München aus an den Strand Griechenlands.

Am nächsten Tag war der Schmerz unter den Rippen verschwunden, und der »kam seitdem auch nie wieder«.

So war er, sein zweiter Tag danach.

Die Anleger hatten andere und länger anhaltende Schmerzen. Der Crash war kein Phantom zwischen dritter Rippe und Bauchhöhle. Viele haben ihr Geld verloren im Wahn, über Nacht reich zu werden, und da manche ihren Traum vom Reichsein auch noch mit Krediten finanzierten, die ihnen die Banken gerne gaben, denn auch die hofierten den Prediger Haffa, werden sie dafür ein Leben lang bezahlen müssen.

Als der König des Neuen Marktes ohne Kleider dastand, sahen die verlachten alten Manager nicht umsonst so zufrieden-fröhlich aus. Der Spuk war vorbei. »Schade nicht nur um mich«, sagt Haffa und stellt sich in einen größeren Zusammenhang, »schade um Deutschland. Damals schien in unserem Land alles möglich, es war eine undeutsch fröhliche Zeit. Und heute sind wir wieder in die alten grauen Zeiten zurückgefallen.« Allerdings fielen er und andere verglühte Stars ziemlich weich. Der Münchner Fachanwalt Klaus Rotter: »Die EM.TV-Gründer sind zwar nach der Veröffentlichung falscher Halbjahreszahlen wegen mehrerer Straftatbestände verurteilt worden, etwa wegen Bilanzfälschung und Kursmanipulation, aber zivilrechtlich bleiben sie auf den Früchten ihres Tuns sitzen und haben weiterhin eine Luxusvilla und einen Privatjet.«

Das stimmt Wort für Wort, aber das ist nicht illegal. Ein Fall von Unmoral ist kein Fall für die Justiz. In manchen Monaten ihrer Hochzeiten haben die Haffa-Brüder wohl mehr Steuern bezahlt, als sie an die Justizkasse überweisen mussten. Thomas Haffa hat nicht nur seiner Mutter abgeraten, Aktien zu kaufen, und strikt darauf geachtet, auch so genannten guten Freunden – wobei es in

München als Beweis von Freundschaft bereits genügt, wenn man sich mal die Geliebte geteilt hat – niemals einen Tipp zu geben.

Dass einer wie er, der von den Medien lebte und der sie benutzte, den Medien vorwirft, ihn fertig gemacht zu haben, passt in die Geschichte einer kurzlebigen Hausse, in der selbst seriöse Wirtschaftsprüfer dem Schein mehr glaubten als den tatsächlich vorhandenen Scheinen. Insofern ist Thomas Haffa nur einer von vielen, die damals ihren Tag danach erlebten. Zu gern würde er, der ja gerade noch geschworen hat, mit dem Mediengeschäft ein für allemal abgeschlossen zu haben, es denen noch einmal zeigen.

Wird wohl beim Wunsch bleiben, denn Thomas Haffa hat längst wieder diese gesunde Bräune im Gesicht, und spätestens an der würde man ihn erkennen, falls er wieder auf der Bühne auftauchen sollte.

Der vereinsamte Jäger

Horst Herold. In den als bleiern bezeichneten Zeiten des vergangenen Jahrhunderts ist er beschrieben worden als stur und sensibel, dynamisch und depressiv, wehleidig und wütend. Vor allem wurde dem legendären Chef des Bundeskriminalamtes die Arroganz vorgeworfen, mit der er wieder und wieder seine Macht ausspielte. Solange der derartig Portraitierte im Dienst war, musste Herold die Erlaubnis seines jeweiligen Vorgesetzten einholen, des amtierenden Innenministers, falls er sich gegen Unterstellungen, die aus seiner Sicht Rufmord waren und das zu ertragende Maß journalistischer Kritik überstiegen, vor Gericht wehren wollte. Der ehemalige Staatsanwalt Horst Herold bekam sie als BKA-Präsident seinem Rechtsempfinden nach zu selten.

Als sich der Sozialdemokrat verbittert gerade mal siebenundfünfzigjährig in den Ruhestand zurückzog, begleitet von den Krokodilstränen derer, die lauthals seinen Abschied gefordert hatten, bereitete er diese Vergangenheit juristisch auf. Bis auf einen einzigen gewann Herold alle Prozesse, setzte Gegendarstellungen durch und Unterlassungserklärungen und Widerrufe und schien ausreichend beschäftigt damit, sein Bild in der Öffentlichkeit zurechtzurücken. Doch solche nachträglichen Siege waren der Öffentlichkeit keine großen Veröffentlichungen mehr wert, sie hatten nur noch für ihn einen Wert. Den Widerruf, den zum Beispiel »Der Spiegel« unter dem nichts sagenden Titel »Transparenter Staat« drucken musste, weil er seine Attacken gegen den »Sonnenstaat des Doktor Herold« mit falschen Zitaten aus »Transatlantik« belegt hatte, hält der Pensionär in einer Kopie griffbereit.

Immer wieder ist spürbar, manchmal nur in einem halben Satz, wie sehr er noch darunter leidet, nicht seiner Leistung gerecht behandelt worden zu sein. Andererseits scheint ihm das sich dabei aufdrängende Bild eines treuen Hundes, der vom Hof gejagt wird, zu gefallen. Denn solange es noch ein paar offene Rechnungen gibt, hat er was zu tun. Sie zu begleichen mit diesem und gern auch mit jenem. Entweder unten im Keller, wo Horst Herold ein Arbeitszimmer eingerichtet hat und sich online die Welt ins Haus holen kann, oder anlässlich eines Dinners, ihm zu Ehren gegeben vom Bundespräsidenten in Berlin, wo er unter vier Augen etwas loswerden kann. Wiederum über diesen und über jenen.

Der Intellektuelle Horst Herold ist ein witziger Formulierer und gebildet dazu. Er kennt seinen Karl Marx, aber auch seinen Heinrich Mann, er beruft sich gern auf Hegel, zitiert aber lieber noch aus dem »Hand-Orakel« des spanischen Jesuiten und Philosophen Baltasar Gracián (1601–1658). Bei dem fand er für sich geeignete Vergleiche mit seinen Lebenssituationen wie zum Beispiel die passende Weisheit aus dem Aphorismus Nr. 99: »Die Dinge gelten nicht für das, was sie sind, sondern für das, was sie scheinen. Selten sind die, welche ins Innere schauen. Recht zu haben reicht nicht aus.« Hätte sinngemäß auch vierhundert Jahre nach Gracián in seiner deutlicheren Sprache Genosse Herbert Wehner sagen können, der Jesuit der SPD, von dem der BKA-Präsident zum Abschied einen kleinen Teller aus Meißener Porzellan, bemalt mit einer gelben Rose, geschenkt bekam. Den hält er in Ehren.

Herolds rundliche Bonhomie verbreitet Wärme. Sein fränkischer Dialekt täuscht. Geboren ist er in Thüringen. Mag schon sein, dass er im Austeilen besser war als im Einstecken, aber wer das nicht ist, der werfe den ersten Stein.

Er kann lachen. Sogar über sich selbst. Wenn man mitlacht, ist er nicht beleidigt. Wir sitzen zu Tisch. Es gibt wie bei jedem meiner Besuche zuvor Weißwürste und Weißbier und Brezeln. Das andere Zimmer, das sich hinter uns in seinem Rücken öffnet, wird bestimmt von Büchern. Sie füllen die Regale bis zur Decke. Herold hat alles gelesen, was andere aus seiner Geschichte machten, denn seine Geschichte ist eine deutsche Geschichte, die des Linksterrorismus in Deutschland.

Über die Wurzeln und über die Protagonisten, woher die kamen und was die wollten und wie viele Leben sie außer dem eigenen zerstörten, gibt es Hunderte von Untersuchungen. Die Rote Armee Fraktion (RAF) war nicht etwa mythisch, wie sie inzwischen in manchen Retrospektiven verklärt wird, Andreas Baader war kein Robin Hood. Die RAF war mörderisch. Keinen fürchteten die kriminellen Täter so wie Herold, denn dieser kriminalistische Triebtäter war ihnen ebenbürtig, schien sich in die Köpfe der Terroristen geradezu eingenistet zu haben. Der Vergleich mit Doktor Mabuse, der in der Bezeichnung »Sonnenstaat des Doktor Herold« anklang, war nicht zufällig gewählt, aber er war dennoch töricht. Eher wie ein hochkonzentrierter Schachspieler versuchte Herold, die Züge der Staatsfeinde Nummer eins genannten Desperados vorauszuahnen, um auch auf überraschende Attacken sofort reagieren zu können.

In vielen Fällen hatte er mit dieser Taktik Erfolg.

In einem ganz entscheidenden Fall nicht.

In diesem Fall erlebte Horst Herold sein Waterloo.

Das war im deutschen Herbst 1977.

Seit dem 6. September wurde ein zerfurchtes Gesicht auf Seite eins fast aller deutschen Tageszeitungen gedruckt. Jede Nachrichtensendung im Fernsehen zeigte das Foto des entführten Arbeitgeberpräsidenten Hanns-Martin Schleyer. Niemand konnte sich ihm entziehen. Jeder Bericht aus Bonn begann mit den Neuigkeiten aus der verkürzt Krisenstab genannten »Kleinen Lage« im Bundeskanzleramt. Da es außer den knappen offiziellen Lageberichten von Regierungssprecher Klaus Bölling keine weiteren Informationen gab, konnten die Journalisten nicht nachprüfen, was tatsächlich in diesem Kreis besprochen und beschlossen worden war und was Bölling in den Pressekonferenzen verschwieg.

Das Ultimatum der Roten Armee Fraktion allerdings war bekannt, ein als echt bestätigtes Bekennerschreiben in den Medien verbreitet. Die Terroristen verlangten, im Austausch für den Gefangenen Schleyer elf ihrer einsitzenden Gesinnungsgenossen freizulassen. Die Reaktion der Bundesregierung wurde gleichfalls veröffentlicht: Der Staat lasse sich nicht erpressen, und die im erweiterten Großen Krisenstab informierten Politiker der Opposition stimmten dem Primat der Staatsraison ausdrücklich zu. Auch Helmut Kohl, der mit dem entführten Schleyer befreundet war.

Was im Herbst des Jahres 1977 passierte, zwischen dem Tag des Kidnappings, dem 5. September, und dem Tag, an dem Schleyer im Kofferraum eines grünen Audi 100 tot aufgefunden wurde, dem 19. Oktober, ist minuziös recherchiert und in allen Details geschildert worden: die Entführung Schleyers und die Ermordung seines Fahrers sowie die seiner Leibwächter. Die Erstürmung der Lufthansa-Maschine »Landshut« durch die Spezialisten der GSG 9 in Mogadischu und die Befreiung der an Bord festgehaltenen Passagiere. Die Selbstmorde der RAF-Terroristen Gudrun Ensslin, Jan-Carl Raspe und Andreas Baader in ihren Zellen. Die Hinrichtung von Hanns-Martin Schleyer auf einer Waldwiese nahe der belgisch-französischen Grenze.

Die letzte Eintragung in dessen Terminkalender kurz vor dem Attentat in Köln am 5. September lautete: »Herold anrufen«. Der war Chef des Bundeskriminalamtes, dreiundfünfzig Jahre alt, Erfinder der Rasterfahndung, von seinen Bewunderern als genial, von seinen Kritikern als größenwahnsinnig bezeichnet.

Am Bahnhof der Kleinstadt, in der er mit seiner Frau seit vielen Jahren wohnt, hatte er mich oben an der Treppe erwartet, die von den Gleisen zum Ausgang führt. Er stand aufrecht am Rand und fiel unter den Wartenden nicht weiter auf. Ein stattlicher Mann, bayerischer Filzhut, jünger wirkend als seine mittlerweile zweiundachtzig Jahre. Hinter einer großen Brille neugierige Augen. Man hätte ihn für einen der üblichen Pensionäre halten können, die hier in der bayerischen Idylle den Rest ihres Lebens genießen.

Der Schutzmann vor dem Bahnhof, wo Herold sein Auto geparkt hat, begrüßte ihn mit Respekt. Er nannte ihn nicht mehr Chef, doch dass Herold mal sein Chef war, ließ sich ahnen. Der Uniformierte gehörte zu denen, die ihn nach seinem Rücktritt bewachten. Herold ist seit Ende 1980 nicht mehr im Amt, aber noch fünfzehn Jahre lang wurde er rund um die Uhr geschützt. Von Beamten des Bundeskriminalamtes und von Beamten des Landeskriminalamtes. Nach der Wende sogar zeitweise von einigen nach eingehender Überprüfung als unbelastet geltenden Personenschützern Willi Stophs, ehemals Ministerpräsident der DDR, in die sich, wie man erfuhr, einige der vom BKA gejagten Terroristen abgesetzt hatten und wo sie sich vor einem Zugriff sicher wähnten.

Unter stetiger Bewachung zu leben war nicht nur lästig – obwohl Herold mit seinen Bewachern gern mal ein Bier trank und selbstverständlich auch von Fall zu Fall Silvester feierte, wo auch hätte er sonst hingehen sollen? –, es war auch teuer. Um dem Staat die Kosten zu ersparen, hatte er nach seinem Rücktritt dem amtierenden Innenminister Gerhart Baum vorgeschlagen, dass er sich irgendwo im Ausland niederlassen könnte, wo ihn keiner kannte. Zum Beispiel sei es möglich, dank seiner guten Kontakte zum FBI, in den USA eine neue Identität zu bekommen und fortan dort zu leben, ohne Bodyguards. Wo er nun seine Pension verzehre, sei doch letztlich egal. Er bat lediglich, was nicht zu viel verlangt schien angesichts seiner Lebensleistung für den Staat, um einen Kaufkraftausgleich zwischen Dollar und Mark.

Aus formalen Gründen wurde der Antrag abgelehnt. In den Bestimmungen für Beamtenpensionen war eine solche Regelung nicht vorgesehen, also entschieden unter dem Motto: Bloß keine Präzedenzfälle!, die zuständigen Bürokraten entsprechend den geltenden Paragraphen.

Solange die RAF noch lebte, war in Deutschland sein Leben in Gefahr. Jetzt ist sie tot. Er sei der »letzte Gefangene im Volksgefängnis der RAF«, scherzte Herold auf der kurzen Fahrt zu seinem Haus. Der Scherz, den er schon oft gemacht hat, ist gar nicht so lustig, wie er klingt. Horst Herold ist zwar ein freier Mann, aber gefangen in der Vergangenheit.

Ohne ihr entfliehen zu können, lebt er in einem Netzwerk der Erinnerungen. Mal schwebt per Hubschrauber Otto Schily für ein, zwei Stunden ein, um seinen Rat einzuholen, mal besucht ihn einer von seinen früheren Kollegen. Doch wenn die wieder abgefahren sind und den Bungalow verlassen haben, der auf dem Gelände einer Bundesgrenzschutzkaserne liegt, setzt sich die Vergangenheit wieder zu ihm auf die Terrasse oder neben ihn in seinen Arbeitskeller und weicht Herold nicht von der Seite.

Gefangen genommen wurde er an einem ganz bestimmten Tag in jenem deutschen Herbst. Es war der 12. September 1977. Danach war für ihn nichts mehr, wie es einmal war, danach hat sich sein Leben verändert.

An diesem Tag fährt er wie an jedem Tag, seit Schleyer entführt wurde, ins Bundeskanzleramt und trägt zur Lage vor. Außer ihm und Bundeskanzler Helmut Schmidt gehören nur noch vier weitere Männer zu diesem Kreis, der sich zweimal täglich schließt: Justizminister Hans-Jochen Vogel, Innenminister Werner Maihofer, Kanzleramtschef Manfred Schüler und Regierungssprecher Klaus Bölling. An diesem Tag soll nicht wie üblich zunächst Herold über den Stand der Dinge und die laufenden Ermittlungen referieren. Es ist im Landeskriminalamt in Düsseldorf, gerichtet an Oppositionsführer Helmut Kohl, ein Tonband eingetroffen, besprochen von Hanns-Martin Schleyer. Der Direktor des Amtes hatte es mitgebracht in die Sitzung.

Wer zu denen gehört, die das Band aus dem so genannten Volksgefängnis abholten und weiterleiteten, weiß er nicht. Herold ist bis heute davon überzeugt, »dass von denen, die aktiv an der Entführung und Ermordung Hanns-Martin Schleyers beteiligt waren, als Unterstützer, Sympathisanten, Helfer, allenfalls ein Drittel gefasst wurde, dass es aber noch viele andere geben muss, denn die Gefassten allein hätten eine solche Logistik nicht bewältigt«.

Die Kassette wird eingelegt, und sie wird abgespielt. Die raue Stimme des Entführten füllt den Raum. Die Männer hören schweigend zu. Sie sind überzeugt, dass Schleyer gezwungen wurde zu sagen, was sie gerade hören, aber für einen unter ihnen ist es dennoch wie eine Verurteilung, mit der er von dem Tag an wird leben müssen. »Nachdem das BKA vor allem bei den vorbeugenden Maßnahmen eindeutig versagt hat, die Bundesregierung sich offenbar nicht zum Handeln entschließen kann, der Bundeskanzler ... ebenfalls keine Entscheidung trifft, ist es nunmehr Aufgabe der Opposition, die Verantwortlichkeiten klarzustellen und offen zu legen. Ich bin nicht bereit, lautlos aus diesem Leben abzutreten, um die Fehler der Regierung, der sie tragenden Parteien und die Unzulänglichkeit des von ihnen hochgejubelten BKA-Chefs zu decken«, lautet die Anklage Schleyers.

»Ich wusste in dem Moment«, sagte Horst Herold, als er davon erzählte und mich dabei an den Arm fasste, als wollte er sichergehen, dass ich ihm zuhörte, »dass ich nur eine einzige Chance haben würde, mich gegen diese Anschuldigung zu verteidigen.« Nämlich nur die, dass es ihm gelingen würde, Schleyer lebend und unverletzt zu befreien.

Herold erhebt sich leichenblass, als Schleyers Stimme abbricht, will den Raum verlassen, doch der Kanzler hält ihn fest und drückt ihn wieder runter auf seinen Stuhl. Helmut Schmidt redet auf ihn ein, beruhigt ihn, versichert ihm, alle wüssten, dass Schleyer dies nicht freiwillig gesagt habe. Das Papierrascheln an der Stelle, an der Herold persönlich attackiert wird, sei doch ein eindeutiges Zeichen.

Die Chance, die Herold brauchte, auf die er in der ihm eigenen kühlen Professionalität gewartet hatte, wurde zwei Tage später vertan. Auch das hat er bis heute nicht verarbeitet, hat bis heute nicht akzeptiert, was andere Schicksal nennen. Ein dummer Zufall, eine blöde Panne, so etwas konnte trotz aller Planung passieren – hätte allerdings nicht passieren dürfen. Im Fall Schleyer wäre es nämlich die letzte Gelegenheit gewesen, den Entführten zu befreien. Wenn dies gelungen wäre, würde es heute keinen gebrochenen Mann geben, der wie ein Gefangener hinter Mauern und Hecken in seiner oberbayerischen Festung lebt, sondern Horst Herold, den Helden.

Denn nach seinen damaligen Berechnungen konnten die Täter am 5. September nach Auslösung der Ringfahndung und der automatisch daraufhin einsetzenden Straßensperren nicht weiter gekommen sein als fünfzehn Kilometer. In diesem Radius um den Ort des Überfalls in Köln herum mussten sie sich irgendwo versteckt haben. Außerdem vermutete er auf Grund der Tat- und Täterprofile, die er mit Hilfe der BKA-Computer nach früheren Attentaten von den Methoden der RAF hatte erstellen lassen, dass sie sich wegen der Fluchtwege in einem Hochhaus nicht weit von einer Autobahnausfahrt aufhielten, zudem in einem Gebäude mit einer Tiefgarage, von der aus sie direkt und unbeobachtet mit einem Fahrstuhl zu einer Wohnung fahren konnten, in der sie Schleyer gefangen hielten.

Wie sich herausstellen sollte, stimmten seine Prognosen.

Der entsprechende Hinweis kam von der Vermieterin eines Appartements in Erftstadt-Liblar. Es handelte sich um ein Hochhaus in der Nähe der Autobahn, vierzehn Kilometer vom Tatort entfernt. Sie und der Hausmeister gaben bei der örtlichen Polizei am 7. September, zwei Tage nach dem Attentat und nach dem öffentlichen Aufruf an die Bevölkerung mit der Bitte um mögliche sachdienliche Angaben, eine Begegnung zu Protokoll. Im Juli war ihnen nur seltsam vorgekommen, was sie gesehen hatten, bald war es wieder vergessen. Aber jetzt hatte das, was sie erlebten, plötzlich eine ganz andere Bedeutung. Die Frau, die damals im dritten Stock eine Wohnung anmietete, habe die Kaution in Höhe von achthundert Mark bar bezahlt und das Geld aus ihrer Handtasche geholt. Dabei waren dem Hausmeister dicke Bündel mit Geldscheinen aufgefallen.

Stets bar zu bezahlen, um mögliche Spuren zu verwischen, die von den Behörden über Kontobewegungen bei Banken hätten verfolgt werden können, gehörte zu den Methoden der Terroristen. So nachzulesen in den Täterprofilen, erstellt vom Bundeskriminalamt und seinem Chef Horst Herold.

Das Fernschreiben mit den Aussagen des Hausmeisters und der Vermieterin kam nie bei denen an, die daraus die richtigen Schlüsse hätten ziehen können. Es ging auf dem Dienstweg verloren. Die Spur der Spur verliert sich, nachdem ein Beamter der Kölner »Soko 77«, zuständig für alle Hinweise im Kölner Polizeipräsidium, am 10. September den Eingang bestätigt hatte. Die ermittelnden BKA-Beamten dagegen hätten nur den Namen der verdächtigen Mieterin in ihre Computerdatei PIOS – Personen, Institutionen, Objekte, Sachen – eingeben müssen und wären innerhalb weniger Sekunden auf einen der von Monika Helbig, einer lange gesuchten RAF-Angehörigen, benutzten Decknamen gestoßen. Doch sie erfuhren nichts von dem entscheidenden Hinweis.

Schleyer wurde, wie sich später erwies, bis zum 15. September in der von Monika Helbig angemieteten Wohnung festgehalten, gefesselt in einem Wandschrank. Dort hatte er auch das Tonband besprochen, das in der Kleinen Lage abgespielt wurde. Zwischen der Meldung vor Ort und dem Eingang der Meldung in Köln waren zwar bereits drei Tage vergangen, aber selbst dann hätte die verbleibende Zeit gereicht, um das Hochhaus zu observieren, Gespräche in dem Appartement abzuhören und mit aller Sorgfalt die Befreiungsaktion vorzubereiten.

Herold schweigt. Die Erinnerung macht ihn nicht mehr wütend, nur noch resigniert-stumm. Ohne die Nachlässigkeit irgendeines anonym gebliebenen Beamten hätte Schleyer gerettet werden können, wahrscheinlich sogar unverletzt, zumindest lebend, denn die Einsatzkommandos des BKA waren für genau solche Fälle einer Geiselbefreiung ausgebildet worden. Herold legt die rechte Hand an die Schläfe, als ob er sich auf das Wesentliche konzentrieren müsse, aber das Wesentliche lautet dann in einem lapidaren Satz kurz gesagt so: »Wir wussten nicht, was wir wussten.«

In dieser Niederlage ist sogar der Sieg verborgen, doch wer wollte davon etwas hören, als Schleyer tot aufgefunden worden war. Die heftig umstrittene Rasterfahndung des Buhmanns Horst Herold hatte sich nämlich bewährt. Sein Computersystem PIOS hätte, gefüttert mit den vorliegenden Informationen, deren Bedeutung erkannt und die nötigen Zusammenhänge hergestellt.

Hätte, wäre, wenn. Heute alles keine Rede mehr wert. Ohne die sekundenschnelle Verknüpfung aller nur greifbaren Daten in Rechnern, egal wo auf der Welt die in Betrieb sind, hätte man das Netzwerk des islamistischen Terrorismus nach der Attacke auf das World Trade Center niemals erkannt, geschweige denn in Teilen zerstört.

Die seit der Panne von Erftstadt-Liblar auf Horst Herold lastende Bedrückung – obwohl er ja rational erklären konnte, sich und anderen, dass es nicht seine Schuld gewesen ist, nun wirklich nicht – wird er nicht mehr los. Sein Satz über die Unfähigkeit des BKA-Präsidenten hat Schleyer überlebt.

Zwar blieb er danach noch zwei Jahre im Amt, bevor er sich aus gesundheitlichen Gründen in den Ruhestand versetzen ließ. Zwar behielt er seine Wohnung innerhalb des BKA-Gebäudes in Wiesbaden, aber die Nächte, in denen er schlaflos und ruhelos von dort aus durchs Amt streifte, fraßen seine Seele auf. Selbst gute Freunde, von denen er wenige hatte – wer möchte schon mal auf ein Glas vorbeikommen und plaudern, wenn er sich zuvor einer Leibesvisitation unterziehen musste? –, gaben es irgendwann auf, ihn aus seiner selbst gewählten Einsamkeit zu holen. Einer erinnert sich daran, wie er Horst Herold mal überreden wollte, auf den gepanzerten Dienstwagen zu verzichten, seinen Bodyguards freizugeben, sich in einem unauffälligen alten Volkswagen selbst ans Steuer zu setzen, ins nahe Rheingau zu fahren, in der Abendsonne ein Glas Wein zu trinken, sich hin und wieder ein normales Leben zu gönnen. Wie zum Teufel hätten die Terroristen von einem so überraschenden Ausbruch erfahren oder gar darauf reagieren können?

Aber Herold blieb in seinem Bunker. Zu viel hat er da in sich hineingefressen, zu wenig von sich gegeben, insofern war sogar etwas dran an den angeblichen gesundheitlichen Gründen, die ihn in den Ruhestand trieben.

Weil sein Antrag auf Auswanderung abgelehnt wird, muss er sich im eigenen Lande einrichten. Nicht irgendwo, denn er steht weiterhin auf der Liste möglicher Opfer ganz oben. Gesucht wird ein Ort, an dem er sich gut beschützen ließe. Man bietet ihm schließlich ein Areal auf einem Kasernengelände in Bayern an. Wahrlich nicht der Platz, den sich Herold für seinen Lebensabend freiwillig ausgesucht hätte. Grundstück und Hausbau kosten insgesamt sechshunderttausend Mark. Die muss Herold selbst bezahlen. Es ist das Einzige, was er Tochter und Enkelin mal hinterlassen kann. Schon heute ist vorstellbar, wie groß die Nachfrage auf dem Immobilienmarkt sein wird für einen Bungalow, der ringsum von Kasernen umgeben ist. Der Gedanke an Isolationshaft drängt sich auf, aber das Wort ist besetzt von denen, die er einst verfolgte.

Wir gehen zurück zum Auto, das vor der Mauer parkt, die sein Grundstück und sein Haus umgibt. Auf dem Gelände der Kaserne üben Uniformierte. Der vereinsamte Jäger Horst Herold bringt mich zum Bahnhof. Setzt mich ab, winkt und fährt zurück in seine Festung. Im »Hand-Orakel 262« seines Hausphilosophen Gracián, das ich ein paar Tage später lese, finde ich den Satz: »Vergessen können – es ist mehr ein Glück als eine Kunst.«

Aber das weiß Horst Herold längst.

Der Grenzgänger

Klaus Kocks. Klingt respektvoll, was man so lobend über ihn hört. Ein vorausdenkender Stratege. Ein strategischer Vorausdenker. Sei dabei schamlos und skrupellos und kenne jeden auch üblen Trick, rede jedoch nicht nur von der Schande der anderen, sondern auch von der eigenen. Falls es ihm taktisch geboten scheint. »Natürlich darf ein PR-Manager lügen, das ist vielleicht ja sein Job. Oft sollte er es aber nicht tun, und wenn, dann gut.«

Er kennt Brecht, weil er über dessen »Literarische Evolution« seine Doktorarbeit geschrieben hat, er liebt ihn überhaupt für seine Zwecke. »Mögen andere von ihrer Schande reden, ich rede von der meinen.« Außer Goethe und Schiller hat kein anderer deutscher Dichter so viele auf alle Lebenslagen anwendbaren Zitate produziert, die sich sowohl wörtlich benutzen lassen als auch in abgeänderter Form: »In Zeiten höchster Not streng an die Unwahrheit halten.«

Schon aus diesem Grund ist Kocks – lockiges Haar, Schnäuzer, jungenhaft – keiner der landläufigen Lustlügner, weil er sich, sobald er nicht lügt, die Mühe erspart, die Wirklichkeit den vorherigen Lügen anpassen zu müssen. Lügen kostet nur Zeit, also Geld. Er verachtet aus professioneller Überzeugung die in seiner Profession üblichen Schönredner. »Glaubwürdigkeit oder Ehre von PR-Leuten ist keine relevante Kategorie.«

Dass er dabei wie die anderen auch selbstverständlich käuflich ist und seinen Kopf an den vermietet, der am meisten bezahlen kann – »außer an Faschos, für die würde ich nie arbeiten« –, passt dennoch ins Bild eines Intellektuellen, der sich für unlösbar scheinende Aufgaben geradezu begeistern kann. Die wecken in dem Dreiundfünfzigjährigen einen ungebrochen jugendlichen Kampfgeist. Kocks ist zwar nur ein Öffentlichkeitsarbeiter, was sich etwa so spannend anhört wie Sozialarbeiter. Aber in seiner Wirklichkeit ist das ein aufregender Job, gerade weil die Arbeit von Kocks auf einer höheren Ebene viel gemein hat mit der eines Sozialarbeiters. Die Kunden haben allerdings eine andere Sozialisation.

Am liebsten würde der promovierte Germanist über Glanz und Elend der PR dozieren, was er glänzend kann. Würde bei seinen Vorlesungen als Kommunikationsexperte, die ihm den Visitenkarten schmückenden Professorentitel einbrachten, selbst aus eigenen Kolumnen zitieren, die er unter dem Titel »Harrys Bar« über Branchengurus verfasst hat, denn so eitel wie seine natürlichen Gegner, die ihn misstrauisch hinterfragenden Journalisten, ist Kocks allemal. Wobei er vor denen nicht etwa kuscht. Sondern selbstironisch als »schwarzer Ritter«, womit er als Teil der PR-Meute auch sich meint, die »weißen Ritter von der vierten Gewalt« zu simplen »Agenten der Konsensöffentlichkeit« erklärt.

Er darf das, denn er gehört sowohl zu den einen als auch zu den anderen. Sein publizistisches Pseudonym Theodore Upton Ivory – TUI – unterstreicht seine Neigung für intellektuelle Spielchen, denn dahinter verbirgt sich *Tellektuell In*, bei Brecht der Prototyp des käuflichen Intellektuellen. Womit wieder ein Bogen geschlagen wäre zu Dr. Klaus Kocks, dem echten. Auch Harrys Bar wird in diesem Text als echter Schauplatz von echten Ereignissen eine Rolle spielen, außerdem ein irisches Pub ausgerechnet in Riga, tausend Dollar in gebrauchten Scheinen und ein Schmetterling, der sich einst aus einem Totenschädel in die Lüfte erhob.

Ein Public-Relations-Profi wie Kocks bestimmt erstens selbst, welcher Tag sein Tag danach gewesen ist, und zweitens redet er sich den schön. Dabei beherrscht er perfekt die Kunst, die ebenso wesensgemäß zu seinem Handwerk gehört wie die Lüge, nämlich das Dementi von Ereignissen und Dingen und Gefühlen, nach denen nie gefragt wurde. Wie sollte es anders sein bei einem, der in einer Branche, wo Vernebelung zum Handwerszeug gehört, nicht zu den Besten zählt, sondern der Beste ist. Sagt man. Er nickt, lacht dabei aber. Lässt offen, ob er sich auch selbst für den Besten hält.

Wie aber kann einer der Beste sein, der von der Macht gestürzt ist, bei Volkswagen Mitglied des Vorstandes war, als der Konzern noch ein Image hatte und noch keinen Ruf, PR-Mann des Jahres 1997, zuständig für die Kommunikation nach außen und nach innen, und von seinem Chef Ferdinand Piëch gepriesen wurde als Meister aller Klassen, welcher aber schon drei Jahre später Ende 2001 ohne ihn auszukommen glaubte? Ganz einfach. Er kann der Beste sein, weil er seinen Kopf nur vermietet, nie verkauft hat.

Um die Tage danach von Klaus Kocks zu erzählen, müssen Grundregeln seines Gewerbes erklärt werden, die so etwas sind wie für Christen die Zehn Gebote. Die PR-kompatible Wahrheit lautet, dass es zwischen der Wahrheit und tatsächlichen Lügen in der Darstellung für die Öffentlichkeit keinen großen Unterschied gibt. In dieser Welt, wo es normal ist, dass alle etwas dementieren oder etwas behaupten, was immer ihr Wortschatz hergibt, ist es unwesentlich, wer was ist und wer was getan hat. Die Währung Wahrheit ist so abgewertet, dass sie nichts mehr wert ist. In der Welt der Public Relations hätte ein ehrlicher Mann ein Problem.

Kocks legt aber Wert auf eine Einschränkung. Es gebe ein Gebot der Wahrhaftigkeit, wichtiger als Wahrheit pur, und dieses Gebot könne er sogar aus der Bibel ableiten: »Eure Rede aber sei ja, ja, nein, nein. Was darüber ist, das ist von Übel.«

Wer den Mächtigen, die ein Gesicht haben wie Dutzend andere auch, zu einem Image verhilft, das unter Millionen auf einen Blick erkennbar wird, muss es schaffen, dass der Schwanz mit dem Hund wedelt. Dann ist er richtig gut. Er braucht nicht mal einen moralischen Standpunkt, er muss nur von Zeit zu Zeit so tun, als hätte er einen. Was er tatsächlich braucht, ist ein Ziel. Ohne gesunden Zynismus ließe sich das nicht machen. Zyniker sind zwar wie andere Menschen nicht geschützt vor Faustscher Erkenntnis – *und sehe, dass wir nichts wissen können* –, aber ihr Zynismus bewahrt sie vor der großen Verzweiflung beim täglichen Erkennen der Wahrheit.

Klaus Kocks ist ein *spin doctor*. Das ist seit ein paar Jahren die gültige Berufsbezeichnung für PR-Profis, die dafür sorgen, dass etwas genau so geschieht, wie es als wünschenswertes Geschehen am grünen Tisch geplant worden ist. Am liebsten werden sie eingesetzt im politischen Alltag. Nicht die Botschaft an sich ist entscheidend, sondern dass sie beim Wähler ankommt, wie auch immer man das schafft. Durch suggestive Bilder, durch simple Sprüche, durch einfache Gesten im richtigen Moment. Zum Beispiel hatten Bill Clinton und Tony Blair mit Hilfe von *spin doctors* ihre Wahlsiege gedoktert. *They made it happen*, sie sorgten dafür, dass er geschah – der von ihnen kalkulierte Sieg.

Ein Spindoktor ist weder ein Spinner noch ein Arzt. To spin kann zwar auch bedeuten, lügen zu müssen um der Sache willen, also Seemannsgarn spinnen, Jägerlatein verbreiten, egal nun, ob die Sache gut ist oder schlecht. Aber es bedeutet mehr noch den Aufbau eines Spinngewebes von Beziehungen und Verflechtungen, bis nicht mehr erkennbar ist, wer im Netz gefangen ist und wer es konstruiert hat. Ein Spinner dieser Art sollte außerdem herumdoktern können in dem Sinne, dass es ihm gelingen muss, zur Not – und wann herrscht zum Beispiel in der Mediendemokratie vor Wahlen keine Not? – eine unliebsame Tatsache so lange hin und her zu wenden, ja zu fälschen, bis sie kein Problem mehr darstellt, sondern wie die immer schon gewollte Lösung aussieht.

Wer sich an dieser Stelle an Barry Levinsons »Wag the dog« erinnert fühlt, hat begriffen, worum es beim *spindoctoring* eigentlich geht. Um die Wiederwahl des Präsidenten zu retten, dessen Affäre mit einer Praktikantin unliebsame Schlagzeilen macht, wird in Levinsons Film von Robert De Niro, dem König aller *spin doctors*, gleich ein ganzer Krieg erfunden. So unverschämt hatte bis dahin noch keiner die Öffentlichkeit zu manipulieren versucht. Dass alle im Fernsehen gezeigten Siege nur inszeniertes Hollywoodspektakel sind, merkt bis zur Wahl keiner. Das ist wirklich hohe Kunst.

Klaus Kocks kennt natürlich diesen Film. Auch er war und ist auf seiner Bühne ein Regisseur, der keinen Trick scheute und scheut, um seine Hauptdarsteller aus der Deutschland AG wie Heroen wirken zu lassen. Das mag man zynisch nennen, und Klaus Kocks ist der Erste, der das zugibt. Er tut nicht so, als ob, sondern er tut es. Das unterscheidet ihn von Fachkräften wie Moritz Hunzinger. Der kann es nicht lassen, mit seinen Wohltaten anzugeben, was man in der Öffentlichkeitsbranche öffentlich nicht tut. Doch selbst so einer wie Hunzinger pisst manchmal mit den Großen. Wer es schafft, einem deutschen Fabrikbesitzer 200 000 Mark Honorar dafür abzuknöpfen, dass er auf Grund seiner Verbindungen ... *Sie wissen schon* ... angeblich dafür gesorgt habe, dass dessen Betrieb in Ex-Jugoslawien vom Bombardement der NATO verschont blieb, ist wenigstens ein geschickter Verkäufer von Kaisers neuen Kleidern. Hat natürlich keine Spielberechtigung in der Liga von Klaus Kocks.

Der saß auch schon in Hunzingers Salons herum und hörte den politischen Big Shots zu, die gegen Honorar und gute Worte aus dem Nähkästchen plauderten. Der kennt bei gewissen Anlässen und bei gewissen Aufträgen keine Schamgrenzen, weder in der Breite noch in der Tiefe. Wie aber geht so einer mit einem Tag danach um, und kennt der überhaupt einen Tag danach?

Erst einmal sieht er den selbstironisch und schildert ihn eloquent und ist stets bedacht, nicht den Eindruck aufkommen zu lassen, der beschriebene Tag könne ein Tag der Niederlage gewesen sein. Also spricht er nicht von seinem Ende bei VW, was sicher kein fröhlicher Tag war, sondern vom 29. April 1986, dem Tag, der rund zwölf Jahre vor seinem VW-Abschied lag. Da war er auch schon wer. Nicht das, was er eigentlich hatte werden wollen, Pädagoge in einer höheren Lehranstalt auf Grund seines abgeschlossenen Studiums der Germanistik. Für den Sohn eines Bergmanns aus Oberhausen wäre das ja schon ein gewaltiger Fortschritt gewesen, der Aufstieg in die bürgerliche Beletage, in seiner Person verkörpert die Erfüllung eines wesentlichen sozialdemokratischen Versprechens, gleiche Chancen für alle zu schaffen. Zwei Jahre lang arbeitete er als Studienrat, als solcher bereits verbeamtet auf Lebenszeit, nebenbei als Lehrbeauftragter an der Ruhruniversität Bochum. Die Beamtenlaufbahn aber roch ihm zu sehr nach einem von nun an absehbaren Lebenslauf.

Also ließ er sich bei Gelegenheit aus der Kurve tragen und rannte in eine andere Richtung. Referent für Öffentlichkeitsarbeit lautete nun die Berufsbezeichnung des Ex-Studienrates Kocks. Da wehte ein kalter Wind, da wurde geschubst und gerempelt und gefoult, da ging es rauer zu, und da verdiente man etwa das Doppelte eines Pädagogengehalts, und auch deshalb war es für ihn spannend. Die Kreativität des Klaus Kocks, dessen Herz noch immer links schlägt, was ihn damals für die von der anderen Seite erst recht attraktiv machte, fiel denen über ihm auf. Er wurde Vorstandsassistent und Redenschreiber bei der Ruhrkohle, Geschäftsführer der Elektrizitätswirtschaft, Sprecher der Hersteller und Betreiber von Kernkraftwerken und ... erst einmal Halt.

Genau in dieser Funktion als Sprecher der Atomwirtschaft erwischt ihn ein Tag danach. Es ist der 29. April 1986. Ein Dienstag. Der zu Höhenflügen bereite Jungmanager Dr. Klaus Kocks, 34, fühlt sich gut und stark und anerkannt und sitzt in »Harrys Bar« hinterm Hotel »Vier Jahreszeiten« in München, und nach zwei, drei Whiskys fühlt er sich besser und stärker. Da kommt ein Zeitungsverkäufer in das Lokal und bietet die »Abendzeitung« vom nächsten Tag an, und die Schlagzeile verkündet die Explosion im Atomkraftwerk Tschernobyl, die am 26. April, in der Nacht vom Samstag zum Sonntag, passierte und bislang von den Sowjets als westliche Propagandalüge dementiert wurde. Der radioaktive Reaktorinhalt war bei dem Unfall in die Luft geschleudert worden. Der Supergau, der stets als unmöglich bestrittene, nun war er passiert.

Klaus Kocks liest die Zeitung und weiß »im gleichen Moment«, dass er spätestens ab morgen sein PR-Meisterstück wird abliefern müssen. Er ist geschockt, ja doch, schließlich hat er Familie, zwei kleine Kinder, aber gleichzeitig reizt ihn die ungeheuere Herausforderung. Wer, wenn nicht er, sollte sie bestehen? Dass er sich dies ohne die leisesten Selbstzweifel zutraut, liegt nun keineswegs an den gerade genossenen Whiskys. Vom Tag danach an wird der nüchterne Profi agieren.

Bis zur Katastrophe von Tschernobyl, entstanden durch menschliches Versagen und durch technische Mängel, wie sie in westlichen AKW-Werken nicht möglich gewesen wären, gab es zwar die üblichen, oft ziemlich gewalttätigen Konflikte zwischen Kernenergiebetreibern und Kernkraftgegnern – Wackersdorf, Brokdorf, Wendland –, aber mit den Medien ließ sich für Profis wie Kocks reibungslos arbeiten. Das war jetzt vorbei. Angst herrschte. Alle wussten alles oder glaubten alles zu wissen – über vergifteten Regen, über kontaminierte Erde, über unsichtbare Todeswolken aus der Ukraine. »Am nächsten Tag begann deshalb mein Tag danach, der sich über ein halbes Jahr hinzog und so langsam zerrann wie der Sand in einer Eieruhr.«

An diesen Satz könnte man sich klammern, und genau das würde Kocks gefallen. Wie schafft man es in dieser Zeit, den Supergau so in die Öffentlichkeit zu tragen, dass die ausgebrochene Panik nicht ab sofort den Alltag bestimmt? »Indem man die Wahrheit sagt, und sei sie noch so hart und bedrohlich.« Der gebildete Kocks benutzte eine andere Weisheit seines verehrten Gurus Brecht, dass es eine intellektuelle Lust sein kann, listig die Wahrheit zu benutzen, um das Ziel zu erreichen. Das Ziel war trotz der Katastrophe in der fernen Ukraine, die plötzlich so nahe lag, Beruhigung der Öffentlichkeit, und als dem Öffentlichkeitsarbeiter das gelungen war, stellte er fest, die Sanduhr war abgelaufen, sein Tag danach vorbei, Zeit für andere Aufgaben.

Das sagt sich so leicht, und dagegen könnte man anführen, dass der Kocks'sche Tag danach nie enden wird, weil die Katastrophe von Tschernobyl noch nicht zu Ende ist und Tausende nicht nur verändert und sogar getötet hat, sondern eine ganze Generation genetisch noch verändern wird. Aber die Karriere Kocks´ hat augenscheinlich mit Tschernobyl nichts mehr zu tun: Er arbeitete für Aral, dann für die VIAG, die er Richtung VW verließ, weil ihm die Nähe des Mischkonzerns zur CSU nicht passte und er nicht daran dachte, das christsoziale Parteibuch zu erwerben. Er hatte ja schon eines. Das der Sozialdemokratie, und das besitzt er bis heute.

Als er Ende 2001 nach fünf erfolgreichen Jahren bei VW weggeschickt wurde, setzte sich endlich der Tag fort, der in München in »Harrys Bar« begonnen hatte. Kocks ist jetzt frei. Statt eine Yacht zu kaufen und fortan segeln zu gehen, gründete er eine Firma für Kommunikationsberatung. Um nach wie vor mitspielen zu können, wenn die Großen ein neues Image brauchten oder ihr altes aufpoliert werden musste. »Cato« wirbt weder mit ihren Kunden noch mit ihren Erfolgen. Vorbild für diese Diskretion ist der Barkeeper aus »Harrys Bar«. Als nach einer von Gästen bis zum Sonnenaufgang durchzechten und für den Barkeeper deshalb schweren Nacht am nächsten Abend jene Gäste wieder in der Bar auftauchen, aber versprechen, diesmal werde es nicht so spät, fragt Angelo nur, ach, waren Sie gestern auch hier, meine Herren? Das Wort des römischen Klassikers Cato könnte auch das des »Cato«-Gründers sein, der inzwischen, Lateiner, der er ist, unter dem Namen »Vox Populi«, Volkes Stimme, noch ein Meinungsforschungsinstitut eröffnet hat: Ergreife das Wort, und die Sache wird dir folgen.

Am 10. Dezember 2002, sechzehneinhalb Jahre nach dem von ihm selbst so definierten Tag danach, wartet Dr. Klaus Kocks an Gate 31 des Frankfurter Flughafens, um von dort nach Riga zu fliegen. Er will keinen beraten, er will sich was kaufen. Es werden tausend Dollar in gebrauchten Scheinen reichen für einen Traum des ehemaligen Pädagogen. So viel oder so wenig, je nach Sichtweise, wird es ihn kosten, in Lettland einen Verlag zu erwerben, den es schon lange nicht mehr gibt, der aber einen großen Namen hat, den Hartknochschen Verlag.

Auf dem deutschen Friedhof in Riga lässt er sich an das schneebedeckte Grab des Verlegers Johann Friedrich Hartknoch führen, der einst Immanuel Kant und Johann Gottfried Herder verlegte, der zwischen 1740 und 1789 lebte und seinen Verlag, der bald Klaus Kocks gehören wird, als Zweiundzwanzigjähriger gegründet hatte. Anschließend spült er in einem irischen Pub in der Altstadt von Riga die Kälte mit Guinness und Whisky aus dem Leib. In seinen Reisenotizen schreibt er: »Der 11. Dezember bricht dabei mit frischem Schneefall an. Am neuen Morgen wird der Beschluss gefasst: Der Johann Friedrich Hartknoch Verlag besteht wieder.«

Klaus Kocks´ Tag danach könnte also auch der 11. Dezember 2002 sein, was er sofort dementieren würde. Das Dementi ist ja ein gängiger PR-Trick. Vergleichbar der Sitte von britischen Jägern, die mit einem Sack gesalzener und in Rotwein getränkter Heringe die Blutspur des angeschossenen Opfers verwischen, damit es die Meute der Hunde schwerer hat, ihre Beute zu finden.

Auf eine Idee wie die Wiederbelebung des Hartknochschen Verlages wäre außer ihm wohl keiner gekommen, obwohl es ein günstiges Schnäppchen war. Als erstes Buch erscheint die Chronik des vergessenen, ergänzt von Reisenotizen des neuen Verlegers. Feinste Ausstattung, sorgfältig gedruckt, Preis vierzig Euro. Ein solches Hobby muss man sich leisten können, denn ein Geschäft ist damit nicht zu machen, auch nicht mit dem zweiten Buch, das Kocks ein Jahr später verlegt. Der Romanerstling des Journalisten Axel Schnell unter dem Titel »Wolff – Der Kampf um Atlantis« ist bis dato von deutschen Verlagen dankend abgelehnt worden. Bei Kocks hatte Schnell schon deshalb gute Karten, weil er über Bert Brechts frühes Stück »Baal« promoviert hat.

Bücher zu verlegen, die keiner braucht und keiner will und die so teuer sind, dass keiner spontan auf die Idee kommt, sie zu wollen, ist die ultimative Herausforderung. Eine Reise ins Ungewisse, so viel scheint gewiss. Aber es gibt eh nur bei Kant, sagt der Zyniker Kocks, jedenfalls für Zyniker eine gewisse Gewissheit.

Das Grab des Johann Friedrich Hartknoch in Riga zierte einst eine Urne mit einem Totenkopf. Aus dem erhob sich ein Schmetterling in die Lüfte, symbolisierend den Triumph des Geistes über die Materie. Das in Stein gehauene Kunstwerk wurde zerstört und zerfiel. Doch den Schmetterling, den hat Klaus Kocks an einem ganz bestimmten Tag danach gefunden. Was er selbstverständlich sofort dementieren würde.

Sprachlos im Park

Horst Königstein. Was an diesem Tag geschah, hätte von ihm ausgedacht und auf Grund des so entstandenen Drehbuchs inszeniert sein können. Denn die folgende Geschichte mutet an wie eine der Biografien, die er im Laufe seiner Karriere verfilmt hat, wie eines der Fernsehspiele, die er geschrieben, gedreht, produziert hat. Bilderstark emotional hat es am Vormittag angefangen. Mit der wortreichen Enthüllung einer Familiensaga, die bis dahin vor ihm geheim gehalten worden war, geht es in den Nachmittag. Dazwischen konnte er keine Fragen stellen, selbst Zeit zu staunen blieb ihm nicht.

Der Tag ist der 6. Juli 1984, ein Freitag. In weniger als drei Wochen wird Horst Königstein neununddreißig Jahre alt. Dass sein Alter nicht nur wichtig ist, weil in einer Lebensgeschichte das nicht fehlen darf, sondern wesentlich für die Geschichte hier, wird erst später im Text verständlich, wenn er die Jahre zuvor und die Jahre danach aufgeblättert hat. Weil dann sowohl rational als auch irrational nachvollziehbar sein wird, warum Horst Königstein ausgerechnet am Tag, an dem sein Vater starb und die vertraute Familie unterging, eine kaum gebrauchte, eine neue, fremde Familie fand, die sein Leben veränderte.

Um die kennen zu lernen, musste er ein paar metaphorische Gräber öffnen, denn die meisten der neuen Verwandten waren bereits seit vielen Jahren tot und ruhten in Frieden. An Recherchen, die derart in die Tiefe gingen, war er zwar gewohnt. Als Journalist hat Königstein die Arbeit an allen seinen Filmen so begonnen. Aber hier und heute an diesem Sommertag in Bremen sollte ja kein Film entstehen. Hier und heute hatte er gerade einen Treffpunkt mit der Vergangenheit hinter sich, und auf die Geschichte, die sich daraus ergab, war er nicht vorbereitet.

Der Tag beginnt damit, dass er seinem verstorbenen Vater das Kinn nach oben drückt, bis der Mund geschlossen ist. »Er sah auf dem Totenbett aus wie der vor Angst und Verzweiflung Schreiende von Edvard Munch«, sagt Königstein. Die Profis vom Beerdigungsinstitut wollten die Leiche seines Vaters August Königstein kurz nach Mittag abholen. Meta Königstein hatte ihren Mann am Ende der Nacht, als durch die Baumkronen des nahen Wallparks bereits die Morgensonne drang und die Vögel weckte, tot neben sich vorgefunden. Da ihr Sohn in Hamburg wohnt, war er schon zwei Stunden nach ihrem Anruf in Bremen eingetroffen. In der 80-Quadratmeter-Wohnung seiner Eltern im dritten Stock gehörte Horst Königstein zur Einrichtung.

Gut sichtbar für Besucher standen auf einer Anrichte sämtliche Auszeichnungen, die er als Regisseur und Autor empfangen hat. Bis zum Tod seiner Mutter dreizehn Jahre später werden noch Dutzende dazukommen. Sie stehen noch immer da in Augenhöhe. Königstein hat die letzte Wohnung seiner Mutter behalten, fast alles so gelassen, wie es war, als sie ihn für immer verlassen musste.

Fragiler als alle anderen, hat sie ihm mal erzählt, seien die vom Adolf-Grimme-Institut verliehenen Preise. Zu denen pflegte sie eine quasi persönliche Beziehung, weil sie in der ersten Reihe saß, als ihr Sohn 1993 für sein Lebenswerk, für seine Verdienste um das zeitkritische Fernsehspiel, geehrt wurde. Der stilisierte TV-Apparat, der in die kleinen Skulpturen eingefügt ist, falle bei jedem Staubwischen aus dem Rahmen.

Sein Vater hat ihm nie gesagt, wie stolz er auf den erfolgreichen Sohn war. Freunden und Nachbarn in der Straße dagegen schon. Die wiederum erzählten es Horst. Dafür liebte er ihn. Als er der Kindheit in dieser Straße entwachsen war und in seinen Filmen nach Gefühlen und Träumen suchte, die Menschen vor anderen Menschen verheimlichten, verstand er ihn aus der Ferne besser als damals aus der Nähe. Er begriff, welche Verzweiflung über ein scheinbar unerfülltes Leben August Königstein vor Horst Königstein hinter dem Schweigen oder unter der Alltagssprache – von seinem gebildeten Sohn Familiensprech genannt – verborgen hatte. Auch dafür liebte er ihn.

Nicht so stark, so unbedingt wie seine Mutter, was aber auch damit zu tun haben kann, dass er unter ihrem Schutz sein Schwulsein freier ausleben konnte als unter dem Blick des anderen Mannes in der Familie, des Vaters. In dessen Weltbild waren, geboren in kneipenseligen Männerrunden oder von ihm organisierten Tagesausflügen, bei denen Kohl und Pinkel verdrückt wurde, Grünkohl und Wurst, und dazu kräftig gesoffen, für Männer, die Männer trafen, als Synonyme warme Brüder oder die vom anderen Ufer verankert. Dass zu denen auch sein Sohn gehörte, verstörte ihn nach einem Anfall von fassungslosem Wutschmerz zwar nachhaltig, aber seine Liebe konnte es nicht erschüttern.

Nachdem August Königstein am frühen Nachmittag des 6. Juli abgeholt worden ist, um eingesargt zu werden, drängt Meta Königstein auf einen Spaziergang. Wahrscheinlich braucht sie frische Luft, denkt ihr Sohn. Bald weiß er, dass sie deshalb drängt, weil sie es nicht mehr erwarten kann, sich endlich Luft zu machen. Weil sie das jetzt endlich darf. Denn ihrem Mann hatte sie versprechen müssen, erst nach seinem Tod die Geschichte der anderen Familie zu erzählen, eine unbekannte, eine geheime. Genau das wird sie in den nächsten beiden Stunden tun, ohne auch nur einmal ihren Redefluss zu unterbrechen, ohne auch nur einmal Pause zu machen, ohne auch nur einmal Horst die Chance auf eine Zwischenfrage zu geben.

Sie gehen miteinander im Wallgraben spazieren, und seine Mutter geht in ihren Erzählungen zurück in die Vergangenheit. An manche Details erinnert er sich zwar aus seiner Kindheit, doch von der wahren Familiengeschichte hat der fast neununddreißigjährige Sohn bis zu diesem Tag noch nie etwas gehört. Deshalb spielt sein Alter in dieser Geschichte eine so große Rolle.

Horst Königstein ist sprachlos, und das kommt bei ihm nicht oft vor. Schon in der Schule war der Begabte so eloquent, dass er manchmal vor gleichaltrigen Mitschülern die Lehrer vertreten durfte. Filmkritiken für die Zeitung des Gymnasiums bewiesen früh seinen enormen Wortschatz und seine Sprachgewalt. In der dann erst theoretisch und dann praktisch erfahrenen Gegenwelt – Kino. Literatur. Theater. Rockmusik. Schauspieler – zur Welt in Bremen gehörte allerdings zum selbstverständlichen Handwerk die Sprache.

Beim Gang durch den Wallgraben verschlägt es sie ihm nachhaltig. Er erfährt, dass seine Eltern sich nach zehn Jahren Ehe scheiden ließen, das war 1941. August Königstein hatte ein Verhältnis mit einer Schuhverkäuferin bei Salamander begonnen, was stark nach Operette klingt – *»Mein Mädchen ist nur eine Verkäuferin in einem Schuhgeschäft mit 80 Francs Salär pro Woche, aber sie schenkt mir für viele Millionen Glück«* usw. –, aber nicht ohne Folgen blieb. Horst erfährt, dass er deshalb einen älteren Halbbruder hat, der Friedrich heißt, den seine Mutter zwar gern in die eigene Familie aufgenommen hätte, was »die andere, die nicht mal jünger oder hübscher war als ich« ablehnte.

Er erfährt, dass seine Mutter bei einer Reise nach Berlin eine Affäre mit einem Fliegeroffizier auf Heimaturlaub hatte. Er erfährt, bei welcher Gelegenheit er gezeugt wurde, denn sein Vater war jeden Mittag ins ehemalige Zuhause zurückgekehrt, weil seine Ex-Frau besser kochen konnte als die neue, und dabei muss er mehr mit ihr gemacht haben, als ihre Kochkünste zu loben. Er erfährt, dass seine Eltern gerade noch rechtzeitig wieder heirateten, bevor dann 1945 er auf die Welt kam.

Über all das ist in der Familie nie gesprochen worden. Das war ein Tabuthema, selbst dann noch, als der für die Außenwelt ja einzige Sohn, das Einzelkind Horst, ein erwachsener Mann geworden war und sich über solche Geschichten aus dem Familiengrab eher amüsiert hätte, statt sich aufzuregen. Fast neununddreißig musste er werden, bevor er von der anderen Familie erfuhr – und wenn seine Mutter vor seinem Vater gestorben wäre, dann hätte er es vermutlich nie erfahren.

Der promovierte Medienpädagoge, wegen intelligenter Kreativität und sichtbar versendetem Können seit 1970 fest angestellt beim NDR, Forscher für Geschichten des Alltags, im doppelten Sinne ausgezeichneter Professor für »Medien und Kommunikation«, Texter für so unterschiedliche Rockmusiker wie Peter Gabriel und Udo Lindenberg, könnte daraus was machen, hätte einen Einstieg für einen Film. Seine Filme basieren ja auf Recherchen in tatsächlichen Biografien. Was ihn ausmacht, ihn wie seinen Freund Heinrich Breloer, ist das Talent, spielerisch Fakten und Fiktives zu kombinieren, Dokudramen als Filmgeschichten von besonderen Menschen. Vom »Tag, an dem Elvis nach Bremerhaven kam« über das »Beil von Wandsbek«, den »Treffpunkt im Unendlichen« und das Mädchen aus dem Urwald »Liane« bis hin zu »Die Manns« und zu »Speer und Er«.

Dabei hat er seine eigene Art zum Markenzeichen entwickelt, auf Grund dieser Kunst darf man Königstein einen Biografiker nennen. Er sammelt, wie ein Grafiker, der nach der besten Lösung für ein Layout sucht, erst alle möglichen Belege und Bilder und Informationen über einen Menschen und von einem bestimmten Ereignis in dessen Leben. Dann bastelt er aus einer altbekannten Geschichte eine erkennbar neue, indem er seine eigenen Schwerpunkte setzt, Fiktives mit Fakten mischt, Dokumentarisches mit Spielszenen, die zeigen, wie es auch hätte sein können. Immer dann, wenn es vom tatsächlichen Geschehen keine laufenden Bilder gibt, setzt er auf seine Phantasie: Uwe Barschel in der Staatskanzlei beim Planen der Intrige gegen Engholm, Treuhändler Klaus Schucht bei einem geheimen Deal über Öl und Erdgas, ein merkwürdiger Besucher bei der alternden Diva Joan Crawford usw.

Die Familiengeschichte, die ihm an diesem Freitag seine Mutter erzählt, ist allerdings seine eigene Geschichte, und deshalb wird nie ein Film draus. Er ist der Letzte, der sie an seine Kinder weitergeben könnte. Weil Horst Königstein homosexuell ist, wird es jedoch keine nächste Generation geben und keine Fortsetzung der Familie durch ihn. Dabei lacht er – sich selbst unterbrechend mit einer Anekdote – aufkommende Wehmut vom Leib. »Meiner Mutter wurde mal in der Straßenbahn ein Platz angeboten mit dem Satz, na, Oma, willste dich nicht setzen? Da hat sie geantwortet, ich bin keine Oma, mein Sohn mag keine Kinder.«

Aus dem Leben seiner Mutter könnte er auch nach ihrem Tod noch einen dokumentarischen Film machen, denn er hat sie ihr Leben, Profi, der er nun mal ist, erzählen lassen und diese Erzählungen in den Jahren, die dem enthüllenden Tag danach, dem Blick ins Familiengrab folgten, auf Video aufgezeichnet.

Die jüngste Tochter eines Korbmachers, geboren 1906, fünf Geschwister, musste als Schulkind entweder hinterm Tresen des kleinen Krämerladens stehen, den ihre Eltern betrieben, was aber nicht zum Leben reichte, oder einspringen beim Torfstechen, anschließend mit der Schiebkarre zum Kanal fahren, wo die Ware von Kuttern abgeholt wurde. Ihre Geschwister durften alle was Richtiges lernen, sie durfte helfen beim Flechten der Körbe. Vor allem im Frühling. Das Schneiden der Weiden und Abziehen der Haut, das Weißmachen der Äste, waren anstrengend, sodass sie nur abends noch »hätte spielen können, aber da war ich zu müde«.

Sie habe, sagt sie beim Spaziergang ihrem Sohn, der seine Großeltern nicht kennt, weder die mütterlicher- noch die väterlicherseits, weil die vor seiner Geburt starben, eine ziemlich harte Kindheit und Jugend gehabt. Was kein Grund sei, sich zu beklagen.

Denn sie hat doch noch was gelernt außer Korb flechten und Torf schleppen und Roggenähren sammeln und Johannisbeeren pflücken und im Laden stehen. Hat einen Friseurkurs belegt und die Kunden zu Hause bedient, fünfzig Pfennig nahm sie pro Kopf, sonntags kamen die meisten, hat darauf bestanden, dass die sich erst ihre fettigen Haare mit dem Wasser vom Brunnen draußen wuschen, denn viele stanken noch nach Kuhmist, und das wiederum stank ihr. Als die »Zeit kam, in der man tanzen ging«, hat sich die achtzehnjährige Meta bei Tango und Walzer in den Bremer Centralhallen 1924 in ihren August verliebt. Sieben Monate später sind sie verlobt, geheiratet wird aber erst 1931. »Noch mit neunzig Jahren hatte sie das Gesicht dieses jungen Mädchens voller Hoffnung und Glauben ans Zeitliche und den Genuss und die Schmerzen, die man tragen muss«, wird ihr Sohn an ihrem Grab sagen und ihr nachweinen.

Aus solchen Biografien besteht der Stoff, der Königstein in seiner beruflichen Laufbahn immer wieder zum Filmemachen gereizt hat. Wichtig dabei, den Stein zu finden und umzudrehen, unter dem verborgen liegen könnte, was noch keiner vor ihm entdeckt hat. Der Regisseur ist zunächst Journalist, der er als Filmkritiker mal war, bevor er seine Ideen fliegen lässt und für die öffentlich-rechtlichen Traumfabriken in Filme umsetzt.

Diesmal liegen die Steine im eigenen Vorgarten, und es sind noch nicht alle umgedreht, und als dies seine Mutter für ihn macht, muss er nur zuhören, um sich mit diesen Steinen ein Haus zu bauen, eine eigene Geschichte:

Dass sein Vater, als er 1931 Meta heiratete, arbeitslos war und sich um die 150 Hühner und vier Schweine kümmerte, die sie sich hielten. Dass er im Dritten Reich – wie so viele andere – in der Verwaltung Arbeit fand, in seinem Fall bei der AG Weser, und dass er – wie so viele andere – im Gegenzug dem Führer die Treue schwor. Dass er nach dem Krieg ein Jahr im Gefängnis saß, weil er als SA-Mann zu aktiv war im untergegangenen Reich. Dass er im Krämerladen seiner Frau, den die übernommen hatte von den Eltern, aushelfen musste, weil es keine andere Beschäftigung für ihn gab. Dass sie schwarz mit Zigaretten handelte, die sie bei den Amerikanern besorgt hatte und bei einer Razzia vor der Militärpolizei im doppelten Boden der Wiege versteckte, in der Horst lag. Dass sie den Laden nach dem Verkauf an den Konsum in Kommission weiterführte und ihr Mann als Lagerarbeiter bei Rewe unterkam.

Dort hat ihn der Sohn, woran er sich erinnern kann, öfters abgeholt. Ihn und den Schäferhund, der eigentlich seiner war, den er sich gewünscht hatte, der aber den Vater als Rudelführer erschnüffelt hatte und dem nicht mehr von der Seite wich.

Als Mutter und Sohn vom Spaziergang im Wallgraben zurückkommen in die leere Wohnung, beginnt er zu kramen in Schachteln und Kisten, weil er zu den imaginären Bildern, die nach den Erzählungen der Mutter in ihm aufgetaucht waren aus einer bislang verborgenen Vergangenheit, nun die passenden Fotos sehen will. Königstein, der fast neununddreißigjährige Biografiker, sucht den jungen Horst.

Der hatte irgendwann nach dem Abitur Bremen verlassen und war in die Welt gezogen, bis nach Hollywood auf den Spuren von Joan Crawford, aber nur im Zuge einer ausgedachten filmischen Abenteuerreise. Und doch war er immer am Wallgraben geblieben, durch den er auch an diesem Freitag mit seiner Mutter geht. Außer der seinen in Bremen gab es keine Familie für ihn. Bei allen Produktionen hatte er Ersatzfamilien auf Zeit gefunden, weil sich das bei gemeinsamer Arbeit in seiner Branche so ergibt, aber immer dann, wenn eine Produktion zu Ende war, zerfiel die Familie wieder in ihre Einzelteile, und mit den Einzelnen verband Königstein nichts.

Für die vielen Familien auf Zeit, die er während seines Berufslebens kennen gelernt hatte, war er allerdings vorübergehend so etwas wie ein Vater gewesen, hatte die ihm anvertrauten Kinder gefördert in ihren Talenten, hatte ihnen neue Wege geebnet, bis sie alleine auf denen laufen konnten, hatte ihnen den Horizont gezeigt, hinter dem es weiterging.

An seinem Tag danach wurde er selbst wieder Kind. Ist es seitdem geblieben in der Familie, die er im Wallgraben gefunden hat. Diese Familie gibt es auch nach dem Tod der Mutter.

Alles ist gelaufen

Katrin Krabbe. Sie ist schmal und blond und wachsam. Misstrauen gegenüber Journalisten ist sichtbar. Es steht in ihren Augen und kauert griffbereit neben ihrer Kaffeetasse. Katrin Krabbe schluckt es nicht runter. Als sie noch von bunten Titelblättern strahlte und noch Autogrammkarten brauchte, lagen ihr die Journalisten zu Füßen. Was ihr gefiel. Als sie stürzte, blickten die auf sie herab. Was denen gefiel. Die berühmte Sprinterin hat aus beiden Perspektiven die Welt betrachtet und aus diesen Erfahrungen fürs Leben gelernt.

Dass sie in einem Eckcafé in Neubrandenburg sitzt statt in einem Coffeehouse in New York, wo sie weniger auffallen würde als hier, verdankt sie neben sich selbst und ein paar anderen wie ihrem damaligen Trainer Thomas Springstein auch jenen, die über sie schrieben. Erst so, dann so. Doch selbst zu ihren Hochzeiten hat sie nie ernsthaft daran gedacht, woanders zu leben als an dem Ort, von dem sie einst losgelaufen ist. »Hier gehöre ich einfach hin.«

In ihr hatten Sportreporter den Stoff gefunden, aus dem man Schlagzeilen knetet: »Vom Aschenputtel zur Goldmarie« oder »Königin der Tartanbahn« oder »Grace Kelly der Leichtathletik«. Die Schöne aus dem nahen Osten erfüllte alle Voraussetzungen für eine Seifenoper, in der sich Märchen und Wirklichkeit die Waage halten müssen, um erfolgreich zu sein. Sie war unter Schnellen die Schönste und unter Schönen die Schnellste, und weil beides so wunderbar zusammenpasste, verpassten sie der »Sprint-Göttin« ein überirdisches Image. Katrin Krabbe erfüllte leibhaftig Helmut Kohls Versprechen von den blühenden Landschaften, denn die Frau aus der fremden Zone, ein Produkt der untergegangenen DDR, erblühte nach der Wende zum gesamtdeutschen Superstar. Ohne dabei jemals ihre Wurzeln zu verleugnen.

Solche neuen Heroen brauchte das frisch geeinte Land. Zu viele der alten Helden waren über ihre Tage zuvor gestrauchelt. Bei den meisten waren es Enthüllungen aus ihrer Stasi-Vergangenheit, die sie an Tagen danach aus der Umlaufbahn schleuderten. Vor solchen Enthüllungen musste sich Katrin Krabbe nicht fürchten. Zwar war sie im anderen System auch schon eine Heldin der Nation, halt eine der anderen Hälfte, aber nur, weil sie Spitze und nicht weil sie Spitzel war.

Wovon Katrin Krabbe damals in ihrer Naivität allerdings nichts ahnte, nennt man in ihrer und in der ihren Aufstieg begleitenden Branche die Kehrseite einer Medaille. Immer dann, wenn die goldene Vorderseite nicht mehr genügend Stoff für neue Folgen der Seifenoper hergibt und abgegriffen scheint, wird die Medaille umgedreht. So auch beim Fall Katrin Krabbe. Als ihre Kehrseite sichtbar wurde, kehrten ihr dieselben Typen, die sie gerade hochgejazzt hatten als Weltsportlerin des Jahres 1991, über Nacht den Dreck vor die Spikes und warteten darauf, ob sie ihn abschütteln konnte oder in ihm versank. Erst einmal versank sie.

Am Tag danach, dem 24. Juli 1992, spielten die Schlagzeilen in den Zeitungen das Lied vom Tod, die Melodie vom steilen Aufstieg und vom tiefen Fall, einen auf dem Boulevard immer gern gehörten Schlager. Katrin Krabbe gehörte laut Text zusammen mit ihrer damaligen Freundin und Trainingspartnerin Grit Breuer, der erfolgreichen Läuferin über eine andere Distanz, 400 Meter, und Thomas Springstein, dem beiden Mädchen verbundenen Trainer, zu einem »Trio Infernal«. Alle drei waren offenbar des Dopingteufels, und alle drei kamen aus dem Osten. Da in der DDR, wie sich nach der Wende schon des Öfteren an konkreten Beispielen herausgestellt hatte, Sportler mit allen erlaubten und unerlaubten Mitteln auf Sieg getrimmt wurden, um die Überlegenheit des Sozialismus zu gewährleisten, passte der Skandal ins Bild von finsteren Gestalten im dunklen Deutschland.

Am Tag zuvor hatten Kontrolleure in einer routinemäßig untersuchten Urinprobe von Katrin Krabbe und Grit Breuer den Wirkstoff Clenbuterol gefunden. Der war im Westen bislang nur Bauern und Tierärzten bekannt aus der Kälbermast, wo die Substanz zur Steigerung des Muskelwachstums eingesetzt wurde. Damals stand er noch nicht auf der offiziellen Liste verbotener Mittel. Das Medikament wurde jungen Kühen gespritzt und war erst nachweisbar, nachdem sie geschlachtet waren. Die jungen Frauen hatten es in Form eines Asthmamittels geschluckt, und als es herauskam, wurden sie unter reger Anteilnahme der Öffentlichkeit geschlachtet.

Katrin Krabbe, damals zweiundzwanzig, hat über Nacht keine Zukunft mehr, in der Millionen D-Mark oder Dollar auf sie warten, hat über Nacht ihre Zukunft hinter sich. Ist eine gefallene Göttin, so tot wie Grace Kelly, mit der sie oft verglichen worden war. Laufend hatte sie bereits zu DDR-Zeiten die Welt erfahren, doch wirklich erlebt hat sie außer Stadien und Trainingslagern und Flugplätzen und Hotels nichts von ihr. Diese Welt bricht jetzt unter ihr zusammen, und da sie ihre andere, die kleine der Familie und die kleine von Neubrandenburg schon eine Weile verlassen hat, stürzt sie ins Bodenlose. Der deutsche Leichtathletikverband DLV sperrt sie für elf Monate, und der Internationale Verband IAAF legt gleich noch zwei Jahre drauf. Darüber kann sie sich nicht beklagen. So lauten die Regeln, die für alle gelten, die sich aufputschen mit verbotenen Mitteln, egal wie berühmt sie auch sein mögen. Natürlich nur, wenn sie erwischt werden. Verdacht allein genügt nicht. In diesem Zwischenreich lief vieles und liefen viele. Die meisten hat man nie erwischt, wie jeder weiß. Katrin Krabbe hat es erwischt.

Sie flüchtet vor den Schlagzeilen in die alte Heimat, nach Neubrandenburg, in ihre ehemalige Welt, wo ihre Eltern leben und ihre Großeltern und die Freunde ihrer Jugend. Zunächst hat sie selbst dort Angst, sich zu zeigen. Das Gesicht, das jeder kennt. Die Frau aus dem Fernsehen. Sie schämt sich vor denen, die so stolz darauf gewesen waren, dass es eine von ihnen, ihre Katrin, im wilden Westen geschafft hat und nicht nur den deutschen Wessis davongelaufen war, sondern allen Westlern. Wochenlang habe sie sich kaum aus dem Haus getraut, bekennt sie, habe sich so drücken wollen vor zufälligen Begegnungen auf der Straße. Die Familie baut einen Wall um sie. Vater Peter, einst Oberligaspieler beim SC Brandenburg, dem Verein, in dem Katrin als Zwölfjährige zu laufen begann. Der jüngere Bruder, ebenfalls Fußballer, die Mutter.

Sie hätte aber gar keine Angst haben müssen vor der Häme ihrer Neubrandenburger. Die kommen im Gegenteil zu ihr und nehmen sie in die Arme und halten sie fest, und bald hat Katrin Krabbe wieder festen Boden unter den Füßen. Sie hört auf, sich zu beklagen – »Das Mittel ohne Rezept einzunehmen war saublöd, aber es stand auf keiner Liste, und was nicht verboten war, schien erlaubt zu sein, logisch« –, klagt stattdessen gegen das Berufsverbot. Denn das ist es in Wahrheit ja, argumentiert ihr Anwalt Michael Zimmermann, einst Vizeweltmeister der Junioren im Rudern, den sie Jahre später heiraten wird. Was anderes außer zu rennen, zu rennen, zu rennen, hatte seine Mandantin ja nicht gelernt. Rennen war ihr Beruf, so wie Schwimmen der von Franziska van Almsick, Kicken der von Ulf Kirsten, Boxen der von Henry Maske.

Katrin Krabbe, inzwischen knapp über Mitte dreißig, lacht über den Tag nach der Urinprobe, den Tag nach der Enthüllung. Nicht nur deshalb, weil angeblich die Zeit alle Wunden heilt, was auch so eine Lebenslüge ist, an die man sich gewöhnt hat, sondern weil es inzwischen so lange her ist, dass sie sich kaum mehr an den Tag erinnern kann. Das kann sie natürlich sehr wohl. Aber es lohnt sich nicht, sagt sie, trinkt den Kaffee aus, schiebt endlich das lauernde Misstrauen weg und steckt sich eine Zigarette an. »Mein Tag danach war ein ganz anderer. Ein wunderbarer.«

Es passt zu ihrer gewachsenen Gelassenheit, dass sie von dem nicht mal mehr das genaue Datum weiß, nur erzählen kann, was an dem Tag passiert ist. Sie muss erst zu Hause in ihren Unterlagen nachschauen. Ein paar Tage später schickt sie eine E-Mail: Es war der 27. August 1991, es war ein Dienstag.

In Tokio finden die Leichtathletik-Weltmeisterschaften statt, und an diesem Tag steht das Finale im Hundert-Meter-Lauf der Frauen auf dem Programm. Zu den Favoritinnen gehört Katrin Krabbe. »Ich wusste schon morgens beim Aufstehen, dass ich gewinnen würde. Noch nie hatte ich vor einem Lauf ein so sicheres Gefühl, obwohl ich ja schon oft gewonnen hatte.« Zuvor bei den ersten gesamtdeutschen Meisterschaften und bei den Europameisterschaften. Auch danach hat sie nie wieder eine solche Sicherheit empfunden, obwohl sie sich auch danach noch viele Siege erlief.

Woher diese plötzliche Gewissheit kam, unbesiegbar zu sein, weiß sie bis heute nicht. Sie kann es nicht an irgendwelchen Einzelheiten festmachen, und da sie die logische nächste Frage ahnt, nein, es lag auch nicht an verbotenen Substanzen, die ihr Thomas Springstein möglicherweise verpasst hätte ohne ihr Wissen.

Ihr Trainer, damals auch ihr Lebenspartner, was nichts zu tun hat mit großer Liebe, sondern mit den Folgen einer durch tägliches Training von Kindesbeinen an erzeugten großen Nähe, ist ebenso sicher, dass sie heute gewinnen wird. Er gibt ihr nur einen einzigen Tipp, denn für eine besondere Taktik ist jetzt keine Zeit mehr. Aber auch dieser Tipp ist nichts Besonderes, denn er habe ihr nur noch einmal eingebläut, raus auf den Startblock, Kopf heben, nach vorne schauen, einen festen Punkt hinter der Ziellinie suchen, an dem festhalten und losrennen.

Im so genannten Callroom, in dem die schnellen Girls nervös umhertrippeln, was ebenfalls nichts bedeutet, denn das passiert in allen Callrooms auf der ganzen Welt, in denen die Mädchen auf den Aufruf zum Start warten, ist Katrin Krabbe ganz cool. Sie ist sich ihres Sieges sicher. Dies wird ihr Tag sein. Sich cool zu geben, den anderen zu zeigen, ihr könnt machen, was ihr wollt, ich schlag euch doch, ist ebenfalls ein allseits bekannter Trick, um Gegner zu verunsichern. Auch so was gehört zum üblichen Vorspiel vor einem Wettkampf. Man gönnt sich gegenseitig nichts Gutes, vor allem nicht den Sieg. Katrin Krabbe nimmt sich da nicht aus, sie ist in der Beziehung nicht besser als die anderen.

Aber an diesem 27. August 1991, da weiß sie, dass sie besser sein wird. »Psychospielchen hatte ich an diesem Tag nicht nötig.« Sie geht raus ins Stadion, winkt in Richtung Tribüne, ohne zu sehen, wen es trifft, kauert sich nieder, hebt den Kopf, erwischt den besten Start, rennt los und gewinnt. Springt nicht etwa hoch und juchzt und weint und lacht, ist immer noch die kühle Blonde. Bei diesem Anblick schreiben gleich mehrere Sportreporter auf der Tribüne das Stichwort Grace Kelly auf ihre Blöcke.

Sie schaut auf die riesige Videoleinwand, und erst, als sie dort in Zeitlupe sieht, dass sie tatsächlich gewonnen hat, erst dann stellt sich dieses »Gefühl eines unglaublichen Glücks« ein, dieses Gefühl, gewonnen zu haben, ein Gefühl, das sie nie zuvor hatte und nie mehr danach haben wird.

Die Euphorie, das Gefühl, unschlagbar zu sein, hielt aber nicht nur an diesem Tag an, nach dem Hundert-Meter-Lauf, in dem sie in der Zeit von 10,99 Sekunden die Goldmedaille gewann. Dieser Psychotrip, dieses erlaubte Doping beflügelte sie auch in den Tagen danach. Und so zeigte sie auch über 200 Meter der Weltklasse die Hacken und holte sich in 22,09 auch diesen Titel.

Das große Deutschland vereinnahmte sie als nationales Sportsymbol, das kleine Neubrandenburg, wo sie 1969 geboren wurde, feierte sie als Kind der Stadt. Viele Anlässe zum Feiern gab es zwei Jahre nach dem umjubelten Mauerfall ja schon nicht mehr. Die Folgen der Wende hatten wie überall in der ehemaligen DDR auch hier in Neubrandenburg für Ernüchterung gesorgt. Der Triumph von Tokio ließ die Einheimischen im kollektiven Taumel den grauen Alltag vergessen. Auch die hatten so betrachtet einen Tag danach.

Alles schon ziemlich lange her. Die Arbeitslosigkeit in der Kleinstadt liegt im zweistelligen Bereich. Es gibt keine Aussicht auf eine Zukunft, die schwarzen Vögel der Verzweiflung fliegen im weit gespannten Himmel, der ferne Horizonte verspricht. Es sind zwar nur Krähen, die da in der Höhe schweben, aber sie sehen von unten aus wie Geier. Das Sportgeschäft, in dem sie halbtags gearbeitet hatte, bevor sie es an einen ehemaligen Verlobten verkaufte, um sich mehr ihrer Familie und den beiden Söhnen Aaron und Bruno zu widmen, ist von den Geiern ausgeweidet worden. Das Geschäft gibt es nicht mehr, zu wenige Kunden kamen. Es gibt einfach zu wenig Geld für Freizeitartikel in einer Stadt, in der viele nicht mal das Nötigste bezahlen können.

Ihre ständigen Begleiter, die Journalisten, druckten ein paar neue Seiten aus, nachdem der gefallene Engel ausgeweidet worden war und Katrin Krabbe, die zu einer selbst bestimmten Rolle gefunden hatte, durch alle Instanzen gegen die Sperre klagte. Der Prozess dauerte insgesamt drei Jahre. In der Zeit stand sie im Laden und wickelte jedes verkaufte Trikot, jedes verkaufte Paar Sportschuhe, jedes verkaufte Fitnessgerät in ein kleines Stück ihres großen Ruhmes ein.

Mit dem höchstrichterlichen Urteil, dass durch die Sperre ihr Grundrecht auf freie Berufswahl in der Tat verletzt worden war, ging sie dann in die letzte Runde. Draußen auf der Tartanbahn lief bereits wieder ihre ehemalige Freundin Grit. Die hatte drei Tage vor Prozessbeginn ihre Klage zurückgezogen und sich entschieden, einen Neustart ihrer Karriere zu versuchen. Katrin Krabbe, die seitdem nicht mehr mit ihr spricht, suchte sich stattdessen einen festen Punkt jenseits der imaginären Ziellinie und lief los. Sie gewann. Fast zehn Jahre nach den Läufen von Tokio holte sie sich noch einmal Gold. Der Internationale Leichtathletikverband wurde zur Zahlung von 1,2 Millionen Mark Schadenersatz plus Zinsen verurteilt. Die Summe setzt sich zusammen aus Startgeldern, Siegprämien, Werbehonoraren, beruhend auf Schätzungen der ihr durch die Sperre entgangenen mutmaßlichen Einnahmen.

Damit war für sie das Kapitel abgeschlossen. Keine wehmütigen Erinnerungen mehr an die Tage des Ruhmes, aber auch keine schwarzen Gedanken mehr an die des tiefen Falls. »Von normalen Menschen hörte ich eh nie ein böses Wort.« Und was andere Menschen über sie sagten, das hat sie vergessen. Die hämischen Bemerkungen von Konkurrentinnen und Funktionären und selbst ernannten Moralaposteln. Als es einen von denen selbst ereilte, den erfolgreichen Langstreckenläufer Dieter Baumann, und alles so ähnlich ablief, wie sie es am eigenen Leib erlebte, hat sie sich allerdings eine kleine klammheimliche Schadenfreude nicht versagen können, und dem lieben Gott, an den sie glaubt, ohne ihn regelmäßig zu besuchen, hat sie einen Stoßseufzer der Genugtuung nach oben geschickt.

Katrin Krabbe hat andere Interessen. Holt auf allen Gebieten nach, was sie laufend versäumt hat. Kultur. Politik. Sie sieht den Zustand des Landes, das mal auch ihr Staat war, bevor kein Staat mehr mit ihm zu machen war, geplagt von Kleinmut und Depressionen und Hoffnungslosigkeit, ohne Scheuklappen. Gregor Gysi findet sie deshalb so gut wie Angela Merkel. Zwischen beiden will sie sich nicht entscheiden müssen, zumindest sagt sie nicht, was sie wählt.

Ihr Tag danach war ein Tag der Freude. Sie ist dankbar dafür, dass sie einen der Trauer noch nicht hat erleben müssen. Einen, der auf andere Art das Leben verändert hätte. Sie weiß, wovon sie spricht. Erzählt von einer Freundin, die ihr Kind verloren hat, und von einer anderen, der ihr Mann weggelaufen ist, und wie wichtig es ist für sie, der es gut geht, ihren beiden Söhnen Bruno und Aaron, die sie jeden Tag zum Sport fährt, auch die Wirklichkeit jenseits der wohl behüteten Familie zu erklären. Dass es Kinder gibt, im Kindergarten, in der Schule, die schon jetzt keine Zukunft haben, weil ihre Eltern für sich keine mehr sehen.

Sie ist schmal und blond und wachsam. Sie läuft nur noch zum Spaß. Sie muss nicht mehr die Erste sein. Katrin Krabbe hat am Ende noch einmal alles gewonnen.

Aus heiterem Himmel

Dorothee Kruse. Sie sitzt an diesem Morgen bereits früh am Schreibtisch ihrer gemeinsamen Wohnung in Hamburg und winkt ihm, über ein Manuskript gebeugt und mit den Gedanken beim nächsten Satz, nur kurz zu, als er sagt, er fahre schnell zum Arzt, komme gleich wieder und bringe Zeitungen und Brötchen mit. Klaus Meyer-Andersen, ihr Lebenspartner, hat sich einen morgendlichen Termin geben lassen, um die Ergebnisse des routinemäßigen Check-ups zu besprechen. Macht er jedes Jahr um diese Zeit.

Arzttermine gehören für ihn sogar zum Beruf. Vor Fernreisen für den »stern«, wo er seit vielen Jahren arbeitet, muss sich der Fotoreporter regelmäßig impfen lassen. Das wird meistens im Hamburger Tropeninstitut erledigt, wenige hundert Meter von der Redaktion entfernt am Hafen gelegen. Ebenso regelmäßig hat der Fotograf nach der Rückkehr von Reportagen vom Schleppen der schweren Kameraausrüstung Schmerzen in der Schulter. Die werden von einem Therapeuten in der Nähe seiner Wohnung, die er gerade verlässt, wegmassiert.

Also, bis gleich, wiederholt er, schon in der Tür stehend, und diesmal schaut sie kurz auf.

Als er zurückkam, das muss wohl so gegen zehn Uhr gewesen sein, stand die Zeit still. Es begann am Mittwoch, dem 10. März 1993, mit drei Worten ihr Tag danach, sein Tag danach: »Ich habe Krebs«, sagte er und sah dabei aus, als könne er selbst nicht glauben, was er da aussprach. Gerade eben war er unvermittelt mit der Diagnose konfrontiert worden. Eigentlich erwartete er nur, irgendwas zu hören über seinen Cholesterinspiegel oder seine Leberwerte, über die Anzahl von weißen Blutkörperchen, den Leukozyten, die sie in seinem Blut gefunden hatten, aber dass sie bei einer Gewebeprobe im Darm etwas Bedrohliches finden könnten, daran hatte er wirklich nicht gedacht. Ein Todesurteil so früh am Morgen. Es erwischte ihn, und es erwischte sie aus heiterem Himmel.

Zwar muss es angesichts medizinischer Fortschritte inzwischen nicht tödlich ausgehen, falls die Diagnose Krebs lautet, doch der erste Gedanke gilt automatisch dem Tod. So war es auch bei ihm. Nicht irgendeinem Tod, sondern dem eigenen. Sie weiß genau, scheint ihn erneut nah zu spüren, welcher Schock sie nach seinem Satz »Ich habe Krebs« durchfuhr, und sagt, dass sie sich danach weinend in die Arme fielen und aneinander festhielten.

Derartige Emotionen – und sie selbst bestreitet das nicht – sind ihr eher fremd. Sie ist eine kühl wirkende Frau. Groß, schlank, intelligent, skeptisch die Welt betrachtend und deren Protagonisten erst recht. Sie neigt nicht dazu, ihre Gefühle zu zeigen. Die vom Glück. Die vom Unglück. »Ich habe mich mit dem Tod früh auseinander setzen müssen. Als ich noch ganz jung war, starb mein Vater.« Auch in ihren Texten beschränkt sich die Journalistin darauf, präzise zu beschreiben, was sie gesehen hat, was sie tatsächlich erlebt hat, und nichts weiter mitzuteilen. Nicht mal zwischen den Zeilen.

Nur einmal, und das ist an diesem Mittwochmorgen schon fast zehn Jahre her, hat sie sich ausgerechnet mit einem Manuskript verraten, nicht zwischen, sondern in ein paar Zeilen. Zusammen mit dem Mann, den sie jetzt umklammert, war sie für eine Reportage unterwegs gewesen. Ihre erste gemeinsame Reise. Sie siezten sich noch. Der Zufall, vom Dienstplan bestimmt, hatte sie zusammengeführt. Dem Redakteur, der Wochen später seine Fotos auswählte und ihren Artikel redigierte, fiel eine für sie untypisch poetische Passage auf, und er glaubte nicht an einen Zufall.

Aus subjektiver Erinnerung taucht ein wunderbarer Absatz auf, in dem Wind Grashalme bewegt und hoch oben eine weiße

Wolke schwebt. War etwas geschehen, was nicht im Text stehen durfte? Ja, so war es. Aber die paar Zeilen, die das objektive Archiv preisgibt, sind feiner, indirekter formuliert und das, was passiert sein musste unter dem weiten Himmel, in subtiler, liebevoller Schilderung von scheinbar nebensächlichen Details versteckt: »Übers ganze Jahr saugen sich die Wolken im Hochmoor fest. Binsenbüschel umkränzen kleine Tümpel, gelbes Gras hängt tropfenschwer.«

Bei anderen wäre das einfach durchgegangen, aber weil sie es war, fielen die Sätze auf. Ihre Sprachbilder malte sie sonst aus distanzierter Ferne, um den Überblick zu behalten, und zeichnete sie nicht aus unmittelbarer Nähe. Sie war damals dreiunddreißig Jahre alt und längst fern den Träumen, in denen Märchenprinzen auf Wolken vom Himmel schweben.

Irgendwas hatte sie berührt. Nein, nicht irgendwas. Irgendwer. Nein, nicht irgendwer. Wer. An den kleinen Tümpeln im gelben Gras begann eine große Liebe. Nicht die große Liebe, sondern eine große Liebe. Wie sich in den Jahren nach dem heutigen Tag noch erweisen sollte, muss sie überlebensgroß gewesen sein.

Der Mann, dem sie damals auf der schottischen Insel nahe kam und von da an nahe geblieben ist, findet als Erster seine Fassung wieder. Er tröstet sie und lässt sich nicht trösten, er hält sie fest und lässt sich nicht fallen, er hört auf zu weinen und gibt sich nicht dem Schrecken hin. Auch im weiteren Verlauf seiner Krankheit hat er niemals geweint, erzählt sie, hat sich nie seine Verzweiflung anmerken lassen, egal wie schlecht es ihm auch gehen mochte. Noch ein paar Monate vor seinem Tod bestand er darauf, eine weitere Chemotherapie zu versuchen, obwohl keiner glaubte, dass er sie überleben würde, geschweige denn, dass sie ihm helfen würde.

Drei Tage nach der aber saß er, noch schwach, aber fieberfrei, bereits wieder aufrecht im Bett der Klinik und begann zu telefonieren, Spender und Sponsoren anzubetteln für die nächste Aufklärungskampagne gegen Kindsmissbrauch, um Überweisungen auf das »Dunkelziffer«-Konto 8 680 001 bei der Deutschen Bank zu bitten.

Für den Direktor des Krankenhauses, in dem Klaus Meyer-Andersen einmal seinen letzten Kampf verlor, war es die »personifizierte Herrschaft des Geistes über den Körper«, was es ihm ermöglicht habe, eine »übermächtige Krankheit« immer wieder zurückzudrängen und »nicht für möglich gehaltene Erfolge zu erzielen«. Der Internist hatte ihn in vielen Jahren, vor und nach den vielen Operationen und Chemotherapien, als »einen beispiellos tapferen Patienten« erlebt und vor allem bewundert, wie er »sein schweres Leiden mit unerschütterlicher Kraft, unverbrüchlichem Optimismus, nie nachlassender Entschlossenheit und ungewöhnlichem, eindrucksvollem Mut gemeistert hat«.

Dieser Optimismus gibt ihm Kraft, hilft auch an diesem Mittwochmorgen, den Schock abzuschütteln und Entscheidungen zu treffen. Lust auf Leben ist stärker als Angst vor dem Tod. Zwar hat der Onkologe zu einer sofortigen Operation geraten, aber sofort lässt sich interpretieren, heißt ja nicht gleich, nicht jetzt, an diesem 10. März. Auch morgen ist noch sofort, und da jetzt der Tag erst beginnt, denn was vorher war, zählt nicht mehr, und da ein Tag vierundzwanzig Stunden hat, ist der Tag danach morgen früh um acht Uhr noch nicht einmal zu Ende. Für diese Zeit meldet sich Klaus Meyer-Andersen in der Klinik an. Sein Arzt hat ihn bereits angekündigt.

Bevor er sich operieren lässt, muss Wichtigeres entschieden werden. Bisher hatten sie kaum einen Gedanken daran verschwendet, dass sie kein Paar waren, obwohl sie seit zehn Jahren als Paar zusammenlebten. Ehe stand nie auf ihrer Tagesordnung. Doch heute ist ein anderer Tag, die bisher gültige Ordnung zählt nicht mehr. Soeben hat ein neues Spiel begonnen. Ein möglicherweise tödliches Spiel, aber da niemand weiß, wer gewinnen wird, er oder der Krebs, ist das Ende offen. Die Regeln jedoch, nach denen ab jetzt gespielt wird, die will Klaus Meyer-Andersen wenigstens mitbestimmen.

Mal angenommen, stellt er sich realistisch ein Szenario vor, als würde er das bestmögliche Foto für eine Doppelseite finden und als hätte das Ganze mit ihm nichts zu tun, mal angenommen, es müsste nach der Operation Wesentliches entschieden werden. Mal angenommen, er selbst wäre noch unansprechbar in der Narkose gefangen, was angesichts der Schwere des Eingriffs sogar wahrscheinlich war, dann dürfte sie stellvertretend für ihn keine Entscheidung treffen, weil sie nicht seine Frau ist, obwohl nur sie seine Frau war. Sie muss nicht fragen, welche wesentliche Entscheidung er meint. Er sagt es ihr, als spreche er von einem anderen, nicht von sich. Zum Beispiel die Entscheidung zwischen »alles versuchen« und »alles abschalten«.

Es war typisch für ihn, sich einem Problem frontal zu nähern, es direkt anzupacken. Seine Frau vertreibt aufkommende Wehmut und lacht ihre Witwenrolle weg. Obwohl sie an so etwas wie eine bürgerliche Ehe nie gedacht hatte, dürfte selbst sie andere Vorstellungen gehabt haben von dem Tag, an dem sie dann doch mal einen Heiratsantrag bekommen würde. Der sie am 10. März 1993 ereilte, der war aus der Not geboren und nicht aus einer romantischen Stimmung. »Wir müssen heiraten, und zwar ganz schnell«, verkündete Klaus Meyer-Andersen. Es war eindeutig kein Heiratsantrag, es war ein Heiratsbeschluss.

Er hatte Recht. Eine Ehe ist ein Bund fürs Leben, der sich jederzeit wieder scheiden lässt. Bis dass der Tod euch scheide, ist aber in bestimmten Situationen keine leere Formel. So eine bestimmte Situation war da. Wie wichtig es war, dass sie auch vor dem Gesetz, wie man sagt, Mann und Frau sind, stellte sich bei einer der acht Operationen heraus, die ihm bevorstehen sollten.

Bei der ganz bestimmten – war es die dritte? die vierte? – lag er bewusstlos auf dem Operationstisch. Insgesamt wird die Operation zwölf Stunden dauern. Die Chirurgen unterbrachen aber einmal ihre Arbeit. Einer ruft bei seiner Frau an, die sich auf langes Warten eingerichtet hat. Sie hätten dies und jenes mit ihrem Mann schon gemacht, bräuchten nun aber eine Entscheidung von ihr: »Sollen wir weitermachen trotz aller Risiken, oder sollen wir es lassen und es ihm ersparen?«

Weitermachen, hat sie für ihn entschieden, denn weitermachen, egal wie es ihm ging, war ein Motto seines Lebens, und es passte zu ihm, und er hätte sich genau so schnell wie sie und nicht anders als sie entschieden.

Am eigentlichen Tag danach, dem 10. März 1993, ging es ihm nur seelisch beschissen, was ihn in seinem Entschluss bestärkte, am selben Tag zu heiraten. Es schreckte ihn nicht, dass seine Chancen erschreckend schlecht waren.

Normalerweise muss ein Aufgebot bestellt werden, und es muss ein passender Termin gesucht werden, und so etwas dauert schon mal ein paar Wochen bis zum Ja-Tag. Aber was war schon normal an einem Tag wie dem hier, und heute, an diesem 10. März 1993, hatte Klaus Meyer-Andersen am Morgen einen existenziellen Schrecken erlebt. Deshalb konnten ihn alltägliche Probleme nicht schrecken.

Er macht einen Plan. Irgendwo muss er anfangen. Sie denkt mit ihm nach. Laut. Das hilft auch ihr gegen die Beklemmung. Die Herausforderung, das Unmögliche zu versuchen, reizt beide. Beide sind Journalisten jener Art, die als ein Wesensmerkmal ihres Berufes mal gelernt haben, »geht nicht« gälte erst dann, wenn man es zuvor mehrmals vergeblich versucht hat.

Als Erstes ruft er bei der Seemannsmission am Hafen an und fragt, ob die eine Nothochzeit organisieren könnten. Nicht irgendwann, heute noch. Wie er denn ausgerechnet auf sie komme, fragen die verblüfft zurück, ob er sich vielleicht verwählt habe und eigentlich das Bezirksamt habe erreichen wollen? Nein, habe er nicht. Für einen wie ihn, der in Hamburg lebt, ist es nahe liegend und logisch, mit seiner Recherche dort zu beginnen, wo er mit diesem Anruf gerade begonnen hat. Die Verantwortlichen müssten auf solche Fälle eingerichtet sein. Es könne doch passieren, argumentiert er unbeeindruckt von der durchs Telefon hörbaren Ablehnung, dass ein Matrose noch schnell seine schwangere

Freundin heiraten wolle, bevor sein Schiff in See sticht und er für viele Monate unterwegs sein wird. So etwas sei doch bestimmt schon vorgekommen, so was dürften sie doch schon mal erlebt haben.

Haben die aber nicht. Kennen sie nicht. Gibt es nicht. Könnte ja jeder kommen. Deutsche Antworten. Sie halten ihn für einen Verrückten und legen auf.

Danach wählt Klaus Meyer-Andersen, fest entschlossen, sich von Neinsagern nicht entmutigen zu lassen, die Nummer des nächstgelegenen Einwohnermeldeamtes. Inzwischen ist es elf Uhr vormittags. Mittwochs ist das Standesamt geschlossen, doch das weiß er nicht. Die Zentrale allerdings ist besetzt, er lässt sich dort nicht abwimmeln. Man soll einfach versuchen, ihn zu verbinden. Er hat Glück. Die Standesbeamtin ist erreichbar. Er hat sogar doppeltes Glück, denn er landet auch noch bei der richtigen Frau. Nicht nur, weil die für ihn zuständig ist, sondern weil die richtig, weil die menschlich reagiert. Ich will nicht lange herumreden, beginnt er sinngemäß, sondern gleich sagen, worum es mir geht. »Ich muss heiraten, und zwar heute.« Vor ein paar Stunden habe er erfahren, dass er an Krebs leide und dass er morgen schon operiert werde und man ja nie wisse, ob man einen solchen Eingriff übersteht, und wenn ja, was danach passiere.

»Kommen Sie in zwei Stunden«, unterbricht ihn diese ziemlich untypische deutsche Beamtin, ebenso kurz entschlossen wie er. Sie hieß Witt, und Dorothee Kruse hat diesen Namen nie vergessen. Frau Witt fragt nach: »Haben Sie die nötigen Papiere, Ausweise und so?« Alles da, antwortet er, allerdings keine Geburtsurkunde. »Kriegen wir trotzdem hin«, erwidert Frau Witt, »ich besorge die Trauzeugen, Sie sind in zwei Stunden hier bei mir.«

Seine künftige Frau telefoniert mit ihrer Mutter in Elmshorn. Auch Dorothee Kruse hat ihre Fassung wiedergefunden, umgeht den erlebten Schrecken nicht etwa mit vorsichtig gewählten Worten, sondern redet ihrer Art gemäß Klartext. »Mutti, ich habe eine gute und eine schlechte Nachricht. Die schlechte zuerst: Klaus hat

Krebs. Und jetzt die gute: Wir werden heute heiraten. Gleich, in zwei Stunden. Ich brauche meine Geburtsurkunde, und zwar so schnell wie möglich.« Mehr will sie jetzt nicht sagen, will nicht über sich reden und nicht, wie es ihr geht, und auch nicht über Klaus, den Mann, den sie gleich heiraten wird.

Das Dokument wird von einem Taxifahrer nach Hamburg gebracht. Inzwischen ist es halb eins. Noch dreißig Minuten bis zur Trauung. Punkt dreizehn Uhr klopfen sie an die Tür von Frau Witt. Die Sonne hatte sich durch die grauen Wolken geschlichen, es ist hell im Standesamt. Angesichts der anderen Umstände erspart sich die Beamtin umständliche Worte. Es werden auch keine Trauringe getauscht, schon deshalb, weil sie keine haben. Braut und Bräutigam verlieren kurz die Fassung, weil der Schrecken in ihnen aufgewacht ist, schluchzen deshalb ein Ja auf die Frage aller Fragen und halten sich aneinander fest. Daraufhin zieht sich ihre Angst wieder zurück.

Die beiden Trauzeugen, Kolleginnen von Frau Witt, beurkunden die Richtigkeit der Zeremonie, und kurz nach ein Uhr steht das Ehepaar draußen vor der Tür. Die Trauung kostete inkl. aller Urkunden fünfundfünfzig Mark, die Befreiung vom üblichen Aufgebot, damals noch Pflicht, ist mit acht Mark im Preis inbegriffen.

Es gibt keine Hochzeitsfeier und auch keine Flitterwochen. Die Braut packt für den Bräutigam den Koffer. Am anderen Morgen bringt sie ihn ins Krankenhaus. Er wird operiert, und er übersteht den Eingriff ohne Komplikationen. Schien gerade noch rechtzeitig erkannt worden zu sein, der Krebs. Der schien verloren zu haben gegen einen Stärkeren.

Klaus Meyer-Andersen stürzt sich ins Leben und in die Arbeit. Von Krankheit und von Tod will er ab sofort nichts mehr hören. Andere brauchen ihn. Denen geht es viel schlechter als ihm. Die haben niemand, der sich um sie kümmert. Missbrauchte Kinder. Den Namen des Vereins, den er als Hilfe für sexuell missbrauchte Kinder gegründet hatte, für den er vom journalistischen Aufklärer zum Anwalt der Opfer und Jäger der Täter geworden ist, den hat er gemeinsam mit seiner Frau gefunden. »Dunkelziffer«.

Entstanden ist »Dunkelziffer« aus einer journalistischen Reise in die Nacht. Zusammen mit der Reporterin Ann Thönissen hatte Klaus Meyer-Andersen 1989 für den »stern« eine Serie über Kindsmissbrauch recherchiert. War für diese Geschichte acht Monate lang in die Rolle eines Päderasten geschlüpft, um an die tatsächlichen Täter heranzukommen. Die beiden enthüllten das Netzwerk der Kinderschänder und brachen ein Tabu. Laut Statistik des Bundeskriminalamtes gab es rund 20 000 Fälle von Kindsmissbrauch allein in Deutschland, doch hinter den Zahlen verbargen sich bislang unbekannte Schicksale. Die Dunkelziffer, also die tatsächliche Zahl der Opfer mit zerstörten Körpern und zerstörten Seelen, wurde schon damals von Experten zehnmal höher geschätzt.

Anderen Journalisten hätte es gereicht, ihre Pflicht als Aufklärer erfüllt zu haben und notwendige Maßnahmen den zuständigen Behörden zu überlassen, dem Gesetzgeber. Die vierte Macht im Staat gibt in solchen Fällen ab an die anderen drei Gewalten. Klaus Meyer-Andersen aber bekam die Bilder der geschändeten Kinder nicht mehr aus dem Kopf, sie ließen ihn einfach nicht mehr los. Es begann sein anderer Tag danach. Er nahm den Kampf damals so entschlossen auf wie jetzt den gegen seine Krankheit. Vier Wochen vor der Diagnose, die sein Leben veränderte, war »Dunkelziffer« ins Vereinsregister eingetragen worden. Ein solcher Verein lebt nicht vom Wort allein, von der Information, der Aufklärung, er braucht Engagement, braucht eine Lobby, braucht Öffentlichkeit, braucht Kampfgeist statt Betroffenheit.

Bevor sie so plötzlich seine Frau wurde, hatte seine Frau seine Arbeit bewundert und begleitet, aber hauptsächlich ihm überlassen. Das änderte sich von dem Tag an, als er, scheinbar geheilt, das Krankenhaus verlassen durfte. Nun wurde sein Kampf gegen die Verbrecher auch ihr Kampf, weil sie nicht wissen konnte, wie lange er den eigentlichen Kampf, den um sein Leben, würde durchhalten können. Sie lebten diesseits der Krankheit. Vielleicht hat sie geahnt, dass die sich nur erholte und längst noch nicht besiegt war. Über diese Ahnungen sprach sie nie mit ihm. Denn er lebte einfach weiter, und wenn er zweifelte, dann war sie es, die ihn bestärkte, nicht aufzugeben. Als Zeichen dafür, dass sie an die Zukunft glaubten, kauften sie ein kleines Haus in Südfrankreich und verbrachten dort, vor allem dann, wenn er sich nach einer Chemotherapie erholen musste, viele Monate. In seinem Beruf zu arbeiten und zu reisen wie früher, das ging ab 1996 nicht mehr. Da holte ihn die Krankheit, der er entkommen zu sein glaubte, wieder ein. Aber er arbeitete. Für seine Lebensaufgabe. Für die Kinder.

Der größte Erfolg seines Berufslebens war die »stern«-Serie gewesen. Sie hatte nicht nur, brutalstmöglich die Grenzen des Erträglichen überschreitend, die Ursachen und die Verursacher von brutalem Kindsmissbrauch gezeigt. Sie hatte etwas bewirkt. Unter dem Schock der geschilderten Tatbestände wurden die bestehenden Gesetze verschärft. Bei der ersten Anhörung zeigt er den Abgeordneten einen Kinderporno. Sie können sich dem Schock nicht durch Flucht entziehen. Meyer-Andersen hatte den Saaldiener überredet, die Türen geschlossen zu halten. Danach wurde nicht mehr mit lächerlichen Geldstrafen bestraft, wer sich an Kindern verging. Das allein schon war ein enormer Erfolg für den, der das Tabuthema gebrochen hatte.

Aber die Täter sollten nicht nur gefunden und bestraft werden, sie gehörten an den Pranger. Meyer-Andersen wusste durch seine Recherchen mehr als die Polizei. In den meisten Fällen waren die Schuldigen eben nicht finstere Päderasten, die sich ihre Opfer auf Spielplätzen vor der Haustür oder bei Reisen in ferne Länder griffen. Waren nicht nur kommerzielle Pornohändler, die auf Videos oder, die technische Revolution nützend, mehr und mehr im Internet so genannte Frischware anboten. Die meisten Täter brauchten für die Befriedigung ihrer perversen Triebe die eigenen Wände gar nicht erst zu verlassen – Eltern. Verwandte. Freunde der Eltern. Aus allen sozialen Schichten kamen sie, darunter viele Lehrer, Pfarrer, Sozialarbeiter.

Der Fotograf zerrte sie nicht nur ans Licht, beleuchtete nicht nur in erbarmungsloser Schärfe die Schicksale der Opfer, von denen viele fürs Leben gezeichnet waren. »Dunkelziffer« baut im Laufe der acht Jahre, die ihrem Gründer noch bleiben, gegen das Netzwerk der Täter ein Netzwerk der Helfer auf, unterstützt von großen und kleinen Spendern. Vermittelt den Opfern Anwälte. Organisiert Fortbildungskurse für Therapeuten und viermal pro Jahr Seminare, bei denen Staatsanwälte und Kriminalbeamte geschult werden in der Verfolgung von Kinderpornographie im Internet. Betreibt Aufklärung an Schulen.

Das kostete alles Kraft. Manchmal sah er aus wie sein eigener Schatten und hielt sich nur noch an seiner Frau fest. Drei Jahre nach der ersten Operation ergab die Nachuntersuchung, dass der Krebs nicht besiegt war, sich nur ausgeruht hatte. Erneute Operation, erneute Chemotherapie. Sechs weitere werden folgen, in immer kürzeren Abständen. Der Schwerkranke dachte nie daran, sein Leben freiwillig den neuen Umständen anzupassen. Die hatten sich gefälligst nach ihm zu richten. Basta. Das hatte er am Tag danach für sich entschieden. Daran hielt er sich. Er lebte ganz einfach weiter und schickte den Tod immer wieder zum Teufel. Solche Siege machten sogar seinen Ärzten Hoffnung. »Wir haben schon fast selbst daran geglaubt, dass er es schafft, obwohl alle Fakten dagegen sprachen«, sagt einer von denen.

Klaus Meyer-Andersen stirbt am 1. Oktober 2001 um 13.48 Uhr. Seine Frau hält bis zum Schluss seine Hand. Sie weint ihn in den großen Schlaf. Danach weint sie nicht mehr. Sie hat in den vielen Jahren vor seinem Tod für sich allein so viel geweint, dass sie keine Tränen mehr übrig hat. Am Tag danach braucht sie seine Kraft, übernimmt außer ihrem auch sein Leben.

Denn »Dunkelziffer« darf nicht sterben.

Alle seine Freunde

Siegfried Lenz. In seiner »Mutmaßung über die Zukunft der Literatur« hat er mal geschrieben, dass Bücher die Existenz der Welt belegen. In ihnen seien die Erfahrungen der Menschheit gesammelt, in ihnen würden die Fragen nach dem Sinn des Lebens beantwortet. So ungefähr hatte ich die Passage aus diesem Essay in Erinnerung, und die schien mir ein guter Einstieg zu sein für das, was ich vorhatte – ihn zu befragen nach einem bestimmten Tag in seinem Leben, der für ihn existenziell war.

Der Satz fiel mir auf, als ich vor dem Treffen mit ihm am Tag zuvor ein paar seiner Aufsätze las, ein paar seiner Texte für Vorlesungen an der Düsseldorfer Heinrich-Heine-Universität oder an einer der renommierten Universitäten der Vereinigten Staaten.

Nur deshalb konnte ich mich fast wortgetreu daran erinnern.

Noch ein ziemlich guter Satz fiel mir ein, während ich durch den graunieseligen Vormittag fuhr, an dem der Nebel so tief hing, dass ich das andere Ufer der Elbe nicht sehen konnte. Die Schreibmaschine sei sein Psychiater, weil sie den ersetze. Ein Bekenntnis, das viele unterschreiben würden, die schreiben. Ich bekenne mich dazu, Mitglied dieses Clubs zu sein.

Es stammt allerdings nicht von Lenz, sondern von einem seiner frühen Säulenheiligen, von Ernest Hemingway. »Als ich selbst versuchte, ein Schriftsteller zu werden, bewunderte ich ihn fast widerstandslos.« Auch der wird eine Rolle spielen, als mir Lenz von einem Tag erzählte, der ihm unvergesslich geblieben ist. Ein höchst merkwürdiger Tag, wie ich erfahren werde, doch für einen Dichter gar nicht merkwürdig, nur eben denkwürdig. Sonst hätte er ihn ja längst vergessen. Ein Tag, der so gar nichts zu tun hat mit einem Tag, wie er für andere Menschen wegen eines Falles von Liebe, Tod, Machtverlust unvergesslich geworden ist.

Es ist der Tag eines Dichters, und mit dem ihm eigenen Sinn für Ironie, fern jeder deutschen Dichtern auch eigenen Koketterie, hat ihn Siegfried Lenz als Tag ausgesucht, der sein Leben veränderte. Zugegeben: sein Dichterleben. Aber eben deshalb wird er eine Episode erzählen, die ihm an diesem Tag passierte, wie sie nur einem Dichter einfallen kann.

Die Seitenstraße, in der er und seine Frau wohnen, versteckt sich neben einer lauten Hauptstraße. Einfamilienhäuser und große Gärten mit hohen Bäumen verschlucken deren Autogeräusche, bevor sie sich ausbreiten können. Hin und wieder hängt das Klagen von Nebelhörnern in der Luft. Der Strom, den Lenz oft beschrieben hat, ist von hier aus nie sichtbar, auch an klaren Tagen nicht, aber immer sind seine Schiffe zu hören, tuckernd, dröhnend, tutend. Dieser Stadtteil, der zwischen dem nicht so feinen Altona und dem besonders feinen Blankenese liegt, gilt in Hamburg als bessere Gegend. Nachbarn kennen sich vom Reden über den Zaun. Man begegnet sich auf Augenhöhe, egal wie berühmt einer sein mag oder wie reich.

»Seit vierzig Jahren wohnen wir jetzt hier und sind immer noch zufrieden«, sagt Siegfried Lenz, nimmt mir den Mantel ab und wehrt Fragen nach Schmerzen in der Bandscheibe, die ihn schon lange plagen, gelassen ab. Darüber spricht man nicht, das erträgt man. Wenn er »Über den Schmerz« schreibt, geht es um einen anderen, um dessen Ausdruck in der Kunst, in der Literatur, auch um den des Schriftstellers, der immer wieder darauf hofft, auch von seinen Kritikern verstanden zu werden.

Das Haus hat Lenz 1964 gekauft vom selbst Verdienten, vom selbst Erschriebenen, unter anderem durch die Romane »Der Mann im Strom«, »Das Feuerschiff« und den Erzählband »So zärtlich war Suleyken«, eine luftige Hymne auf seine Heimat Ostpreußen, die damals für immer in einem unerreichbar fernen Land zu liegen schien. Was mit einer der Gründe war, dass er sich dieses Haus kaufte. Lenz wollte endlich wieder eine Heimat haben. Der Tag, an dem er den Kaufvertrag unterschrieb, ist aber nicht so wichtig, ein anderer Tag während des Umzugs war dagegen viel wichtiger.

Den Tag hat er sich gemerkt.

Er könnte sich heute nach vielen Romanen, insbesondere nach der »Deutschstunde«, die sich millionenfach verkaufte und in fünfundzwanzig Sprachen übersetzt wurde, hier eine große Villa leisten und da noch eine große und dort eine noch größere, aber Siegfried Lenz ist da glücklich, wo er ist. In diesem Haus, das unter den anderen in der Straße nicht weiter auffällt, nichts von sich hermacht, ähnlich wie sein Besitzer.

Vor allem fühlt sich der Dichter hier so wohl, weil im ersten Stock seine Freunde wohnen. Im Sommer verlässt er sie regelmäßig für zwei, drei Monate. Dann fährt er hoch in den Norden, nach Schleswig-Holstein in sein Feriendomizil bei Rendsburg nahe der dänischen Grenze.

Nicht weit davon entfernt – im Land zwischen Nordsee und Ostsee ist allerdings kein Ort vom anderen weit entfernt – hat er am 8. Mai 1945 das Kriegsende erlebt. »Auf einer grünen Wiese in einem Dorf namens Witzwort bei Husum.« Dass es wirklich vorbei war mit dem Naziterror, erfuhr er aus einer englischen Zeitung. »Diesen Moment werde ich nicht vergessen, ich hatte zum ersten Mal in meinem Leben eine Zeitung ohne Lügen in den Händen.« Gespickt außerdem mit Fotos, die bewiesen, dass Deutschland tatsächlich in Trümmern lag.

Das ist jedoch nicht der Tag gewesen, über den er mit mir reden will. Er freut sich jetzt schon auf mein Gesicht, wenn ich von dem erfahren werde. Der von ihm gemeinte passierte erst knapp zwanzig Jahre nach Kriegsende. Hat sich hier in diesem Haus ereignet, ist seitdem gegenwärtig, hat all die anderen Tage überlebt, die kamen und gingen, lebt immer noch hier zur Untermiete, und wenn Siegfried Lenz an seiner Schreibmaschine sitzt, sieht er vor sich, was dieser Tag mal auslöste.

Aber darüber reden wir erst später.

Erst einmal sitzen er und seine Frau in ihrem nüchtern ausgestatteten Wohnzimmer, reden über die Zeiten, denen sie entronnen sind, und über die Zeiten, die sie zusammen verbrachten. Der Dichter stopft seine Pfeife, auf der Terrasse landet trotz Nebel ein Spatz, Liselotte Lenz dringt darauf, dass die Kekse aufgegessen werden.

Sie sind seit über fünfundfünfzig Jahren verheiratet. Es gibt außer ihrer Ehe noch ein weiteres gemeinsames Werk, ein kleines Buch mit Farbstiftzeichnungen von ihr und einem Text von ihm, Titel »Waldboden«, das ihre Freundin Loki, selbstständige Gattin des ehemals eisernen Kanzlers Helmut Schmidt, in der »Zeit« als ein Buch lobte, das »uns weit weg bringt von der Hektik des Alltags, weg von Lärm und Staub«.

Siegfried Lenz, im Frühjahr 1945 gerade mal neunzehn Jahre alt, beherrschte die Sprache der Sieger nicht nur leidlich, sondern gut. Die Lehrerin, die ihm Englisch beigebracht hatte, traf er 1984 wieder. Sie war da schon älter als er heute, wollte aber unbedingt nach Lübeck fahren, als dort ihr ehemaliger Schüler den Thomas-Mann-Preis bekam.

Weil er dank ihrer Schulung besser Englisch sprach als andere, verdiente sich der Junge als Dolmetscher eine zusätzliche Essensration bei den Verhören im Camp der *prisoners of war*. Schlief aber wie die anderen auf der grünen Wiese unter freiem Himmel, der im Norden unendlich ist wie das Meer, in dem er sich bricht. Das Lager bei Husum war ein Sammellager. Obwohl seit der Nazizeit jede Assoziation mit Lager ganz andere Bilder wachruft, bezeichnet das Wort die tatsächliche Lage damals.

Es lagerten dort auf dem Gras und hinter Stacheldraht rund achtzigtausend deutsche Soldaten, die von den Engländern entwaffnet und hierher gebracht worden waren. Die Truppen, die auf Befehl ihres Führers begeistert Dänemark und Norwegen überfallen hatten, mussten nach der Kapitulation auf dem Rückmarsch über die deutsch-dänische Grenze kommen. Da wurden sie erwartet. Truppentransporter über die Ostsee in den Hafen von Kiel gab es keine mehr. Zumindest keine unter der Flagge mit dem Hakenkreuz.

Tag und Nacht umkreisten Panzerspähwagen den Zaun. Wer versucht hätte zu fliehen, wäre erschossen worden. Siegfried Lenz will nicht fliehen. Er hat gerade eine Flucht hinter sich und ist froh, die überlebt zu haben. Geflohen war er vor den Häschern der SS, weil er kurz vor Kriegsende den Befehl verweigerte, einen gleichaltrigen Kameraden zu erschießen, der sich als aufsässig gezeigt habe. Beide desertierten und versteckten sich in dänischen Wäldern, bis sie sich denen ergeben konnten, die sie nicht aufhängen wollten am nächsten Baum – den Engländern.

Das alles passierte kurz nach seinem neunzehnten Geburtstag im März. Da hatte er bereits zwei Jahre als Marinesoldat hinter sich, eingezogen nach dem bestandenen Notabitur. Kontakt mit seinen Eltern in Lyck, seiner Geburtsstadt in Ostpreußen, gab es nicht mehr, aber dieses Zuhause in den Masuren gibt es schon lange nicht mehr.

Was er im Mai 1945 nicht weiß. Woher auch hätte er wissen sollen, dass Ostpreußen von den sowjetischen Truppen erobert worden war und Millionen Deutsche vertrieben wurden? Er erfährt es im Laufe des Frühjahrs aus einer Zeitung, wieder einer englischen, und nun weiß er zumindest, dass er auf sich allein gestellt ist, weil niemand in Lyck auf ihn wartet und er eh keine Chance hätte, sich auf den Weg dorthin zu machen. Er bittet auf Grund seiner Vergangenheit als Neinsager dennoch um baldige Entlassung und bekommt zum Abschied aus dem Lager ein offizielles *release document*, was wichtig war, denn »ohne dieses Dokument hätte ich wiederum keine Lebensmittelkarten bekommen können«. Die Stadt, in die es ihn jetzt zieht, heißt Hamburg, und in der wird er leben, bis heute.

Er passt in die Stadt. Zu den Eigenschaften des Siegfried Lenz gehören Bescheidenheit, Höflichkeit, Verlässlichkeit, Understatement. Er hat sich stets lieber unters Volk gemischt als unter die, die es regierten. Er hat von seinem Ruhm nicht viel hergemacht, sondern ihn benutzt, um seine Ruhe zu genießen. Selbst dann, wenn er wem auch immer deutlich widerspricht, ist er stets leise. Anders als sein Freund Günter Grass, dem er treu verbunden ist seit gemeinsamen Wahlreden für die Es-Pe-De. Der andere, geboren nicht weit von Lenz in Danzig, wo man an klaren Tagen Königsberg sehen konnte, die Perle Ostpreußens, liebt mehr die lauten Töne.

Vor allem aber ist Lenz ein friedlicher Mensch. Er glaubt unverdrossen an die Utopie von Frieden. Setzt diese Überzeugung von leben und leben lassen nicht nur in politischen Reden ein. Mit einer verblüffenden Konsequenz: Vor Jahren schon hat er aufgehört, im Teich bei seinem Ferienhaus Karpfen zu fangen. Die werden seitdem nicht gefuttert, sondern gefüttert, und weil sie das Friedensangebot angenommen haben, schwimmen die klugen Fische inzwischen auf den ersten Pfiff hin offenen Maules Richtung Ufer.

Man kann sich einen solchen Menschen nicht recht vorstellen als Schwarzmarkthändler nach dem Krieg, als eine jener Schattengestalten im gesetzlosen Niemandsland, aber Lenz war so einer, denn von irgendwas habe man ja leben müssen. Kaum gibt es den ersten echten Schritt zur Überwindung der selbst verschuldeten Katastrophe, nach der Währungsreform die Deutsche Mark, beginnt Lenz mit dem Studium der Anglistik, der Literaturgeschichte und der Philosophie. Dabei trifft er zum ersten Mal einen der Freunde, die ihn fortan sein Leben lang begleiten, die über uns auf unseren Besuch warten.

Drei sind es eigentlich, die er in einem Atemzug nennt. Ernest Hemingway, der Journalist, der zum Schriftsteller wurde, der lakonische Sprachkünstler, der sich auf das Erzählen des Wesentlichen beschränkte und unverwechselbar wurde. Dann William Faulkner, der zwischen Raum und Zeit schwebte und die Menschen und Orte im amerikanischen Süden in seinen Romanen und Erzählungen beschrieb wie später Siegfried Lenz die in seinem deutschen Norden. Und John Dos Passos mit seinem »Manhattan Transfer«, der seinen filmischen Stil mit Schnitten und Blenden dem Rhythmus der beschriebenen Stadt anpasste, in dessen Roman alles gleichzeitig passiert und alles gleichermaßen ausweglos ist.

Natürlich kann er sich die gebundenen Ausgaben der Bücher als Student nicht leisten, wovon auch, aber da gibt es ja diese geniale Erfindung des Verlegers Rowohlt – bisher unter den Nazis verbotene Literatur gedruckt auf billigem Papier, nicht fürs Regal gedacht, sondern ausschließlich für die endlich erlaubten Abenteuer im Kopf. In den Rowohlt Rotations-Romanen (rororo) entdeckt Lenz die Welt, die ihm fremd war und die ihm seitdem die verlorene Welt der Masuren ersetzt.

Er trifft seine Liselotte, die er 1949 heiratet, und das bestärkt ihn in dem Entschluss, das Studium nur noch nebenbei zu betreiben, schließlich ganz aufzugeben. Er braucht einen Beruf, mit dem Geld zu verdienen ist. Lenz folgt dem Vorbild Hemingways und will wie der Journalist werden. Er bewirbt sich um ein Volontariat bei der »Welt«, die unter der Obhut der Engländer in Hamburg erscheint, noch nicht zum Springer-Verlag gehört, bekommt es auch und wird danach als Jungredakteur im Feuilleton angestellt. Der Dienst beginnt nachmittags, da beugt er sich über Texte und Kurzmeldungen, vormittags schreibt er, in ein leeres Kontorbuch, liniert, an seinem ersten Roman. Sein Handschriftliches wird von Liselotte Lenz in eine Schreibmaschine gehackt, die aus den Beständen der untergegangenen deutschen Kriegsmarine stammt. Am Ende werden es dreihundert Seiten sein.

Das junge Paar wohnt in der Isestraße in einer Ein-Zimmer-Wohnung. Dort kochen sie, dort leben sie, dort empfangen sie Freunde, dort schreibt er »Es waren Habichte in der Luft«. Noch heute bewundert der alte die Konzentrationsfähigkeit des jungen Siegfried Lenz, die so weit ging, dass er nie in die Versuchung kam, »das auf dem Korridor trommelnde Kind unschädlich zu machen«.

Schauplatz der Handlung ist Finnland. Hauptperson ist ein Lehrer, der nach einem Machtwechsel vor den neuen Herren fliehen muss. Die Erlebnisse des jungen Siegfried Lenz auf der eigenen Flucht prägen die Stimmungen des im Roman Fliehenden, Angst und Depression, Erschöpfung und Lähmung. Doch er lässt die Geschichte im Ersten Weltkrieg spielen, entzieht sie so der eigenen Zeit und macht sie zeitlos. Die Nähe zu Hemingway ist erkennbar, aber Lenz ist erkennbar eigen. Sein erstes Werk wird in der »Welt« als Fortsetzungsroman abgedruckt. Es ist zwar ein Buch, aber doch kein Buch, denn einen Verlag hat der Debütant noch nicht.

Er erinnert sich natürlich genau an den Tag, an dem die Vorankündigung in der Zeitung erschien, verbunden mit einem Foto des dichtenden Jungredakteurs, es war ein Sonnabend, und er saß im Zug von Frankfurt nach Hamburg. Aber auch dieser Tag ist nicht der Tag, um den es ihm geht.

Abwarten, sagt er und stopft erneut seine Pfeife.

Vom Zeitungshonorar, das »waren unbegreiflich hohe 3000 Mark, haben wir uns eine Schiffsreise auf einem Bananendampfer nach Afrika geleistet, danach war die Hälfte weg, und von der anderen Hälfte haben wir uns Möbel gekauft«. Darunter eine Bettcouch, die das bisherige Hauptmöbel, eine Munitionskiste, ersetzte. Die steht dann in einer anderen kleinen Wohnung, für den ersten Umzug hatte noch eine Schubkarre gereicht.

Liselotte Lenz hört ihm zu, während er erzählt, muss aber nicht darauf achten, dass er aus Versehen etwas durcheinander bringt, denn nach jedem zweiten Satz fragt er sie eh liebevoll, ob es so gewesen sei, und dann nickt sie.

Der Hamburger Verlag Hoffmann und Campe bringt den Erstling mit einer Startauflage von 3000 Exemplaren zum Preis von 9,80 DM zu Ostern 1951 heraus. Als er sein erstes Buch in den Händen hielt, entkorkte »ich eine Flasche Samos, schweren Süßwein, den der Gemüsehändler schon für einsachtzig verkaufte. Wenn nicht das zweite, das dritte Glas wirkte wie ein verlässlicher

Hammerschlag«, beschrieb Siegfried Lenz mal in einem Artikel für die FAZ diesen Moment des Glücks. In sechs Wochen werden 1600 Exemplare verkauft. Bei dem Verlag ist Lenz bis heute geblieben. Auch Treue gehört zu seinen Eigenschaften.

Zum Leben reichte es jetzt, der freie Schriftsteller Siegfried Lenz, bald gerühmt als eine literarische Nachwuchshoffnung, kündigte seine feste Stellung, schrieb Hörspiele und Bücher, hatte viel zu lesen und wenig zu klagen, und die Wohnungen, in denen sie zur Miete wohnten, wurden größer.

Aber der durch den Krieg entwurzelte Ostpreuße brauchte nicht nur eine gefühlte Heimat, die er in Hamburg ja gefunden hatte, er wollte Wurzeln schlagen. Liselotte und Siegfried Lenz suchten ein Haus für immer, und sie fanden es in jenem Vorort, in den ich durch den Nebel gefahren bin.

Über den Kaufpreis war schnell Einigkeit erzielt. Für die Differenz zwischen dem, was gefordert war, und dem, was er hatte, bürgte sein Verleger Kurt Ganske. War dem keiner großen Rede wert, nur eine selbstverständliche Geste unter Freunden.

Das Haus ist nicht renoviert worden vor ihrem Einzug, ja: es war ihnen nicht mal besenrein übergeben worden. Auf den Böden lagen noch verblichene Erinnerungen des Vorbesitzers, Familienfotos aus zwei Generationen, braunstichig, verwelkt, mit Füßen getreten.

Vor allem die Umzugsleute traten drauf, denn sie hatten keine Zeit, mit den schweren Bücherkisten auch noch Ballett zu üben, um keinem ins Gesicht zu treten. Die Bücher sollten nach oben in den ersten Stock gebracht werden, dort wollte sie der Hausbesitzer in Regale ordnen. Er freute sich darauf.

Halt, sagte da der Architekt, der auch ein Statiker war, diese Last hält das Haus nicht aus, diese niedergeschriebene Existenz der Welt. Unter der bricht es zusammen. Der Mann hieß doch Schultz?, fragt Siegfried Lenz und Liselotte Lenz nickt.

Eine unruhige Nacht ist die Folge.

Am Tag danach – nun gibt er ihn endlich zur Betrachtung

frei! –, es war der 17. September 1964, wacht Siegfried Lenz auf und weiß, was zu tun ist: »Ich ließ T-Träger einbauen als Stütze für die Bibliothek im ersten Stock.« Noch etwas wusste er an diesem Morgen: »Die Bücher werden geographisch geordnet. Erst meine amerikanischen Freunde, dann die westeuropäischen, dann die alte deutsche Literatur, dann die deutsche Gegenwartsliteratur, dann meine Freunde aus Russland und dann die aus Polen und so weiter.«

Kein Wunder, dass ein Dichter einen solchen Tag nie vergisst. Der war wichtiger als viele andere. Den Tag, an dem man eine Herberge für Bücher bekommt, zu einem existenziellen Tag zu erklären ist nur einem Dichter erlaubt. Er ist nie allein, wenn er oben sitzt und schreibt. Er ist stets umgeben von vertrauten Freunden. Wir gehen die Treppe hinauf nach oben, und Siegfried Lenz, der mit vielen eigenen Büchern unter ihnen steht, stellt sie mir vor.

Dann bringt er mich zum Gartentor, winkt mir zum Abschied freundlich zu und geht langsam zurück ins Haus. Er wird schon erwartet.

P.S. Dieser Text ist Lieselotte Lenz gewidmet, die im Februar 2006 starb.

Erwachen eines Werwolfs

Erich Loest. Am Tag danach wachte er vom Geräusch klappernder Milchkannen auf. Dann schlief er wieder ein. In den Nächten davor war er noch ein Werwolf. Schlich bei Einbruch der Dunkelheit durch die Wälder Böhmens. Versteckte sich tagsüber im Unterholz. Vergrub in Erdlöchern für Notfälle eiserne Rationen. Erwartete mit Gleichaltrigen, die sich für den letzten Einsatz im zerstörten Vaterland Mut zusprachen, den Angriff des Feindes. Hatte Hunger und Angst und Heimweh. Fror jämmerlich und wollte nicht sterben.

Ihr Kommandeur, erinnert sich der Dichter, der damals noch ein Werwolf war, nannte als Ziel der Aktionen, so lange als Partisanen zu kämpfen, bis die »Amerikaner merken, dass wir nicht unterzukriegen sind, und sich mit uns gegen die Sowjets verbünden«. Ähnliche Durchhalteparolen jenseits der Realität wurden rund hundert Kilometer weiter östlich um die gleiche Zeit, Ende April 1945, fast gleich lautend anderen Jungdeutschen in einem Militärzug gepredigt. Unter denen war Günter Grass aus Danzig, der auch mal Schriftsteller werden sollte.

Ein Offizier machte Hitlers letztem Aufgebot, den Werwölfen, spitzmäulig den Pfiff einer Kohlmeise vor, der ihnen als Erkennungszeichen untereinander dienen sollte, damit sie sich nicht aus Versehen gegenseitig abschossen. Im Übrigen baue er darauf, dass sich alle an die Lektüre von Karl Mays Abenteuerbüchern erinnern würden, die sie bestimmt alle mal verschlungen hatten. Und ob sie sich erinnerten, war erst zwei, drei Jahre her, dass sie die gelesen hatten, die achtzehn-, neunzehnjährigen Jungs hier, die seitdem alt Gewordenen.

Bei Karl May war genau beschrieben, wie man sich – Ausgeburt der Phantasie des sächsischen Bestsellerautors, über den Erich Loest mal eine literarisch überhöhte Biografie schreiben wird – als Trapper unter skalpgierigen Indianern in den Wäldern des Wilden Westens zu verhalten habe. Das entsprach ziemlich genau ihrer Situation im besetzten Böhmen. Nie irgendwelche Spuren zurücklassen, und seien die auch noch so winzig. Papierfetzen. Zigarettenkippen. Brotkrumen. Scheißhaufen. Vor allem aber sollten sie still sein. Sonst würden sie vom Feind zum Schweigen gebracht für immer.

Sein Soldbuch, das ihn, Reserveoffiziers-Bewerber im Rang eines Gefreiten, als Mitglied der längst nicht mehr glorreichen deutschen Wehrmacht auswies, hatte Loest auf Befehl seines Vorgesetzten abgegeben. Um aber nicht von den ebenfalls in den Wäldern umherstreunenden SS-Bluthunden bei Gelegenheit als Deserteur aufgehängt zu werden, bewahrte der Werwolf für solche Fälle sorgsam einen Zettel auf, der mit Stempel und Unterschrift bestätigte, dass er »direkt dem Befehl des OKH« unterstellt sei, dem Oberkommando des Heeres.

Von der kleinen Heerschar der Jungwölfe strich nach wenigen Nächten nur noch ein versprengter Haufen durch die Nacht. Zwei blieben zusammen, Erich Loest und Fritz Gietzelt. Zwei Neunzehnjährige in Todesangst. Keine todesmutigen Partisanen mehr. Sie hatten ihre Uniformen unter Büschen vergraben, sich an ihre Maschinenpistolen geklammert, falls sie auf Feinde stoßen würden, und sich so gut wie möglich vor denen versteckt. Die Amerikaner aber waren einfach an ihnen vorbeigezogen, ohne sie zu entdecken, und auf einmal befanden sie sich im Hinterland der Front. Da gehörten Werwölfe zwar hin. Sie aber wollten nach Hause. Sie aber wollten nicht mehr sterben für Deutschland. Sie aber wollten nicht mehr kämpfen.

Als sie jenseits des Waldes, an dessen Rand sie die Nacht verbracht hatten, ein Dorf entdeckten, vom Krieg offensichtlich vergessen, denn es sah friedlich aus, rannten sie übers Feld und suchten dort Unterschlupf. Ein Bauer nahm sie auf. Ließ ihre Waffen verschwinden, um nicht als Unterstützer von Werwölfen erschossen zu werden, falls der Feind in Gestalt von US-Soldaten doch noch anklopfen sollte. Außerdem war der Mann davon überzeugt, dass die beiden Jungs ihre MPs nicht mehr brauchen würden. Womit er Recht hatte. Er gab ihnen zu essen und führte sie dann auf den Heuboden des Kuhstalls, wo sie sich ausschlafen sollten.

Erich Loest liegt deshalb da oben im Heu, als er vom Klappern der Milchkannen aufwacht. Irgendwo knarzt eine Tür. Dann hört er weibliche Stimmen und Gelächter. Er bewegt seine Zehen, steht auf, wischt sich Heu von der Jacke, steigt vorsichtig Sprosse für Sprosse über die Leiter nach unten, knöpft seine Hose auf, pinkelt an den Balken des Stalls, in dem er und sein Kumpel die Nacht verbracht haben, späht durch den Spalt der angelehnten Tür, sieht die Frauen, die er hatte lachen hören, klettert wieder nach oben, verkriecht sich wieder im Heu, schläft wieder ein.

Gegen Mittag stieg der Bauer nach oben zu den Schlafenden, rüttelte die beiden Jungs wach und verkündete ihnen, der Führer sei tot. Im Kampf um Berlin gestern gefallen, wie es soeben der Rundfunk gemeldet hatte. Viel später erst würden sie erfahren, dass Hitler am 30. April 1945 nicht tapfer sich wehrend gestorben war, sondern feige Selbstmord begangen hatte.

So begann Erich Loests erster Tag danach.

Es war der 1. Mai 1945, und der ab sofort ehemalige Gefreite aus Mittweida in Sachsen dachte, halb verschlafen, halb erschrocken, jetzt ist alles aus, jetzt ist alles vorbei. Er hatte sich nie vorstellen können, dass geschehen würde, was geschehen war. Der geliebte Führer gefallen. Alles im Arsch. Zunächst aber spürte er seinen Körper. Keinen Druck aufs Gemüt, sondern wieder einen Druck auf der Blase. Als er mit dem Pinkeln fertig war, irgendwo ein Pferd wieherte, als die Welt offensichtlich nicht erstarrte, als das Leben einfach weiterging, als er die Milchkannen sah, von deren Klappern er am Morgen aufgewacht war, fühlte er sich befreit.

Befreit vom physischen Druck, denn »sein Wasser lief an einem

Balken herunter, also lebte er«, wird er fünfunddreißig Jahre später, von sich in der dritten Person sprechend, in seinen Lebenserinnerungen mal schreiben. Befreit vom psychischen Druck, dem eingeimpften Pflichtgefühl, Adolf Hitler dienen zu müssen bis in den Tod. Das war im Eid, den er wie alle auf ihn hatte leisten müssen, mal anders gedacht gewesen. Ihr Tod war gemeint, nicht der des anderen. Doch nun war der Diktator tot, und sie durften befreit von ihm und allen auf ihn beschworenen Pflichten weiterleben.

Bis zu diesem Tag hatte er Hitler nie in Frage gestellt, denn auf den obersten und größten Feldherrn aller Zeiten war er vereidigt worden. Ein Schwur so heilig wie ein Ehrenwort, das kannte auch er aus Karl Mays Büchern, und daran musste man sich halten getreu bis in den Tod. War alles nur die logische Konsequenz gewesen aus seiner bisherigen kurzen Biografie – Schule unterm Hakenkreuz, Hitlerjugend, Fähnleinführer, Wehrmacht, Gefreiter, Werwolf –, in der sie ihn das Fürchten gelehrt hatten, typisch zwar für jede Diktatur, aber für die braune ganz besonders. Deutschland war zerstört am Boden. Deutschland über alles war an diesem Tag danach, mit dem er ein neues Leben begann, Vergangenheit und damit auch der Eid auf dessen Führer hinfällig. Erich Loest nahm sich vor, fortan das Fürchten zu verlernen. Das erforderte Geduld, das würde dauern.

In der Gegenwart dieses 1. Mai 1945 machten sich die beiden ehemaligen Werwölfe Erich und Fritz am Abend wieder auf den Weg, ausgeschlafen und unbewaffnet und noch satt von den Knödeln, die sie in sich reingestopft hatten, wussten erst nicht, wohin sie gehen sollten, aber eines wussten sie: auf keinen Fall in Richtung Osten, Richtung Mündungsfeuer, Richtung Russen. Lieber nach Westen.

Fünf Tage später, an einem Sonntag, wurde Erich Loest von amerikanischen Soldaten gestellt und festgenommen, hatte eine »rasche Angst«, doch eine Stunde später »schwappte Freude über, am Leben zu sein und zu bleiben«. Die Gefangenschaft dauerte nicht lange. Sie schickten ihn heim, wo auch immer das sein mochte. Er sah den Siegern zu jung aus für einen möglichen Naziverbrecher. Von den Mördern in Uniform hatten sie genügend im Lager, und längst waren nicht alle Mörder entlarvt. Die Jüngeren, die noch einmal davongekommen waren, bewunderten noch immer die Älteren. Nicht nur das erlebte Grauen prägte diese Generation, auch das späte Erwachen, das späte Erkennen eigener Schuld, die sie dann mit sich schleppen mussten bis ans Ende ihrer Tage.

Einen von Granatsplittern verwundeten Jungen hat das Ende des Krieges an genau dem Tag erwischt, als Werwolf Erich seinen Tag der Befreiung erlebte. Schütze Grass aus Danzig war, knapp siebzehn Jahre alt, in Marienbad gefangen genommen worden, doch auch er hatte Glück – was damals so als Glück galt – und kam in ein amerikanisches Lager nach Bayern. Er wollte ebenso wenig glauben, was die Dolmetscher der Sieger von den Verbrechen der Deutschen erzählten. Zunächst registrierte er nur, wie Offiziere, die gestern noch die Jungs in Führers Namen zum Sterben hatten antreten lassen, nun in den Mülltonnen der Amerikaner nach Essbarem wühlten und sich gierig nach weggeworfenen Zigarettenstummeln bückten.

Erste Berichte über die Blutschuld der Vätergeneration hielt Günter für Propaganda der Sieger. Darüber redete er mit seinen Kameraden in den Baracken, und die dachten wie er. Das können Deutsche einfach nicht getan haben. So schützte sich die Generation, zu der Loest und Grass gehörten, gegen die Fotos von Leichenhaufen und Verbrennungsöfen aus Bergen-Belsen, die den Gefangenen als Beweis für die Verbrechen ihrer Idole und Helden vor Augen gehalten wurden. Grass glaubte erst, was sie ihnen erzählten, als einer der größten Nazis seine Verbrechen gestand, als er ein halbes Jahr nach Kriegsende die »Radioübertragung von den Nürnberger Prozessen hörte und mein ehemaliger Reichsjugendführer Baldur von Schirach die Verbrechen zugab, um seine Schuld zu gestehen und um die Hitlerjugend, also uns, vor dem

Vorwurf zu schützen, eine verbrecherische Organisation gewesen zu sein. Da war noch dieser Rest des Autoritätsglaubens übrig geblieben. Wenn es die eigenen Leute sagen, dann musste was dran sein.«

Bei Loest dauert es nicht so lange. Schneller als der danach Zeit seines Lebens ungläubig bleibende Grass findet er Halt in einem neuen Glauben, im Glauben an den Kommunismus. Eine bessere Welt werde machbar sein, nicht durch Gottes Güte, sondern durch gute Menschen. Man müsse nur den richtigen Standpunkt haben, von dem aus man die Welt betrachte, um ein richtiges Weltbild zu gewinnen.

Über seine Gefühle nachzudenken, sich über die Folgen des Bruchs mit der Vergangenheit, auch seiner eigenen, klar zu werden, dazu hatte Erich Loest keine Zeit. Er verdrängte erst einmal alles. Die Erinnerung daran holte er erst zu sich zurück, als er im Knast zu Bautzen saß und viel Zeit totzuschlagen hatte, als auch sein zweiter Glauben zerstört worden war.

Anderes war jetzt nach Kriegsende und Heimkehr wichtiger. Ein Dach über dem Kopf und etwas zu essen. Im Sommer nach dem Krieg half er in der Landwirtschaft, weil man bei den Bauern seiner sächsischen Heimat auf den Feldern zwar hart arbeiten, aber wenigstens nie hungern musste. Sachsen lag in der sowjetischen Zone. Darauf hatten sich die Sieger geeinigt. Deutschland gab es nicht mehr.

Abends fing er an, Einfälle für einen Roman zu verdichten, denn eines wollte er früher schon, außer dem Führer zu dienen: Schriftsteller werden. Dichten ist zu jeder Zeit eine brotlose Kunst, jetzt nach dem Krieg war sie es erst recht. Dennoch schrieb er auf gelbgraues Papier, bedeckte »Rückseiten von Briefen und nicht genutzte Schulhefte mit Buchstaben«, las es keinem vor, erzählte aber Vater, Freunden, Schwester, dies werde mal sein erstes Buch. Biografisches. Erlebtes. Erfahrenes. Erlittenes. Unter dem Titel »Jungen, die übrig blieben«, im Anklang an die beiden, die am 1. Mai 1945 im Heu geweckt wurden, erschien es 1950.

Die Zone, in die er sich gerettet hatte, nannte sich da schon Deutsche Demokratische Republik.

Loest schwor keinen Eid mehr, aber diesem Staat fühlte er sich verpflichtet. Aus dem braunen Werwolf war ein überzeugter Kommunist geworden. Geprägt durch den Alltag als Arbeiter in den Leunawerken, seiner nächsten Station nach der Landwirtschaft, von wo aus er für Zeilengeld als freier Mitarbeiter der »Leipziger Volkszeitung« über die heroischen Leistungen beim Aufbau des Sozialismus berichtete. Geprägt durch Schriften von Marx und von Engels. Mit deren Vision vom Ende der Ausbeutung vorwärts in die Zukunft, in der es keine Ausbeutung des Menschen durch den Menschen mehr geben wird. Geprägt durch die Lektüre der im Dritten Reich verfemten, verbrannten, verjagten Dichter wie Anna Seghers, Arnold Zweig, Alfred Döblin, Erich Maria Remarque, Thomas Mann und Kurt Tucholsky. Als er zum ersten Mal auf diesen Namen stieß, sprach er ihn aus wie Tuscholksy und las danach alles, was der je geschrieben hatte.

Loest hörte überzeugende Signale von einer friedlichen Welt, in der die Guten von den Bösen nicht mehr unterdrückt, der Klassenfeind im Klassenkampf besiegt werden würde. Er glaubte daran und wurde Mitglied der SED. Dass der Imperialismus die Menschheit ins Unglück gestürzt hatte, stand außer Zweifel fest. Also gab es für ihn nur eine Wahl. Genosse statt Volksgenosse. Parteisoldat statt Soldat. Sein jugendlicher Idealismus verklärte einst die Braunen, jetzt die Roten.

Diesen Glauben verliert er am 17. Juni 1953, und der Tag danach, der 18. Juni, ist der zweite Tag, an dem er sein Leben ändert. Diesmal erwacht er nicht im Heu, diesmal erwacht er am Straßenrand. Er steht in Berlin und erlebt eine Demonstration. Zehntausende von Bauarbeitern sieht er in Richtung Haus der Ministerien ziehen und auf selbst gemalten Plakaten menschlichere Arbeitsbedingungen fordern. Er hört die Rufe, der Spitzbart muss weg, womit SED-Chef Walter Ulbricht gemeint war.

Aufmärsche der dem Staatsvolk Ost eingebläuten Art gab es in der DDR täglich. Doch eine solche Demonstration wie diese hier gab es noch nie. Nicht für den Sieg des Sozialismus wird da marschiert, sondern gegen die Ausbeutung des Menschen durch die Vertreter des Sozialismus. Die gehörten alle zu der Partei, der auch er angehörte.

Da empörten sich nicht etwa vom westlichen Klassenfeind bezahlte Konterrevolutionäre, die ein anderes System erzwingen wollten. Die Revolutionäre des Volkes wollten Änderungen innerhalb des Systems und eine andere Regierung. In einem Brief mit der Bitte um brüderliche Hilfe an den sowjetischen Statthalter Semjonow beteuerten zum Beispiel die Arbeiter von Halle, wie Loest Jahrzehnte später in Akten nachlesen konnte, an der allein selig machenden Sowjetunion hätten sie nichts auszusetzen, ihr Protest sei eine rein deutsche Angelegenheit, und es ginge allein um die Rücknahme der unmenschlichen Arbeitsnormen. Da die Regierung dies ablehne, müsse eine andere Regierung her, und dabei möge doch bitte der Große Bruder aus Moskau helfen, ohne den nichts ging.

Die Großmächte im Westen hatten wie die Sowjets kein Interesse daran, dass bereits acht Jahre nach dem gemeinsamen Sieg über Nazideutschland die Deutschen ihr Schicksal selbst bestimmen durften. Der Aufstand vom 17. Juni 1953, kein Volksaufstand, wie sich herausstellen sollte, sondern ein Aufstand der Arbeiter, hatte deshalb keine Chance. Hunderte von Teilnehmern wurden von Panzern niedergewalzt, wurden verurteilt, wurden hingerichtet. Über die Plebejer, die den Aufstand probten und von den Intellektuellen im Stich gelassen wurden, wiederum hat zehn Jahre später Günter Grass geschrieben. Was ihm den Hass der SED-Funktionäre und ein Einreiseverbot in die von ihnen beherrschte Zone einbrachte.

Für Erich Loest ist der 18. Juni 1953 der zweite Tag, an dem er sich eingestehen muss, auf der falschen Seite Hurra gebrüllt zu haben. Danach schwört er sich, nie wieder auf irgendwelche Ideologen hereinzufallen, die den Menschen nach ihrem Weltbild formen wollen, sich nie wieder politischen Illusionen hinzugeben. Diesen Schwur hält er. Weil er inzwischen nach der Veröffentlichung seines zweiten Romans »Die Westmark fällt weiter« nicht mehr irgendwer ist, der besser sein Maul hält, um nicht draufgehauen zu bekommen, sondern Vorsitzender des Schriftstellerverbandes Leipzig, schreibt er seine Überlegungen zum Thema Sozialismus allgemein und real existierender Sozialismus im Besonderen einfach mal auf. Die Zeit, in der man sich fürchten musste, seine Meinung zu äußern, war ja vorbei. Dachte er.

Um eine Definition seines Standpunkts – am Rande, nicht marschierend, aber auch nicht auf der Seite derer, gegen die marschiert wurde – ist er noch verlegen, aber seine Gedanken und daraus logisch sich ableitende Konsequenzen gehen erkennbar in die Richtung sozialer oder sozialistischer Demokratie. Genosse Loest hat keine Angst, dass ihm offene Worte schaden würden, er fühlt sich geradezu verpflichtet, offen Denkanstöße zu geben. Als Schriftsteller, laut Lenin Ingenieure der menschlichen Seele, ist er eine Stütze dieser klassenlosen neuen Gesellschaft, einer ihrer wichtigen jungen Intellektuellen, treu zum System stehend, an das er glaubt wie einst der Junge an das Dritte Reich.

Am 20. Juni fuhr er zurück nach Leipzig und bot seinen in Berlin am 18. Juni begonnenen Artikel dem DDR-»Börsenblatt für den Deutschen Buchhandel« an. Der Chefredakteur war begeistert, woran er sich nicht mehr erinnern mochte, als die Angegriffenen zurückschlugen und ihn als Revanchisten beschimpften. Unter dem Titel »Elfenbeinturm und Rote Fahne« erschien Loests Text am 4. Juli 1953, und da las man unter anderem auch von seinem Erwachen am Tag danach, nicht nur über die Fehler, die gemacht wurden, sondern dass diese Fehler systemimmanent und kein Zufall waren:

»Die Zeit, diese Fehler zu untersuchen, ist jetzt gekommen, umso mehr, als diese Fehler nicht etwa mit dem 17. Juni automatisch abgestorben sind, sondern hartnäckig trachten, weiterhin am Leben zu bleiben. Dies trifft auch auf die Fehler der Presse zu. Es ist vermutlich nicht mit mathematischer Sicherheit festzustellen, welche Ministerien, welche Parteiorganisationen, welche Behörden und Institutionen am meisten beigetragen haben, Staat und Partei von den Massen zu entfernen, und es dürfte auch müßig sein, dies zu tun; fest steht: Schuld tragen sie alle, und ein gerüttelt Maß an Schuld kommt auf das Konto unserer Presse.«

Der Aufstand der Arbeiter wird gerade hektisch zu einer bezahlten Aktion des Klassenfeindes umgeschrieben, als der Artikel erscheint, deshalb bleibt es bei einer hastigen Rüge für den Verfasser. Man behält ihn jedoch im Auge. Man – das ist die Stasi. Als sein Genosse Gerhard Zwerenz in den Westen rübermachte, holte man Loest zum Verhör ab. Er durfte aber wieder nach Hause zu seiner Frau und den Kindern. Noch glaubte er, ihm könne nichts passieren, er war sich keiner Verfehlung bewusst. Politische Diskussionen im Kreise enger Freunde waren schließlich nicht strafbar. Dass ihn einer von denen, der Schriftsteller Fritz Rudolf Fries, »den ich für meinen Freund hielt«, an die Stasi verriet, erfuhr Loest erst nach der Zeitenwende 1989 aus den Akten der nach Joachim Gauck benannten Behörde.

Jene graugesichtigen Herren in leitenden und führenden Organen, die er attackiert hatte, warteten damals nur auf eine günstige Gelegenheit, auf das passende politische Klima, sich an dem Konterrevolutionär und Verräter zu rächen. Zunächst zermürbten sie ihn mit kleinen Gemeinheiten. Hier ein Schreibverbot und da eine Vernehmung und dort eine erzwungene Selbstkritik vor einem Parteigremium. Die Staatsgewalt ließ sich Zeit.

Am 14. November 1956, nach dem blutig niedergeschlagenen Aufstand in Ungarn, scheint ihnen das politische Umfeld passend. Erich Loest wird in seinem Heimatort Mittweida, wo er im Kreise der Familie den Geburtstag seines Vaters feiern will, vom Abendbrottisch weg verhaftet, in ein wartendes Auto gezerrt, in einen Stasiknast gefahren und bis zu seinem Prozess erst einmal ein Jahr lang in Untersuchungshaft gesteckt. Seine drei kleinen Kinder wird er erst in acht Jahren wiedersehen.

Eine Szene, die Erich Loest in seiner Biografie »Durch die Erde ein Riss« beschreibt, der letzte Spaziergang vor der Verhaftung mit seinem kleinen Sohn Thomas, ist von seiner anhaltenden Verzweiflung geprägt. Dieses selbstkritische Bekennen, halsstarrig geblieben zu sein, nicht nachgegeben zu haben, um jeden Preis, auch um den einer zerstörten Familie, ist die Lebenstrauer des Erich Loest. Diese Gewissensbisse – »Denn was bedeutete schon ein Vater, der nicht daheim war, der kein Geld verdiente, der zur Last wurde für die kleine Seele: ein Papa im Gefängnis« – erklären auch, warum er diese Wut nicht bewahren konnte, retten konnte, bis er sich an den Verbrechern, die seinen Kindern den Vater nahmen, rächen könnte. Bis zur Wende also.

Was man ihm vorwirft, konterrevolutionäre Gruppenbildung, hält er für lächerlich und gibt bei den täglichen Verhören nichts zu, verlangt seine Freilassung, verlangt zumindest einen Prozess, in dem er seine Unschuld würde beweisen können. Die Sorge um seine Familie zermürbt ihn. Genau das, was seine Wächter erreichen wollen. Manche von ihnen haben schon dem früheren System treu gedient.

Immer die gleich ablaufenden Vernehmungen. Er sollte doch lieber gestehen, Mitglied einer konterrevolutionären Gruppe zu sein, die das Ziel gehabt habe, Ulbricht zu stürzen. Vergebens seine Einlassungen, dies seien normale politische Diskussionen im Freundeskreis gewesen, unter Genossen, immer auf dem Boden der Verfassung der DDR. So ein Schwachsinn, ihm Landesverrat vorzuwerfen. Hatten sie Beweise? Nein, konnten sie nicht haben. Es gab ja keine. Sie machten ihn trotzdem fertig, und er merkte zu spät, dass es denen ganz egal war, ob sie Beweise hatten oder nicht, und dass es darum ging, an ihm ein Exempel zu statuieren, um am Beispiel Loest zu demonstrieren, welche Folgen Widerreden haben würden.

Seine Kollegen schweigen – auch die Ikone Anna Seghers. Sein Anwalt war ein korrupter Quisling – auch das merkte Loest zu spät. Er brach am Tag der Urteilsverkündung seelisch und körperlich zusammen, als er, nach zwölf Monaten Haft im endlich stattfindenden Prozess wegen jener angeblich »konterrevolutionären Gruppenbildung« zu siebeneinhalb Jahren Zuchthaus verurteilt, in den gefürchteten Knast von Bautzen eingeliefert wurde. Die Richter hielten sich aber für menschlich anständig, weil sie die Untersuchungshaft anrechneten.

Der alltägliche Horror in Bautzen, die täglichen Demütigungen, die Verzweiflung – weniger über sein eigenes Schicksal, denn Erich Loest glaubte sich stark und leidensfähig, als darüber, dass seine Frau und seine Kinder ohne Ernährer und ohne Vater durchkommen mussten –, die Begegnungen mit Mithäftling Walter Janka, ebenfalls verurteilt wegen staatsfeindlicher Umtriebe in einer so genannten Verschwörergruppe, die immer wieder enttäuschten Hoffnungen auf eine Amnestie, das alles hat er selbst in seinen Erinnerungen beschrieben. Besser erzählen kann es keiner.

Ein paar Schlüsselsätze aus dieser Biografie bleiben haften. Dass Freiheitsliebe eine Kerkerpflanze sei, wie einst Heinrich Heine schrieb. Dass den Tätern, die sich kurz nach der Wende bereits wieder zu den Opfern zählten, weil der böse Kapitalismus, sprich Westdeutschland, ihren Lebenstraum DDR zerstört habe, zur »Lebenserfahrung und Herzensbildung ein paar Jahre Knast fehlen« (Loest), womit er kühl-lakonisch deren postsozialistische Krokodilstränen wegwischte.

Der dritte Tag danach für Erich Loest ist der 25. September 1964. An diesem Tag wird er aus der Anstalt Bautzen entlassen. Niemand holt ihn ab, weil niemand informiert wurde, dass dies sein Tag sein wird, der Tag nach sieben Jahren Haft. Soll Häftling 23/59 selbst sehen, wie er draußen weiterkommt. Ein junger Wachtmeister hatte gefragt, wohin er denn entlassen werden wollte. Loest sagte: Leipzig, wohin denn sonst. Sie hatten gehofft, er würde Westberlin sagen oder München, was sie ihm zwar erlaubt hätten, aber damit hätten sie gewonnen. Hätten öffentlich triumphieren können: Seht ihr, wir haben den Verräter zu Recht verurteilt. Erich Loest fährt nach Hause in die Oststraße nach Leipzig.

Wie damals im Böhmerwald nach der Nachricht, der Führer sei tot, als zum ersten Mal seine Welt zusammengebrochen war, war das Leben einfach weitergegangen. Doch über sieben Jahre lang ohne ihn. Die ließen sich nicht mehr aufholen. Sieben Jahre, die im Leben einfach fehlten, die seinen Kindern eine »böse Jugend beschert und ihnen Kerben geschlagen« hatten. Er selbst beschädigt, nicht nur seelisch, für immer. Löcher im Magen. Sieben Jahre lang, das sind mehr als 2500 Tage und Nächte, nichts in denen geschrieben.

Die DDR wird noch knapp acht Jahre überleben, als ihn die Staatsmacht 1981 in den Westen ausreisen lässt. Dort kann er sagen und schreiben, was er will. Was er sich anhören muss von denen, die ihn als Dissidenten feiern und zu sich einladen, verschlägt ihm allerdings nur kurz die Sprache. Bei einer Veranstaltung in Osnabrück erklären ihm, ausgerechnet ihm, die Vertreter der linken Gewerkschaft GEW, wie gut vieles in der DDR doch sei, zum Beispiel das Bildungssystem.

Er spürt in jenen Tagen der verkündeten »friedlichen Koexistenz« zwischen den beiden deutschen Staaten »einen eisigen Hauch der Ablehnung in der SPD-Baracke« zu Bonn, als er sich während einer Podiumsdiskussion mit Peter Glotz und anderen laut und stolz dazu bekennt, ein überzeugter Anti-Kommunist zu sein, denn als solchen hätten ihn die Kommunisten drüben bezeichnet und aus der Partei ausgeschlossen, und deswegen hatte er sieben Jahre in Bautzen gesessen. Warum sollte er sich davon distanzieren, einer zu sein?

Als seine Sachsen am 9. Oktober 1989 ihren kollektiven Tag danach einläuten und Gott um Unterstützung bitten, betend in der Nikolaikirche, demonstrierend um die Nikolaikirche herum, sitzt Erich Loest in Bonn, wo er lebt, und sieht das alles im Fernsehen. Es lässt ihn nicht unberührt, aber es ist nicht sein Tag danach. Von denen hatte er schon zu viele erlebt. Historisch betrachtet war es »zwar ein gutes Gefühl, als ich 1989 die letzten beiden Montagsdemonstrationen in Leipzig erlebte und wusste, dass letztlich auch ich gewonnen hatte und nicht die anderen«, aber das war ein historischer Sieg, und für seine ganz privaten Niederlagen hatte der keine Bedeutung. Immerhin hielt er die Historie auf seine Art fest, im Roman »Nikolaikirche«, seinem bislang erfolgreichsten Buch.

Nach der Wende wird er rehabilitiert, womit formal das Unrecht wieder gutgemacht ist, aber die verlorenen Lebensjahre im Knast sind nie wieder gutzumachen. Er kehrt zurück aus dem Westen, kehrt zurück in die Heimat. Lässt sich dort nieder und hält das Maul nicht. Liest seine Stasiakte und nennt die Denunzianten, die er dort findet, die ihm die Jahre stahlen, in seinem dokumentarischen Bericht »Die Stasi war mein Eckermann oder Mein Leben mit der Wanze« alle beim Namen. Er vergibt ihnen nicht, aber hat nicht mehr die Kraft und die Wut, sich zu rächen. Er wird zum Ehrenbürger seines Geburtsortes Mittweida ernannt, wo sie ihn einst nachts abholten. Er wird zum Ehrenbürger der Heldenstadt Leipzig ernannt. Beides nimmt er an, verschweigt aber die erlittene Vergangenheit nicht und auch nicht sein Misstrauen gegen Helden aller Art.

Erich Loest hat den ersten Tag der Einheit noch aus der Ferne erlebt, seitdem gab es viele solche Tage der Einheit, die er aus der Nähe betrachtete, an denen er sich die Sonntagsreden am jeweiligen Jahrestag anhörte. Die tatsächliche Einheit zwischen Ost und West, die auf Wahrheit beruht und nicht auf Illusionen, wird er wohl nicht mehr erleben.

Der Störenfried ist alt geworden, aber er stört nach wie vor, mischt sich unters Volk und mischt dessen Vertreter auf, die demokratisch an die Macht gekommenen. Er fürchtet sich nicht. Er fürchtet sich überhaupt nicht mehr. Insofern ist sein erster Tag danach trotz der oft fürchterlichen Tage, die dem folgten, sein wichtigster gewesen. Der Tag, an dem der Werwolf im Heu erwachte und Erich Loest das Klappern von Milchkannen hörte.

Diät Deutschland

Lothar de Maizière. Als ihn bereits die Prognosen im Fernsehen zum Sieger der Wahlen erklären, weiß er, dass er verloren hat. Es ist der 18. März 1990 so gegen 18.07 Uhr. Zum ersten und gleichzeitig zum letzten Mal durften sich an diesem Sonntag die Bürger der real noch existierenden DDR frei entscheiden zwischen verschiedenen Parteien, die wirklich verschieden waren. Lothar de Maizière, Rechtsanwalt und Spitzenkandidat der CDU, schütterer Vollbart, große Brille, hat gewonnen.

Damit hatte keiner gerechnet, er erst recht nicht. Bei so eindeutigen Trends aber wird es für ihn kein Entkommen mehr geben, keine Tür mehr, durch die er sich schleichen und wieder verabschieden könnte, zurück in sein altes Leben. Das Amt, das er ehrlich von Herzen nie gewollt hat, rollt wie ein Riesenroboter auf ihn zu, und nach den Hochrechnungen, die alle frühen Zahlen bestätigen, wirkt der geradezu bedrohlich. Es liegt nicht an der Perspektive, also daran, dass der Mensch, den der gleich anrempeln wird, Lothar de Maizière, damals gerade mal fünfzig Jahre alt, so klein ist im Vergleich zur Maschine. Als graue Maus niedergetrampelt werden könnte vom Elefanten Sieg.

Nach Verkündung des amtlichen Endergebnisses beginnt noch vor Mitternacht sein erster Tag danach. Der wird sich hinziehen wie eines einzigen langen Tages Reise in die Nacht bis zum 3. Oktober, Lothar de Maizières letztem Arbeitstag als Ministerpräsident der DDR. Am dann gefeierten ersten Tag der deutschen Einheit ist sich das Vaterland einig. Lothar de Maizière strahlt Freude aus wie alle, obwohl er am liebsten heulen würde in ohnmächtiger Wut. Die Komponisten, deren Musik er für den Festakt am 3. Oktober 1990 im Schauspielhaus am Berliner Gendarmenmarkt ausgewählt hatte, Bach und Brahms, symbolisch als Vertreter von Ost und West, Leipzig und Hamburg, waren von Helmut Kohl von der Tagesordnung gestrichen worden, weil er »Haydn und Händel wollte und keinen von uns« (de Maizière).

Ab dem vierten Oktober 1990 wird es dann den Staat Deutsche Demokratische Republik nicht mehr geben und auch ihren Staatschef de Maizière nicht mehr. Den Menschen ja, doch der sollte an dem Tag nur noch ein Menschlein sein, ein Häufchen Unglück. Dem Tod näher als dem Leben, geplagt von Herzschmerzen, von einer großen Blase am linken Fuß, von Depressionen. Hätte er geahnt, sagt er heute, was in den Jahren danach passieren würde, wären seine Depressionen noch viel größer gewesen. Bereits hier und jetzt an dieser Stelle von jenem anderen Tag danach zu erzählen, noch bevor der erste Geschichte geworden ist, wäre allerdings zu früh.

Die anderen beiden, ebenfalls historischen Daten, die Einschnitte in seinem persönlichen Leben markierten, passen dagegen in den vorauseilenden Rückblick. Das war zum einen der 13. August 1961, der Tag des Mauerbaus, der die Trennung zwischen Ost und West zementierte. Damals hoffte Lothar de Maizière, einundzwanzig Jahre alt und ein Optimist, es sei nur eine Frage von ein paar Monaten, bis er wieder rüberfahren konnte in den anderen Teil, um wie zuvor als Bratschist im Jugendorchester des Westberliner Rundfunksenders RIAS aufzutreten. Es wird mehr als achtunddreißig Jahre dauern, bis die Mauer fällt.

Und das war zum anderen der 22. August 1968, der Tag nach dem Einmarsch der Warschauer Paktstaaten in die CSSR. Am Tag, an dem der Prager Frühling starb, begrub der Intellektuelle Lothar de Maizière, achtundzwanzig Jahre alt, alle Hoffnungen, dass sich etwas ändern ließe im System. Er richtete sich ein im scheinbar Unabänderlichen, im resignierten Gefühl, nunmehr werde »der Schlüssel dreimal umgedreht« in der Zelle, die DDR hieß.

Zurück in die Zukunft, einundzwanzig Jahre später: Der soeben gewählte Chef dieses Staates DDR gönnt sich am 18. März 1990, am Abend des Tages, der sein Leben entscheidender verändern wird als die beiden Tage zuvor, eine letzte kleine Flucht in seine Vergangenheit. Lothar de Maizière schiebt die vielen Mikrophone zur Seite, taucht unter den Absperrungen durch, was nicht weiter auffällt, weil seine Parteifreunde von der CDU bereits in allen Räumen den überraschenden Sieg begießen, entzieht sich den Schulterklopfern, die jetzt, da ihn eine Aura von Macht umgibt, seine Nähe suchen, geht nach Hause und schließt hinter sich ab.

Hat er gebetet? Hat er einfach nur die Augen geschlossen? Hat er mit seiner Frau geredet? Hat er den Tag verflucht, an dem er sich auf die Umlaufbahn Politik schießen ließ? »Ach was«, winkt er ab, »ich war einfach nur platt.« Zudem neigt der überzeugte Christenmensch Lothar de Maizière nicht zu Flüchen, eher zur Selbstkritik: »Ich war sicher auch naiv, aber wer von uns aus dem Osten war das damals nicht?« Die von ihm angeführten Politamateure Ost würden von den Bonner Politprofis innerhalb weniger Monate platt gemacht werden und am 4. Oktober 1990 ein Blatt im Geschichtsbuch sein.

Es war wohl kurz nach Mitternacht, als es an der Haustür klingelte. Der erschöpfte Wahlsieger meldet sich über die Gegensprechanlage, und seine Stimme klingt nicht gerade einladend, als er fragt, wer es sei, der um diese Zeit zu stören wagt.

Er wolle nur sein Beileid aussprechen, antwortet der späte Gast. Es ist Wahlverlierer Gregor Gysi von der PDS, der glücklich ist, verloren zu haben. Gregor will seinem Freund Lothar, dem nicht so glücklichen Gewinner, alles Gute wünschen für die Tage, die ab morgen sein Leben bestimmen werden. Gysi ahnt, was ihm erspart blieb und was auf den anderen zukommen wird. Er kennt die wahren Zustände in ihrem Land und weiß, dass es bei der nicht mehr zu verhindernden Abwicklung der DDR keinen Ruhm zu ernten geben wird. Zumindest nicht für die Sieger dieser Nacht. Als erste Illusion würde die vom Volksvermögen platzen, denn es gab zwar ein Volk, aber es gab kein Vermögen.

Gysi möchte deshalb nicht mit ihm tauschen. Der gleichfalls etwas andere Anwalt ist wie Lothar de Maizière Bürger dieser fast schon ehemaligen deutschen Republik. In der liegen ihre gemeinsamen Wurzeln. Die Sozialisation Ost verbindet sie, die Zugehörigkeit zu einer bestimmten Partei trennt sie. Entscheidend aber ist nicht das, was sie trennt, sondern das, was sie verbindet. Bis zum Mauerfall gab es in der DDR nur eine einzige erlaubte politische Plattform, ganz egal, ob die Parteien, die sich auf diesem Block tummelten, nun CDU hießen, deren eher passives Mitglied de Maizière war, oder SED, zu der Gysi gehörte, oder LDPD etc. Die nach demokratischer Vielfalt klingenden Parteien waren Kinder eines einzigen Vaters, einer einzigen Mutter. Gehorsame Kinder der DDR.

Die fühlten sich jetzt schon, im März, wenige Monate nach der Nacht ihrer Freiheit, wie von Gott und der Welt verlassene Vollwaisen. Sie hatten sich zwar vom strengen Vater Staat befreit, hatten aber im gleichen Atemzug die fürsorgliche Mutter verloren und damit den Mief, der sie einst wärmte. Mit dem Gleichnis Vater Staat und Mutter Mief erklärt fünfzehn Jahre danach Lothar de Maizière den Seelenzustand der quasi elternlosen Ossis. Plötzlich sagte ihnen keiner mehr, wo sie langzugehen hatten und wo auf keinen Fall und überhaupt: wo es langging. Das verstörte sie zutiefst. Diese Verstörung hält bei vielen bis heute an.

Lothar de Maizière weiß heute auch, was er damals nicht so sah, dass er und seine Minister, mit denen er in einer Großen Koalition von Ostdeutschen regierte, »nur geduldet waren, bis die Westdeutschen übernehmen konnten«. Schlecht behandelt wurden die, na gut, so ist das halt, aber außerdem noch schlecht abgefunden. Es ist ein bitterer Witz der deutschen Geschichte, dass diejenigen, die dafür sorgten, dass die Revolution unblutig verlief, am Ende als die eigentlichen Verlierer dastanden. Dass diejenigen, die aus Pflichtgefühl ihre Stellungen in Kirchen, Universitäten,

Betrieben verließen, um ihrem neuen freien Staat zu dienen, dass diejenigen, die Länderverfassungen austüftelten und den Einigungsvertrag schrieben und die Währungsunion abnickten und beim Zwei-plus-Vier-Vertrag in Moskau auf der Sünderbank saßen, zum Teil heute vom Arbeitslosengeld unter den Bedingungen von Hartz IV leben müssen. Sie bekamen nach ihrem Tag danach weder eine Rente, noch erhielten sie Übergangsgeld.

Doppelte Verlierer der Einheit, die sie managten, so gut sie es konnten, nennt de Maizière sich und seine Kollegen Minister. Schlecht bezahlt im Amt – sein Gehalt betrug 3500 Mark, das seines Stellvertreters 3000, Minister verdienten 2750 und Staatssekretäre 2500 Mark – und anschließend meist ohne Chance auf Zukunft. Zu alt, um etwas Neues anzufangen, zu jung für wenigstens die in DDR-Zeiten erworbene Rente. Sie waren, so gesehen, tatsächlich Volksvertreter, denn wie ihnen erging es vielen vom Volk, das sie vertraten. »Ich muss arbeiten«, sagt der inzwischen fünfundsechzigjährige Rechtsanwalt Lothar de Maizière, »bis sie mich hier aus meiner Kanzlei raustragen.«

Über der Kanzlei des Juristen wohnt eine Ostlerin, die es geschafft hat, der über Nacht elternlosen Kindheit zu entwachsen und erwachsen zu werden. Angela Merkel. Niemand hätte es ausgerechnet ihr zugetraut. Als bei den ersten freien Wahlen der Demokratische Aufbruch, zu dem sie gehörte, mit der Stasivergangenheit ihres Vorsitzenden Wolfgang Schnur unterging, schien auch sie am Ende, bevor sie angefangen hatte. Der gute Mensch de Maizière gab ihr eine Chance, stellte sie als stellvertretende Pressereferentin in seinem Kabinett der Ahnungslosen ein. Vor allem optisch war Kohls späteres Mädchen für alles noch ein erdiges Kind des protestantischen Ostens, im märkischen Sand verankert mit beiden Beinen. Die steckten in Jesuslatschen, der evangelischen Version von Birkenstock. Vor dem Abflug zu den Zwei-plus-Vier-Gesprächen in Moskau, in denen es um Deutschlands Zukunft ging, bat Lothar de Maizière sie darum, sich feste Schuhe zu kaufen, denn so könne man nicht mal in Moskau auftreten.

De Maizière war dank seiner Abstammung von den Hugenotten, dank seines von Musik und Kunst geprägten Lebenslaufes, trotz DDR-Vergangenheit der klassische Vertreter des deutschen Bildungsbürgertums, weshalb er dem Kleinbürger Kohl verdächtig war. Zwar von Nutzen, weil es in Zeiten des Umbruchs Leute geben musste, die das Alte kannten, das jetzt verschwinden sollte. Aber danach werden Figuren wie de Maizière nicht mehr gebraucht. Das ist keinesfalls eine Kohl-typische Gemeinheit, das ist im politischen Geschäft ganz normal. Geschichten vom Aufstieg und vom Fall, vom Tag zuvor und vom Tag danach, sind seit Gründung der Westrepublik alltäglich, aber woher sollten die aus dem Osten solche Abläufe kennen? Warum Kohl seinen Kollegen Ost so behandelte, wie er ihn behandelte, hat der deshalb lange nicht begriffen. Es konnte ja nicht nur, dachte de Maizière in seiner Naivität, daran liegen, dass er Bratsche spielen konnte und der andere nur auf dem Klavier der Macht.

Oder lag es vielleicht doch daran? Ein bestimmter Moment an einem bestimmten Tag taucht aus seiner Erinnerung auf. Sommerfest des Kanzlers in Bonn. Auch die ostdeutschen Parteifreunde sind eingeladen. Der Dirigent des Orchesters, das im Park aufspielt, hat sich eine Überraschung ausgedacht. Lothar de Maizière zeigt, was der andere in der ersten Reihe nicht kann. Er spielt als Solist im Ensemble mit. Denkt sich nichts weiter dabei, als danach der Applaus ihm gilt, dem kleinen Mann von drüben, Helmut Kohl als freundlich gemeinte Geste sein Instrument hinzustrecken. Versteinerte Miene bei dem. So vorgeführt zu werden habe ihr Mann nicht so gern, flüstert ihm wenig später Hannelore Kohl zu, es gibt nur einen, den er immer gern im Mittelpunkt sieht, sich selbst.

Sie schreibt dem verstörten de Maizière ihre Privatnummer auf und versichert ihm, er könne sie bei auftretenden Problemen immer anrufen, dann würde sie mit ihrem Mann auf ihre Art reden. »Hannelore Kohl war eine kluge, eine warmherzige Frau«, sagt de Maizière voller Respekt.

Wolfgang Schäuble, mit dem sich de Maizière duzt, wie mit Gregor Gysi oder dem Sozialdemokraten Richard Schröder, hat ihm später mal erklärt, warum der Mann mit der Bratsche so gut ins Kohlsche Feindbild passte. Erstens mag der ehemalige Einheitskanzler keine Intellektuellen, und zweitens misstraut er allen, die ihren Aufstieg nicht ihm zu verdanken hatten, weil er von denen keine entsprechende Gegenleistung einfordern kann.

Angela Merkel hat es geschafft, sich aus dieser Dankbarkeitsfalle zu befreien, ausgerechnet ihr, der Frau aus dem Osten, ist es im Laufe ihres Aufstiegs gelungen, alle aus dem Weg nach oben zu räumen, denen sie zum Dank verpflichtet gewesen wäre, aus welchen Gründen auch immer – Kohl, Schäuble, Merz und eben auch Lothar de Maizière. Ohne den wäre sie damals nach ihrer Wahlniederlage in der Versenkung verschwunden, der Mecklenburgischen Seenplatte.

Ihre männermordende Strategie bewundern auch die Männer, die sie mit deren Waffen geschlagen hat. Michael Glos von der CSU, auch einer, dem Ironie nicht fremd ist, hat bei einem Abendessen im Kreise von Parteifreunden seine Bewunderung in eine rhetorische Frage gekleidet: »Na, Angela, wer ist als Nächster fällig?«, und als sie darüber gar nicht lachen konnte, hat er sich köstlich amüsiert.

Lothar de Maizière grinst. Der letzte DDR-Ministerpräsident, der für seinen Halbjahresjob nicht mal einen Versorgungsanspruch hat, denn für eine Versorgung reichen die paar Monate im Amt nun mal nicht aus, kann sich posthum ganz einfach erklären, was ihm einst unerklärlich und undurchschaubar schien. Ja doch, er grinst, er lächelt nicht nur, er grinst. De Maizière ist das Talent gegeben, die Welt ironisch zu betrachten. Damals hatte er einfach keine Zeit für Ironie, und nur deshalb hielten ihn die Herren der veröffentlichten Meinung für einen grauen Aktenfresser, eine fleischgewordene Übergangslösung.

Ironie ist eigentlich nur bestimmten Wessis eigen. Der Ossi an sich, immer noch unverstanden, inzwischen fast ohne Ruinen, misstraut ihr, weil er diese wortspielerische Kunst nicht versteht. Auch das verbindet Lothar de Maizière mit Gregor Gysi. Er erinnert sich voller diebischer Freude an Szenen in der damaligen Hauptstadt Bonn und die bösen, mordlüsternen Blicke seiner Parteifreunde, wenn er sich mit dem roten Ostler in aller Öffentlichkeit zum Mittagessen in der Kantine des Bundestages traf.

Die ungleichen befreundeten Juristen hatten sich nach der Wende bei allem Streit, den es geben müsste, darauf geeinigt, sich niemals persönlich zu attackieren. Die erlebten Gemeinsamkeiten aus dem untergegangenen System sind stärker als die neuen Frontlinien. Beide waren keine Helden. Beiden wurde vorgeworfen, aber nie bewiesen, als IM bei der Stasi tätig gewesen zu sein, der eine unter dem Decknamen Czerny, der andere unter dem Decknamen Notar. Beide nützten ihre Freiräume aus, verteidigten Kriegsdienstverweigerer und engagierten sich für Ausreisewillige.

Der eine fühlte sich auf dem Podium wohl, wenn er die Bratsche spielen durfte, der andere, sobald er ein Mikrophon sah. Eine Frage der Veranlagung, also noch nicht symptomatisch. Biografisch aber wurzeln sie in Welten, die unterschiedlicher nicht sein könnten. Der christdemokratische Orchestermusiker, der aus gesundheitlichen Gründen seinen Berufswunsch Bratschist begraben musste und Anwalt wurde – aktives Mitglied der evangelischen Kirche. Der sozialistische Jurist, behütet aufgewachsen in der einstigen Nomenklatur, Sohn des staatstragenden Kulturministers Klaus Gysi – ein intellektuell wendiger Volkstribun, Mitglied der SED, die jetzt PDS hieß.

Zweieinhalb Monate lang hatte der künftige Ministerpräsident der DDR nach dem Sturz der Diktatur als Minister für Kirchenfragen und Stellvertreter von Hans Modrow in dessen eher auf Zuruf – wer ist gerade frei, wer hat Zeit, wer will mitmachen? – entstandenem Kabinett Erkenntnisse gesammelt. Das waren die einzigen politischen Erfahrungen, die er vorweisen konnte, als sie ihn zur Spitzenkandidatur für die CDU drängten, zur Symbolfigur einer konservativen Allianz aufbauten, die bei den ersten freien Wahlen den Sieg holen sollte. Ging damals ja noch nicht, dass ein Westdeutscher im Osten antrat, denn noch gab es ja zwei Staaten deutscher Nation.

Voller Gewissheit, dass der Kelch des Sieges an ihm vorübergehen würde, rechnete sich der kleine Mann mit der großen Brille, hinter der sich staunend aufgerissene Augen verbargen, keine Chance aus. Die Sozialdemokraten, denen Freund Richard Schröder angehörte, galten als Favoriten. Im Wahlkampf stand de Maizière zwar neben dem großen Schwarzen Riesen auf verlorenem Posten, was seine Zuversicht auf ein baldiges Ende dieser Laufbahn noch nährte, doch er konnte nicht ahnen, dass in Kohls Schatten bei dieser einen Wahl jeder gewonnen hätte. Sogar ein Schattenmann. Freute sich stattdessen auf den Tag nach der Wahl, an dem er wieder seinen Geschäften nachgehen konnte als Anwalt und seinen Neigungen als Bratschist.

Die Freude über seinen Sieg am 18. März ist also gedämpft und seine Laune getrübt, als es so spät nachts klingelt. Die Stimmung bessert sich, als er Gysis Stimme erkennt. Er bittet Gregor nach oben, froh über einen Gesinnungs-Genossen, der seine zwiespältigen Gefühle verstehen würde. Sie trinken und rauchen. Gysi sagt es so wörtlich nicht, aber sinngemäß stimmt seine Bemerkung überein mit dem Satz vom Mönchlein, das einen schweren Gang gehe.

Abt Lothar geht seinen Gang am anderen Morgen um halb sieben Uhr. Er empfindet es nicht als Fortschritt. Draußen ist es noch dunkel. Ein Fahrer holt ihn ab und bringt ihn ins Büro. In den nächsten sieben Monaten bis zum Tag der Deutschen Einheit, da Helmut Kohl ihm die Bürde wieder abnehmen wird, sollte das der Rhythmus seiner Tage sein: Abfahrt halb sieben Uhr morgens. Beginn der so genannten Kleinen Lage mit allen Ministern um acht Uhr. Rückkehr nach Hause so gegen halb zwei Uhr nachts. Nie reicht ein Tag für sein Tagwerk. So entsteht der Eindruck, dass es alles ein einziger Tag ist, der einfach nie endet.

Weil viele von seinen Ministern, egal nun, wie ihr Titel lautet, keine Ahnung haben von dem, was in den Vorlagen ihres jeweiligen Ministeriums steht, geschweige denn verstehen, welche weitreichenden Folgen ihre Unterschriften haben könnten, übernimmt ihr von preußischem Pflichtgefühl geprägter Chef auch deren Lasten. Sitzt deshalb auch nachts an seinem Schreibtisch und frisst kettenrauchend Akten in sich hinein. »Das wurde erst dann ein wenig besser, als mir mein Referent gelbe Zettel reinlegte, damit ich nicht alles lesen musste.«

Insgesamt werden es 769 Kabinettsvorlagen sein, die DDR-Ministerpräsident Lothar de Maizière in seiner Amtszeit zwischen dem 12. April 1990, an dem er von der Volkskammer gewählt wird, und seinem letzten Tag, der am 3. Oktober eingeläutet wird, bearbeitet. »Wir konnten ja nicht einfach nur die alten aufheben, ohne neue zu haben«, sagt er lakonisch.

Im Sommer seines Missvergnügens hat er sich täglich wenigstens eine Stunde Pause gegönnt, während die anderen zum Essen gingen. Jeden Mittag zwischen dreizehn und vierzehn Uhr zog sich der Chef zurück und übte auf seiner Bratsche, weil er Justus Frantz versprochen hatte, beim Schleswig-Holstein-Musikfestival aufzutreten, und weil er dort den Osten und sich nicht blamieren wollte. Lothar de Maizière fand Trost in der Musik und in der Gewissheit, dass Brahms in Hamburg auch nicht schöner gespielt wurde als in Berlin, wo er mit seinen Notenblättern saß. Er ist in der neueren Geschichte wahrscheinlich der einzige Staatschef, der sich zur Entspannung Händel oder Bach oder Brahms oder Haydn auf der Bratsche verordnete und sie im Zentrum der Macht selbst spielte.

Was er täglich erlebte, war ein einziger Tag danach ohne Atempause. Einmal kam der einst für den innerdeutschen Handel zuständige Gerhard Beil mit Unterlagen vorbei, in denen die Waffen aufgelistet waren, die das Ministerium für Staatssicherheit einst an die bewaffneten Werktätigen verteilt hatte. Stückzahl um die 250 000. In den offiziellen Sammelstellen, eingerichtet seit Dezember 1989, waren aber nur 120000 abgegeben worden. De Maizière wusste nicht, ob die gehortet wurden für einen möglicherweise geplanten bewaffneten Aufstand oder nur als ostalgische Erinnerung an frühere Zeiten. Er hoffte Letzteres. Seine Hoffnung hat sich erfüllt, wie man heute weiß.

An einem anderen Tag ließ er alle Bürgermeister und Gemeindevorsteher und Landräte nach Berlin kommen, ins ehemalige Haus der Ministerien, in dem bald die Treuhand beginnen sollte, die DDR abzuwickeln. Wieder trieben ihn Sorgen wegen möglicher Unruhen. In der DDR wurden am 15. jeden Monats Löhne und Gehälter ausbezahlt. Die ersten Überweisungen aus Bonn jedoch würden erst am Ende des Monats eintreffen. Also musste gehandelt werden. Der Ministerpräsident übergab jedem Amtsinhaber einen Barscheck, den der vor Ort einlösen konnte, um seine kommunalen Angestellten und Beamten wie gewohnt bezahlen zu können. In der folgenden kurzen Nacht schlief er noch schlechter als sonst. Am Tag danach gab es Entwarnung, keiner von denen »hatte sich mit dem Geld aus dem Staub gemacht«.

Als Lothar de Maizière am Morgen nach der ersten freien Wahl seinen Marathonlauf begann, wog er fünfundsechzig Kilo. Als er ihn beenden darf, am Tag danach, bringt er noch zweiundfünfzig Kilo auf die Waage. Diät Deutschland. An diesem Tag liegt er im Bett. Der Hausarzt diagnostiziert totale Erschöpfung, Herzbeschwerden, verordnet absolute Ruhe. De Maizière denkt in seiner Verzweiflung sogar an Selbstmord. Was der überzeugte Christ natürlich nie gemacht hätte, aber die Gedanken, die sind nun mal da. Er bleibt liegen, denn er kann eh nicht auftreten, weil die angelaufene Blase an seinem Fuß so groß geworden ist und blutig. Was wiederum daran lag, dass ihn seine Frau überredet hatte, anlässlich der Feierlichkeiten zur deutschen Einheit am 3. Oktober neue Schuhe zu kaufen, um den Osten würdig zu vertreten.

Eigentlich hätte er sich befreit fühlen müssen, das gibt er zu, aber da er nirgends hingehen muss und auch nirgends hingehen kann, grübelt er vor sich hin. Zum ersten Mal seit März hat er

Zeit, nachzudenken über seine Entscheidungen, statt im Minutentakt Entscheidungen treffen zu müssen.

Also denkt er darüber nach, was er wohl alles falsch gemacht haben könnte und ob er wirklich alles getan hat, um seine Landsleute auf das vorzubereiten, was jetzt auf sie zukam, und ob er vielleicht den Einigungsvertrag hätte besser verhandeln müssen und ob er sich über den Tisch hat ziehen lassen?

Sein Freund Richard Schröder kommt am Tag danach vorbei und bringt einen handfesten Trost mit. Der hängt seitdem über dem Bett von Lothar de Maizière, und wenn er abends schlafen geht, sieht er ihn. Es ist der alte DDR-Verdienstorden, und Richard hat ihm den aus Jux verliehen für seine Verdienste um die neue DDR, bis sie tags zuvor im vereinten Deutschland aufgegangen war.

Der Orden aber erinnert ihn täglich auch an seine größte Dummheit. Dass er am Tag danach nicht sofort zurückging in sein altes Leben, sondern als Minister ohne Portefeuille bei Kohl anfing, bis er endgültig im September 1991 die politische Bühne verließ, weil er nichts mehr zu sagen hatte. Die Westler, sagt er, haben nicht gesiegt, die sind übrig geblieben. Seit er das als Fakt akzeptiert hat, geht es ihm gut. Inzwischen hat Lothar de Maizière wieder sein altes Gewicht.

Nine Eleven

Marius Müller-Westernhagen. Draußen schwingt sich der Nachmittag noch einmal hinauf zur Sonne, drinnen dämmert er schon abendträge vor sich hin. Auf einem schweren Tisch liegen Zeitschriften und Bücher. Eine Flasche Wasser steht zwischen zwei Ausgaben von »Vanity Fair« und einem Fotoband von Karl Lagerfeld. Der Mann mir gegenüber – schlaksig, kein Gramm Fett zu viel, kurzhaarig – trägt Jeans und Turnschuhe. An den Wänden hängen junge wie alte Meister. Der Flügel füllt den Raum vor dem Fenster.

Man könnte sich auf diese Art dem Mann mit der Brille Schritt für Schritt annähern, indem man, Augen geöffnet, durch sein Haus geht. Man könnte Zimmer um Zimmer, Möbel für Möbel beschreiben und die Bilder an der Wand sowieso. Man könnte am Schluss einer derartigen Begehung die helle Küche durchqueren und sich anschließend mit ihm über die Steinstufen in den Schatten unter die Bäume flüchten.

Könnte man, denn all das Gute liegt ziemlich nah.

Aber ich könnte auch in die Ferne schweifen, ohne vom Sofa aufstehen zu müssen. Meine Augen vor dem Start einmal kurz schließen, sie zur Landung wieder öffnen und danach für einen Moment den Hausherrn mir gegenüber aus dem Bild verschwinden lassen. Jetzt erinnern mich die hohen Räume und das Ambiente an einstige Besuche bei besseren Kreisen im Dakota oder anderen altehrwürdigen Wolkenkratzern am Central Park in New York. Hohe Räume. Wertvolle Möbel. Sommerhitze auf Terrassen. Aussicht über Dächer statt Einblick in Gärten.

Die Bücher, die dort auf den Tischen lagen, gehörten zur Gattung der *coffeetable books*. Neben ihnen ruhten zeitlose Hefte von »Vanity Fair« und natürlich die aktuellen Ausgaben des »New Yorker«. Was in New York gelesen wurde, wie in New York gelebt wurde, was in New York erfunden wurde, was in New York passierte, war schon immer wesentlich für die Weltbühne. »New York war und ist die einzige Stadt, in der ich so leben könnte wie in London oder wie hier«, sagt Marius Müller-Westernhagen, und nach diesem Satz bin ich wieder in Hamburg.

Weil der Blick über Manhattan seit dem 12. September 2001, New Yorks kollektivem Tag danach, ungebrochen in die Ferne geht, nicht mehr hängen bleibt an zwei bestimmten Türmen, hat sich im fernen Harvestehude auch das Leben von Marius Müller-Westernhagen geändert. Am Tag zuvor, dem seitdem historischen *nine eleven*, am Tag, an dem Terroristen zwei Jets ins World Trade Center jagten, am Tag, an dem fast dreitausend Menschen in den kollabierenden Riesen ihr Leben verloren, am Tag, an dem eine schwarze Wolke über Manhattan hing, hatte sich der Sänger wegen einer Zerrung zur Behandlung beim Arzt angemeldet. Ein Passagierflugzeug sei ins World Trade Center in New York gerast, sagte ihm der Sportmediziner, der ihn untersuchte. Das habe er soeben als Eilmeldung in den Nachrichten gehört, ein schreckliches Unglück.

Es ist kurz nach drei Uhr nachmittags an diesem Dienstag, dem 11. September 2001, als Marius Müller-Westernhagen die Praxis verlässt. Unten im Auto wartet seine Frau auf ihn, Romney. Sie hat das Radio angeschaltet und sitzt da »wie erstarrt, wie traumatisiert«. Um 8.46 Uhr lokaler Zeit in New York war ein Flugzeug in den Nordturm des World Trade Center gerast, ein zweites bohrte sich siebzehn Minuten später in den Südturm. Da konnte man ahnen, dass kein schrecklicher Unfall war, was da geschah, sondern ein Attentat. Bald wird man es nicht nur ahnen, sondern wissen: ein Anschlag gegen die USA.

Aber weil der in New York geschah, der Weltstadt, war es gleichzeitig einer gegen den Rest der westlichen Welt. Die berühmte hymnische Songzeile von Frank Sinatra, *If I can make it there, I'll make it anywhere*, hatte plötzlich auch eine andere Bedeutung bekommen, eine ganz bittere.

Dass Marius Müller-Westernhagen so genau noch weiß, wie spät es war, als er wieder ins Auto stieg, und was er danach gemacht hat, ist an sich noch nicht bemerkenswert. Alle wissen, was sie gerade gemacht haben und wo sie waren und mit wem, als in New York das Unvorstellbare passierte. Dass alle wussten, wo sie gerade waren und was sie machten, war zuletzt im November 1963 passiert, als John F. Kennedy erschossen wurde, und ja, doch, alle Deutschen könnte man fragen, wo sie waren, als im November 1989 die Mauer fiel. Doch der Fall der Mauern am 11. September 2001 in New York erschütterte die Welt.

Die beiden Türme, die in den nächsten eindreiviertel Stunden zusammenbrechen würden, hatte Romney Müller-Westernhagen, die am Hudson zu Hause war, wachsen sehen, als sie gebaut wurden. Ihre Familie wohnte in Brooklyn Heights. Die fertigen Wahrzeichen ihrer Stadt konnte sie später täglich auch beim Blick aus dem Fenster betrachten – wie die Bewohner der Park Avenue auch, nur eben von einer anderen Seite – und jeden Morgen, wenn sie sich aufmachte in die Schule. Sie gehörten zu ihrem Weltbild.

Wie Millionen Menschen auf der ganzen Welt – außer denen von New York, die nach oben schauten statt auf Bildschirme – verhielt sich der Mensch Westernhagen am Tag des Attentats. Zurück in seinem Haus machte er den Fernsehapparat an. Die nächsten zehn Stunden informierten sich seine Frau und er hauptsächlich über den Sender CNN, versuchten immer wieder trotz überlasteter und gestörter Telefonleitungen, Romneys Eltern in New York zu erreichen.

Beide blieben so fassungslos wie nach den ersten Meldungen im Radio, denn sie konnten einfach nicht begreifen, was sie da sahen: »Es war wie im Kino. Es war unwirklich wie in einem dieser lächerlichen Katastrophenfilme«, erinnert sich Müller-Westernhagen. Was ihm zunächst wie ein aufregender Film vorgekommen war, bei dem er immer dann seine Fassung verloren hatte, als ihm bewusst wurde, dass er keine gestellten, sondern echte Bilder sah, bestimmte von nun an sein Leben. Die Bilder und die Geräusche von *nine eleven* ist er seitdem nicht losgeworden. Er wird sie nie mehr loswerden. Er will sie nie mehr loswerden. Wenn ein Flugzeug über dem Dach fliegt, unter dem er mit seiner Frau wohnt, wenn der Wind so steht, dass dessen Motorenlärm tiefer und damit bedrohlich näher klingt als sonst bei einschwebenden Flugzeugen Richtung Airport Hamburg, dann hat Marius Müller-Westernhagen sofort das Geräusch des Flugzeuges im Kopf, das sich in den Südturm in New York bohrt. Das Geräusch ist gespeichert und löst Bilder aus.

Auch das geht nicht nur ihm so.

Die Bewohner des Global Village erlebten gemeinsam und live eine Katastrophe. Einige freuten sich darüber, was wiederum live im Fernsehen zu sehen war, allerdings wurde der Jubel nur ein einziges Mal gezeigt. Die meisten Menschen waren geschockt. Das Jahrtausend, das auf der ganzen Welt hoffnungsvoll begrüßt worden war, begann neu, diesmal im Zeichen des Bösen. Dieses Böse hatte fortan einen Namen – Osama bin Laden.

Marius Müller-Westernhagen ist sich heute nicht mehr sicher, ob er spontan an Bin Laden dachte, als ihm der Arzt schilderte, was gerade in New York passierte. Er weiß nicht mehr genau, ob er vielleicht sogar laut gedacht hat, also den Namen Osama bin Laden ausgesprochen hat, der am Tag nach *nine eleven* als eine Art Doktor Mabuse des 21. Jahrhunderts galt und gilt. Bis zu diesem Tag war er eher eine unheimliche Figur aus einer anderen Welt, mit der ein Rockstar aus Deutschland nichts zu tun hatte. Weit weg irgendwo in Afghanistan oder Pakistan oder weiß der Teufel wo noch trieb der sich rum und führte seinen Al-Quaida-Krieg gegen den angeblich großen Satan USA. In den Nachrichten aus unserer Welt schaffte er es nie in die Top News.

Aber auf einmal »war er in unserer Welt. Denn New York gehörte zu uns. Und New York war nah.« Mensch Marius wird diesen Tag nie vergessen, aber andere Menschen bestimmt auch nicht.

Was macht gerade seine Erinnerung so besonders?

Am Tag danach wachte er auf und wusste, es hatte sich auch für ihn etwas Grundsätzliches getan. Er blinzelt hinter seiner Brille und sucht nach unverbrauchten Worten, aber die zu finden ist verdammt schwer, wie man weiß, wenn es um die Schilderung von Gefühlen geht. Eine Selbstreinigung habe stattgefunden, meint er, doch wie er das konkret meint, wird er erklären müssen. Schließlich umschreibt er in zögerlichen Sätzen, immer nach dem passenden Wort greifend, um sich ja bloß nicht in den üblichen Klischees zu verlieren – erschüttert, betroffen, traurig –, seine Stimmung so: »Ich hatte das Gefühl, als ob ein Vorhang weggezogen worden sei, der mir den Blick verstellt hatte auf das, was wirklich wichtig war im Leben und nicht nur scheinbar wichtig. Am Tag danach konnte ich klarer sehen und Konturen erkennen. Ich wusste, dass sich mein Leben ändern würde.«

Ein ähnliches Gefühl von einem Wendepunkt hatte er zuletzt empfunden, als sein Vater gestorben war. Damals war Marius vierzehn Jahre alt. Das Bild, wie der Sarg in die Grube versenkt wurde, wird er nie vergessen – so wenig wie die Bilder der aus den Türmen des World Trade Center stürzenden Menschen, fotografiert und gefilmt, losgelöst von aller irdischen Last in die Ewigkeit fliegend. Dass es so nicht war, dass es kein freiwilliges Loslassen war, sondern ein schrecklicher Fall in die Tiefe, weiß er sehr wohl. Das Geräusch auf der Straße aufschlagender Körper, das zu hören war in den TV-Dokumentationen viele Monate nach diesem Tag, wird er nicht mehr los.

Der Sänger wird in einem Text für eine neue Platte dieses Bild, das er nie mehr vergessen wird, übersetzen in ein Sprachbild. In das der fallenden Seelen. Diese Platte ist anders als seine anderen, sie ist nach *nine eleven* entstanden. Die Lieder sind dunkler. Die Texte härter. Er stellt Fragen. Gibt keine Antworten mehr. Ein

Künstler wie er hat bessere Chancen als normale Menschen, sich von dem zu befreien, was ihn bedrückt. Für die CD »In den Wahnsinn« schrieb Marius Müller-Westernhagen deshalb ein Jahr danach ein Lied – »*Leg mir Rosen auf mein Grab*« – über das, was er in der Nacht zum zwölften September gesehen und damals noch nicht begriffen hatte. »Ich habe sie fallen sehen / dreitausendmal / all die verlorenen Seelen / dreitausendmal / Ich bin mit dir geflogen / dreitausendmal / apokalyptisch schön / dreitausendmal.«

Da waren sie, bei ihm sanft gelandet statt hart aufgeschlagen, die fliegenden Körper aus seinen anderen Träumen. Die Seelen der Getöteten.

Damals in Düsseldorf war der Tod zwar nah, aber gleichzeitig fern. Schließlich war er noch ganz jung, als er seinen Vater verlor. Jetzt, am Tag danach, am 12. September 2001, war ihm der Tod ganz nah, weil der Junge erwachsen und dreiundfünfzig Jahre alt war, und wenn er an das Sterben dachte, dann nicht mehr nur an das von anderen, sondern auch an das eigene. Er war gezwungen, sich mit dem Tod auseinander zu setzen, weil der plötzlich so dicht an ihn gerückt war, zwar nicht auf den Leib, aber eben in die Seele.

In größeren Worten ausgedrückt, die er aber nicht als groß verstanden wissen will, war es die Erkenntnis, dass nichts zählt von dem, was sich auszahlt – Ruhm, Erfolg, Reichtum. Dass es in Wahrheit unwesentlich ist, auf welchem Platz der Charts eine neue Platte steht. Dass es unwichtig ist, wie hoch deren Verkaufszahlen sind. Man darf nicht nur nehmen, man muss auch geben, sagt er. Keine besonders überraschende Erkenntnis. Die steht schon in der Bibel.

Marius Müller-Westernhagen nimmt das Glas Wasser, bevor es abrutscht vom Buch, trinkt einen Schluck, setzt das Glas wieder ab und sagt: »Ich fühlte mich nicht nur wie erschlagen, das auch, aber gleichzeitig bestätigt. Weil es so falsch nicht war, wie ich bisher mein Leben gelebt hatte.«

Damit meint er, dass er stets rechtzeitig aufhörte zu trinken, bevor er besoffen wurde von der eigenen Bedeutung, dass er sich niemals für einen Halbgott im Rockstadion gehalten habe, obwohl ihn Hunderttausende seiner Fans wie einen Abgott feierten. Dafür hat er eine Erklärung. Die stammt aus seiner Vergangenheit. Aus Düsseldorf. Als Kind des Theaters hatte er schon früh erfahren, schon früh gelernt, dass in dem Moment, wenn der Vorhang fällt, das ganz normale Leben wieder beginnen muss und auch dann beginnen wird, wenn sich die Mimen gerade noch gegenseitig versichern, wie hintergründig sie die Rolle des Zwerges angelegt hätten, wie toll sie sind. Dass alle, die Bühne und Alltag verwechseln, dafür zahlen müssen.

Insofern war sein Tag danach eine Bestätigung für seine Tage zuvor. Er glaubt von sich, bisher einigermaßen normal und anständig durchs Leben gegangen zu sein, die richtigen Arschlöcher als richtige Arschlöcher bezeichnet zu haben und sich selbst nie so aufgeführt zu haben wie die. Aber er begann, »noch bewusster zu leben als bisher, mich noch mehr als bisher auf das zu konzentrieren, was wesentlich war«.

Zunächst war er allerdings nur demotiviert. Er benutzt genau dieses Wort: demotiviert. Er war nicht in der Verfassung, Texte zu schreiben und Songs zu basteln und Lieder zu singen oder gar zu träumen. Ohne Träume aber rockt nichts. Damals begann er, sich vom Rockstar Marius Müller-Westernhagen zu entfernen – nicht zu verabschieden, sondern sich weiterzuentwickeln zu einem Künstler. Jetzt ließe sich leicht hinschreiben: hin zum Gesamtkunstwerk, aber das würde beinhalten, dass er selbst sich dafür hält.

Darüber könnte er lachen.

Was damals geschah, ist nie vorbei, ist nie Geschichte, denn die Erinnerung wird an jedem *nine eleven* neu beginnen. Auch die Geschichte des Marius Müller-Westernhagen, angestoßen durch den 11. September 2001, ist nicht vorbei mit seinem Tag danach.

Nach und nach weicht das Entsetzen, entstehen aus der Erstarrung neue Gedanken. Keine von Rache und keine von Hass, denn das bedeutete, die Terroristen hätten tatsächlich gesiegt und nicht nur einmal aus dem Hinterhalt heraus eine Schlacht gewonnen. Er kann ihnen nicht verzeihen, aber ihre Motive erklären.

Offensichtlich gab es Menschen auf dieser Welt, denen es »egal war, ob sie sterben würden für ihre Ideen, die nicht zu kaufen waren, die keine Angst hatten vor dem, was mit ihnen geschehen würde«. Weil sie sowieso keine Zukunft für sich und ihre Kinder sahen, beispielsweise in den palästinensischen Flüchtlingslagern, war ihre Verzweiflung stärker als jede Furcht. Sie hatten nichts zu verlieren, und deshalb hatten sie auch kein Mitleid mit denen, denen sie wiederum alles nahmen. »Mir war bald klar, dass es ein Irrweg sein würde, und so einer wurde es denn ja auch, wie wir heute wissen, Krieg zu führen gegen gewisse so genannte böse Staaten oder getreu den Regeln des Kapitalismus zu verfahren und ein Kopfgeld auszusetzen auf deren Anführer, weil ja ein jeder käuflich sein würde.«

So lautet seine politische Analyse nach dem Ereignis und angesichts der Ereignisse danach. Er verachtet die amerikanische Regierung dafür, dass sie die Katastrophe benutzt hat, kaum dass sie geschehen war, um Politik zu machen. Denn wie die Bush-Administration als Folge des 11. September 2001 die Welt nach ihren Vorstellungen veränderte oder verändern wollte – Afghanistan, Irak – war schlimmer als das eigentliche Ereignis von New York. »Diese Arroganz der Macht kotzt mich an. Man wagt es ja drüben kaum noch, etwas gegen Bushs kriegerischen Patriotismus zu sagen, haben mir Freunde aus Connecticut erzählt, weil man sofort als Vaterlandsverräter abgestempelt wird.«

Das kam ihm aus deutscher Vergangenheit irgendwie bekannt vor. »Bush und seine Leute haben die Katastrophe kühl für ihre Zwecke ausgenutzt. Haben sofort die Chance gesehen, endlich eine offene Rechnung zu begleichen. Die mit Saddam Hussein.« Das vermutet er nicht nur, das hat er gelesen, beispielsweise in den Büchern von Bob Woodward, beispielsweise in den Artikeln von Seymour Hersh im »New Yorker«.

Die Folgen sind bekannt. Täglich in den Nachrichten werden sie gezeigt, die Autobomben und Selbstmordattentate aus dem Irak, täglich wächst die Zahl im Namen der Freiheit und im Namen von Bush gefallener GIs. Die Chance für einen neuen Anfang ist vertan worden. Aber an welchen möglichen Beginn hat er denn geglaubt? Wieder zögert er, denn er wird eingestehen müssen, wie blauäugig er war. »In meiner Naivität träumte ich davon, dass diese apokalyptische Katastrophe die Menschen zwingen würde, sich weltweit wie eine Nation zu fühlen und das zu bekämpfen, was Menschen zu Terroristen verkümmern lässt – Ungerechtigkeit, Hoffnungslosigkeit, Armut, Hunger.«

Die Amerikaner aber wollten Rache für den Angriff auf ihre Identität. Denn die beiden Türme in New York waren nicht irgendwelche Türme, es waren Symbole. Und New York war nicht irgendeine Stadt, es war *die* Stadt. Sie wollten ihre Toten rächen. Die eigentlichen Täter im Cockpit der entführten Flugzeuge waren verbrannt wie ihre Opfer. Aber die Hintermänner, die sollten bestraft werden. Mit allen Mitteln der Macht.

Marius Müller-Westernhagen hatte sich in der Sicherheit der westlichen Welt geborgen geglaubt, aufgehoben gefühlt. Diese Sicherheit war weg, und sie war weg für immer. Die islamistischen Terroristen schienen in der Lage zu sein, überall zu bomben und zu töten und zu zerstören. Sie differenzierten nicht. Sie lebten wie die in Leeds, in Birmingham scheinbar friedlich als Nachbarn nebenan. Der verhasste Westen konnte in New York erschüttert werden, aber auch in Saudi-Arabien, in Madrid, in London, in Amsterdam. Nichts und niemand würde jemals wieder vor ihnen sicher sein können. Dieses Urgefühl der Sicherheit war weggebombt. Solange nicht die Ursachen für den Hass beseitigt waren und die verurteilt, die ihn predigen, Allahs Namen missbrauchend, würde der Hass schwelen und immer wieder explodieren. In Ausbrüchen von Gewalt, in Zerstörung und in Mord.

Der ferne Tod wurde für Müller-Westernhagen zum nahen, zum ständigen Begleiter. Nicht etwa, dass er in Depressionen verfiele: »Es hatte sogar etwas Positives, was mit mir passierte, weil ich gezwungen war, mich der Konfrontation zu stellen. Es ist im Vergleich zu dem, was auf der Welt sonst so geschieht, doch zum Beispiel völlig egal, ob wir selbst achtzig werden oder neunzig.«

In New York fand er drei Jahre nach dem Attentat seinen inneren Frieden wieder. Er fuhr zu Ground Zero, dem Platz in Manhattan, an dem einst die Türme standen. Freunde seiner Frau hatten ihm erzählt, dass es zwei Jahre lang ein dunkler Ort der Trauer gewesen ist. Deshalb hatte er Angst vor der Atmosphäre dort, fürchtete sich vor dem, was er spüren würde, dem Tod.

So war es tatsächlich. Der Tod war spürbar, er war nicht zu leugnen, er war nicht zu verdrängen – und doch war er ganz anders als in seiner ängstlichen Vorstellung. Er bedrohte ihn nicht. »Es herrschte eine fast heitere, eine versöhnliche Atmosphäre, wie auf einem von Licht durchfluteten Friedhof mitten in der Stadt, mitten im Leben.«

Der 12. September 2001 ist für Marius Müller-Westernhagen der Tag, der sein Leben veränderte. Weil er sah, wie an *nine eleven* Tausende ihr Leben verloren, das sie wenige Stunden zuvor als selbstverständlich, als ein ihnen zustehendes Recht betrachtet hatten, begriff er die eigene Sterblichkeit.

Klingt ihm zu pathetisch. Okay. Sagen wir es eben anders:

Er nimmt das Leben seitdem nicht mehr hin, er nimmt es täglich an. Als Chance und als Herausforderung.

Die Abgestürzte

Hannamaria Neuberg. Sie hat sich in den Jahren danach immer wieder gefragt, was um Gottes willen sie bewogen haben mag, an einem Samstagmorgen um halb neun Uhr, obwohl es gerade anfing zu regnen, die Fenster zu putzen. Von außen ausgerechnet auch noch, angesichts der grauen Wolken erst recht widersinnig – und auch noch ausgerechnet dieses Fenster im Arbeitszimmer ihres verstorbenen Mannes. Nach seinem Tod, der da schon drei Monate zurücklag, hatte sie diesen Raum nur ein einziges Mal betreten, weil sie im Schreibtisch nach Dokumenten suchte. Danach blieb die Tür geschlossen, das Zimmer wurde nicht mehr benutzt. Es hatte seine Funktion verloren, nachdem der tot war, der es benutzt hatte. Ihre Wohnung in der Hardenbergstraße, großzügiges Berliner Hochparterre, war schon geräumig genug, als sie noch zu zweit darin wohnten, und war es jetzt, da sie alleine war, erst recht.

Es gab wirklich keinen Grund, in diesem Zimmer das Fenster zu säubern. Später würde sie hilflos nach Erklärungen suchen, doch alle klangen nicht überzeugend. Zum Beispiel, dass sie am Montag nach diesem Wochenende mit einem neuen Job beginnen sollte, den sie bekommen hatte, obwohl sie bereits einundsechzig Jahre alt war, dann keine Zeit mehr gehabt hätte, die Wohnung zu putzen. Also habe sie es eben an diesem Samstag getan. Und warum dann ausgerechnet im ehemaligen Arbeitszimmer ihres Mannes stehend, im offenen Fenster zum Hof?

Keine Antwort.

Als sie darüber nachdachte, konnte sie nicht mal mehr mit den Achseln zucken, denn da lag sie mit eingefallenem Gesicht und zur Regungslosigkeit verurteilt in einem Hospital für besondere Unfälle.

Was um halb neun Uhr morgens an jenem Herbstmorgen passierte, lässt sich nicht erklären, aber rekonstruieren. Hannamaria Neuberg, eine kleine Person, kletterte auf das breite Sims, suchte einen festen Standpunkt, indem sie sich im Fensterkreuz festhielt, Rücken zum Hinterhof, Blickrichtung ins Zimmer. Sie nahm einen feuchten Lappen, rieb auf der geöffneten rechten Fensterscheibe an einem Fleck, den man kaum sah, beugte sich ein wenig zur Seite, um bessere Sicht zu haben, verlor dabei den Halt und stürzte zwei Meter in die Tiefe auf eine Betontreppe, die in den Keller führte.

So begann der Tag, an dem sie aus dem Leben fiel.

Dass sie dabei buchstäblich ins Nichts fiel, entsprach ihrem Zustand.

Aber der Reihe nach.

19. Januar 2001. Am Abend dieses Tages hatte ihr Mann, ein schwerer, lebenslustiger Brocken von einem Kerl, zwei Jahre älter als sie, aber sich seit seinem sechzigsten Lebensjahr fortan für neunundfünfzig erklärend, beiläufig mitgeteilt, als sei er nach der Uhrzeit gefragt worden, dass er sterben müsse. Sie kann die Szene beschreiben wie den Schluss eines Theaterstücks, bevor der Vorhang fällt, wie ein Bild, das man nie mehr aus dem Kopf bekommt. »Er kam nach Hause, legte seine Aktentasche und seinen Laptop auf den Schreibtisch, drehte sich um zu mir und sagte: ›Das war's dann. Ich habe noch ein Vierteljahr zu leben.‹« Es wurde immerhin ein halbes Jahr daraus, aber die Prognose, keine Chance mehr zu haben gegen den Tod, die stimmte.

Dass es mehr sein musste als irgendeine Zerrung, die sich nur langsam löste, das ahnte er schon, als er sich entschloss, in eine Spezialklinik nach Wiesbaden zu fliegen. Monatelang hatte er Schmerzen im linken Oberschenkel verspürt, und weder Spritzen noch Massagen hatten ihm geholfen. Ein Bänderriss, lautete die Diagnose eines Orthopäden an der Charité, den er schließlich aufsuchte, vielleicht auch nur ein nicht erkannter Muskelfaserriss, den er sich bei einem verunglückten Abschlag auf dem Golfplatz zugezogen hatte oder beim Skilaufen in den österreichischen Alpen. Der Arzt empfahl eine Kernspintomographie.

Er hätte dafür nicht nach Wiesbaden fahren müssen, weil auch in Berlin die modernsten Geräte standen, aber Dieter Neuberg zog Wiesbaden vor, weil in Frankfurt seine Geliebte lebte. Doch das erfuhr seine Frau erst nach seinem Tod und auch, dass er außerdem noch zwei weitere Freundinnen hatte, eine in Berlin, eine in München.

Keiner ihrer gemeinsamen Freunde ahnte etwas von Dieter Neubergs Doppelleben und auch keiner von den gemeinsamen Freunden, die mehr ihm als ihr zuneigten. Er war der stets Fröhlichkeit verbreitende Trinkfeste, sie mehr die Ernsthafte, die Nachdenkliche, die Introvertierte. Bei offiziellen Anlässen – Sommerfeste auf dem Land, Konfirmation seines Sohnes, Restaurantbesuche mit befreundeten Ehepaaren – kam er ganz selbstverständlich mit ihr. In der Rückschau fiel auf, aber auch das erst, als Stück für Stück seine anderen Leben bekannt wurden, dass er sie zwar einbezog in Gespräche und Diskussionen, aber immer großen Wert darauf legte, das letzte Wort für sich zu behalten.

Dass er eher ein Macho denn ein Softie war, erklärte man aus seinem konservativen Weltbild, in dem klar definiert war, was oben war und was unten und welche Rolle zum Beispiel in einer Familie der Mann zu erfüllen hatte und welche die Frau.

Die Neubergs galten unter diesen Voraussetzungen, manche würden sagen: unter diesen Einschränkungen, als glückliches Ehepaar. Das empfanden auch die so, die mit den beiden Urlaub machten. In jedem Winter fuhr Neuberg mit seiner Frau und seinem Sohn und anderen befreundeten Familien nach Österreich zum Skilaufen. Schon seit zwanzig Jahren in dieselbe Pension nach Obergurgl, alle gemeinsam mit dem Zug. In den drei Abteilen, die sie während der Reise von Berlin nach München besetzt hielten, ging es stets fröhlich zu, bis die mitgebrachten Rotweinflaschen endlich geleert waren und die Nacht sich dem Morgen zuneigte.

Seit 1990 besaß die Familie Neuberg neben ihrer Wohnung in Berlin auch ein Bauernhaus in der Uckermark, mit dem Auto in einer Stunde erreichbar. Häuser dieser Art und in der Lage waren nach der Wende günstig zu bekommen. Seinen Posten als Vorstand einer großen Baufirma hatte Dieter Neuberg zwar verloren, aber der Verlust war verbunden gewesen mit einem Millionengewinn, der Abfindung. Seitdem handelte er auf Provisionsbasis mit Immobilien, die nötigen Kontakte hatte er sich während seines Berufslebens geschaffen. Allgemein galt er in seinen Kreisen als Millionär.

Dass er einen Smart auf Leasingbasis fuhr statt des üblichen großen Mercedes, hielten alle für eine Marotte. In Wirklichkeit war der Kleinwagen bitternötig. Die Geschäfte liefen gut, wie er immer wieder betonte, aber dies war gelogen, und er war längst pleite. Niemand ahnte das.

Am wenigsten seine Frau.

Am Abend, an dem er ihr wie nebenbei sagte, dass er nur noch ein Vierteljahr zu leben haben würde, kam er aus jener berühmten Klinik in Wiesbaden. Die medizinische Inspektion in Berlin, der er sich regelmäßig unterzog, hatte keinen Befund ergeben, nur die Ermahnung des Internisten, mal ein paar Kilo abzunehmen und stressfreier zu leben. Weil die konsultierten Ärzte in Berlin die Ursachen seiner Beschwerden nicht gefunden hatten und er es satt hatte, sich täglich beim Gehen zu quälen, ohne zu wissen, woher die Schmerzen kamen, war er zu den Spezialisten geflogen.

Von denen ließ er sich nach allen Regeln der ärztlichen Kunst untersuchen, angeschlossen an die entsprechenden Apparate der modernen Medizin. Abends war er nach Frankfurt zu seiner Geliebten gefahren und hatte die Nacht bei ihr verbracht, war am nächsten Tag nach Wiesbaden zurückgekehrt, um die Ergebnisse entgegenzunehmen. Es ging ihm zwar da besonders schlecht mit dem Bein, doch das führte er auf eine falsche Bewegung bei den

Bewegungen der Nacht zurück, und als er daran dachte, musste er lächeln, und es tat ihm gleich nicht mehr so weh.

Das Lächeln verging ihm. Nach der Unterredung in Wiesbaden wusste Dieter Neuberg, warum er dauernd diese Schmerzen hatte. Die Diagnose lautete auf Knochenkrebs, und das in einem Stadium, das jede Chance auf Heilung ausschloss. Die Computertomographie hatte ergeben, dass Krebsgeschwüre große Löcher in das Knochengerüst des linken Oberschenkels gefressen hatten. Die waren deutlich zu sehen auf den Röntgenbildern. Außerdem schienen die Knochenplatten bereits so dünn, dass sich jederzeit, beispielsweise nach einem Sturz im Schnee, einzelne Splitter in seine Adern hätten bohren können und er verblutet wäre, bevor er überhaupt in eine Unfallstation eingeliefert worden wäre.

Er war ein dem Tod Geweihter, und als Dieter Neuberg das erfuhr, hat er nicht etwa die letzte Chance genutzt, mit seiner Frau zu reden, um ihr jetzt, da es bald keine Rolle mehr spielen würde, alles zu beichten, was er ihr bislang sorgsam verschwiegen hatte. Dass kein Geld mehr auf den Konten war, weil die Parallelleben mit drei Geliebten alles verschlungen hatten. Dass er ihr nichts würde hinterlassen können, alle Lebensversicherungen waren längst aufgelöst, sogar das Haus in der Uckermark hatte er beliehen mit einer Hypothek und dafür, wie man nach seinem Tod erfuhr, sogar ihre Unterschrift gefälscht.

Stattdessen blieb er sich treu und wischte die hilflose Reaktion seiner Frau, die in ihrem Schock von einer möglichen Fehldiagnose sprach und sich an diese Hoffnung zu klammern schien, um nicht zu weinen, mit einer Handbewegung weg. »Wie es so seine Art war«, erzählt sie, »das hat er immer so gemacht, wenn er fürchtete, man wolle mit ihm über seine Gefühle reden. Tränen hat er sich nur erlaubt, wenn es bei einem Western sentimental wurde und der Held sterben musste.« Ihr Mann bestand im Gegenteil darauf, dass er bereits am Tag danach, am 20. Januar, seinen Sohn informieren wolle und dass er dies mit ihm unter vier Augen zu tun gedenke. Also ohne sie.

Heute interpretiert sie es so, dass er seinem Tod in die Augen schauen wollte, kühl und scheinbar unerschütterbar, wie er bisher sein Leben gemeistert hatte. Wenn das Bild nicht so schief wäre – denn bald konnte er sich nur noch auf Krücken bewegen –: im aufrechten Gang, zwar schon besiegt, aber noch ungebrochen. In der ihm noch verbleibenden Zeit gewöhnte sich Hannamaria Neuberg an den Tod als Mitbewohner. Sie nahm hin, dass ihr Mann auch jetzt im Angesicht des Todes, um dieses Klischee an dieser passenden Stelle mal zu benutzen, nicht mit ihr sprechen wollte über seine Stimmungen, so wie er während ihrer gemeinsamen Jahre nie über das gesprochen hatte, was ihn wirklich bewegte. Auch jedes Gespräch darüber ablehnte, was von ihm für sie und den Sohn bleiben würde, wenn er gegangen war, also ganz banal, wovon sie leben sollten, wenn er nicht mehr für sie sorgen könnte.

Sie bat Freunde von ihm, mit ihrem Mann darüber zu reden, dass er eine Pflicht habe, seine Angehörigen nicht unversorgt zurückzulassen. Diese Gespräche litten nicht nur darunter, dass er ungern über den Tod sprach, sondern dass er auch denen vormachte, alles sei geordnet, niemand müsse sich sorgen, keiner würde verhungern. Um das zu unterstreichen, ließ er sich sogar noch drei Tage vor seinem tatsächlichen Ende im Krankenhaus Champagner und Kaviar ans Bett bringen, was ihm allerdings schlecht bekam, denn er spuckte bereits nach zehn Minuten alles wieder aus wegen der starken Mittel, die sie ihm am Schluss gegen die Schmerzen verabreicht hatten.

Diese Gespräche, entweder bei ihm zu Hause, er schon gezeichnet von der Chemotherapie und kaum noch als das Mannsbild erkennbar, das die Frauen liebten, abgemagert und glatzköpfig, oder am Krankenbett in der Klinik, waren auch deshalb sinnlos, weil keiner etwas ahnte von seinen Doppelleben und seinen wahren finanziellen Verhältnissen. Selbst wenn er es erzählt hätte – es wäre jetzt zu spät gewesen, noch etwas zu ändern.

Es gab kein Testament. Zwar war er tatsächlich ja bereits über sechzig, aber ein Testament zu machen, sagte er stets lachend, sei einfach unnötig, das hieße doch nur, den Tod auch noch herauszufordern. Mit der üblichen Handbewegung wischte er alle Sorgen und Ängste weg, antwortete allenfalls zynisch, Hannamaria, du wirst schon nicht verhungern. An diesen Satz hat sie oft gedacht, als sich erwies, dass sie zwar nicht verhungern würde, dass ihr aber außer einer Witwenrente von 450 Euro nichts geblieben war.

Als sie das nach seinem Tod erfuhr, als ihr mitgeteilt wurde, dass sämtliche Lebensversicherungen längst aufgelöst worden waren, dass im Gegenteil Schulden auf sie warteten, es besser sei, das Erbe gar nicht erst anzunehmen, als die Bank auch das Bauernhaus in der Uckermark übernahm, weil ihr davon nichts mehr gehörte, und damit ihre letzte Hoffnung schwand, dem Nichts zu entrinnen, war sie wie paralysiert, bewegte sich unter Beruhigungsmitteln wie ein Zombie durch ihre zerstörte, scheinbar so heil gewesene Welt. Bis sie vom Sims fiel.

Gegen die Bevormundung durch ihn, der immer der Stärkere war in ihrer Beziehung, hatte sie sich allerdings nie gewehrt, insofern gibt es in dieser Geschichte keine Schuldlosen. Hannamaria Neuberg beugte sich früh, statt Nein zu sagen zu seinem Wunsch, wobei der eher ein Befehl war, ihren Beruf als Psychologin aufzugeben, als ihr Sohn auf die Welt kam. »Er sagte immer, mein Platz sei jetzt zu Hause, er würde für das nötige Geld sorgen, wie es die Aufgabe eines Mannes in einer Ehe nun mal erfordere.« Schon nach der Geburt war sie eigentlich erpressbar geworden, das war ihr allererster Tag danach. Danach war sie nicht mehr in der Lage, selbst zu bestimmen über das, was sie tun wollte und was nicht. Ihr Mann nützte es aus.

In seinem konservativen Weltbild musste alles seine Ordnung haben. Doch welche Ordnung das konkret zu sein hatte, das bestimmte er. Aus dieser selbst bestimmten Weltordnung leitete er das Recht ab, dass nur er zu entscheiden habe, was gut sei für die Familie und was nicht, doch auch, was gut sei für ihn und nur für ihn. Dass er sie auf Auslandsreisen betrog, ahnte sie wohl. Einmal nur, vor vielen Jahren, hatte sie ihn zur Rede gestellt, doch nach seiner kühlen Antwort hatte sie nie wieder zu fragen gewagt. Nur er würde festlegen, welche Rolle wer in seinem Leben spiele, nur er. Und wenn ihr das nicht passe, dann müsse sie sich scheiden lassen, aber den Sohn, den würde er behalten.

Dem schenkte er seine ganze Liebe. Eine nachgetragene. Eine stellvertretende. Weil Dieter Neuberg ohne Vater aufgewachsen war, weil er sich schon früh in einem Internat hatte durchbeißen müssen, hatte er sich wohl geschworen, alles anders zu machen. Aber das ist nur eine Vermutung, auch darüber sprach er nie. Er fühlte sich nicht nur als der Beschützer eines familiären Biotops, sondern glaubte auch noch daran, richtig zu handeln. Gab seiner Frau, die seinetwegen ihren Beruf aufgegeben hatte, zwar keine Vollmacht über sein Konto, aber wenn sie ihn um Geld bat für ein Kleid oder ein paar Schuhe, kriegte sie es. Wichtig war, dass sie ihn fragte. Wichtig war, dass er die Gunst gewährte.

Ohne zu fragen aber bekam sein Sohn alles, was der Vater einst nicht haben konnte. Er durfte sogar mal mit auf eine Weltreise, sobald er alt genug war, und dass sein Vater dabei nicht nur von ihm, sondern von einer Freundin begleitet wurde, verriet er seiner Mutter nicht. Die verdrängte ihre Ahnung, dass da noch eine Frau mitfuhr, wusste wahrscheinlich sogar, wer es war. Weil sie ihren Sohn aber abgöttisch liebte, sich an ihn klammerte, sich nicht vertreiben lassen wollte aus der Nische scheinbaren Glücks, das ihr Mann nach außen so sorgfältig aufgebaut hatte, schwieg sie und akzeptierte ihren Kummer als den eben zu zahlenden Preis für die Einheit der Familie und ihre gesellschaftliche Stellung als Gattin eines scheinbar Großen.

Die letzten drei Wochen seines Lebens verbrachte der auf der Krebsstation des Krankenhauses. Seine Frau besuchte ihn täglich. Sobald sie heimgefahren war, rief er seine Geliebte in Berlin an. Dann besuchte die ihn. Er gab sich keine Mühe, sie vor den Krankenschwestern und den Ärzten zu verbergen, und wohl deshalb hielt die es auch für selbstverständlich, bei der Trauerfeier nach seinem Tod ein Herz aus roten Rosen an den Sarg zu stellen.

Der Tag nach seinem Tod war für Hannamaria Neuberg ein Tag wie andere, weil sie sich bereits mit dem Ende abgefunden hatte. Der Sterbende sprach nicht von ihrer Zukunft ohne ihn, sondern von der gemeinsamen Vergangenheit, die es in zweisamer Nähe ja auch gab, die letzte am Jahreswechsel 2000 zu 2001. »Ich hatte mir ein Silvester zu zweit gewünscht. Eine Nacht ohne Trubel und ohne Gäste. Zunächst einen Konzertbesuch am Gendarmenmarkt. Dann ein spätes Abendessen bei Borchardt. Dann einen Spaziergang zum Brandenburger Tor. Da mussten wir aber immer wieder längere Pausen machen, weil ihm sein Bein schon ziemlich wehtat.« Da wusste er ja noch nicht, woher die Schmerzen kamen.

Im Juli 2001 starb Dieter Neuberg. Die letzten Gespräche hatte er mit dem Psychologen des Krankenhauses geführt. Der durfte darüber nicht sprechen, seine Rolle war wie die eines Beichtvaters in der katholischen Kirche, zu der sich Neuberg immer dann bekannte, wenn sich bei ihren Jahrestreffen die ehemaligen Internatsschüler zu wein- und tränenseligen Erinnerungen an ihre Jugend in ihrer ehemaligen Anstalt trafen. Dahin übrigens nahm er stets seine Frau mit und keine seiner Geliebten. Auch an solchen Erinnerungen an die singenden alt gewordenen Männer in der Klosterkirche hielt sie sich fest, als sie in den Tagen nach seinem Tod von seinem zweiten Leben erfuhr und von seinen Geheimnissen. Das spielte jetzt keine Rolle mehr, Untreue über den Tod hinaus gibt es nicht. Aber ein anderer Betrug trieb sie in den Zustand, in dem sie dann an jenem Samstagmorgen aus dem Fenster fiel – dass er sie völlig mittellos zurückgelassen hatte.

Weil sie nicht sofort bewusstlos war, sondern laut vor Schmerzen wimmerte, wurden Nachbarn aufmerksam und riefen Notarzt und Krankenwagen. Andernfalls wäre sie wohl noch auf der Kellertreppe im Hinterhof an ihren schweren Verletzungen, den komplizierten Brüchen im Becken und im Rücken, gestorben. In vielen Operationen retteten Chirurgen zunächst mal ihr Leben. Dann lag sie ein halbes Jahr in einem Gipsbett, anschließend kam sie, wiederum für viele Monate, in eine Reha-Klinik. Inzwischen kann sie sich mit zwei Krücken wieder bewegen, besser wird es nie mehr werden. Ihr Leben hat sich reduziert auf kleine Erfolgserlebnisse: der Tag, an dem sie wieder alleine Kartoffeln schälen konnte, also ihre Arme und Hände bewegen. Der Tag, an dem sie alleine wieder ins Bad gehen konnte. Der Tag, an dem sie zum ersten Mal um die Ecke ging zum Einkauf, was eine Stunde dauerte.

Mal nehmen Freunde sie mit ins Kino, mal in die Oper, mal ins Theater. Sie kann sich nur mit Kleinigkeiten revanchieren, zeigt ihren Schwerbehindertenausweis vor, und dann werden sie überall bevorzugt behandelt. Sie ist nicht mehr wütend auf ihren Mann oder gar von Hass erfüllt. Allerdings empfindet sie auch keine Trauer mehr darüber, dass er tot ist und nicht mehr bei ihr, weil sie sich jetzt nicht mehr verstellen muss und bekennen kann, dass er viele Jahre seines Lebens schon nicht mehr bei ihr gewesen ist.

Deshalb ist das, was passierte, als sie zum ersten Mal seit der Geburt ihres Sohnes wieder auf eigenen Beinen stehen wollte und Geld verdienen musste, ihr Tag danach – der Tag, an dem sie vom Fenstersims stürzte und aus ihrem Leben fiel.

Die gläserne Zelle

Tim Renner. Mitleid ist nicht angebracht. So etwas erwartet er auch nicht, und außerdem hätte er kein Mitleid verdient. Als er seinen Job verlor, hat er schließlich nur an der eigenen Seele erlebt, was andere erlebten, die vor ihm entlassen wurden – und zwar von ihm. Sie sind freigesetzt worden, wie man einen solchen Schlag systemimmanent beschönigend umschreibt, als sei der Verlust ihres Arbeitsplatzes eine einmalige Chance, als würden dadurch bisher verborgene Energien und Talente in ihnen endlich freigesetzt.

Als Tim Renner freigesetzt wurde, fanden deshalb die von ihm Entlassenen zurück zum Glauben, war doch sein Sturz in ihren Augen eine Art von ausgleichender Gerechtigkeit. Im Ergebnis allerdings nicht vergleichbar. Sie mussten sich damit abfinden, er wurde dafür abgefunden.

Später wird er sagen, er habe sich von Universal getrennt, »weil von der Konzernspitze in Übersee nicht begriffen wurde, dass die Musikindustrie der alten Prägung vor sich hinstarb, da die jugendliche Kundschaft nicht mehr bereit war, für CD-Aufnahmen von Stars, egal wie gut deren Songs auch klangen, horrende Preise zu bezahlen«. Dagegen stellte er das Konzept Phonoline – Download von Popmusik aus dem Internet zu günstigen Preisen unter dem Dach der Produktionsfirma.

Doch bevor sich Tim Renner von Universal trennte, hatte sich der einst, als es noch Schallplatten gab, schlicht Plattenfirma genannte Multi von ihm getrennt. In Erklärungen möglicher Ursachen für das Ende einer Managerkarriere – branchenübergreifend üblich in Maschinenbau, Telekommunikation, Medien, Lebensmittel – geht es im Falle solcher Fälle nur noch um die Lufthoheit über den Schreibtischen derer, die solche Ereignisse kommentieren.

Was effiziente Kommunikation betrifft, war Tim Renner dank seiner guten Kontakte schneller als die toughen Jungs von der nun anderen Seite. Bevor die Sieger ihre Sicht der abgelaufenen Ereignisse schildern konnten, mussten sie seine Version des Zerwürfnisses ausführlich im »Spiegel« und vorab als Meldung in der »Süddeutschen Zeitung« lesen. Er hatte sie ein letztes Mal vorgeführt. Tim Renner, der von Bord vertriebene Lotse, stand in der Öffentlichkeit da als letzter Häuptling deutscher Rockindianer, der sich gegen Forderungen der großen weißen Männer aus Los Angeles und London gestemmt hatte. Die wollten ihn, so las es sich, deshalb loswerden, weil es ihm mehr um Musik ging als nur um Money, weil er Renditen statt Künstler zu fördern nicht als das einzige Ziel betrachtete.

Deren gezielt gestreutes Gerücht wiederum, Renner sei von ihnen verabschiedet worden, weil er es abgelehnt habe, seine Lebensgefährtin Petra Husemann zu entlassen, die das von ihm einst erfundene und höchst erfolgreiche Alternativlabel Motor Music leitete, wurde als billige Nachtreterei betrachtet.

Klang allerdings tatsächlich scheinheilig und verlogen, ihr Hinweis auf die hehre goldene Branchenregel, private Verbindungen im Geschäft seien nicht erlaubt, um jedweden Anschein von Korruption zu vermeiden. Das Thema Bestechungen in der Haifischbranche Musik ist in den USA so alt wie die Branche selbst, und der Deutsche Tim Renner ist in diesem Zusammenhang ein Unschuldslamm.

In Wahrheit wollten die Großmuftis vom damaligen Mutterkonzern Vivendi andere Saiten aufziehen. Alle bisherigen Investitionen in nationale Künstler um die Hälfte kürzen, in dem Fall traf es die deutschen, und sich stattdessen lieber auf international vermarktbare so genannte Superstars konzentrieren. Was zur Folge gehabt hätte, dass Renner, der ja gerade deswegen so erfolgreich war, weil er deutsche Rocktalente früher erkannte als die Konkurrenz, ein Manager wie jeder andere geworden wäre, nicht mehr entscheiden könnte, was er nachweisbar besser konnte als andere – Musiktrends zu erspüren, zu erhören, in ihre Protagonisten zu investieren, bis die ganz oben angekommen sind und die Investitionen goldene Renditen abwerfen. So war es geschehen mit Rammstein und Rosenstolz, Element of Crime und Die Ärzte, Helge Schneider und Sportfreunde Stiller.

Der mitleidlose Eingangssatz dagegen, man müsse kein Mitleid mit dem vierzigjährigen großen Jungen haben, der so gar nicht nach Macht aussieht und nach Manager, kann begründet werden. Was am 8. Dezember 2003 Tim Renner geschah, damals bereits fünf Jahre Chef von Universal Deutschland, war vielen Mitarbeiten der Firma schon zuvor geschehen, angekündigt vielleicht mit *Sorry, we don't need you anymore,* wir brauchen dich nicht mehr, denn in diesem Business duzen sich alle und sprechen englisch, weil das als cool gilt. Täter hören sich deshalb manchmal wie Opfer an, wechseln so schnell die Seiten und die Rollen, dass sie manchmal kaum noch zu unterscheiden sind, haben vergessen, woher sie kamen und was sie einst taten, bevor ihnen was getan wird.

Beim Universal-Umzug von Hamburg nach Berlin hat Tim Renner Hunderten das angetan, was jetzt ihm angetan wird. Sein Bekenntnis, notiert ein Jahr danach in seinem programmatischen Buch über Krise und Chancen der Musikindustrie »Kinder, der Tod ist gar nicht so schlimm!«, er habe als Ziel, als Traum stets einen Konzern im Auge gehabt, der »menschlich ist, eine Plattenfirma, die sich gegenüber Mitarbeitern und Künstlern verantwortlich zeigt, die große Emotionen produziert und verkauft«, hätte bei den damals Entlassenen nur bitteren Hohn ausgelöst.

Aber er hat es erst ausgesprochen, als er schreibend verarbeitete, warum es ihm ausgesprochen schlecht ging, veröffentlicht zwölf Monate nach seiner eigenen Entlassung. Er hat kein Mitleid verdient, und »um Gottes willen» will er auch keins. Einen solchen Eindruck zu vermitteln wäre ihm höchst peinlich, wenn er von seinem Tag danach erzählt.

Der hatte für ihn in einer furchtbaren Nacht vor dem eigentlichen Tag der Entscheidung begonnen, jenem 8. Dezember 2003. »Weil ich schon ahnte, was am nächsten Tag auf mich zukommen würde, ging es mir beschissen.« Im Wortsinne beschissen. Er musste sich erbrechen, er saß dort, wo jeder am liebsten ganz allein ist. Es lag nicht an irgendeiner verdorbenen Speise, sondern an unverdauten seelischen Problemen. Existenzängste waren ihm auf Magen und Darm geschlagen, was einigermaßen befremdlich scheint, denn sein Vertrag mit Universal hatte noch eine seiner Position angemessen lange Laufzeit, würde ausbezahlt werden müssen, außerdem war er seit siebzehneinhalb Jahren in der Firma und galt in seiner Branche als German Wunderkind, um das sich sofort alle reißen würden im Falle einer Freisetzung.

Wenn Renner rückblickend nach einer Erklärung für seinen Zustand in dieser Nacht sucht, findet er die in seiner Kindheit. Sein Vater habe einige Firmen »an die Wand gefahren«, was die lakonische Umschreibung des Sohnes für verschiedene Pleiten ist. So wechselte die Umgebung für den kleinen Tim von einer Zwanzig-Zimmer-Villa in Berlin Schritt für Schritt über ein Reihenhaus bis zu einer Drei-Zimmer-Wohnung eines Hamburger Vororts. Das vergaß er nie, so was sollte ihm nie passieren, womit Renner auch begründet, weshalb er in seiner Berufslaufbahn »von Anfang an eine feste Anstellung anstrebte. Sicherheit also statt Freiheit«.

Er fing 1986 bei Polydor an, wie die Firma hieß, bevor sie in der Universal aufging. Damals war er einundzwanzig Jahre alt, hatte nach dem Abitur ein Praktikum als Journalist absolviert, verstand nichts von Betriebswirtschaft, aber viel von Musik. Eigentlich hatte er undercover, dem Vorbild des damals berühmten Reporters Günter Wallraff folgend, der sich bei »Bild« eingeschlichen und deren Praktiken aufgedeckt hatte, bei Polydor finstere Machenschaften enthüllen wollen. Ob es die wirklich oder nur in seinen Träumen gab, erfuhr er nie, denn was die angeblichen Finsterlinge ihm anboten, eine Stellung als Produktmanager, war spannender als im vermeintlichen Dreck zu wühlen.

Weil er dank seines Gespürs schnelle Erfolge vorweisen konnte, durfte er bald die von ihm entdeckten schrägen Deutschrocker im eigenen Label Motor Music unter dem Dach der Firma fördern. Er hatte außerdem keine Vorgesetzten im üblichen Sinne, denn »mein Wissen war nicht teilbar, und deshalb redete mir keiner rein ins Geschäft, solange ich es erfolgreich betrieb«. Manager Renner war zwar in erster Linie ein Fan der Musik, die er einkaufte, aber weil sich die gut verkaufte, stieg er mit ihr gemeinsam in den Charts auf zum jüngsten deutschen Plattenboss.

Wieder ist eine Einschränkung nötig, die aber nicht nur für Tim Renner gilt, sondern für alle, die sich in ihrem Job ganz nach oben gearbeitet haben. Wer es dahin geschafft hat, kann das nicht geschafft haben, ohne sich in ganz bestimmten Situationen wie eine Sau verhalten zu haben, also der Position angemessen, was zurück ins Menschliche übersetzt bedeutet: kalt und hart und gemein. Das gilt für graublau gewandete Manager der aktenkofferigen Art und trotz lockerer Kleidung selbstverständlich auch für den Universal-Chef, der zwar in seinem Büro, um sich zu entspannen, ab und zu an entsprechenden Apparaten den Discjockey gab – aber nichtsdestotrotz die Gesetze akzeptierte, die in seiner Gehaltsklasse galten. Von wegen der Mensch als Mittelpunkt. In Wirklichkeit der Mensch als Mittel. Punkt.

Mag sein, dass man die Texte der von Renner und Co. vermarkteten Musik für bare Münze nimmt und sich deshalb in denen täuscht, die damit ihr Geld verdienten. Renner war und ist der stets freundliche Junge, den schon früher, als die Sonne noch über ihm schien, bei Events nur die erkannten, die ihn schon kannten – obwohl er der Gastgeber war zum Beispiel bei jener bombastischen Party der Universal anlässlich des Umzugs nach Berlin. Er wirkt wie ein Träumer, der das Staunen noch nicht verlernt hat. Aber auch das täuscht.

Am Morgen nach jener durchwachsenen und durchwachten Nacht schlich er sich zwar in sein Office, eine Art gläsernen Kasten, der von allen Seiten einsehbar war (was sich hier als wortspielerisches Synonym für Glaspalast, Glaskäfig, Glashaus liest, wird noch eine ganz konkrete Rolle spielen in der Geschichte über Tim Renner), doch es ging »mir augenscheinlich und für alle deutlich sichtbar so elend, dass mir meine Sekretärin nahe legte, wieder nach Hause zu fahren und mich hinzulegen. Was aber nicht machbar war, denn der zum Gespräch an diesem Montagnachmittag avisierte Europachef von Universal befand sich bereits im Flugzeug auf dem Weg von London nach Berlin.«

Vor diesem Treffen wollte sich Renner nicht drücken, obwohl er seit den kontroversen Budgetgesprächen einige Wochen zuvor ahnte, was auf ihn zukommen würde, auch wusste, dass der im Anflug befindliche Big Boss außerdem weitere Termine für diesen Tag verabredet hatte mit zwei leitenden Untergebenen des amtierenden Universal-Chefs, wahrscheinlich deshalb, um die in seine neue internationale Strategie einzubinden, falls Dear Tim Krach schlagen und einen Aufstand inszenieren würde. Das alles hatte sich Renner in der Nacht zuvor in allen Einzelheiten ausgemalt und schon mal vorbeugend alles ausgekotzt.

Also blieb er in seinem Glaskasten und wartete, bis sein Henker eintraf, den er so selbstverständlich duzte wie der ihn. Das Gespräch dauerte eine Dreiviertelstunde, beiden war schnell bewusst, dass es keine gemeinsame Basis mehr gab, dass es vorbei war, weil beide von ihren Positionen nicht abrückten. Der eine dachte national, der andere global, der eine wich von seiner Linie nicht ab, der andere wollte seine nicht überschreiten. Beide aber beherrschten ihr Mienenspiel und taten so, als sei es nur ein nettes Geplauder unter Freunden, denn sie wussten, dass sie durch die gläsernen Wände des Chefbüros beobachtet wurden. Einig waren sie sich nur in einem: Stillschweigen zu bewahren so lange, bis alles geregelt sein würde, was in solchen Fällen eines Falles zu regeln war. Vertragsauflösung. Gemeinsames Kommuniqué. Abfindung.

Renner begleitete seinen Gegenspieler zu den anderen *appointments*, wie man das in ihrer Sprache nannte, damit auch die dort Wartenden keinen Verdacht schöpften, dass hier irgendetwas nicht stimmen könnte, sondern alles für ganz normales Business hielten und den Besuch für eine nette Aufmerksamkeit kurz vor Weihnachten. Er ging mit ihm zum Abendessen, nahm allerdings nur ein leichtes Rührei zu sich wegen seines Zustandes, fragte sogar den anderen nach dessen Erfahrungen, also wie es ihm ergangen war, als er einst, in vergleichbarer Position wie Renner bei Universal, von Sony gefeuert wurde.

Früher als normalerweise kam Renner nach Hause, was seine ältere Tochter Viktoria freute, weil er ihr noch bei den Matheaufgaben helfen konnte. »Erst als die im Bett war, erzählte ich alles meiner Frau Petra. Dass meine Strategie, Marktlücken zu finden und daraus Märkte zu entwickeln, nicht mehr passte zur Strategie, die vom Europamanager vorgegeben wurde, sich zu konzentrieren auf bereits vorhandene Markenzeichen Pop.« Petra Husemann übrigens wurde wenige Wochen nach dem Abgang ihres Mannes mitgeteilt, siehe oben, *sorry, we don't need you anymore.*

Gläserne Zeiten. Am nächsten Morgen wieder der Weg ins Büro. Wieder die Pflicht, sich nichts anmerken zu lassen. Wieder im Glaskäfig den Blicken ausgesetzt. Dass er keine Termine wahrnahm, konnte er seiner Assistentin leicht vermitteln, denn Renner sah noch ziemlich elend aus. Was sie auf die noch nicht überstandene akute Magenverstimmung zurückführte, denn von seiner seelischen Stimmung ahnte sie nichts. Ihr Boss lud zunächst seine persönlichen Dateien vom Hauscomputer Universal auf den eigenen PC. Dann begann er, um sich zu beschäftigen, denn wichtige Entscheidungen wollte er nun denn doch nicht mehr treffen, die verschiedenen Abschiedsbriefe an Wegbegleiter zu entwerfen und zu speichern, die er verschicken wollte, sobald sein Sturz in einer Pressekonferenz offiziell werden würde. Per Knopfdruck, also per E-Mail, und auf jeden Fall schneller im Netz als die Erklärungen der anderen.

Unter den Adressaten, die Renner persönlich anschrieb, waren mehr Musiker als Manager, mehr leidenschaftliche Visionäre, zu denen er immer noch gehörte, als leidenschaftslose Wertschöpfer, die ebenso gut Nähmaschinen hätten verkaufen können wie Musik.

Bis kurz vor Weihnachten ging er täglich ins Büro und tat so, als sei alles wie immer, business as usual. Er schlief zwar schlecht, weil er sich täglich verstellen musste, aber keiner merkte etwas. An Weihnachten sagte er es seiner Mutter, vorsichtig die Worte wählend, um sie nicht zu erschrecken, stellte jedoch schnell fest, dass sie das gar nicht so schlimm fand. Sie hatte sich viel mehr vor dem Moment gefürchtet, da ihr Sohn und mit ihm Familie und Enkel beim nächsten Karriereschritt nach Los Angeles ziehen würden oder nach New York, also weit weg von ihr. So würden sie ihr nah bleiben. Das ist gut so.

Danach wurde Viktoria eingeweiht. Sie war das erste Familienmitglied im Rennerclan, das weinte. Nicht etwa aus Angst vor einer ungewissen Zukunft, sondern weil sie sogleich an das für sie wichtige Detail dachte, an einen ganz eigenen Verlust. Bald würde es vorbei sein mit den neuen CDs ihrer liebsten Stars, die Papa aus der Firma mitbrachte. Der beruhigte sie, er versprach ihr, alle zu kaufen, die sie sich wünschte. So viel Geld wird immer da sein. Doch würde ihr Idol Jeanette Biedermann trotzdem noch anrufen? Aber ja doch, Kind. In der Tat rief die an, als sein Rausschmiss öffentlich wurde, und nicht nur sie, auch andere Künstler meldeten sich.

Renner erzählt das ohne Emotionen. Ihm ist klar, denn er kennt die Branche, dass die meisten sich keineswegs aus Solidarität bei ihm meldeten, sondern weil sie davon ausgingen, er würde bald erneut an entscheidender Stelle irgendwo ganz oben sitzen, also für sie ein wichtiger Mann bleiben. Ähnlich wie sein Counterpart Thomas Stein bei BMG, der kurz nach Renner seinen Job verlor, der für eine weiß Gott andere Musik stand, aber aus ähnlichen Gründen von einem coolen Manager gefeuert wurde. Im neuen Jahr dann hatte Renner, dessen letzter Tag der 31. Januar 2004 sein sollte, von dem vorgetäuschten Spiel, alles sei normal, die Schnauze voll. Man einigte sich darauf, in einer Pressekonferenz am 15. Januar die Trennung öffentlich zu machen. Mit seinen Mitarbeitern, die er mittags von der bevorstehenden Entlassung unterrichtete, feierte er am 14. Januar abends eine Abschiedsparty oben unterm Dach des Universal-Gebäudes. Zu dessen Eröffnung waren einst die Politprominenz der Stadt und die der Republik erschienen. Renner lästerte gern über Bands wie BAP und Scorpions, weil deren Musik der »Soundtrack der aktuellen Sozialdemokratie« sei, aber wenn Scorpions-Fan Gerhard Schröder um Unterstützung seiner Politik in der Öffentlichkeit bat, gehörte Tim Renner zu den üblichen Verdächtigen, die solche Aufrufe unterschrieben.

Anschließend ging Renner mit seinen engsten Vertrauten in eine der angesagten Diskotheken Berlins, wo der Meister, was er ebenfalls besser konnte als die meisten, den Discjockey gab und die richtige Musik zum traurigen Fest auflegte. Die Nacht dauerte bis zum Morgen, seine Verfassung war ihm ziemlich egal, die anberaumte Pressekonferenz ließ ihn kalt, denn seine Version der Trennung lief bereits über Spiegel online, ein paar Tage später, am Montag darauf, würde sie ausführlich im »Spiegel« nachzulesen sein.

Geweint allerdings hat er auch. Das war beim letzten Auftritt auf seiner gewohnten Universal-Bühne. Tim Renner stand am Rednerpult, das Manuskript für seine Abschiedsworte lag vor ihm, er blickte tapfer in vierhundert, fünfhundert Gesichter. In der ersten Reihe saßen seine Sekretärin und seine Assistentin, und die schluchzten. »Da versagte mir die Stimme, die selbst verordnete coole Haltung hielt nicht mehr. Ich kämpfte gegen Tränen, konnte mich nicht konzentrieren auf das, was vor mir lag, und sprach deshalb frei.« Während er davon erzählt, werden seine Augen feucht. Seine wahren Gefühle ruhen dicht unter der gelassenen Oberfläche. Bei Gelegenheit brechen sie auf.

Am Ende seiner Karriere war er heimatlos, denn sein gesamtes Berufsleben hatte Renner in der Firma verbracht, die er jetzt verließ. Erst einmal Flucht zu einem Freund nach Husum, um sich an der Nordsee durchpusten zu lassen, danach packte er seine Sachen und gönnte sich eine Weltreise, ganz allein, ohne Familie, auf sich selbst zurückgeworfen. Erst China, dann nach Südamerika, dann wieder Richtung Europa. Jeden Tag legte er sich und seinen Nächsten Rechenschaft ab über seine Gefühle und Stimmungen, schickte sie abends per E-Mail nach Hause. Auf dem Rückflug wurde ihm wieder schlecht, so wie in jener Nacht vor dem Morgen, dem der Tag danach folgte. Er wusste, die selbst verordnete Auszeit war zu Ende. Er war frei, aber genau das hatte er ja nie sein wollen.

Es gab für ihn drei Möglichkeiten. Wunden lecken und trauern und auf Rache sinnen und von der Abfindung leben. Oder sich erneut einfangen lassen von einem Konzern mit allem, was dann wieder auf ihn zukommen würde – Konferenzen, Kalkulationen, Kostenkontrolle. Oder mit dem ihm überlassenen Labelnamen Motor Music und seiner Abfindung als Basis etwas Neues wagen. Jung genug für das Risiko, neununddreißig, war er schließlich.

Tim Renner entschied sich für die große Freiheit. Seit 1. Februar 2005, genauer seit 18.48 Uhr an jenem Dienstag ist sein privater Sender Radio Motor FM in Berlin zu hören. Alle dort vorgestellten Titel, genannt alternative Popmusik, werden den Zuhörern auch per Internet zum Downloaden angeboten. Das System: revolutionär.

Vom anderen System, das ihn ausgespuckt hatte, dessen Teil er fast achtzehn Jahre lang war, will er nichts mehr wissen. »Mein Tag danach beginnt jeden Tag neu.« Weil das nicht das Ende war, sondern der Anfang.

Der Brief nach Bergamo

Maria Rosskopf. Vielleicht sollte die Sechsundachtzigjährige mit den grauen Haaren in einem ganz bestimmten Kapitel deutscher Geschichte wenigstens mit einer Fußnote erwähnt werden, aber außer ihr sind alle Beteiligten tot, die über die Sache Auskunft geben könnten. Sie weiß auch nichts Genaues. Manchmal schwankt sie zwar, ob es etwa Verrat war, was sie begangen hat, oder ob sie stolz sein soll darauf, dass ohne sie jenes Kapitel über die letzten Wochen im Leben Adolf Hitlers ein anderes Ende gefunden hätte.

So viel allerdings steht fest: Ihr Part in dieser Geschichte war auf jeden Fall kein reiner Zufall. Maria Rosskopf selbst ahnte zwar, was ein paar Zeilen ausgelöst haben könnten, die sie im Januar 1945 an ihren Verlobten nach Bergamo schrieb. Aber ob deshalb ein ganz bestimmter Tag, von dessen Hintergründen und Folgen sie erst dreißig Jahre danach erfuhr, auch ihr Tag danach gewesen ist, das weiß sie nicht.

Von Anfang an:

Im Oktober 1944 wird die fünfundzwanzigjährige Maria Rosskopf aus den Stammwerken des Flugzeugbauers Junkers im sächsischen Dessau, wo sie in der Verwaltung tätig ist, nach Pocking auf den Fliegerhorst geschickt. Die Tochter eines bayerischen Bierbrauers, die jünger aussieht, als sie tatsächlich ist, soll dort in einer geheimen Außenstelle von Junkers als Bürokraft arbeiten. Sie ist erleichtert über die Versetzung, denn Dessau ist Nacht für Nacht wegen der Flugzeugwerke und ihrer militärischen Bedeutung das Ziel feindlicher Angriffe.

In der Gegend um Pocking gibt es keine Industrie, und deshalb hatte es da bisher auch nie Bombardierungen gegeben. Die 1400-Einwohner-Kleinstadt, zwischen Braunau und Passau gelegen, ist nichts weiter als ein Fleck in der Landschaft. Wo hätten die alliierten Piloten ihre tödliche Fracht hier abwerfen sollen, etwa auf Bauernhöfe oder auf das Dorfgasthaus oder auf die Kirche? Zum Ende des Krieges finden die Angreifer in München, eine knappe Flugstunde entfernt, lohnendere Ziele, und selbst da müssen sie keine Gegenwehr mehr fürchten.

Vom Rüstungsministerium des allmächtigen Albert Speer, Prototyp des Schreibtischtäters, war mal geplant worden, aus dem stillen Ort eine laute Garnisonsstadt zu machen, aber diese Pläne waren Makulatur, als endlich der Zusammenbruch des Dritten Reiches begann. Pocking blieb ein Name auf der Landkarte. Doch weil es wegen des kleinen Fliegerhorsts eine geeignete Landebahn und einen großen Hangar gab, wurde von den Nazis genau dieser Ort ausgewählt für die verdeckte Operation Ju 290. Ju steht als Abkürzung für die Flugzeugwerke Junkers, die Zahl 290 für den Typ. Ihr Aktionsradius betrug sechstausend Kilometer, getrieben von vier Motoren mit je 1800 PS erreichte sie eine Geschwindigkeit von bis zu fünfhundert Kilometer pro Stunde, und außer der Besatzung im Cockpit waren bei Einsätzen noch zehn MG-Schützen an Bord, darunter je einer am Bug und am Heck der Maschine. Stolz nannten die Konstrukteure ihre für die Fernaufklärung gedachte Entwicklung eine fliegende Festung.

Diese technischen Einzelheiten sind wichtig, um zu verstehen, warum sich die Ju 290 von bisher bekannten Typen unterschied, warum Maria Rosskopf wie alle Beschäftigten im Fliegerhorst Pocking in ihrem Ausweis den Vermerk stehen hatte, dass sie im Auftrag des Führers tätig sei. So erzählt sie es. Mag sein, dass die genaue Formulierung des Eintrags etwas anders lautete, aber das ist unwesentlich. Wichtig ist nur die Tatsache, dass es um ein geheimes Projekt ging und dass sie ein Rädchen war in der Maschinerie, die das Projekt betrieb.

Mit einer Ju 290 sollte Hitler und ein paar seiner Getreuen, die nach einem Sieg der Alliierten für ihre Verbrechen ganz sicher würden büßen müssen, die Flucht ermöglicht werden. An den Endsieg glaubte außer dem Diktator keiner mehr. Das Ende war nahe. Aufzuklären in der Ferne gab es nichts, weil der von den Deutschen einst in die Ferne getragene Krieg in die nahe Heimat zurückgekehrt war.

Drei Maschinen dieses Typs ließ Hermann Göring, der noch zwei Jahre zuvor getönt hatte, er wolle Meier heißen, falls je ein feindliches Flugzeug in deutschen Luftraum eindringe, in die Einöde nach Pocking überführen. Aus Dessau waren Mechaniker abkommandiert, um sie aufzurüsten. Begonnen hatten sie ihre Tätigkeit an der für Hitler persönlich vorgesehenen Maschine. Zwölf Millimeter starke Panzerplatten verstärkten die Außenhaut, in die Fensterluken wurde fünf Millimeter dickes, schusssicheres Glas eingesetzt.

Damit nicht genug. Chefpilot General Hans Bauer hatte befohlen, für seinen von ihm geliebten Führer zusätzliche Sicherheiten in dessen Sitz einzubauen. Einen Fallschirm für alle Fälle. In Gefahr und Not müsste Hitler nur an einem roten Hebel ziehen, danach würden sich unter ihm zwei Klappen öffnen, und er könnte so seinen Sturz aus den Wolken selbst bestimmen. Getestet wurde das alles mit einer Puppe. Es funktionierte.

Da Bauer, bis zu seinem Tod 1976 im Glauben an die Ideologie der Nazis trotz zehnjähriger Gefangenschaft in der Sowjetunion unerschüttert, bei einzelnen Testflügen immer wieder feststellte, dass wegen der Umbauten die Statik noch nicht stimmte, und in den Hangar nur ein einziger der drei Ju-Fernaufklärer passte, zog sich der Umbau hin. Auch die neue Innenausstattung kostete Zeit, denn laut Anweisung von oben sollten Sitze und Wände mit grünem Leder bezogen werden.

Das alles bekommt Maria Rosskopf aus nächster Nähe mit, ein Blick aus dem Fenster ihres Büros genügt, aber sie interessiert sich nicht für die Technik, sondern für ein Nebenprodukt des Umbaus. Aus abfallenden Resten der grünen Polsterung nähen sie und die vier anderen jungen Mädchen, die in der Verwaltung dienstverpflichtet sind, kleine Lederarmbänder und lassen die von einer ortsansässigen Putzfrau, die bei ihnen und auf einem Landgut in der Nähe sauber macht, rausschmuggeln und eintauschen gegen einen Laib Brot oder ein Stück Butter.

Sie und ihre Freundinnen dürfen das Gelände nur mit einer Sondergenehmigung verlassen, um mal in die nahe Kleinstadt zu fahren, bleiben nach Dienstschluss deshalb meist in ihrer Baracke, die zwar eine Heizung hat, aber nichts, womit man die in Betrieb hätte setzen können. Es ist ab Dezember lausig kalt, sie schützen sich nachts mit Decken gegen die Kälte und Maria zusätzlich mit einem Pelzmantel, den sie von ihrem Verlobten als Geschenk bekommen hat. Die Offiziere und die Mechaniker in der Unterkunft gegenüber haben nicht nur genügend zu essen, bei denen ist es so warm, dass sie sogar tagsüber die Fenster öffnen, weil sie es anders drinnen nicht mehr aushalten. Immer wieder hatte Maria sie um Kohle oder Brennholz gebeten, vergebens.

Eines Morgens sah sie Hans Bauer, der seinen Dackel ausführte, rannte raus und bat ihn, ohne auf abwehrende Gesten seines mürrischen Adjutanten zu achten, um ein paar Minuten seiner Zeit, sprach ihn im vertrauten bayerischen Dialekt an, der auch seiner war. Bauer antwortete, wie sie sich erinnert, »spontan ganz freundlich, natürlich auch auf Bayerisch« und lud sie ein in seine geheizten Räume. Dort bot er – »Mogst was, Kloane?« – echten Kaffee an, eine Seltenheit damals, forderte sie auf, erst mal zu frühstücken, von einem großen Tisch, auf dem Wurst und Presssack und Brot und Butter standen, zu nehmen, worauf sie Appetit habe.

Erst dann fragte er, was sie eigentlich wolle von ihm? Ein paar Kohlen, denn wir frieren da drüben. Wenn es nichts weiter ist, antwortete er und rief seinen Adjutanten rein. Fortan bekamen die Mädchen jeden Tag, herbeigeschleppt vom Burschen Bauers, zwei Eimer mit Koks, auch dann, wenn der General nicht in Pocking war.

Maria Rosskopfs Verlobter, ein Mann von Adel, war in Paris stationiert. Gefreiter in der deutschen Wehrmacht. Eine Offizierslaufbahn wollte er nicht, bewarb sich nie darum, hütete sich davor, durch besondere militärische Leistungen aufzufallen, nach denen sie ihn hätten befördern müssen. Der Graf hasste die Nazis, was er geschickt hinter forschem Heil-Hitler-Auftreten verbarg. Wie sich nach dem Krieg herausstellte, pflegte er im besetzten Frankreich Verbindungen zur dortigen Résistance.

Was Maria wusste.

Sie hatte ihn im vergangenen Sommer in Paris besuchen dürfen, besitzt seitdem diesen Pelzmantel, den er besorgte und der sie jetzt wärmt. Inzwischen ist er nach Oberitalien versetzt worden, und ihr einziger Kontakt besteht in Briefen, die sie sich regelmäßig schreiben.

Und da, konkret: in einem dieser Briefe, beginnt die Geschichte, die zur Vermutung führt, dass Maria Rosskopf ein bisschen deutsche Geschichte geschrieben hat und warum ihr eigener Tag danach, den sie erleben wird, auch für ganz andere ein Tag danach gewesen sein könnte. Ohne sich viel dabei zu denken, ganz naiv, berichtet sie von den kleinen grünen Armbändern, die sie herstellen und mit deren Hilfe sie sich den Alltag hier im gottverlassenen Pocking ein wenig angenehmer gestalteten, und schreibt auch, bei welcher Gelegenheit die abgefallen sind.

Dann schickte sie den Brief ab. Wenige Wochen darauf begann plötzlich und überraschend die Bombardierung des bislang verschonten Ortes. Oft dreimal pro Tag gab es Fliegeralarm, denn die Gegner brauchten für ihre Angriffe nicht mehr den Schutz der Nacht, und die winterlich tiefgefrorene Landschaft war bald von Einschlägen übersät. Von den Soldaten wurden in fliegender Hast so genannte Einmannlöcher ausgehoben, in die man sich, oft zu zweit, Arme über dem Kopf, bei den Angriffen kauerte und hoffte, lebend davonzukommen.

Nur die Halle, in der Hitlers Flugzeug stand, die wurde bei allen Angriffen nicht getroffen. Der Umbau ging weiter, und am 16.

März 1945 stand die Ju 290 endlich bereit zum Einsatz. Innen mit dem grünen Leder ausgeschlagen, dunkel getönt die schusssicheren Fensterscheiben, die Tanks vergrößert, damit sie mehr Benzin fassten. Bis nach Südamerika könnten sie damit kommen, prahlte einer der Offiziere, woran sich Maria Rosskopf genau erinnert.

Am nächsten Morgen will Bauer die Maschine nach Berlin fliegen. Dem Führer zeigen, der sich inzwischen dort im Bunker unter der Reichskanzlei zum letzten Gefecht verkrochen hatte. Am Abend davor gibt Bauer deshalb eine Art Abschiedsfest. Die Außenstelle Pocking der Flugzeugwerke Dessau, die inzwischen total zerstört waren, wird nicht mehr gebraucht. Die Mechaniker sollen abziehen. Die vier Frauen am besten zu Fuß nach Mühldorf gehen, um dort, wenn sie Glück haben, einen Zug zu erwischen, der sie in ihre jeweiligen Wohnorte bringt. Falls von denen noch etwas steht.

Bauer bittet, nun ja: befiehlt eher, Maria an seinen Tisch. Die geht erst, als ihre Freundinnen auch Platz nehmen dürfen. Als braves Mädchen hat sie ihrer Mutter versprechen müssen, niemals in Gegenwart von Männern Alkohol zu trinken. Man wisse ja, was sich daraus entwickeln könne und wie schnell die so was für ihre Vergnügungen ausnützen. Sie nippt deshalb nur am Glas Tokaier, das ihr Bauer reichen lässt. Er besteht darauf, dass sie es austrinkt. Der Offizier, der neben ihr sitzt, hilft ihr. Augenzwinkernd vertauscht er in einem unbeobachteten Moment sein fast leeres mit ihrem vollen Glas, und als Bauer sie wieder anschaut, prostet sie ihm zu. Da ist der zufrieden.

Am nächsten Morgen, als es losgeht bei Tagesanbruch, ist er ihr immer noch gewogen. Denn sie weigert sich einfach, zu Fuß loszuziehen wie die anderen Frauen. Steht auf dem Rollfeld, als General Bauer und seine Begleitung die Ju 290 besteigen, Pelzmantel an gegen die Kälte, Rucksack umgehängt mit ihren wenigen persönlichen Sachen. Also gut, Madl, sagt da der General, steig ein, wir nehmen dich mit bis München. Dort wollen sie zwischenlanden, bevor es weitergeht. Um genau acht Uhr starten sie.

Es ist der 17. März 1945.

In München landen sie eine knappe Stunde später auf dem Flugfeld Oberwiesenfeld. Die umgebaute Maschine wird hastig in einen Hangar gezogen, um sie zu schützen. Alliierte Bomber befinden sich auf dem Anflug. Bauer und seine Begleitung wollen direkt vom Rollfeld mit einem Wagen nach München in die Innenstadt fahren, alle anderen sollen sich in die Bunker retten. Wieder hat Maria Rosskopf Glück. Sie weigert sich, in einen Bunker zu gehen. Platzangst. Wieder erbarmt sich der General, winkt sie zu sich, los komm mit, Maria. Sie wirft Pelzmantel und Rucksack ins Auto, dann fahren sie los. In der Nähe des Hauptbahnhofs steigt sie aus, vergisst den Pelzmantel, weil alles so schnell geht, bevor Bauers Fahrer wieder Gas gibt. Bomben fallen, Häuser brennen, Sirenen heulen.

Hier könnte die Geschichte enden, denn während der Fahrt in die Stadt wird draußen in Oberwiesenfeld der Hangar von einem Volltreffer erwischt, brennt mitsamt der umgebauten Ju 290 aus. Auch der Bunker bekommt Treffer ab, alle kommen um, die sich dort vor den Bomben hatten schützen wollen. Maria Rosskopfs Tag danach ist dennoch der 17. März 1945, denn da beginnt ihr zweites Leben.

Die Geschichte ist nämlich nicht zu Ende.

Erst ein dreiviertel Jahr später erfuhr sie, was passiert ist, und das nur zufällig. Sie hatte sich zu ihrer Mutter durchgeschlagen, die ihre Tochter für tot hielt. In einem Kondolenzschreiben hatte eines der vier anderen Mädchen vom Fliegerhorst ihr geschrieben, dass sie von Maria zuletzt etwas gesehen hätten beim Abflug der Ju 290, aber inzwischen erfahren mussten, dass Maschine und Besatzung bei jenem Bombenangriff am 17. März 1945 ums Leben gekommen waren. Maria schrieb zurück, dass sie lebe. Dass der Tag damals nicht ihr letzter im alten Leben gewesen war, sondern ihr erster im neuen.

In ihrem zweiten Leben heiratete sie ihren Verlobten. Der hatte sich seinen Hass auf die Nazis in die neue Zeit gerettet, und als die in der neuen Zeit wieder auftauchten und so taten, als hätten sie nichts weiter getan als ihre Pflicht für Volk und Vaterland erfüllt, nährte das seinen Hass. Maria Rosskopf erinnert sich daran, dass ihr Mann, der Graf, bleich wurde vor Wut, falls jemand in seiner Gegenwart es wagte, die Verbrechen zu relativieren. Zum Beispiel auf Grund angeblich menschlicher Züge, die manche Nazis mitunter gezeigt hätten. Deshalb sprach Maria nie über Hans Bauer und dass der ihr Leben gerettet habe.

Erst dreißig Jahre später, nach dem Tod ihres Mannes, fuhr sie mit dem Zug in den Ort außerhalb von München, um sich bei Bauer zu bedanken, angestoßen von einem Zufall: Beim Umzug einer Freundin, organisiert von den Roten Radlern, was nicht einer gewissen Ironie entbehrt, war ihr beim Runterklappen der Sonnenblende im Auto ein Buch in die Hände gefallen, dessen Autor sie auf dem Foto gleich erkannte. Hans Bauer. Der hatte unter dem Titel »Mit Mächtigen zwischen Himmel und Erde« seine Memoiren verfasst, und der Fahrer, sein ehemaliger Bursche, hatte es hinter die Sonnenblende geklemmt. Maria Rosskopf las das Buch in einer einzigen Nacht, und deshalb stand sie an diesem Tag vor der Tür Bauers und klingelte.

Eigentlich, erzählt sie rückblickend, wollte sie sich nur bedanken und dabei fragen, was aus ihrem Pelzmantel geworden sei. Bauer erkannte sie natürlich nicht, das kleine Madl von damals war eine inzwischen achtundfünfzigjährige Frau. Er konnte sich auch nicht an den Abend in Pocking erinnern, als sie mit ihm am Tisch saß und ihm ein selbst geschnitztes Geschenk, Inschrift Hänschen Klein, als Dank für Koks und Brot mitgebracht hatte. Woran sich der unerschütterte Nazi dagegen bestens erinnerte, war seine große Zeit mit dem geliebten Führer, der sich ihm gegenüber immer anständig benommen habe.

Seine Besucherin hat nie erfahren, ob sie tatsächlich mit ihren paar Zeilen über das grüne Leder für Hitler dazu beigetragen hat, dass der Berlin nicht mehr verlassen konnte. Das für ihn vorgesehene Fluchtflugzeug, die Ju 290, schaffte nur einen einzigen Flug, den am 17. März 1945 von Pocking nach München. Aber weil es ihr Tag danach war, wird Maria Rosskopf diese deutsche Geschichte nie vergessen.

Gelassen unversöhnt

Hanns-Eberhard Schleyer. Unter keinen Umständen will er ein Wort gebrauchen, das – untypisch für ihn – sentimental klingen würde. Wenn er rückblickend seinen Seelenzustand beschreibt, wird es sich allerdings kaum vermeiden lassen, über Gefühle zu reden. Es geht schließlich um die Ermordung seines Vaters und deshalb naturgemäß auch um die Gefühle des Sohnes. Dabei aufkommender Rührung wird er sich allenfalls stellen, aber ihr unter gar keinen Umständen nachgeben oder gar sich ihr hingeben. Dass sich Hanns-Eberhard Schleyer an diesen Vorsatz hält, steht schon nach wenigen Sätzen fest.

Spätestens als Chef der Staatskanzlei im damals CDU-regierten Bundesland Rheinland-Pfalz musste er lernen zu abstrahieren. Musste den Sohn Hanns-Eberhard trennen vom Staatssekretär Schleyer, subjektive Empfindungen von objektiven Tatsachen und Zwängen. Das verlangten von ihm die Pflichten seines Amtes. Auch in dem Bundesland, dessen Ministerpräsident damals Bernhard Vogel hieß, waren Angehörige der Roten Armee Fraktion inhaftiert. Manche saßen schon seit vielen Jahren ein. Bei Anträgen, einzelne der Straftäter vorzeitig aus der Haft zu entlassen, landeten die Gesuche um Begnadigung zunächst auf dem Schreibtisch des zuständigen Staatssekretärs Hanns-Eberhard Schleyer. Er wog penibel Für und Wider der Schriftsätze ab und schrieb erst dann seinem Ministerpräsidenten eine Empfehlung, wenn er sie nicht nur als Jurist sorgfältig geprüft hatte, sondern auch sicher sein konnte, dass eigene Gefühle bei der Bewertung keine Rolle gespielt hatten.

Seine wahren Gefühle schaltete er in solchen Fällen konsequent aus. Wie schwer es ihm auch gefallen sein mag. Denn der Mord an seinem Vater wurde begangen von Mitgliedern der RAF, und der Sohn hätte begründen können, warum es daher angezeigt wäre, dass andere Beamte sich um die Anträge von deren Verteidigern gekümmert hätten. Er aber stellte sich. Niemals gab es auch nur den leisesten Verdacht, dass er nicht jeden einzelnen Fall ausschließlich nach Recht und Gesetz begutachtet hätte.

Unberührt davon blieb eine unversöhnliche Haltung gegenüber den Mördern der RAF, gegenüber ihren Mitläufern, gegenüber ihren Unterstützern. Die gilt auch heute noch allen, die ihre Strafe verbüßt haben oder ausgestiegen sind und sich von ihren Taten distanziert haben. Er wird ihnen nie verzeihen.

Er wartet auf eine Nachfrage. Ich habe keine. An seiner Stelle würde ich mich nicht anders verhalten.

Der Mord hat sein Leben verändert. Wäre es nicht so, dann würde ich nicht an diesem Nachmittag mit ihm auf einer Dachterrasse sitzen und über den Tag danach reden. Am Tag heute ist es heiß. Wir haben unsere Jacketts ausgezogen. Ein paar Wespen torkeln summend in der Hitze, bevor sie abstürzen.

Manche seiner Schilderungen des Geschehens vom deutschen Herbst 1977 begleitet Hanns-Eberhard Schleyer mit einem wehmütigen Lächeln, das nie bitter wirkt, sondern eher traurig-resigniert. Bei manchen Sätzen bricht das Lächeln ab, bevor es in seine Augen steigt. Ein Versuch, in seinen Augen zu entdecken, ob er gerade etwas verschweigt, wäre sinnlos. Seine Gelassenheit ist nicht gespielt. Sie ist echt.

Sie begleitet ihn jetzt auf der Reise in die Vergangenheit. Sie hilft ihm, wenn er erzählt, wie es ihm erging nach dem Tag, an dem er erfahren hatte, dass der Kampf um das Leben seines Vaters verloren war. »Ich war einfach nur leer. Ich war wie erschlagen.« Die physische und die psychische Anstrengung der vergangenen Wochen bröckelten wie eine Rüstung, die er nicht mehr brauchte, von ihm ab. Bleierne Müdigkeit überfiel ihn. Doch es blieb ihm keine Zeit, sich in »Gefühle der Verlorenheit« fallen zu lassen, denn es gab, was hilfreich war für den Seelenzustand Schleyers, viel zu tun.

Die Trauerfeier in der Stuttgarter Stiftskirche musste organisiert werden, vor allem musste von ihm und seiner Mutter entschieden werden, wer dazu eingeladen werden sollte und wer nicht. Einen Staatsakt lehnte Hanns-Eberhard, nun der älteste männliche Schleyer, im Namen der Familie kategorisch ab. Der Staat hatte seinen Vater der Staatsräson geopfert und in Kauf genommen, dass er sterben musste. Von Vertretern des Staates wollte er keine Reden hören. Sie nahmen teil an der Trauerfeier, aber ihre Anteilnahme war nicht erwünscht.

Erst als alles vorbei war, erst als sein Vater eine Woche später auf dem Friedhof Sillenbuch beerdigt worden war, verordnete er sich eine Auszeit und fuhr weg. Als er zurückkehrte in sein Leben, ging es ihm aber noch schlechter als an jenem Tag, an dem die Hoffnung der Familie Schleyer gestorben war.

Es ist an diesem 19. Oktober 1977 bereits dunkel, als Hans-Jochen Vogel in Stuttgart anruft und Waltrude Schleyer darauf vorbereitet, dass sie noch im Laufe des Abends mit einer schlimmen Nachricht rechnen müsse. Der Anruf, den zu machen er so fürchtete, wie sie fürchtete, ihn zu erhalten, war seine Pflicht als Justizminister. Vogel nahm diese Pflicht an und beklagte sich nicht. Losgeworden ist der SPD-Politiker das Gefühl, eine Art »Mitverursacher des Todes« von Schleyer zu sein, ohne sich schuldig fühlen zu müssen, zeitlebens nicht mehr.

Bernhard Vogel, Ministerpräsident von Rheinland-Pfalz, Bruder von Hans-Jochen Vogel, gehörte bereits vor der Entführung zu den Freunden der Familie Schleyer. Seit Wochen stand er ihnen beratend zur Seite. Innerlich zerrissen wie alle, die ein Staatsamt hatten. Er konnte sich eine andere Entscheidung vorstellen als die des Krisenstabes, in dem täglich sein Bruder saß, aber er stand auch nicht vor der Entscheidung, die der andere zu treffen hatte.

Wenige Stunden vor dessen Anruf, der genau um 18.25 Uhr

stattfand, hatte eine Frau an die Deutsche Presse-Agentur (dpa) in Stuttgart per Telefon die Nachricht durchgegeben, man habe »nach dreiundvierzig Tagen Hanns-Martin Schleyers klägliche und korrupte Existenz beendet«. Um die Zeit, als Vogel mit Waltrude Schleyer spricht, sind deutsche und französische Kriminalbeamte in der Straße eingetroffen, die am Telefon als der Ort angegeben worden war, wo die Leiche Schleyers zu finden sei. In der Rue Charles Péguy im elsässischen Mulhouse entdecken die Polizisten im Kofferraum eines grünen Audi 100 mit dem Kennzeichen HG-AN 460 einen Toten, der durch drei Schüsse in den Hinterkopf ermordet worden ist. Es gibt keinen Zweifel, um wen es sich handelt. Es ist der am 5. September in Köln entführte Hanns-Martin Schleyer.

Trotz Hans-Jochen Vogels Anruf, der im Grunde keine Hoffnung mehr ließ, war die Hoffnung im Hause Schleyer, wo sich Hanns-Eberhard, damals zweiunddreißig Jahre alt, während der vergangenen sechs Wochen meist aufgehalten hatte, nicht automatisch gestorben. Sie lebte noch ein paar Stunden, die Familie hielt sich verzweifelt an ihr fest. Vielleicht war der Anruf bei dpa bloß ein übler Scherz, ein Spiel mit der Angst? Vielleicht war die Botschaft nur die Wichtigtuerei eines Trittbrettfahrers, die irre Aktion einer Psychopathin, die mit der RAF gar nichts zu tun hatte?

Es gibt Bilder, die den ältesten Sohn als Schattenmann hinter der erleuchteten vorderen Fensterfront des Hauses zeigen, unruhig hin- und herlaufend. Sie sind aufgenommen worden in den Stunden zwischen Verzweiflung und Gewissheit, zwischen Vogels Anruf und der Bestätigung, dass es sich bei der gefundenen Leiche tatsächlich um Hanns-Martin Schleyer handelte.

Noch am Abend zuvor war Hanns-Eberhard Schleyer in einer ARD-Sondersendung interviewt worden. Er hatte sich, wie er sagte, über die Befreiung der Geiseln von Mogadischu zwar gefreut, aber sich gleichzeitig gefragt, warum man bei der Aktion in Somalia nicht auch die Geisel Hanns-Martin Schleyer in die Strategie einbezogen habe. Im Krisenstab war tatsächlich als eine mögliche Variante diskutiert worden, die Forderungen der Terroristen scheinbar zu erfüllen und ihre inhaftierten Genossen ausfliegen zu lassen, falls sie zuvor ihr Opfer freigelassen hatten.

Diesen alternativen Plan des BKA-Chefs Horst Herold, der ihm umsetzbar schien bei entsprechend kühler Vorbereitung, kannte auch der Sohn. Anschließend sollten die Freigepressten in einem Land, das sie sich ausgesucht hätten – so viele kamen dafür nicht in Frage –, mit diplomatischem Druck, der Zusage von ein paar Millionen Mark aus dem Etat des Kanzlers und mit Hilfe der GSG 9 tot oder noch lieber lebend wieder zurückgeschafft werden in die deutschen Haftanstalten, in die sie gehörten. Damit wäre der Staatsräson Genüge getan worden, denn der Staat hätte sich nur scheinbar als erpressbar gezeigt, in Wirklichkeit aber als stark und wehrhaft erwiesen – und gleichzeitig hätte man das Leben Schleyers retten können.

Davon sprach sein Sohn am 18. Oktober 1977, an genau dem Tag, an dem sich die drei RAF-Häftlinge Baader, Ensslin und Raspe in ihren Zellen umgebracht hatten. Es schien ihm sinnlos, jetzt noch irgendetwas geheim zu halten, denn er ahnte, dass nach der Aktion von Mogadischu und den Selbstmorden von Stammheim sein Vater kaum noch eine Chance haben würde. Davon sagte er nichts. Er ließ sich nicht anmerken, dass er in Wahrheit resigniert hatte, verbarg seine Verzweiflung hinter unerschütterlicher Hoffnung.

Den Terroristen im Austausch für Schleyer die Flucht in ein Land ihrer Wahl zu erlauben und sie dort, sobald Schleyer frei sein würde, mit vereinten Kräften von GSG 9 und einschlägig bekannten Experten befreundeter Staaten – Mossad, CIA, Deuxième Bureau, MI 5 – lebend oder tot wieder einzufangen schien dem Sohn eine unter den gegebenen Umständen erlaubte Alternative, eine Erfolg versprechende Idee zu sein, was er im Fernsehen begründete.

Später wird er erfahren, dass die Mörder aus ihrem Versteck in

Brüssel schon losgefahren waren, als er im Fernsehen auftrat – sein Vater lag gefesselt im Kofferraum –, und einen Ort für die Hinrichtung suchten.

Die war von den Entführern einstimmig beschlossen worden, obwohl bei einigen während der Verhöre im »Volksgefängnis« der RAF ihr Feindbild Schleyer angeblich ins Wanken geraten war: »Er zwang uns durch seine Antworten mit jedem Tag mehr, von unseren Vorstellungen und Vorurteilen Abschied zu nehmen, auch wenn wir das unter uns nicht zugeben konnten«, behauptete in seiner Lebensbeichte Peter-Jürgen Boock, Mitglied des »Kommandos Siegfried Hausner«, wie sich die Mörderbande nach dem beim Überfall auf die deutsche Botschaft in Stockholm tödlich verletzten Terroristen Hausner nannte.

Am Mittwoch, dem 19. Oktober 1977, einen Tag nach Schleyers TV-Auftritt, kaum zwei Stunden nach Vogels Anruf, wurde im ZDF ein Fußballspiel übertragen. Private Sender gab es in Deutschland noch nicht. Der Ton des Fernsehapparats war abgestellt. Draußen vor dem Haus warteten Journalisten und Fernsehteams. Drinnen im Haus blieb die Zeit stehen. Plötzlich wurde während des Spiels eine Laufschrift mit einer Eilmeldung eingeblendet: »Hanns-Martin Schleyer tot aufgefunden.«

Einer von den BKA-Beamten, die in den vergangenen Wochen des Wartens und des Hoffens die Familie schützten und gleichzeitig auch aufpassen sollten, dass Hanns-Eberhard Schleyer keine Alleingänge unternahm, war in dieser Zeit zu einem Vertrauten geworden. Er bestätigte deshalb dem Sohn die Todesnachricht. Wenigstens die Gerüchte seien falsch, sagte er – und wusste gleichzeitig, dies konnte dennoch kein Trost sein –, dass die Mörder ihrem Opfer den Kopf abgetrennt hätten.

»Und wissen Sie«, fragt mich Schleyer plötzlich und beugt sich vor in seinem Stuhl, »wer mich noch in der Nacht angerufen und lange mit mir gesprochen hat?« Er lehnt sich vor und blinzelt in die Sonne, »Henri Nannen, der Chefredakteur des ›stern‹«. Natürlich kann er sich vorstellen, dass mich interessiert, worüber die beiden gesprochen haben, aber er spricht nicht darüber. Es bleibt sein Geheimnis.

Der Sohn ist heute achtundfünfzig und damit ein paar Jahre jünger, als sein Vater damals war. Der wurde zweiundsechzig Jahre alt. Hanns-Eberhard Schleyer trägt erkennbar dessen Züge, sein Gesicht aber ist schmaler. Er vertritt hauptberuflich die Interessen des Deutschen Handwerks, neigt aber nicht zu der üblichen Panikmache, was den Standort Deutschland betrifft. Er beschönigt zwar nichts, aber malt auch nicht alles schwarz. Das CDU-Mitglied war selbstverständlich nie ein Anhänger der rot-grünen Regierung, aber er bewahrt seit dem Tod des Vaters zu Politikern jeglicher Couleur, auch zu denen seiner Partei, gebührenden Abstand.

Das kann er damit begründen, dass es Politiker aller Parteien in einer in Gefahr und Not geborenen Großen Koalition waren, die seinen Vater geopfert hatten wegen eines – seiner Meinung nach – falsch verstandenen Begriffes von Staatsräson. Der Sohn vergisst ihnen das nie. Der Jurist Hanns-Eberhard Schleyer verstand deren harte Haltung bis zu einem gewissen Punkt, aber dann handelte er doch wieder als Sohn, versuchte alles, seinen Vater zu befreien, koste es, was es wolle.

Dazu gehörte der Versuch, beim Bundesverfassungsgericht gegen die Bundesregierung und vier Landesregierungen, in deren Gefängnissen Terroristen inhaftiert waren, die auf der Liste der Freizupressenden standen, in letzter Minute den Austausch per Urteil zu erzwingen, wegen drohender Gefahr für das Leben des Antragstellers, den der Sohn dabei vertrat. Er scheiterte. Die Richter begründeten die Ablehnung damit, dass der Staat nicht nur eine Schutzpflicht gegenüber dem Einzelnen, sondern auch gegenüber der »Gesamtheit aller Bürger« habe.

Eine Analyse des abgewiesenen Antrags, bewertet fünfundzwanzig Jahre später durch das Institut für Staatswissenschaften der Bundeswehrhochschule München, kam zu einem gegenteiligen Schluss. Das Bundesverfassungsgericht hätte damals zugunsten Schleyers entscheiden müssen, denn der konkrete Schutz des einzelnen Lebens und der Menschenwürde gelte mehr als die vage Pflicht für das pauschale »Wohl aller Bürger«. Die Ablehnung sei unzulässig, eine Missachtung des geltenden Rechts, kurzum eine politische Entscheidung gewesen.

Schleyer verabschiedet sich aus der aktiv gestalteten Politik, verzichtet auf mögliche Ämter in der Partei, nachdem in Rheinland-Pfalz die SPD mit ihrem Spitzenmann Rudolf Scharping die Landtagswahlen gewonnen hatte. Er wechselte zum Zentralverband des Deutschen Handwerks, in seiner Position als Generalsekretär dort glaubt er, mehr bewegen zu können. »Die Politik ist nicht durchsetzungsfähig genug in dem Maße, wie es für die nun mal erforderlichen Änderungen unbedingt nötig wäre.«

Dabei hatte ihn Politik lange Zeit fasziniert. Weniger wegen der politischen Verbindungen, die sein Vater als Präsident des Arbeitgeberverbandes hatte. Entstanden war die Faszination in New York, wo Schleyer junior in einer großen Anwaltskanzlei gearbeitet hatte. Das war 1974. Hautnah erlebte er den Sieg des Rechtsstaats gegen den Präsidenten Richard Nixon. Der versuchte, einen von ihm befohlenen Einbruch ins Hauptquartier der Demokraten, seiner politischen Gegner, zu vertuschen, ließ belastende Tonbänder manipulieren und dementierte seine Beteiligung am Rechtsbruch öffentlich, bis ihn schließlich die Artikel der »Washington Post«-Reporter Carl Bernstein und Bob Woodward der Lüge überführten, ihn zum Rücktritt trieben. Dadurch konnte er dem *impeachment*, einer Amtsenthebung, entgehen.

So lebendige Demokratie zu erleben – das hat ihn beeindruckt. Es beeindruckt ihn bis heute. Als er mir davon erzählt, wird er wieder zu dem jungen Mann, der er damals war. Die Begeisterung der frühen Jahre lenkt ihn kurzfristig vom Thema Terrorismus ab, trägt ihn über das, was ihm 1977 passierte, direkt in die Neuzeit hierher über die Dächer von Berlin, und kurzfristig teilen wir die Begeisterung.

Hanns-Eberhard Schleyer unternahm damals auch außer seinen juristischen Versuchen alles, um seinen Vater zu retten. Es war ihm egal, ob er Gesetze verletzte oder nicht, es war ihm egal, was andere davon hielten. Er führte zunächst Gespräche mit den Spitzen der deutschen Wirtschaft. In denen ging es nicht etwa um die Höhe des von den Terroristen geforderten Lösegeldes. Wären von denen nur diese fünfzehn Millionen Dollar verlangt worden und nicht die Freilassung von elf Inhaftierten, in einer Stunde hätte die Summe bereit gelegen. Aber auch bei vielen Managern – lautstarke Ausnahme war Schleyer-Freund Eberhard von Brauchitsch – ging es um die Staatsräson.

So wie bei den handelnden Politikern. Die hatten im Großen Krisenstab in ihrer Lage sogar Horrorszenarien durchgespielt. Franz Josef Strauß, wie Helmut Kohl mit Schleyer persönlich befreundet, ließ seiner Phantasie freien Lauf: Todesstrafe für Terroristen einführen. Den allgemeinen Notstand ausrufen. Mit fingierten standrechtlichen Erschießungen der Inhaftierten die Entführer zur Aufgabe zwingen.

Dass diese Vorschläge über alle geltenden Grenzen des Rechtsstaates hinausgingen und deshalb auch ernsthaft nie erwogen wurden, belegt die Verzweiflung der zur Untätigkeit verdammten Akteure. Helmut Kohl schreibt in seinen Memoiren, er habe sich dem »Appell meines von Terroristen entführten Freundes Hanns-Martin Schleyer» nicht beugen dürfen. Die Anschuldigung auf dem Tonband vom 12. September 1977, das Horst Herold ja so totenbleich werden ließ, »traf mich ungemein hart. Konnte und durfte ich in dieser Notsituation meine Meinung ändern, dass der Staat nicht erpressbar sein darf? Nein, das konnte und wollte ich nicht.« Die Versuche des damaligen Oppositionsführers Kohl, bei der Familie Schleyer später »um Verständnis zu werben, scheiterten«.

Angeblich zerbrach damals auch die enge Beziehung zwischen Helmut Kohl und dem als *big spender* bekannten Flick-Manager Eberhard von Brauchitsch, der polternd im Namen der gesamten deutschen Industrie die Vertreter der ungeliebten sozial-liberalen

Regierung unter dem SPD-Kanzler Schmidt aufforderte, den Forderungen der Terroristen nachzugeben, und dabei auf die Unterstützung von Kohl setzte.

Wie man weiß, vergebens.

Dass Hanns-Eberhard Schleyer an Horst Herold, dem der Entführte per Tonband Unfähigkeit vorgeworfen und Mitschuld an seinem Tod gegeben hatte, einen Brief geschrieben hat, weiß ich vom ehemaligen BKA-Chef. Der Sohn ist überzeugt, dass der Vater gezwungen wurde zu sagen, was er sagte.

Der Familie ging es um den Vater, ging es um den Ehemann und nicht um die Staatsräson. Hanns-Eberhard Schleyer machte sich nie irgendwelche Illusionen. »Ich hatte von Anfang an befürchtet, dass es keine Verhandlungen geben würde über den geforderten Austausch.« Deshalb tat er alles, um auf eigene Faust das Leben seines Vaters zu retten. Über den Schweizer Anwalt Denis Payot, der Botschaften zwischen der Bundesregierung und den Terroristen vermittelte, versuchte er in direkten Kontakt mit den Entführern zu kommen. Payots Telefon wurde überwacht und mit Hilfe der Schweizer Behörden die von dem geführten Gespräche sogar direkt in die BKA-Zentrale durchgestellt. Kein Telefonat blieb geheim.

Als Schleyer, wie mit Payot verabredet, in einem Frankfurter Hotel auf weitere Anweisungen für die Übergabe des Lösegeldes wartete, war er von vielen Journalisten umgeben, er musste die Aktion abbrechen. Die Reporter hatten über einen dpa-Redakteur einen Tipp aus dem Bundespresseamt bekommen. Damit sollten Alleingänge des Sohnes, den man außerdem für gefährdet hielt, verhindert werden.

Schleyer lehnt sich zurück unter die Markise, die uns Schatten gibt. »Mein Vater wusste sehr genau, dass im Falle eines Falles der Staat sich nicht erpressen lassen durfte und nicht anders handeln konnte, als er dann bei ihm tatsächlich auch gehandelt hat.« Aber als er dies seinem Sohn sagte in den vielen Diskussionen, die sie nach der Ermordung des Bankiers Jürgen Ponto führten, war es noch reine Theorie. »Nicht akzeptabel war für ihn aber die lange und quälende Zeit seiner Gefangenschaft«, sagt Hanns Eberhard Schleyer und ergänzt mit leiserer Stimme: »Als junger Erwachsener erst fand ich den richtigen Zugang zu ihm und er zu mir. Mit kleineren Kindern konnte er eher weniger anfangen.«

Nach der Ermordung Schleyers, dessen Vergangenheit als Nazi bekannt war – weshalb die Terroristen glaubten, in ihm das richtige Objekt gefunden zu haben –, versuchte der Sohn, ganz im Sinne seines Vaters, wie er betont, dem Opfer wenigstens einen Sinn zu geben, so absurd dies auch klingen mag. Würde sich endlich das Verhältnis der linksliberalen Intellektuellen gegenüber einer Gewalt ändern, die mit der Beschädigung von Sachen anfing und mit dem Mord an Menschen endete? Eine Gewalt, die sich nicht nur gegen die Vertreter des so genannten feindlichen Systems richtete, sondern die in Kauf nahm, dass ganz normale Menschen dabei ihr Leben ließen wie die Leibwächter Schleyers, wie der Fahrer, wie Polizisten?

In der Tat starb die RAF, als sie Schleyer hinrichtete. Das Datum, an dem die Ermordung Schleyers bekannt wurde, war das eigentliche Todesdatum der Roten Armee Fraktion. Kann Hanns-Eberhard Schleyer gar die gewagte Schlussfolgerung akzeptieren, dass in diesem Sinn der Tod seines Vaters nicht sinnlos war?

Er antwortet ohne zu zögern, er hat oft darüber nachgedacht. Ja, sagt er, das könne man so sagen.

Vom 19. Oktober 1977 an war der Älteste über Nacht der Paterfamilias, der Familienvorstand. Er übernahm die Pflichten des Toten gegenüber seinen jüngeren Brüdern. Die Mutter, sagt er voller Bewunderung, brauchte diese Hilfe nicht. »Sie ist eine starke Frau.« Nicht nur dann, wenn sich die Hinterbliebenen treffen, zu denen auch die Angehörigen der Leibwächter und des Fahrers von Hanns-Martin Schleyer gehören, überfällt ihn die Trauer. Sie kehrt immer wieder ganz überraschend zurück und hält den Sohn für Momente umklammert.

Über die allerdings spricht er nicht.

Stiller Freudenschrei

Peter Scholl-Latour. An einem schönen Tag wie diesem riecht die Berliner Luft noch nach Sommer statt nach Herbst. Doch es ist September, und da reichen die Sonnenstrahlen nicht wie noch im Juli oder im August bis unter die mit prächtigem Stuck verzierte Decke des Zimmers. Sie schaffen es nicht mehr, die spitzen Dächer in der Nachbarschaft zu überwinden, um sich hier in den Regalen auf den Rücken der Bücher auszuruhen. Am Einfall des Lichts kann ihr Besitzer nicht nur die Tages-, sondern auch die Jahreszeit bestimmen. Wer schon als kleiner Junge ferne Länder und dunkle Kontinente erforschen wollte, muss so etwas können.

Am Nachmittag dieses sommerlichen Herbsttages sitzt Peter Scholl-Latour, 81, vor einem Glas Whisky und begibt sich auf die Reise in sein Privatarchiv. Das hat er im Kopf gespeichert. Nur da sind die Tage abgelegt, die sein Leben veränderten, nach denen ein neues im alten Leben begann. Er ist eine öffentliche Person, aber Persönliches gibt er öffentlich selten von sich. Weil jeder sein Gesicht kennt, glaubt jeder ihn zu kennen. Sein Verlag hat die Wirksamkeit des Markenkennzeichens Scholl-Latour früh erkannt. Darum prangt sein Gesicht auf fast allen Covern seiner Bücher. Local Hero Scholl.

Doch er ist nicht nur ein lokaler Held, sondern vor allem ein globaler Held, ein Mann von Welt. Er kennt die Welt, und die kennt ihn. In seinem Büro, das er mal für kurze Zeit in Hamburg an der Alster bezog, hing eine Weltkarte, und in alle Länder und Wüsten, Dschungel und Städte, in denen er als Reporter schon gewesen war, hatte er sorgfältig eine farbige Stecknadel getrieben. Es gab kaum weiße Flecken auf der Karte.

Deshalb könnte die legendäre Anekdote von David Livingstone auf ihn umgeschrieben werden. Als sich der berühmte schottische Entdeckungsreisende und Missionar einst mittags am Tanganjikasee durchs Schilf schlug, traf er, so lautet die Legende, auf den englischen Reporter Henry M. Stanley, der ausgeschickt war, den als verschollen geltenden Forscher zu suchen. *Mister Livingstone, I presume?* sagte der und reichte dem Gentleman die Hand. Ähnlich ergeht es wohl auch Peter Scholl-Latour, wenn er irgendwo in Afrika und sonst wo in Arabien und wo auch immer in Asien Dokumentationen dreht oder Material für ein neues Buch recherchiert. Mister Scholl-Latour, I presume?

Mag sein, dass die Einheimischen ihn nicht auf Englisch begrüßen, aber das kann ihn kaum schrecken, denn er spricht sieben Sprachen, und was er geschrieben hat, ist außerdem in Dutzende anderer Sprachen übersetzt. Die Regale hinter seinem Schreibtisch belegen den Erfolg: Hunderte von Büchern, und alle tragen seinen Namen auf dem Umschlag.

So weit in diese Ecke des Ruhms reicht kein Sonnenstrahl, egal zu welcher Jahreszeit. Das macht nichts. Peter Scholl-Latour will in den Büchern allenfalls gelegentlich blättern, und dafür reichen normales Tageslicht oder eine kleine Lampe. Falls die Statistik stimmt, dass der männliche Durchschnittsdeutsche 1,3 Bücher pro Jahr liest, würde der ein halbes Leben brauchen, um die hier alle zu lesen. Scholl-Latour hat sie nicht nur selbst geschrieben, sondern dafür nicht mal ein halbes Leben gebraucht. Er könnte sich in vielen Sprachen lesen, eben weil er so viele beherrscht, aber auch das reizt ihn nicht.

Er hatte stets Wichtiges zu tun, statt nur wichtig zu tun, mal als ARD-Programmdirektor, mal als Sonderkorrespondent des ZDF, mal als Autor von – inzwischen einhundertundfünfzig – Fernsehdokumentationen, mal als Chefredakteur und Herausgeber des »stern«, dem er kurzfristig als Nothelfer nach dem Skandal um die gefälschten Hitler-Tagebücher sein Renommee lieh. In seinem damaligen Büro hing jene Weltkarte mit den bunten Stecknadeln.

Er weiß zwar, was er geschrieben hat. Manchmal jedoch hat er das unbestimmte Gefühl, während er ein Buch diktiert, dass ihm bestimmte Sätze schon an anderen Tagen begegnet sind. Freut sich dann, wenn er feststellt, »dass ich es war, dem sie eingefallen sind«. Manches von dem, wovon er jetzt berichten soll, könnte er doch, sich selbst zitierend, einfach in einem Buch nachschlagen, oder nicht?

Also setzt er vorsichtig das Whiskyglas auf einer Serviette ab, damit es keinen Rand auf der Tischplatte hinterlässt, steht auf, greift hinter sich, blättert ein wenig, schüttelt den Kopf, setzt sich wieder hin, trinkt einen Schluck und sagt auf seine trockene Art, die Fernsehzuschauer an ihm mögen, er müsse »wohl in einem anderen Buch darüber geschrieben haben«. Aber in welchem?

Was er danach von Hanoi und Saigon und Vietnam erzählt, steht aber so detailliert nicht in seinem Bestseller »Der Tod im Reisfeld«, zwei Millionen Mal allein in Deutschland verkauft, in dem er den dreißigjährigen Krieg um Indochina analysiert und aus eigener Erfahrung beschreibt, den ersten, den die Franzosen verloren, den zweiten, den die Amerikaner verloren. In beiden war er ja dabei, anfangs sogar aktiv als Soldat in französischer Uniform.

Es gab, sagt er, in Indochina einen Tag, an den er sich genau erinnert, der anders war als die davor und die danach, von dem er das Datum weiß. »Das war der 21. Juli 1954.« An dem Tag hat sich für ein paar Millionen Vietnamesen das Leben verändert. Die einen blieben im Norden, und die anderen blieben im Süden, und viele aus dem Norden, die in den Süden gingen aus Angst, im Norden umgebracht zu werden, ließen alles zurück. Eine Million Katholiken, die gegen die jetzt siegreichen Kommunisten sogar eine eigene Armee aufgestellt hatten, die auf der Seite der Franzosen kämpfte, fingen ihr neues Leben im Süden bei null an.

Auch der journalistische Beobachter Scholl-Latour ist nach diesem Tag ein anderer. Nicht in seinen politischen Ansichten, die der gebildete Nachforscher immer am tatsächlichen Geschehen überprüfte, basierend auf Geschichte, nicht nur auf zufällig vor Ort erlebten Geschichten. Sondern ganz privat. Von dem Moment, der ihn zu einem anderen machte, gibt es sogar ein Foto. Auf dem springt der junge Mann, gerade dreißig Jahre alt, lachend in die Luft, und diesen Freudensprung hält der Schnappschuss eines Fotografen fest. Das Foto ist gestellt. Die Freude echt. »Soeben hatte ich in einem Telegramm aus Saarbrücken erfahren, dass ich zum ersten Mal Vater geworden war. Mein Sohn Roman ist an diesem 21. Juli 1954 geboren.«

Aufgenommen wurde das Foto in einem Luxusbordell der französischen Kolonialherren in Hanoi. Die einheimischen jungen Huren arbeiten allerdings längst an anderen Plätzen. Ihr Freudenhaus ist zu einem Zentrum für Journalisten aus aller Welt umfunktioniert worden, die über den Indochinakrieg berichten. An diesem Tag werden die Reporter etwas Besonderes erleben, obwohl die meisten von ihnen in diesem Haus auch früher schon mal was ganz Besonderes erlebt hatten.

Auch an der Front, wohin Scholl-Latour am Vorabend gefahren war, warteten alle gespannt auf Nachrichten aus Genf. »Dort handelte der linke Premier Pierre Mendès-France mit Vertretern der Vietminh die Bedingungen für ein Ende der französischen Herrschaft aus.« Frankreich hatte den Kampf um seine Kolonie gegen die Vietminh unter ihrem General Ho-Tschi-Minh verloren. Das wissen alle, die an diesem 21. Juli 1954 vor den Radioapparaten sitzen, egal wo. Es geht in Genf nur noch darum, die Bedingungen für einen ehrenvollen Abzug auszuhandeln, was auch die Armee der mit Frankreich verbündeten Katholiken betraf. Es muss die Demarkationslinie zwischen Nordvietnam und Südvietnam festgelegt werden. Ein historischer Tag also. Danach würde die Welt in Asien eine andere sein.

Scholl-Latour hatte beste Kontakte und dadurch bessere Informationen als die anderen. Nicht nur deshalb, weil er als Elsass-Lothringer die Sprache seines deutschen Vaters so beherrscht wie die Sprache seiner Mutter. Er hat ab 1945 im französischen Expeditionskorps in Indochina gedient, bei den Fallschirmjägern des Bataillons »Parachutiste Pouchardier«. Er kennt viele französische Offiziere, aus den Zeiten, als sie noch *camarades* waren, seine Kameraden. So empfangen die ihn auch, wenn er wegen eines Artikels bei ihnen anfragt – als einen der Ihren.

Seit 1950 kämpfte er mit Worten. Zunächst als Reporter der »Saarbrücker Zeitung«, wo er mit einem Artikel, in dem er das Beispiel Luxemburg als Vorbild für die Zukunft des Saarlandes empfahl, für einen Leser-Aufstand sorgte, später als Reisekorrespondent. So nannte man damals einen Journalisten, der durch die Welt reiste und von ihren Wundern und Schrecken berichtete. Er schrieb für Tageszeitungen, berichtete für Rundfunkstationen. Seine Reportagen verschickte er vom jeweiligen Ort per Eilbrief in die Heimat, es gab ja weder Fax noch gar E-Mails und keine andere Möglichkeit, als Texte per Einschreiben zu übermitteln. »Nie ging einer verloren. Die Kunst bestand darin, sich die richtigen Themen zu suchen und die Artikel so abzufassen, dass sie auch am Tag, an dem sie in Deutschland eintrafen, noch neu und aktuell waren.« Zwar gab es keine CNN-Konkurrenz und deren Breaking News für die vielen Auslandskorrespondenten, aber passiert ist auf der Welt nicht weniger als heute. Man erfuhr es nur noch nicht wenige Sekunden nach dem Ereignis.

Für seine Reise nach Indochina, wo am 7. Mai 1954 mit dem Fall der Festung Dien Bien Phu das Ende der französischen Kolonialherrschaft begonnen hatte, musste er einen anderen Job für ein paar Wochen unterbrechen und unbezahlten Urlaub nehmen. Peter Scholl-Latour, Doktor der Philosophie, Politologie und Arabistik, promoviert an der Sorbonne in Paris, war da gerade mal Sprecher von Johannes Hoffmann, dem Ministerpräsidenten des Saargebiets. Damals ein autonomes Stück Land zwischen Frankreich und Deutschland. Der junge Mann hatte im Saarland eine ideale Heimat gefunden. Er fühlt sich beiden Vaterländern verpflichtet, Frankreich wie Deutschland, und ist deshalb ein überzeugter Europäer geworden.

Am Tag bevor er Vater wurde, hat er sich von seinem vietnamesischen Fahrer noch einmal an die Front bringen lassen. Tagsüber ist das relativ ungefährlich, da gehört die Straße noch den Franzosen, nachts aber herrschen die Rebellen. Er besuchte ein französisches Regiment. Auch dort gespannte Ruhe. Auch dort warteten sie auf Nachrichten aus Genf. In der Nacht gab es heftige Angriffe der Vietminh. Scholl-Latour ließ das kalt. Geschützdonner und Kugellärm war er aus den Kriegen, in denen er selbst kämpfte, schließlich gewöhnt. »Ich legte mich in einen Krater, zog eine Plane über mich, um mich gegen den warmen Regen zu schützen, und schlief ein.«

Am anderen Morgen, bevor er zurückfährt nach Hanoi, wo das Telegramm aus Deutschland schon eingetroffen ist, verabschiedet er sich vom Kommandeur, einem Oberst. Der sitzt schwitzend mit bloßem Oberkörper in der dampfenden Monsunluft und bietet ihm eine Wette an. Man werde sich bald wiedersehen. In einer anderen französischen Kolonie, in Nordafrika, in Algerien. Scholl-Latour schlägt nicht ein. »Ich ahnte, dass der Recht behalten wird, also warum hätte ich gegen meine eigene Überzeugung wetten sollen?«

Am Abend geht der junge Vater mit seinem Freund Adalbert Weinstein, Korrespondent der »Frankfurter Allgemeinen Zeitung«, ins Chinesenviertel von Hanoi. Die beiden besaufen sich in gebührender Form. Dafür gibt es nach diesem Tag zwei Anlässe. Einen schönen Grund, einen traurigen Grund. Sie werfen von der Terrasse des Restaurants in die von diesem Tag an befreite Menge abgenagte Hühnerknochen. Am nächsten Tag begleiten sie, schweren Kopfes, die Franzosen auf ihrem Abzug aus Hanoi. Die gefaltete Trikolore wurde von einem Offizier vorausgetragen. Wie die Monstranz bei einer Fronleichnamsprozession. Bei der stehen allerdings gläubige Katholiken am Straßenrand und beugen das Haupt. Hier waren die Beobachter Soldaten des Vietminh, und die hatten ihre Bajonette aufgepflanzt. »Das hatte durchaus etwas Bewegendes«, sagt Peter Scholl-Latour, und er ist keiner, der zur

Rührung neigt, auch nicht in der Erinnerung an solche Momente.

Die Geschichte von diesem 21. Juli 1954, dem Tag danach, endet hier. Es gibt noch einen anderen in seinem Leben, der wesentlicher war. Der Tag, an dem sein Leben gerettet wurde, war jener Tag, an dem der Sender Alpenland in Graz verkündete, der Führer sei gefallen. Was zwar eine propagandistische Lüge war, denn er hatte sich am 30. April 1945 erschossen, im Führerbunker und nicht an der Front, aber die Meldung vom Tod Adolf Hitlers, die stimmte. In ihm stieg hoch ein »animalisches Gefühl des Triumphes. Für mich war er eine Art Tier der Apokalypse, und nun endlich war das Tier tot.« Es blieb allerdings bei klammheimlicher Freude, bei einem stillen Freudenschrei, denn Freudengeheul hätte noch böse Folgen haben können.

Der Einundzwanzigjährige hätte allen Grund gehabt, besonders laut zu brüllen. Eigentlich war befohlen worden, ihn zum Reichssicherheitshauptamt nach Berlin zu überstellen, in die Folterkeller der Gestapo. Ein entsprechender Befehl lag vor, und wenn der ausgeführt worden wäre, hätte Peter Scholl-Latour das Kriegsende nicht mehr erlebt. Weil aber die Sowjets ihren Sturm auf Berlin begonnen hatten, weil in die belagerte Stadt keiner mehr reinkam, konnte der Befehl nicht befolgt werden.

Ein paar Wochen zuvor war Scholl-Latour von Feldjägern der Wehrmacht in Slowenien verhaftet worden. Man warf ihm vor, er habe sich Partisanen anschließen wollen. »Das stimmte«, sagt er trocken, »das wollte ich«, und schenkt sich Whisky nach.

Zunächst brachten sie ihn, nach vielen Stationen mit einem Gefangenentransport, frierend in einem Güterzug, kaum versorgt, in ein Gefängnis nach Wien. Da wurden alle eingesperrt, die als Vaterlandsverräter und Widerständler galten. Es reichte schon, an der falschen Stelle gelacht zu haben oder flüsternd nicht mehr an den Endsieg der Nazis zu glauben, um als Staatsfeind zu gelten. Allen drohte ein Prozess wegen Hochverrats, und was ein solcher Prozess bedeutete, wussten auch alle – die Todesstrafe. Hätte man sie im Deutschen Reich in seinen ursprünglichen Grenzen erwischt, wären sie längst ohne Prozess am nächsten Baum aufgehängt worden.

Aber sie sind in Österreich, der Heimat des Sowohl-als-auch. Es hat bereits insgeheim die Distanzierung von der 1938 beim Anschluss bejubelten Ideologie der Verbrecher begonnen. In späteren Jahrzehnten werden sich die Täter zu Opfern des Österreichers Hitler erklären. Sowohl die Aufseher als auch die Gefangenen wissen, dass der Krieg bald vorbei sein wird, und sie wissen auch, dass ihn die Alliierten gewonnen haben. Also halten sich die Wärter mit ihren alltäglichen Grausamkeiten zurück. »Hin und wieder gab es eine Tracht Prügel für einzelne Häftlinge, aber eher aus Gewohnheit denn aus Lust wie bisher.« Die Gewissheit, dass es jetzt nur darauf ankommt, noch ein wenig durchzuhalten, ist bei den Gefangenen so stark wie die bisherige Todesangst. Die Büttel vom Sicherheitsdienst (SD) dagegen wirken verunsichert. Sie tun schon so, als seien sie nur zufällig auf der Seite der Täter gelandet.

Die Zelle, in der Scholl-Latour liegt, wird von ihnen Intelligenzlerzelle genannt. Menschen ohne Intelligenz traut man Widerstand offenbar nicht zu. Selbst in dieser Zelle gibt es eine Art von Hierarchie – einen Gefangenen, der sich als Kommandant der Zelle vorstellt und von den Neuen Gehorsam verlangt. Sie zeigen ihm, wo er sie mal könnte. Nachts singen sie das Freiheitslied. So nennen sie die Hymne auf die Freiheit, die sie verloren hatten, und wenn sie ertönt, klingt aus dem Kerker Hoffnung in vielen verschiedenen Sprachen. »Oh du Freiheit, du wunderbare«, so fing das Lied an, an das sich Scholl-Latour erinnert.

Er hat in den Knast so viele Läuse mitgebracht, dass »meine Jacke von selbst hätte laufen können«, er ist außerdem krank, hat Fieber und Schüttelfrost. Dass es Flecktyphus ist, weiß er noch nicht. Die beim Rundgang befohlenen Übungen kann er nicht mitmachen, er fühlt sich zu schwach für Gymnastik. Bleibt stattdessen bei den Alten in der Mitte des Gefängnishofes und schlenkert wie die ein wenig mit beiden Armen. Das fällt auf. Ein finster aussehender SD-Mann kommt auf ihn zu. Der Kranke steht stramm und meldet: »Schutzhäftling Scholl-Latour, an Grippe erkrankt.« Die Antwort hat ihn so verblüfft, dass er sie heute noch wörtlich zitieren kann: »Dann machen Sie endlich Ihren Mantel zu, Mensch, sonst holen Sie sich noch den Tod.« Als ob es den bisher in diesem Gefängnis nicht jederzeit und ohne Anlass umsonst gegeben hätte.

Zwei Stunden später ist es dieselbe Stimme, die gerade den Häftling Scholl-Latour zu mehr Vorsicht ermahnt hat, die über die Lautsprecher ankündigt, dass es gleich Essen geben wird, vorher werde noch ein Jude geschlachtet. Das hielt der Laut-Sprecher für witzig.

Wien ist nicht mehr sicher. Die Russen stehen vor der Stadt, und der Kommandant der Haftanstalt kann sich vorstellen, was die Sieger mit ihm machen werden, wenn sie die befreien, die er in seiner Gewalt hat. Die Politischen müssen weg, am besten weit weg. Häftling Scholl-Latour wird nach Graz verlegt. Bei der Einlieferung dort stellt ein Arzt fest, dass er an Flecktyphus erkrankt ist, und lässt ihn statt in die Zelle in die Klinik bringen. Auf dem Weg dorthin hätte er abhauen können, es fragt sich allerdings: wohin?, wenn er nicht so schwach gewesen wäre. Denn er wird per Straßenbahn ins Gaukrankenhaus gebracht, nur von einem Soldaten bewacht, den es nicht weiter interessiert, ob die Handschellen seines Gefangenen geschlossen sind oder nicht. Als der ihn abgibt, verlässt den im Fieber fröstelnden Scholl-Latour die Angst, weil er überraschend Tröstliches sieht.

Er erkennt auf der Station an der Tracht und den großen Hauben katholische Ordensschwestern. Von denen weiß er, »dass sie sich in Gottes Namen um ihre Kranken kümmern und alles für die tun würden«. Er begibt sich in ihre Obhut. Andere Patienten können ihn deshalb nicht mehr ängstigen, als sie ihm mitteilen, auf dem Laken, auf dem er gleich liegen werde, seien vor ihm bereits drei andere gestorben.

Er stirbt nicht, weder an diesem Tag noch an einem der nächsten Tage. Medikamente sind zwar kaum noch vorrätig, aber es ist warm, und er wird umsorgt, und es gibt zu essen. Eine von den Schwestern verzichtet sogar auf die ihr zustehende Ration und päppelt ihn damit auf. Dieser Nonne wird er nach der Befreiung auf seine ritterliche Art danken. Dann wird sie der ehemalige Schutzhäftling beschützen und nachts von der Arbeit nach Hause begleiten, weil sie Angst hat vor den Befreiern, für die alle Frauen Freiwild sind, egal, woran sie glauben, an Gott oder an den Führer.

Weil ihn das Leben festhält, denkt er darüber nach, immer einen Schritt vorausplanend, was er später auch tun wird, wie er für die neue Zeit am besten gewappnet sein würde. An seiner Haltung gegen die Nazis besteht zwar kein Zweifel, aber »wie konnte ich wissen, ob mir Zeit genug bleiben wird, dies auch denen zu erklären, die meine Sprache nicht verstehen und lieber schnell mit der Waffe mögliche Zweifel beseitigten?«.

Als er ein paar bunte Stoffreste sieht, hat er die richtige Idee. Er bittet die Schwester, ihm daraus eine Art Flagge für den Eigengebrauch zu nähen, ein blauweißrotes Tuch, das er sich aufs Hemd stecken könnte als Symbol für die Trikolore. Mit einem solchen Kennzeichen, das auf sein anderes Vaterland verweist, dessen Sprache er auf Befragen ja perfekt sprechen könnte, müsste er auf die Stunde null gut vorbereitet sein. Die Schwester erfüllt ihm den Wunsch, und er versteckt es unter seinem Laken.

Bis zu jenem Tag, an dem er sich nicht mehr verstecken muss. Bis zu jenem Tag, an dem er seine Freude herausschreien kann ohne Angst, dass sie ihn zum Schweigen bringen. Bis zu dem Tag, an dem auch die Grazer Zeitung, schwarzer Trauerrand auf Seite eins, den Tod des Führers vermeldet, von dem er im Rundfunk schon gehört hat. In der Nacht besetzen russische Soldaten das Krankenhaus, und er steht an der Tür, die Trikolore auf dem Hemd, und gehört auch zu den Siegern.

Am nächsten Tag geht er zur provisorisch eingerichteten französischen Kommandantur, ohne Begleitung, als freier Mann. Die ehemaligen Häftlinge und Zwangsarbeiter dort tragen rote Tücher als Erkennungszeichen. Französische Kommunisten geben sich als Gesinnungsgenossen der Sieger zu erkennen. Sie hätten sich, sagt der alte Scholl-Latour im deutlichen Jargon des ehemaligen Soldaten, sonst was rot angemalt, falls das nötig gewesen wäre.

Er aber will nur nach Hause. Dafür braucht er Papiere, und die hätte er sich, falls nötig, auch vom Teufel persönlich ausstellen lassen. In das Formular, das jetzt seine Identität bestätigt, bekommt er einen Stempel gedrückt. Ein Freifahrtschein. Mit dem darf er die Stadt verlassen, mit dem darf er zurück in die Heimat, ins Elsass.

So war er, sein wichtigster Tag danach. Die Sonne schien. Es ist dieselbe, die sich in Berlin aus dem Zimmer schleicht, während er davon erzählt und der Abend die ersten Schatten wirft. Insofern hat sich am Lauf der Welt nichts geändert. Peter Scholl-Latour trinkt seinen Whisky aus.

Bloß keine Gefühle

Rudolf Seiters. Der Mann neigt nicht zu Pathos und redet ungern darüber, wie er sich in bestimmten Momenten seines Lebens mal gefühlt hat. Ein emotionaler Tag in seiner politischen Laufbahn war jener, an dem der damalige Chef des Bundeskanzleramts mit Hans-Dietrich Genscher auf dem Balkon der deutschen Botschaft in Prag stand und der Außenminister Tausenden von verzweifelten DDR-Flüchtlingen, die seit Tagen im Freien kampierten, mitteilen durfte, dass ihrer Ausreise ins gelobte Land Bundesrepublik nichts mehr im Wege stehe.

Der Rest dieser historischen Ankündigung, die einer biblischen Verkündigung gleich kam, ging unter in schluchzendem Jubel: »Ich hatte Tränen in den Augen«, sagt Rudolf Seiters. Dieses Gefühl immerhin gibt er preis. Leugnen wäre allerdings auch zwecklos, denn dass er damals weinte, haben während der Liveübertragung Millionen gesehen. Das konnte er hinter seinen großen Brillengläsern nicht verbergen.

Am Tag danach allerdings ging er, wieder ungerührt, an die Arbeit. Die neuen Bundesbürger mussten untergebracht werden, und er war der im Kanzleramt zuständige Koordinator. Viele Züge mit Ausreisewilligen würden denen aus Prag noch folgen. Monatelang gab es deshalb keinen Tag, an dem er über die vergangenen Tage hätte nachdenken können. »Bis kurz vor Weihnachten 1989 waren alle Tage wie Tage danach oder wie Tage davor, aus welcher Perspektive man das auch immer betrachten mag.« Einen ganz bestimmten Tag sieht er als Zäsur. An den erinnert sich Seiters genau. Das war in Dresden am Abend des 19. Dezember. Er stand neben Kohl auf einem Podium, vor ihnen bis zum Rande ihres Blickfeldes eine Menschenmenge, Fahnen schwenkend, »Helmut!« skandierend. Da hat sein Kanzler die »wohl beste Rede seines Lebens« gehalten, weil er die Emotionen der »Wir sind ein Volk«-Massen nicht schürte, was leicht gewesen wäre, sondern dämpfte, was schwer war.

Eigene Gefühle wie die anfangs knapp beschriebenen auf dem Balkon in Prag sind ihm nur nach langem Zögern eine Nachrede wert. Er prüft stattdessen lieber von Augenblick zu Augenblick die Lage. Das gilt für alle, die ihm gegenübersitzen und von dem Osnabrücker mehr wissen wollen als die Uhrzeit, und das gilt deshalb auch für mich. Dabei wirkt er aber nie unnahbar kalt wie ein anderer aus seiner Partei, wie Wolfgang Schäuble. Die Kühle von Seiters kommt sichtbar nicht von erworbener Härte, sondern von der Konzentration aufs Wesentliche. Aus dieser Ruhe schöpft er Kraft.

Genau auf Argumente zu hören, die Folgen einer Entscheidung zu bedenken, war schon immer typisch für Rudolf Seiters, war kein antrainiertes politisches Markenzeichen, sondern politisches Kredo. Er dachte lieber nach, bevor er handelte. Nachdem er Für und Wider bedacht und danach gehandelt hatte, gab es aber auch kein Zurück mehr.

Wie bei seinem Rücktritt als Innenminister der Bundesrepublik Deutschland am 4. Juli 1993.

Das ist lange her, mehr als zwölf Jahre, aber Rudolf Seiters hat noch jedes Detail der Affäre im Kopf, die das Ende seiner politischen Macht bedeutete, aber am Ende nicht seine Affäre war. Es ging um den Zugriff, wie es im Polizeijargon heißt, des ermittelnden Bundeskriminalamtes und der Spezialeinheit GSG 9 auf den RAF-Terroristen Wolfgang Grams. Die Aktion auf dem Bahnhof von Bad Kleinen endete bekanntlich tödlich. Sowohl der Gesuchte als auch ein Beamter der GSG 9 kamen ums Leben.

Am Samstag, dem 3. Juli, waren Vorabmeldungen verbreitet worden, die sich auf einen Artikel im »Spiegel« vom folgenden Montag beriefen. Es sei bei jenem chaotisch verlaufenden Zugriff nicht alles mit rechten Dingen zugegangen, mit rechtsstaatlichen schon mal gar nicht, viele Indizien sprächen dafür, dass aus Wut über den erschossenen Kollegen eine gezielte Tötung des bereits wehrlos auf den Schienen liegenden Grams stattgefunden habe, die jetzt vertuscht werden solle. Ein ungeheurer Vorwurf. Die Meute nahm mit dieser Vorlage Witterung auf, Journalisten aller Medien gingen auf die Jagd.

Bundesinnenminister Rudolf Seiters saß an diesem Samstag in fröhlicher Runde mit seiner Familie und mit ein paar Freunden zu Hause, als er von dem Artikel informiert wurde, und wusste sofort, »da kommt etwas auf mich zu«. An diese seine erste Reaktion erinnert er sich genau, um im nächsten Satz darauf hinzuweisen, faktisch gesehen sei der Generalbundesanwalt in Karlsruhe bei der missglückten Aktion von Bad Kleinen zuständig gewesen, und der wiederum fiel nicht in seine, sondern in die Zuständigkeit der Justizministerin Sabine Leutheusser-Schnarrenberger. Das war formal gesehen richtig, doch politisch wäre ein solches Argument blauäugig gewesen. »Natürlich wurde, weil es um Terrorismus ging, als Verantwortlicher der Bundesinnenminister genannt. Und der war nun mal ich.«

Am Sonntag, das war dann der 4. Juli, ließ er sich mit dem Hubschrauber nach Bonn fliegen. Krisensitzung. Er versammelte im Ministerium die Spitzen seines Hauses und die Experten für solche Fälle wie den Fall Bad Kleinen, fragte nach und hörte zu. Wie es seine Art war. Selbst in solchen Ausnahmesituationen wirkte Seiters wie immer: kühl und gelassen. Als er von den genauen Umständen der Aktion erfuhr, war er davon überzeugt, sich persönlich nichts vorwerfen zu müssen.

Was wiederum nichts änderte an seiner ersten Einschätzung dessen, was auf ihn zukommen würde. Da dürfte er bereits einen bestimmten Entschluss gefasst haben. Zunächst hörte er weiter zu.

Die Beamten, die beim Zugriff auf Grams und seine Begleiterin in Bad Kleinen beteiligt waren, hatten entgegen allen Vorschriften nach dem Einsatz Gesicht und Hände und Waffen und Kleidung gereinigt. Etwaige Schmauchreste vom Gebrauch der Waffen – verbunden mit der entscheidenden Frage: welcher Waffen und von wem benutzt und wann? – waren so dem Zugriff der Spurensicherung entzogen. Diese Verletzung der Dienstvorschrift, die nicht nach einem Versehen aussah, nährte den Verdacht, dass wohl nicht alles so abgelaufen war, wie es offiziell dargestellt wurde.

Ob es doch noch eine Chance gäbe, eventuelle Spuren zu ermitteln trotz dieser Panne, wollte Seiters wissen. Zwei Universitätsinstitute, eins in Münster und eins in Zürich, müssten das auf Grund ihrer Erfahrung und ihrer speziellen Methoden können, lautete die Antwort eines Beamten. Der Minister fragte nach: Und wie lange dauert eine solche Untersuchung? Um ganz sichere Ergebnisse zu erhalten, etwa sechs Monate. Als er das hörte, wusste Seiters erst recht, was er zu tun hatte.

Noch heute ist er überzeugt davon, richtig gehandelt zu haben: »Es wäre politisch nicht durchzuhalten gewesen, in einer solchen quälenden Ungewissheit, die sich über Monate hinziehen würde, meine politischen Pflichten als Minister zu erfüllen.« Also erfüllte Seiters seine Pflicht, zu der es für ihn keine Alternative gab, und beschloss, seinen Rücktritt einzureichen. »Um Schaden von der Regierung fernzuhalten.«

Mit dem Wissen von heute muss an dieser Stelle die Chronik der damals abgelaufenen Ereignisse für eine »Was wäre, wenn«-Theorie unterbrochen werden. Was wäre geschehen, wenn Seiters im Amt geblieben und Manfred Kanther nicht sein Nachfolger auf der großen Bühne geworden, sondern eine lokale Größe im hessischen Kellertheater geblieben wäre? Eines wäre sicher nicht passiert, dass ein – dann auch schon ehemaliger – deutscher Innenminister in einem Schmierenstück um schwarze Kassen, getarnt als Vermächtnis jüdischer Emigranten, bar jeglicher Moral, zum Hauptdarsteller und später auf Bewährung Verurteilten avanciert wäre. Und hätte der CDU längst nicht so geschadet wie das, was im Zuge des Parteispendenskandals tatsächlich geschah. Der Katholik Seiters, der regelmäßig betet, ist zwar auch ein Mann der Provinz, aber keiner aus Hessen, hätte bei einem solchen illegalen und vor allem unwürdigen Spiel nicht mitgemacht.

Im Laufe dieses Sonntags versuchte Kohl dreimal telefonisch, ihn zum Rücktritt vom ihm angebotenen Rücktritt zu überreden. Er schickte seinen Kanzleramtschef Wolfgang Schäuble vorbei, und auch an dessen Satz, noch sei kein Anlass gegeben für einen Rücktritt, erinnert sich Seiters wortgenau. Das Wörtchen *noch* machte für ihn, der genau hinzuhören pflegt, dabei auf Zwischentöne achtet, den entscheidenden Unterschied zwischen uneingeschränkter Solidarität und ersten Anzeichen einer politisch motivierten Absetzbewegung. Seiters waren solche feinen Unterschiede bekannt, was ihn in seinem Entschluss noch bestärkte.

In einem letzten Telefonat mit dem Kanzler am Sonntagnachmittag bat er den deshalb dringlich, sein Gesuch am nächsten Morgen anzunehmen. »Ich hatte mich mit meiner Frau besprochen, und ich war ganz sicher, dass mein Rücktritt die richtige Konsequenz war.« Er dachte sogar noch über den Tag hinaus und plädierte dafür, seinen Rücktritt ins Positive zu wenden, also dem Wähler zu vermitteln, dass Politiker der CDU nicht am Sessel kleben würden und sich ihrer politischen Verantwortung bewusst seien. Sein Glaube an einen Höheren half. In dieser Weltordnung, die gottgegeben ist und nicht alle vier Jahre neu justiert wird, gelten andere Werte als die auf Erden gültigen.

Kohl gab nach und legte auf und fand über Nacht einen Ersatz. Von der Ersatzbank kam der hessische CDU-Vorsitzende Manfred Kanther ins Spiel.

Seiters fuhr am Montag, dem 5. Juli, ausgeruht ins Kanzleramt, wo er pünktlich um acht Uhr ankam und seinen Nachfolger traf. »Ich habe immer gut geschlafen, wenn erst einmal eine Entscheidung gefallen war.« Überreichte sein Rücktrittsschreiben und war fortan de facto, wenn auch noch nicht de jure, ein ehemaliger Minister. Die Macht gab sich einem anderen hin. Kanther konnte, sagt Seiters, als erste Amtshandlung alle Verantwortlichen für die Bad-Kleinen-Panne in den Ruhestand jagen, was man ihm, Rudolf Seiters, wäre er im Amt geblieben, als Abschieben von Verantwortung auf passende Bauernopfer vorgeworfen hätte. Auch deshalb sei seine Entscheidung politisch richtig gewesen.

Man soll aber nicht glauben, dass es ihm leicht gefallen ist, sein Amt aufzugeben. Gern hätte er noch den im Frühjahr des Jahres mit SPD-Chef Björn Engholm ausgehandelten Asylkompromiss »im politischen Alltag begleitet, und mein Amt hatte mir Spaß gemacht, weil man endlich umsetzen hatte können, was man für richtig hielt«. Seinem damaligen SPD-Partner hatte inzwischen die Stunde geschlagen, der war schon im Mai von allen Ämtern zurückgetreten, aber wie jetzt Seiters hatte auch der die Uhrzeit selbst bestimmt und die Regie nicht seinen Gegnern überlassen.

Nach dem Termin im Kanzleramt ging Seiters in die Fraktion, die ihn respektvoll feierte, stellte sich den Journalisten. Vor sich hatte er noch einen abschließenden Auftritt als Minister beim Bundespräsidenten, der ihm mit dem üblichen Dank des Vaterlandes die Entlassungsurkunde überreichen würde. Er verabschiedete sich von seinen Mitarbeitern und flog, zum letzten Mal mit dem Diensthubschrauber, nach Hause.

Dort übte er, sich einzurichten mit dem Gefühl des Verlustes. Sagte er Verlustgefühl?

Sagte er.

Er saugt an seiner Pfeife und blickt zurück ohne Zorn. Bilder steigen auf von dem Moment im Bundestag, als er während einer Debatte über den Haushalt am 9. November 1989 die Öffnung der Mauer bekannt geben durfte – »*Nach den jüngsten Berichten kann von einem historischen Schritt gesprochen werden*« – und alle Abgeordneten sich erhoben und die Nationalhymne sangen. Damals wusste keiner im gemischten Chor, wie es tatsächlich drüben aussah. Noch der aktuellste Bericht des Bundesnachrichtendienstes vom Frühjahr 1989 hatte die wirtschaftliche Lage im anderen Staat rosarot statt rot gemalt und nichts von den wahren Zahlen erwähnt. Die brachte erst der Grenzgänger Alexander Schalck-Golodkowski in seinem Koffer mit. Der habe sich übrigens »stets an alle Abmachungen gehalten, ohne dabei allerdings je sein System in Frage zu stellen«.

Rudolf Seiters zog sich nach seinem Rückzug nicht ins Private zurück, insofern hatte sein Tag danach keine mittelbaren Folgen. In seinem Wahlkreis wurde er erneut einstimmig für die Bundestagswahlen 1994 aufgestellt, und dieses Vertrauen in seine Integrität war ihm eine Verpflichtung. Schon deshalb hat er nie daran gedacht, ganz aus der Politik auszusteigen. Er erfüllte seine Pflichten dort, wo ihn die Partei brauchte – als stellvertretender Vorsitzender der Fraktion und nach dem Sieg der rot-grünen Koalition als Vizepräsident des Bundestages. Erst 2002 verließ er diese Bühne und suchte sich eine andere.

Dr. Rudolf Seiters ist seitdem Präsident des Deutschen Roten Kreuzes, ein Ehrenamt, das ihn erfüllt, verbunden mit zahlreichen öffentlichen Auftritten, die er nicht scheut. Weil er immer ehrlich umging auch mit denen, die auf der anderen Seite standen und stehen, ist die Schar seiner Gegner überschaubar. Seine Tage sind ausgefüllt mit Konferenzen und mit Gesprächen, in denen er wie immer genau hinhört und Argumente wägt und sich dann für eine DRK-Aktion entscheidet, wo auch immer auf der Welt es den Einsatz lohnt, bei der Tsunamikatastrophe oder in Darfur. Das über viele Jahre aufgebaute Netzwerk der internationalen Verbindungen hilft. Er ist Politiker geblieben, und er ist seiner Art treu geblieben.

Doch den Parteipolitiker Rudolf Seiters, der sich am 4. Juli 1993 freiwillig von der Macht trennte, den gibt es nicht mehr.

In der Hitze der Macht

Ron Sommer. Ob er es immer noch dann am schönsten in der Küche findet, wenn es da so richtig heiß wird und andere die Hitze nicht mehr aushalten können, lässt sich nicht überprüfen. Wie auch. Wo es hitzig zugeht und wo man sich bei jeder falschen Bewegung Brandblasen holt, da hält sich Ron Sommer nicht mehr auf.

Der Mann, der ganz vorne am Sesselrand sitzt, damit die Füße festen Halt haben, sieht noch immer aus, wie Ron Sommer immer aussah, also jünger als seine jeweiligen Lebensjahre. Inzwischen ist er sechsundfünfzig. Seitdem er als Vorstandschef der Deutschen Telekom zurückgetreten wurde, verläuft sein Leben im Vergleich zu dem Leben, das er zuvor geführt hatte, eher unspektakulär. Er ist nicht untätig, aber früher hätte er sein heutiges Pensum zwischen zwei Terminen im Anflug auf London oder New York erledigt: Berater der russischen Firma AFK Sistema in deren Mobilfunkgeschäften, Aufsichtsrat beim Chemiekonzern Celanese oder bei Motorola.

Nun ja, es gibt sicher Langweiligeres.

Aber für einen seiner Spielstärke so viel nun auch wieder nicht.

Er ist einfach zu jung, um nur Ratgeber zu sein. Er hat noch so viel Energie übrig, dass es locker für einen richtigen Job reichen würde. Insofern könnte man wagen zu behaupten, dass es ihm an Lebensqualität mangelt, den Achtzehn-Stunden-Tagen, gekrönt von allenfalls fünf Stunden Schlaf, den von Terminen bestimmten Zeitreisen zwischen Alter und Neuer Welt. Da der Faktor Stress für ihn gleichbedeutend war mit Lust und mit Spaß, fehlt dem studierten Mathematiker einiges. Diese Adrenalinstöße immer dann, wenn es spannend wurde im Job, wenn das Pokerface zum Anzug passen musste, wenn sich herausstellen würde, ob er wirklich alles vorausberechnet hatte, wenn er spürte, dass die letzte Runde eingeläutet worden war. Diese Hitze der Macht, an die man sich gewöhnen, die zur Sucht werden kann.

Er lächelt in wehmütiger Erinnerung, viel mehr als ein solches Lächeln gibt er selten preis von sich und gestattet sich die Andeutung eines zustimmenden Nickens. Ron Sommer würde sich aber niemals mit einem Satz zitieren lassen, dass es genau jener Kick ist, der ihm so fehlt seit dem 16. Juli 2002.

Er war einer der Stars der neuen Pop Economy, von drei Millionen Aktienbesitzern der Telekom verehrt wie EM.TV-Gründer Thomas Haffa von seinen Gläubigen. Am Tag, an dem er das Gesetz des Handelns ein letztes Mal in die eigenen Hände nahm und sich verabschiedete, bevor er verabschiedet werden konnte, am Tag, an dem er ein letztes Mal seine Gegner abgehängt hatte, war er allerdings eh schon fast am Ende seiner Tage angekommen. Er spürte ihren Atem im Nacken, aber den letzten Triumph, ihn am Boden zu sehen, den wollte er ihnen nicht gönnen. Also drehte er sich um, öffnete die Brust und besiegte sie.

Aus dem Amt geprügelt worden war Sommer, verbal, von einer Koalition der besonderen Art: Politikern, Publizisten, Pöbel. Wobei die sich je nach Bedarf bei ihren Attacken ergänzten, mischten, über Bande spielten. Die auf den Rängen saßen und bereits die Daumen gesenkt hatten wollten endlich Blut sehen. Denn als die Kurse der Telekom sanken, beklagte das Volk nicht etwa die eigene Dummheit oder seine Geldgier oder die schlechte Beratung durch seine Hausbanken, denn zwischen Ausgabekurs und Höchststand lagen goldene Zeiten, in denen alle das Papier mit satten Gewinnen hätten verkaufen können. Nein, sie suchten sich Schuldige woanders.

Wo findet man die?

In dem Fall an der Spitze der Deutschen Telekom. Was von

Sommer und Co. in normalen Zeiten leicht hätte ausgesessen werden können, bis von der weiß glühenden Wut irgendwann nur Rauch geblieben wäre, wurde in dieser Zeit zu einer tödlichen Mischung von gestiegenem Volkszorn und gesunkener Volksaktie. In Wahlkampfzeiten sind Aktionäre vor allem Wähler. Sie hatten die Chance, ihrem Unmut ein Kreuzchen zu verleihen, nicht bei der Telekom, sondern bei deren staatlichen Paten in den Parteien, und wer von denen trotzig und trotzdem am ausgeguckten Sündenbock festhalten würde, den würden sie am Wahltag bestrafen. Also war der Telekomchef, einst als Messias, als Vertreter der neuen deutschen Aktienkultur gepriesen und nunmehr als Vernichter von Volksvermögen geschmäht, spätestens ab dem Frühjahr 2002 nicht mehr zu halten. Ein lebendes Kursrisiko.

Ron Sommer mit der ihm eigenen Ironie, die nicht frei ist von der ihm eigenen Selbstgefälligkeit: »Vielleicht habe ich zu wenig darauf hingewiesen, dass es im Aktiengeschäft ebenso schnell nach unten wie nach oben gehen kann, dass es keine Garantie gibt auf stets steigende Renditen.« Was zwar selbstverständlich ist, seit es Aktien gibt, aber vielen der Neueinsteiger nicht bewusst war. Das Volk wollte Vermögen, und zwar schnell, und nichts hören vom systemimmanenten Risiko. Falls es denn eines geben sollte, müsste das doch wohl von der Telekom getragen werden oder gleich vom Staat.

Oder etwa nicht?

Immerhin stand die Deutsche Telekom, die Ron Sommer in seiner Amtszeit zwischen 1995 und 2002 von einem staatlichen Schnarchladen zu einem modernen Dienstleistungsunternehmen umbaute, was auch den Verlust Tausender von Arbeitsplätzen bedeutete, im Vergleich zu manch anderen Aufsteigern der New Economy nicht auf tönernen Füßen, sondern auf festen Säulen. Es gab einen Wert, messbar in gültigen Kriterien der Old Economy, also nicht basierend auf leeren Versprechungen von künftigen Erfolgen.

Ähnlich wie Thomas Middelhoff hatte es Sommer deshalb

nicht nötig, mit großen Sprüchen seinen Unternehmungen den nötigen Glanz zu verleihen. Oder wie das damals hieß: sie für die Anleger sexy zu machen. Sie liebten ihre Visionen, aber die bauten sie auf festem Grund. Sommer und Middelhoff definierten sich nicht über sichtbare Zeichen der Macht wie zum Beispiel Bodyguards, die Macht an sich reichte als Sozialprestige. Sie brauchten den Laptop, und sie brauchten immer die schnellste Verbindung von A nach B. Beide flogen im jeweiligen Firmenjet für ihre Deals lieber zweimal um die Welt als einmal zum Jahresempfang des Bundesverbandes der Deutschen Industrie.

Beide hatten sich, Karriere als Ziel und nicht nur als Zweck, in klassischen Konzernstrukturen als Manager bewiesen, der eine bei Bertelsmann, der andere erst bei Nixdorf und dann bei Sony. Beide nutzten die Internetrevolution für ihre tägliche Arbeit. Beide dachten global statt regional. Das ging manchen in ihrer Region zu schnell. Die blieben zurück. Nicht nur staunend, auch voller Ressentiments. Wie sich herausstellen sollte. Deren Stunde, die der Häme und der Rache und der Genugtuung, schlug, als den *tough guys* die Stunde schlug.

Nun muss man darüber nicht weinen, denn hätte es die anderen erwischt, hätten sie auch nicht geweint. Was man den goldenen Fallschirm nennt, also eine Abfindung in der Höhe mehrerer Jahresgehälter, bremste den Sturz, was äußere Wunden betrifft. Die inneren blieben naturgemäß unsichtbar. Über Niederlagen spricht man in diesen Kreisen nicht so gern wie über Siege. Bei nüchterner Nachbetrachtung drängt sich jedoch beim Fall Ron Sommer der Eindruck auf, dass die Vertreter der klassischen Deutschland AG, versammelt im Aufsichtsrat, nur auf den richtigen Moment gewartet haben, um ihn zu schlachten und öffentlich als Blender vorzuführen. Angeblich wirtschaftliche Notwendigkeiten in stürmischer gewordenen Zeiten ließen sich aufs Feinste verbinden mit persönlicher Rache. Alte Rechnungen wurden beglichen, egal wie teuer es wurde.

So populär wie der jetzt Gestürzte waren dessen Vorgänger

selbst zu ihren besten Zeiten nie gewesen, und er wiederum hatte sie das zu seinen besten Zeiten deutlich spüren lassen. Da stand Ron Sommer, *The German Wunderkind*, der 1949 in Österreich geboren wurde, mal neben SPD-Kanzler Gerhard Schröder und mal neben CSU-Ministerpräsident Edmund Stoiber, mal neben Telekom-Radrennprofi Jan Ullrich und mal neben Herbert Grönemeyer auf irgendwelchen Bühnen, doch stets auf gleicher Augenhöhe mit den Stars aus Politik, Sport und Kultur.

An seinem Tag danach, dem 17. Juli 2002, stand Ron Sommer plötzlich neben sich und auf einer Position, die ihm fremd war. Im Abseits. An die hat er sich noch immer nicht gewöhnt. Manchmal ertappt er sich dabei, dass er über die Taktik des Spiels nachdenkt und die umsetzen will auf dem Platz, aber keiner spielt mit. Er hat seinen Pilotenschein als Sportflieger gemacht, wozu er früher, als er geflogen wurde, nie gekommen wäre, und er hat sein Handicap beim Golf verbessert, und bei der Skiabfahrt in den Schweizer Alpen macht ihm auch keiner was vor, und eine gesunde Gesichtsfarbe hat er auch, und ansonsten gibt es genug zu lesen und zu studieren und anzuschauen.

Aber alles außerhalb der Küche, wo es so schön heiß ist.

Der eigentliche *thrill* für Ron Sommer während seiner Amtszeit waren die vielen Situationen, in denen jedes Zucken Niederlage bedeutet hätte, in denen er immer wieder beweisen musste, dass er bessere Nerven hatte als die jeweiligen Counterparts. Insofern ist für ihn das Motto, wer die Hitze scheut und nicht verträgt, möge die Küche verlassen, wenn die großen Jungs zu dealen beginnen, nicht nur ein wohlfeiler Spruch, der gut klingt, sondern eine Art Leitmotiv für seine ganze berufliche Karriere. *If you can't stand the heat, you have to leave the kitchen.*

Dieser Kick fehlt ihm. Weniger kampfbetont ausgedrückt: Es ist seit seinem Abgang nichts passiert, was annähernd vergleichbar gewesen wäre der Spannung an der Spitze des von ihm jäh geweckten schlafenden Riesen Telekom. Dass sein Nachfolger großen Erfolg hat, freut ihn einerseits, aber andererseits vergisst er nicht den Hinweis, dass die Strategie Kai-Uwe Rickes auf genau den vier Säulen beruht, die er, Ron Sommer, aufgebaut habe. Er hat den Boden gerodet, er hat die Strukturen aufgelöst, er hat gesät, aber geerntet hat ein anderer. Das dämpft dann doch ein wenig die Freude.

Logisch also, dass er sich von der Telekom noch lange nicht verabschiedet hat. Innerlich. Wie es »mir tatsächlich ergehen wird am Tag danach«, kokettiert er, »das weiß ich nicht. Es kann durchaus noch zehn Jahre dauern, bis ich wirklich mit dem Kapitel Telekom abgeschlossen habe«, und erst danach würde es dann jenen Tag danach geben, auf den er seit dem eigentlichen, dem 16. Juli 2002, noch wartet. Ron Sommer weiß genau, dass dieser Satz von ihm auch ein ziemlich guter Schachzug sein könnte, der Frage nach den wahren Gefühlen zu entkommen. Da er nicht nur ein geschickter, sondern ein sensibler Manager ist und keiner der üblichen Peanutsritter von der traurigen Gestalt, gibt er sich aber im gleichen Atemzug geschlagen, weil er ahnt, dass er seinem Tag danach nicht entkommen wird. Oder zumindest den Fragen danach.

Nun gut. »Ich weiß gar nicht mehr, welcher Wochentag es gewesen ist«, versucht er es noch einmal und nickt nach dem Hinweis, es sei ein Mittwoch gewesen. Der Rücktritt geschah am 16. Juli in Bonn, einem Dienstag, der Tag danach muss logischerweise Mittwoch, der 17. Juli, gewesen sein. »Am Tag des Rücktritts übrigens haben mir meine engsten Mitarbeiter und Sekretärinnen ein Abschiedsfest gegeben, und das glich wohl doch eher einer Begräbnisfeier.« Allerdings geht es bei normalen Leichenfeiern wahrscheinlich fröhlicher zu als bei dieser. Man ist wie tot. Man kann es noch gar nicht fassen. Man steht neben sich. Es wechseln Trauer und Rache und Schuldgefühle, und man ahnt gar nicht, wie schnell man allein schon durch die normative Kraft des Faktischen zur Vergangenheit seiner Firma zählen wird.

Jetzt wäre es angebracht, bestätigend zu nicken, denn er hat genau dieses Bild benutzt, um wie zufällig einen Sympathisanten zu gewinnen, der die Hitze der Küche kennt und ebenfalls nichts dagegen hat, wenn es so richtig heiß wird.

Wichtigste Entscheidung war die Entscheidung, keine Entscheidungen zu treffen angesichts des emotionalen Zustandes, in dem er sich befand. Wäre alles falsch gewesen. Also erst einmal totaler Rückzug. Keine Anfragen beantworten, in die Berge steigen, Türen schließen. »Mein eigentlicher Halt war meine Familie«, sagt er, und es folgen keine sentimentalen großen Worte, ein kurzer Satz muss genügen. Alles andere wäre ihm dann doch zu privat. Dass er sich mehr Zeit für seine Familie nimmt, kann er belegen. »Früher hätte ich mein Sekretariat gebeten, bei irgendeinem Trip in die USA auf irgendeinem Flughafen dort dreißig Minuten für meinen Sohn einzuplanen, damit ich ihn wieder mal umarmen konnte, heute habe ich drei Tage Zeit für ihn, und wenn er mich bittet, an seiner Uni mit anderen Studenten *open end* zu diskutieren, freue ich mich richtig darauf.«

Bei Ron Sommer kündigte sich das Ende der Karriere schon lange an. Je tiefer die Aktienkurse sanken, desto tiefer sank auch sein Image. Natürlich blieb es auch nicht aus, dass der Volkszorn am Beispiel seines Gehalts geschürt wurde, weil so viel Geld zu verdienen plötzlich als unmoralisches Verhalten galt. Noch ein halbes Jahr zuvor, beim Höchststand der Aktie, wäre dies kein Thema gewesen, da wollten alle nur eines – reich werden mit Sommer, wie Ron Sommer. Er hätte sein Gehalt und die Gehälter der anderen Vorstände offen legen können, schon um zu zeigen, wie tief die unter den Gehältern der meisten Firmenvorstände lagen, die im DAX vertreten waren. Aber den normalen Aktionär hätte das wohl nicht so tief beeindruckt.

Anfangs staunte er über die Geschwindigkeit, mit der er demontiert wurde. Manche von den Herren der öffentlichen Meinung, die jetzt das Feuer freigaben auf ihn und auch nicht gerade von der Sozialhilfe leben mussten, hatte er im Firmenjet der Telekom mitgenommen bei glamourösen Ausflügen zu großen Sportereignissen, und er glaubte sie zu kennen.

Jetzt lernte er sie kennen.

Die Kampagne gegen Ron Sommer, der das Vermögen des kleinen Mannes vernichtet hatte, obwohl der vorher keines hatte, bevor es die Volksaktie Telekom gab, lief auf Hochtouren. Stoiber und Schröder standen im Wahlkampf und hatten keine Zeit für Solidarität mit dem Mann, dessen Nähe sie einst suchten. Ihre Wähler waren ebenfalls Telekomaktionäre, und die wollten ein Opfer. Man einigte sich intern auf Ron Sommer und schlachtete ihn öffentlich.

Bevor sie ihm das Fell von den Rippen schneiden konnten, führte er sie noch ein letztes Mal vor. Noch während der Aufsichtsrat tagte, der über sein weiteres Schicksal entscheiden sollte, entschied er sich selbst, trat vor Kameras und Mikrophone, verkündete seinen Rücktritt, um »weiteren Schaden vom Unternehmen abzuwenden«, das durch die öffentliche Debatte beschädigt werde, hatte unübersehbar Tränen in den Augen und verließ die Bühne.

Es hatte sich alles seit Wochen angekündigt und war natürlich auch Thema in seiner Familie gewesen. Der ältere Sohn riet seinem Vater dazu, einfach hinzuschmeißen, endlich loszulassen und mit ihm in den Vereinigten Staaten etwas ganz Neues anzufangen. Mit geschätzten zwölf Millionen Euro Abfindung, wie auch immer die über die Jahre verteilt wurden, ließ sich schließlich was machen. Der jüngere Sohn, der noch bei ihm und seiner Frau lebte, plädierte für Kampf. Nicht von selbst gehen und niemals freiwillig. Seine Frau sagte gar nichts.

Er selbst sah irgendwann ein, dass es nicht mehr um die Hitze in der Küche ging, sondern um Küchenmesser. Die waren hinter seinem Rücken gewetzt worden, und ihre Besitzer waren bereit, sie zu benutzen. »Die Arbeitnehmer, denen ich am meisten habe zumuten müssen beim Umbau, weil ich ja viele Stellen habe streichen müssen, die hielten zu mir und sind sogar für mich auf die Straße gegangen.« Was ein Unternehmer wie er durchaus als Kompliment sieht.

Dabei fällt ihm ein im Vergleich zu seinem eigentlich eher unbedeutender Tag ein, der fand statt ein halbes Jahr nach seinem Abgang. Aber für ihn war er wohl bedeutend, denn sonst wüsste er sich nicht so genau an den zu erinnern.

Jetzt lehnt er sich zurück im Sessel, jetzt ist er auf sicherem Terrain, jetzt lässt ihn die Spannung los, jetzt lächelt er selig, als ob er gleich von einem unerwarteten Weihnachtsgeschenk erzählen will.

Die Betriebsräte der Telekom hatten ihn im November 2002 zu ihrem Jahrestreffen eingeladen, es gab ein Abendessen im großen Kreis. Der Betriebsratsvorsitzende hielt eine Rede und dankte dem Gestürzten, weil er es geschafft habe, beim Abbau von Arbeitsplätzen sozialverträglich und verantwortlich zu handeln. Ron Sommer, der nicht zur Kumpanei neigt, erst recht nicht in der Niederlage, war tief gerührt. Er las seine Rede vom Blatt ab. Hätte er frei gesprochen, wer weiß, dann hätte er vielleicht doch seinen Gefühlen nachgegeben. Dann ging er zurück auf seinen Platz. Alle standen auf und klatschten ihm minutenlang zu.

Viele von denen, die sich einst neben ihn aufs Foto gedrängt hatten, so genannte Freunde aus der Politik und aus der Wirtschaft, verhielten sich »beschämend illoyal«. Er hat sie sich gemerkt. Aber auch die, von deren Unterstützung er überrascht war, denn die gab es auch, sogar in der Politik.

Alle Erfahrungen in den Tagen danach würden ihn niemals daran hindern, sofort Ja zu sagen und sich wieder auf fünf Stunden Schlaf umzustellen, falls sie ihn fragen würden, ob er es noch mal versuchen wolle. Das wird zwar nie geschehen, aber der Gedanke daran, der Gedanke, was wäre, wenn, der gefällt Ron Sommer.

Der Lutherfaktor

Ulrich Wickert. Der Winternachmittag ist dunkel und hat sich bereits jetzt, kurz nach siebzehn Uhr, der Nacht ergeben. In seinem eichenschwer möblierten Arbeitszimmer hat der Hausherr deshalb den Kronleuchter eingeschaltet. Ulrich Wickert mustert ihn neugierig. Der Mann wäre die ideale Besetzung für die Rolle des versponnenen Professors. So stellt Wickert sich den Archetypen eines deutschen Gelehrten vor, genau so. Umgeben von staubigen, mit dem Wissen der Welt beladenen Bücherregalen, sitzend an einem von Papieren überquellenden Schreibtisch, versunken in Gedanken.

Dieser erste Eindruck, den Ulrich Wickert vierzig Jahre später aus seinem Gedächtnis aufsteigen lässt und mit mir teilt, war nicht ganz falsch. Tatsächlich ist der Mann ein hoch angesehener Professor für Altphilologie, lehrt in Bonn an der Rheinischen Friedrich-Wilhelms-Universität, ist Dekan der Philosophischen Fakultät und außerhalb seines Fachgebiets noch nie aufgefallen. Eine Respektsperson, dieser Wolfgang Schmid, die allein schon auf Grund ihres Amtes Respekt verlangen darf.

Am Ende des Gesprächs, zu dem ihn Professor Schmid gebeten hat, wird er für den Studenten Wickert ein Mensch sein, der für sein Rückgrat und nicht für seinen Rang Respekt verdient. Vom Tag danach an ist es dessen Haltung, das lutherische »Hier stehe ich, ich kann nicht anders«, an die er sich im Laufe seiner Karriere von Fall zu Fall erinnert. Immer dann, wenn er seinen eigenen Standpunkt überprüft.

Das Gespräch im Arbeitszimmer des Altphilologen findet im Vormärz statt, am 26. Februar 1965. Noch sind die Talare an den deutschen Universitäten nicht gelüftet, noch wabert unter ihnen Muff aus tausend Jahren. Die Herrschaftsverhältnisse an den Hochschulen, Spiegelbild der herrschenden Verhältnisse in der Gesellschaft, werden sich zwar bald radikal ändern, aber noch gilt, auch und gerade in Bonn, das Modell Demokratur statt des Modells Demokratie. Akademische Schreibtischtäter waren nach Kriegsende trotz ihrer Nazivergangenheit in die Gesellschaft integriert worden wie ihre Kollegen Richter, Mediziner, Beamten. Die Demonstrationen gegen willkürliche Staatsgewalt während der »Spiegel«-Affäre im Herbst 1962 hatte den Staatsgewaltigen einen Vorgeschmack gegeben auf das, was von aufgewachten Staatsbürgern auf sie zukommen könnte, aber sie hielten mit dem Rücktritt von Strauß und der Freilassung von Rudolf Augstein aus der Untersuchungshaft die Proteste für erledigt, für beendet.

Ein Trugschluss. Die Proteste fingen erst an.

Wie Demokratie im Alltag funktioniert, hat der Student Ulrich Wickert 1962 und 1963 als Stipendiat der Fulbrightstiftung an einer kleinen Universität in den USA erlebt. »Es war völlig normal, dass man in Rede und Gegenrede die unterschiedlichsten Standpunkte ausdiskutierte, es war selbstverständlich, dass man während der Kubakrise auf dem Campusgelände demonstrierte, es war üblich, dass man alles hinterfragte, was die Professoren ex cathedra verkündeten.«

In Bonn, wo er nach der Rückkehr aus dem Gelobten Land der Freien Jura und Politische Wissenschaften und Kunst studiert, ist das nicht selbstverständlich, erst recht nicht normal und schon gar nicht üblich. Das hat er in den vergangenen Wochen erfahren. Nicht nur aus entsprechenden Bemerkungen seiner Professoren in Vorlesungen oder Seminaren oder nebenbei auf den Fluren. Sondern ausgerechnet im studentischen Parlament. In dem saß Wickert als Abgeordneter. Zur Wahl war er als unabhängiger Kandidat unter dem eher unpolitischen Slogan »Besseres Essen in der Mensa« angetreten und mit dem zweitbesten Ergebnis gewählt worden.

Um besseres Essen ging es im Winter 1964/1965 nicht mehr. Er engagierte sich über den Tellerrand hinaus, was Folgen haben würde. Angefangen hatte es mit einer kleinen Anfrage und der Bitte um Aufklärung eines bestimmten Vorwurfes, höflich im Ton, moderat in der Sache. Bald aber ging es um die Vergangenheit der Universität und damit gleichzeitig um die deutsche an sich, es ging darum, wie man sie verdrängt hatte, was ebenso deutsch war, und es ging am Ende für Ulrich Wickert darum, inwieweit man sich gegen stillschweigend akzeptierte Verdrängung zur Wehr setzen darf, ohne dafür abgestraft zu werden.

In den Vereinigten Staaten hatte Wickert gelernt, dass man nicht nur allgemein mit Worten widerstehen kann, sondern konkret, mit Taten: »Ich war unter anderem bei einem *freedom ride* gegen den Ausschluss von Schwarzen an weißen Universitäten dabei und habe vor Ort mit meinen amerikanischen Freunden auf dem Campus demonstriert.« Das Erlebte prägte ihn. Als die Bonner Universität begann, eine Diskussion über ihre Vergangenheit und vor allem die ihres Rektors zu unterbinden, erinnerte sich Wickert an das selbst Erfahrene und trat an zur Gegenrede, die er auch trotz mehrmaliger Aufforderung nicht einstellte. Von der Verwaltung der Universität wurde er daraufhin zur persona non grata erklärt, wurde ihm ein Disziplinarverfahren angekündigt und der Ausschluss von der Alma Mater angedroht, die Relegation.

Die Chronologie dieser Affäre kann genau erzählt werden, eben weil ihre Hauptperson Wickert heißt. Sie muss sogar genau erzählt werden, denn nur dann wird klar, warum jenes Gespräch am 26. Februar 1965 so entscheidend war, nicht allein für die akademische Laufbahn des Studenten Wickert, sondern auch für die journalistische Karriere des in Tokio geborenen Weltbürgers und heutigen Medienstars.

Der junge und der alte Mann sitzen bei Tee und Keksen im Arbeitszimmer des Dekans, der den Studenten zu sich nach Hause gebeten hatte. In seinem Büro in der Fakultät wollte er sich mit ihm aus bestimmten Gründen, über die er auch gleich reden wird, nicht treffen. Vor dem Professor liegen viele Seiten eines Manuskripts, säuberlich beschrieben. Es ist eine Dokumentation der Auseinandersetzung, die seit vier Monaten an der Universität mit aller Leidenschaft und harten Bandagen geführt wird.

Begonnen hatte die Auseinandersetzung, die seit einigen Tagen nach einem Artikel auf Seite drei der »Frankfurter Rundschau« keine typisch lokale mehr ist, sondern eine typisch deutsche, mit einem Aufsatz in der »Zeit«. Der Essayist Walter Boehlich, Lektor bei Suhrkamp, Schriftsteller, Kritiker, einer der wichtigen Intellektuellen der Republik, schrieb da im Feuilleton am 23. Oktober 1964 über die deutsche Vergangenheit des in Bonn gerade zum Rektor gewählten Germanisten Hugo Moser und vergaß in dem Zusammenhang nicht zu erwähnen, dass dieser Herr zur Tradition der Universität Bonn passe, die Thomas Mann nach dessen Emigration die Ehrendoktorwürde aberkannt und diese Schande bis heute nicht revidiert habe.

Der mit Zitaten aus seinen im Dritten Reich entstandenen Schriften angegriffene Moser verzichtete nicht etwa auf das Amt und beschränkte sich stattdessen lieber auf Interpretationen mittelhochdeutscher Texte, damit ihm seine großdeutsche Vergangenheit verziehen werde. Er fühlte sich im Gegenteil unschuldig verfolgt. Kollegen erklärten sich mit ihm außerdem solidarisch, weil auch sie eine braune Vergangenheit hatten. In einer offiziellen Bekanntmachung der Philosophischen Fakultät stufte eine Sonderkommission die Zitate Mosers als »das damals Übliche« zur Bagatelle herab. Das Studentenparlament fordert zwar die akademischen Weißwäscher auf, einen weiteren Bericht mit allen Vorwürfen, Beweisen und Argumenten zu erstellen, aber als die zu einer Sitzung nur einen Vertreter vorbeischicken, der eine dreistündige Verteidigungsrede für Hugo Moser hält, erklärt der studentische Parlamentspräsident die Sache für erledigt.

Mangelndes Interesse an der braunen Vorzeit jener inzwischen den neuen Staat tragenden Kräfte beschränkte sich nicht nur auf die Universität in Bonn. Die Befreiung Deutschlands vom Ungeist der Nazis fand nicht am 8. Mai 1945 statt, als deren Schreckensherrschaft endete – was von der Mehrheit aller Deutschen als Niederlage empfunden wurde. Die eigentliche Befreiung wird erst Ende der sechziger Jahre in Folge der Studentenproteste stattfinden, getragen von der Generation APO, die sich von ihren Vätern befreite und dafür deren subjektive Schuld als kollektive Scham auf sich nahm. Darüber hat Jahrzehnte später »Tagesthemen«-Moderator Ulrich Wickert mit Richard von Weizsäcker diskutiert, der als Bundespräsident in seiner berühmten Rede den 8. Mai 1945 nicht zum Tage der Kapitulation, sondern zu dem der Befreiung erklärt hatte.

Der Schüler Ulrich holte sich seine politischen Informationen in politischen Arbeitskreisen, die zu seiner Pennälerzeit als fortschrittlich galten. »Da ging es ums Grundgesetz und um die Verfassung und die Rechte des Bundestages und solche Sachen, mehr nicht.« Der Stipendiat Wickert war beeindruckt vom Civil Rights Movement in den USA: »Wer sich politisch engagiert, hat das Recht, politisch mitzureden.« Der Student Ulrich Wickert zählt keineswegs zur gerade aufkeimenden Außerparlamentarischen Opposition, er gehört zur Opposition im studentischen Parlament und ist nicht bereit, die Sache Moser für erledigt zu halten.

In einer turbulenten Sitzung verlangt er dort, den Konflikt um das »damals Übliche«, die Vergangenheit des Talarträgers Moser, in einer öffentlichen Diskussion auszutragen. Dabei sollten sich Walter Boehlich und »Zeit«-Feuilletonchef Rudolf Walter Leonhardt ihren Gegnern stellen und einige Professoren wiederum deren Vorwürfen. »In Rede und Gegenrede, wie ich es kannte aus den USA.« Für seinen Antrag bekommt er eine Mehrheit, was nicht nur an seinen Argumenten liegt, die er in freier Rede vorträgt, gelernt ist nun mal gelernt, sondern auch an seiner Taktik. Er setzt trickreich die geltenden Paragraphen der Geschäftsordnung ein, ohne deren Kenntnis bei Veranstaltungen dieser Art kein Erfolg zu erzielen ist.

Ein Pyrrhus-Sieg, wie sich bald herausstellt.

Gerade mal drei Professoren sagen ihre Teilnahme an der Diskussion zu, andere lehnen ohne eine Begründung ab, einer immerhin ist bereit zu kommen, stellt aber Bedingungen. Er will nicht an einem Tisch mit Rudolf Walter Leonhardt sitzen, neben Boehlich erst recht nicht, und vor allem über die Moral der »Zeit« 1965, nicht die der vergangenen Zeit zwischen 1933 und 1945, will er reden. Unter vier Augen rät er anschließend Wickert, alles abzusagen. Es könne ihm sonst nur schaden. Ähnlichen Druck versucht der Präsident des Studentenparlaments auszuüben: Der Herr Kommilitone fragt ihn, ob er eigentlich noch sein Examen machen wolle an dieser Universität. Das will er zwar, aber nicht um jeden Preis. Erinnert sich im Rückblick an einen ironischen Gedanken von damals: »Ich dachte mir, Hotelier in den USA kannst du immer noch werden.«

Als Wickert im Januar einen Saal sucht, in dem die Diskussion stattfinden kann, und in der Uni-Verwaltung nachfragt, wann die Aula frei sei, wird er nur ausgelacht. Es gibt keinen Saal für solche politische Diskussionen und für ihn schon gar nicht. Es gelingt ihm, für einen Abend die Mensa zu bekommen, was vor dem Hintergrund seiner Parole »Besseres Mensaessen« einer gewissen Ironie nicht entbehrt. Offiziell begrüßt die Universität alles, was helfe, »die verwickelten Fragen« zu klären, die »ihre Verantwortung und ihr Schicksal in den dunklen Jahren betreffen«. Womit zwei Schuldige schon mal genannt und namhaft gemacht worden sind: dunkle Jahre und das Schicksal.

Beide können allerdings nicht vorgeladen werden.

Es endet damit, dass Wickert fast alleine dasteht, weil er weiß, dass er auch unter den Studenten im Parlament keine Mehrheit mehr finden wird, und dass sich nur noch ein paar Studenten mit zwei Professoren und dem Redakteur der »Zeit« in einer Kneipe treffen können. Das macht er zwar, aber es ist ein Treffen unter Gleichgesinnten, bleibt ohne öffentliche Resonanz. Außer Flugblätter zu verteilen scheint er nichts mehr unternehmen zu können, denn auch für die Uni-Zeitung »Akut« ist die Affäre am 18.

Februar beendet. Am Abend dieses Tages scheitert nämlich eine Abstimmung über das Thema Moser und die Folgen im Studentenparlament an der Beschlussunfähigkeit des Hohen Hauses. »Zahlreiche Abgeordnete waren Bier trinken gegangen«, stand in der »Frankfurter Rundschau«.

Das war der Schlusssatz des am 23. Februar erschienenen Artikels über die Affäre an der Universität Bonn, und den Namen des Verfassers, der so gut Bescheid wusste, hatten alle Beteiligten gelesen. Ulrich Wickert.

Ihm soll für seine Frechheit, angeblich Interna ausgeplaudert zu haben, die rote Karte gezeigt werden. Im Akademischen Rat wird beschlossen, ein Disziplinarverfahren gegen ihn einzuleiten mit dem klar formulierten Ziel, ihn von der Universität zu relegieren. Einige Professoren stimmen dagegen, aber sie sind in der Minderheit. Zu der gehört jener Professor Wolfgang Schmid, dem Ulrich Wickert drei Tage später gegenübersitzt. Dass es draußen bereits dunkel ist, liegt an der Jahreszeit. Winter eben.

Schmid hat ihn gesucht, überall dort, wo Wickert auftauchte, ob in der Mensa oder im Sekretariat der Politischen Wissenschaften, wo er »als Hiwi arbeitete«, wird ihm ausgerichtet, dass ihn der Altphilologe sprechen wolle und er den dringend anrufen soll. Er kennt den Mann gar nicht, hat bei dem keine Fächer belegt. »Ich dachte, was will denn ausgerechnet auch noch der von mir?«

Schließlich erreicht er ihn. Professor Schmid bittet ihn, am 26. Februar nachmittags so gegen siebzehn Uhr zu ihm nach Hause zu kommen. Es sei wichtig, er habe ihm einiges zu sagen, nein, in der Uni ginge das aus bestimmten Gründen nicht. Wickert ist pünktlich, wird in das Arbeitszimmer des Hausherrn geführt, bekommt Tee angeboten, setzt sich und wartet gespannt, was nun passiert.

Der Mann will ihm helfen. Er habe dem Rektor mitgeteilt, sagt er dem verblüfften Studenten, dass er eine von ihm verfasste ausführliche Dokumentation der Affäre an den »Spiegel« geben werde, falls nicht sofort alles eingestellt wird, was gegen Wickert unternommen und geplant worden ist. Um keine Missverständnisse darüber aufkommen zu lassen, wie er es meint, wiederholt er, dass mit »alles« genau das gemeint sei: alles. Das Gegenargument im Rat, der Student Wickert habe mit seinen veröffentlichten Attacken die Würde der Universität verletzt, ließ er nicht gelten. Ganz andere hätten die Würde verletzt und weil das so sei, habe er ein Manuskript erstellt, jedes Zitat in einer Fußnote belegbar, und dies werde er dem Hamburger Magazin zukommen lassen. Vor dem haben seine Kollegen Angst, und das ist auch gut so.

Nun wollte ihn davon der plötzlich gar nicht mehr weltfremd wirkende Professor unterrichten, damit Wickert den Stand der Dinge kannte. Wolfgang Schmid war nicht etwa über Nacht zu einem Revolutionär mutiert. Doch er richtete ganz selbstverständlich die Maxime seines Handelns an Immanuel Kant und an Martin Luther aus und nicht an den opportunistischen Interessen eines akademischen Klüngels.

Wickert war sprachlos. »Es war ein unvergesslicher Moment. Weil ich in der Stunde, in der ich da saß und der mir erklärte, was ihn zu seinem Schritt bewogen hatte, etwas Wichtiges lernte, und das verdanke ich diesem Mann. Dass es ganz egal ist, womit andere drohen und was die von dir wollen, solange man seine Haltung und seine Meinung belegen und vertreten kann. Ich habe vom nächsten Tag an immer danach gehandelt und mich nie unter Druck setzen lassen, sondern dem Druck standgehalten. Im Zweifelsfall immer das getan, was ich für richtig hielt, und nicht das, was andere für richtig hielten.«

Am Tag danach erfährt Student Wickert, dass alle angedrohten Aktionen gegen ihn abgeblasen seien. Hugo Moser bleibt, aber Wickert bleibt auch.

Ab und zu trifft er jenen Professor, der ihm den Rücken stärkte, indem er sich für ihn stark machte, auf dem Marktplatz der kleinen deutschen Hauptstadt, Aktentasche unterm Arm, schnellen Schrittes irgendwohin eilend. Er grüßt ihn, aber mehr als zwei, drei Sätze wechseln die beiden nie mehr. Wickert hat zu tun, nicht nur für sein juristisches Staatsexamen. Der Kunstfreund gründete an der Uni eine Ballettwerkstatt. Dass es ihm dabei bloß um die Kunst ging und weniger um die Tänzerinnen, ist ein Gerücht.

Ende der Geschichte?

Ende dieser Geschichte.

Zeitsprung.

Viele Jahre später arbeitet Ulrich Wickert als Reporter für das politische WDR-Magazin »Monitor«. Im Urlaub hat er endlich Herbert Marcuses Buch »Der eindimensionale Mensch« gelesen, eine Bibel der Studentenbewegung. Er ist fasziniert von dem Autor und von seinen Thesen. Bei einer Diskussion in Köln, in die er mehr oder weniger zufällig gerät, lernt er den Philosophen persönlich kennen. Ob er sich eine Dokumentation über sein Werk und sein Leben vorstellen könne?, fragt ihn der Journalist. Marcuse verspricht, darüber nachzudenken, in einem halben Jahr im Mai sei er wieder in Deutschland, in Berlin an der Freien Universität, dann könne man sich treffen.

In den folgenden Monaten studiert Wickert alles, was Marcuse je geschrieben hat, versucht ihn im kalifornischen La Jolla, wo Marcuse lebt, zu erreichen, aber der ruft nie zurück. Auch nicht, als er in Berlin eintrifft. Wickert hat noch nicht aufgegeben, aber von der Hoffnung kann er nicht leben. Er dreht für »Monitor« und ist oft in der ganzen Welt unterwegs. Dass er gerade in Deutschland ist, als ihn ein Freund zu einem Abendessen nach Frankfurt einlädt, arrangiert vom Suhrkamp Verlag, ist also ein Zufall.

Nicht der einzige, denn Wickert trifft bei Tisch Marcuse wieder. Nun lässt er ihn nicht mehr los. Schicken Sie mir das Drehbuch, sagt der. Es gebe bei Dokumentationen kein Drehbuch, antwortet Wickert. Das entwickle sich nach den Recherchen und während der Arbeit am Film und auf Grund des Interviews. Marcuse ist misstrauisch. Was, ein Film ohne Drehbuch? Am Ende des

Abends gibt er nach, auch weil seine Frau das Projekt abnickt. Also gut, im September in La Jolla. Kommen Sie halt vorbei.

Was Wickert jetzt braucht, ist eine Kostenstelle. Eine Abteilung im WDR, die bereit ist, die Kosten für das Projekt zu tragen. Ohne Kostenträger gibt es keine Spesen und keine Aufträge. Ohne Kostenstelle wäre das öffentlich-rechtliche Fernsehen wohl gar nicht entstanden, vielleicht stand am Anfang aller Sendungen nicht das Wort oder das Bild, sondern eine Kostenstelle. Er fragt bei den Kulturschaffenden, die sind von der Idee begeistert. Würde ideal passen, aber leider sei ihr Etat ausgeschöpft, kein Geld mehr da, nächstes Jahr. Er fragt beim Ausland, tolle Idee, passt gut, aber leider kein Geld mehr da, vielleicht nächstes Jahr.

Bevor er aufgibt, was nicht seiner Natur entspricht, hilft wieder ein Zufall. Die ARD-Brocken Günther Müggenburg und Dieter Gütt werden von ihren Korrespondentenjobs aus den USA abgezogen. Sie sind die Richtigen, um in Hamburg ein neues aktuelles ARD-Format aufzubauen – die »Tagesthemen«. Jenes Magazin, dem Wickert mal sein Gesicht leihen und auf Grund seiner journalistischen Qualität ein Profil geben wird. Bis ein Korrespondent für Washington gefunden ist, soll der als begabt geltende Ulrich Wickert kommissarisch den Job übernehmen. Er beginnt am 1. September 1977.

Und macht sich an die Arbeit. An die für ihn nahe liegende. So weit wie von Köln ist Marcuses Wohnort von Washington nicht entfernt, entsprechend preiswert der Flug zum nahe La Jolla gelegenen Flugplatz San Diego. Das Ticket zahlt er erst einmal selbst, rund vierhundert Dollar. Eine Kostenstelle hat er nach wie vor nicht. Er beginnt einfach ohne Genehmigung mit Marcuse zu drehen. Ulrich Wickert macht also im Zweifelsfall das, was er für richtig hielt. So wie er es seit jenem Tag im Februar 1965 bei allen Entscheidungen gehalten hatte.

An dieser Stelle kommt wieder so ein Typ wie Professor Wolfgang Schmid ins Spiel. Wieder so ein unscheinbarer Mann. Diesmal einer, der nach Meinung fast aller Redakteure seinen Job nicht beherrscht, dessen Kommentare Lachnummern sind, der seit August 1977 als Chefredakteur des WDR aber unangreifbar ist, weil er das richtige Parteibuch hat, in dem Fall das der CDU. Eine Witzfigur für Kritiker, dieser Theo M. Loch, dessen Spitznamen zu wiederholen sich hier verbietet. Bei Loch fragt der langhaarige Wickert ohne große Hoffnung nach einer Kostenstelle für den Marcuse-Film. Ausgerechnet einen bekennenden Schwarzen will der als Linker geltende Reporter um das nötige Geld für einen Film über einen bekennenden Roten fragen. Du spinnst, sagen ihm Freunde.

Theo M. Loch, ein würdiger Nachfolger des Wolfgang Schmid aus Bonn, zögert nicht mal eine Minute und sagt, klar, gute Idee, ich nehme die Kosten auf meine Kostenstelle. Das hat Wickert nie vergessen, und als Theo M. Loch 1983 wegen seiner von ihm verschwiegenen SS-Vergangenheit in die Schlagzeilen gerät und als Chefredakteur abgelöst wird – denn die Zeiten haben sich geändert, und so etwas wie im Fall Moser, der einfach im Amt blieb, war jetzt nicht mehr möglich –, erinnert sich Wickert auch an diese Szene mit der Kostenübernahme.

Im Fernsehen ist Ulrich Wickert längst eine feste Größe. Die üblichen Intrigen und subtilen Erpressungen, die man auch Kompromisse nennen mag, lassen ihn kalt. Gewisse Dinge macht man einfach nicht, hat er an einem Winternachmittag in Bonn gelernt. Wenn ihn einer unter Druck setzen will, sagt er »schlicht Nein«, denkt dabei aber nur lakonisch »Happy day«, was alles beinhaltet. Er ist ja ein höflicher Mensch.

Deshalb hat er für einen anderen Tag danach zugesagt, als ihn die Universität Bonn bat, beim Fest für die Absolventen am 9. Juli 2005 das Grußwort zu sprechen. Gern wird er ihnen erzählen, was aus einem werden kann, der an ihrer Universität nicht nur sein Examen gemacht, sondern vor vierzig Jahren, am 26. Februar 1965, was fürs Leben gelernt hat.

Alles nur Wahnsinn

Martin Willich. Die Wände des Zimmers, in dem er liegt – abgemagert, Schlauch im Mundwinkel, Augen geschlossen –, sind mit weißer Lackfarbe getüncht. Flecken darauf wären ganz einfach mit einem feuchten Tuch abwischbar. Es hängen deshalb keine Bilder an diesen Wänden und auch kein Beispiel aus jener in Krankenhäusern so beliebten Reihe blühender Landschaften, billigen Nachdrucken berühmter Meister, ist zu sehen, das den Patienten Hoffnung auf ein bald wieder buntes Leben jenseits des grauen Alltags vermitteln soll. Kein Kalender stört. Hier ist Zeit eine theoretische Größe.

Bestimmt wird der Raum durch ein großes Bett. Es ist umgeben von funktionalen Maschinen und funktionierenden Monitoren mit Diagrammen und weißen Linien auf dunklem Grund. Die gehören zu dem Mann, der im Bett liegt. Solange die blinken, ist er noch am Leben. Obwohl er das nicht weiß, denn der Mann liegt seit Wochen im Koma, in einer Zwischenwelt.

Alles sieht aus wie immer, als er an diesem Morgen die Augen öffnet, aber er sieht das alles zum ersten Mal. Er blickt unsicher, weil er nicht weiß, wo er ist. Durchs Fenster kann er den Himmel sehen. Der ist wolkenlos. Er blinzelt, denn der helle Sommermorgen blendet ihn. Kein Baum versperrt die Aussicht. Er liegt im obersten Stockwerk einer Klinik. Aber auch das weiß er nicht.

Eine Frau hält seine Hand und strahlt ihn an, und die kennt er, weil sie aussieht wie seine Frau. Es ist seine Frau. Neben ihr steht ein Mann im grünen Kittel, und auch der scheint sich zu freuen. Warum freuen die sich so? Mit krächzender Stimme fragt der Kranke, wo er sei und welcher Tag heute und was mit ihm passiert sei, und nachdem sie ihm alles gesagt haben, will er nur noch eines wissen, bevor ihn die Erschöpfung ins Kissen drückt – ob er wieder gesund werde. Sie nicken ihm zu. Ganz gesund, versprochen.

Da überfällt ihn »ein unglaubliches Gefühl von Glück und von Seligkeit«, wie es Martin Willich später formuliert, ein Gefühl, »wie ich es noch nie erlebt hatte«. Bevor sie ihm noch mehr erklären können, schläft er mit diesem Gefühl wieder ein.

Dieser Tag danach, der ihm unvergesslich sein wird, dauerte deshalb nur etwa zehn Minuten. An die kann er sich zwar ganz genau erinnern, aber eben nur an die. Sie wirken im Rückblick wie eine Art Trailer, die im Fernsehen benutzt werden, um Zuschauer zu binden, am Umschalten zu hindern. Sie könnten auch der Anfang eines Zweiteilers sein, der mit einer solchen Szene beginnt, die Einheit von Ort und Zeit erzeugt, die Person in ihrem Bett gleich mit der ersten Einstellung als Protagonisten vorstellt und ein spannendes TV-Drama verspricht.

Weiter geht es in Wirklichkeit mit Martin Willich am nächsten Morgen, als er, befreit von den Schläuchen, wieder aufwacht. Die Rückkehr in sein Ich beginnt. Noch ist ihm alles fremd. Sogar seine Stimme. Die klingt merkwürdig. Er erkennt sie nicht. Aber auch das wird sich geben, sagen ihm die Ärzte. Das Krächzen sei normal. Die Stimmbänder sind nur aufgeraut von den Kanülen, die seit Wochen in seinem Hals stecken.

Die eigentliche Rückkehr aber, sein Comeback aus dem Zwischenreich, gestern am 20. Juli 2003, das waren jene zehn Minuten, bevor er wieder einschlief. Schon deshalb wird er sie nie vergessen. Es ging ja nicht um eine Szene in einer der vielen Serien, die der Chef von Studio Hamburg in den vergangenen Jahren hatte produzieren lassen. Es ging nicht um eine erfundene Geschichte. Diesmal ging es tatsächlich um Leben und Tod. Und um den zweiten Teil seines Lebens. Sein erstes endete am 24. Mai. Das Drehbuch hatte keiner von jenen Profis geschrieben, die er beschäftigte und die er kannte. Er hätte es ihnen wahrscheinlich um die Ohren gehauen.

In einem großen Büro, das sich nur durch ein Bücherregal und ein paar Filmplakate von dem eines Managers aus dem Baugewerbe oder der Versicherungsbranche unterscheidet, begann am Vormittag des 24. Mai 2003 der erste Teil dieses merkwürdigen Streifens. Martin Willich saß an seinem Schreibtisch, ihm gegenüber Wolf-Dieter Gramatke, ein vertrauter Partner aus Jahren gemeinsamer Arbeit. Er war mal Chef der Polygram und danach Geschäftsführer von Universal, dem Zusammenschluss von Polygram und Universal Music. Nachdem er dort ausgeschieden war, beriet er TV-Produktionen und Musikverlage und entwickelte Modelle, wie man ihre Interessen in verschiedenen Bereichen zu beiderseitigem Nutzen bündeln könne. Etwa die Titelmelodien von Vorabendserien gemeinsam zu vermarkten, die allerdings gut genug sein mussten, um sich auch ohne bewegte Bilder auf CD zu verkaufen. Gramatke ist eher ein Typ für Nebenrollen. Heute wird er spontan eine Hauptrolle übernehmen müssen. Eine tragende.

Im Hamburger Vorort Wandsbek besitzt Studio Hamburg ein riesiges Gelände mit beeindruckenden Ateliers, Hunderten Büros von kreativen Zulieferern, vielen Werkstätten, wo deren Ideen Gestalt annehmen. Von der Innenstadt braucht man per Pkw etwa eine halbe Stunde. Auf der einzigen Zufahrtstraße herrscht immer dichter Verkehr, oft gibt es kilometerlange Staus. Zum nächsten Krankenhaus ist es vom Studio etwa so weit wie zur Villa Willichs.

Diese Details müssen im Treatment vermerkt werden, denn sie wurden wichtig an diesem Vormittag, als es um Minuten ging. Noch konnten das die beiden Männer im Zimmer 430 ganz oben im vierten Stock des Verwaltungsgebäudes, wo die Mächtigen von Studio Hamburg sitzen, nicht ahnen.

Gyula Trebitsch, von den Nazis im KZ eingesperrt, als Überlebender mit dreißig Jahren 1945 Mitbegründer von Studio Hamburg, kommt oft auch noch in die Firma, obwohl er sich aus dem aktiven Geschäft schon lange zurückgezogen hat. In der lokalen Presse wird die Ateliergesellschaft, inzwischen offen für Nebentätigkeiten aller kommerziellen Art, noch immer als Hollywood des

Nordens bezeichnet, als Traumfabrik, weil dort so viele Filme und Fernsehserien produziert worden sind. Dr. Martin Willich, seit 1984 Vorsitzender der Geschäftsführung, hatte das Unternehmen zu einem der erfolgreichsten Produktions- und Dienstleistungszentren Deutschlands ausgebaut. Serien im Auftrag der öffentlich-rechtlichen wie der privaten Sender – »Die Rettungsflieger«, »Großstadtrevier«, »Die Cleveren«, »Doppelter Einsatz« – und die »Sesamstraße« entstanden und entstehen hier, »Tatort«-Reihen mit Manfred Krug, Robert Atzorn oder Maria Furtwängler.

Willich liebte die Sechzehn-Stunden-Tage seines Jobs nicht, er wäre lieber öfter ins Theater gegangen oder in die Oper oder ins Konzert. Ähnlich reden andere Manager seiner Güte auch, wenn sie bedauert werden wollen für ihr aufreibendes Dasein. Sie halten allerdings ein solches Pensum für imagebildend, denn in Deutschland wird die Effizienz von Führungskräften nicht nur danach beurteilt, was bei ihnen hinten rauskommt – um Willichs Parteifreund Kohl zu zitieren –, sondern auch daran, wie lange abends Licht in ihrem Büro brennt.

Der Studioboss beschränkte dennoch seine Aktivitäten nicht nur auf das Geschäft, für das er hoch bezahlt wurde, er war als aktives Mitglied der CDU sogar einige Jahre lang Präses der Hamburgischen Bürgerschaft gewesen. In seiner Partei gehört er zu den fünf wichtigsten Funktionären, ohne sich je wie ein wichtiger Funktionär zu gebärden. Er ist ein Liberaler aus Überzeugung, die hamburgische Variante eines Christdemokraten, geprägt von der Weltläufigkeit dieser Stadt.

Feindschaften pflegte er in jenen Zeiten nicht lange zu pflegen, der begabte Redner nahm seine Gegner lieber auf Augenhöhe an statt aus den Kulissen. Er schonte sie zwar nicht, aber ging anschließend mit ihnen auf ein Glas um die Ecke. Ein Mann voller Lebensfreude mit Bäuchlein und den streitlustigen fröhlichen Augen. Wie ein Hollywood-Tycoon sah er wirklich nicht aus. Nie war er um ein kräftiges Wort verlegen, wenn es ihm der Situation angemessen schien.

Bei einem Fest des einstigen Hamburger Thalia-Theater-Intendanten Jürgen Flimm, der zu Willichs Freunden zählt, konnte man sich in einer Scheune auf Flimms Landsitz davon überzeugen. Willichs Kraftwort an diesem Samstag im Sommer 2000 lautete »Arschlöcher«. Wie es zu diesem Ausbruch kam, ist erzählenswert und erklärt auch, was er später selbst noch von seiner Fußballleidenschaft erzählen wird, die ihn auch im Koma nicht verlassen hatte.

Bereits vor dem Gang zu Suppe und Buletten wurden im »Festsaal« Fernsehapparate eingeschaltet, die an strategisch wichtigen Plätzen aufgehängt waren, denn gleich sollte das Viertelfinale der Fußballeuropameisterschaft beginnen. Kroatien gegen Deutschland. Auf Bänken an langen Holztischen nahm eine Große Koalition von Experten Platz. Ob gewährleistet sei, dass man dieses entscheidende Match live sehen könnte, das war für viele der Gäste, darunter Gerhard Schröder und Otto Rehhagel – und natürlich auch für Martin Willich –, die entscheidende Frage gewesen, bevor sie die Einladung Flimms angenommen hatten.

Sie alle kannten ab dem Anpfiff keine Parteien mehr, ihre nicht, die andere nicht, nur eine gemeinsame Partei. Die hieß lautstark Deutschland. Politisch korrekte Feingeister, die lieber über Theater oder das Leben oder über sich reden wollten, gaben daraufhin ihrer Meinung Ausdruck, dass man eigentlich den Kroaten den Sieg gönnen müsse, weil sie im Balkankrieg so gelitten hätten. Willich schaute fassungslos und vergaß, an seiner Zigarre zu ziehen. Danach fiel jenes Wort, das mit dem Buchstaben A beginnt.

Weil die deutschen Spieler so mit dem Ball umgingen wie ihr Trainer Berti Vogts mit der deutschen Sprache, hatten sie eine Niederlage verdient, das ließ sich nicht leugnen. Willich brach immer wieder über die Stümper auf dem Rasen in Verzweiflungsschreie aus, aber so was gehört nun mal bei solchen Ereignissen dazu. Bald gab es einen anderen Trainer für die Deutschen, der die an diesem Samstagnachmittag als Rumpelfüßler Geschmähten dann 2002 ins Endspiel um die Weltmeisterschaft in Japan und Südkorea führte. Martin Willich hat selbstverständlich keine der damaligen TV-Übertragungen aus Fernost versäumt.

Ende der Rückblende.

Die deutschen Freudengesänge, dass es nur einen Rudi Völler gebe, waren auch schon wieder ein Jahr vorbei, als sich Willich und Gramatke am 24. Mai 2003 gegenübersaßen. Wichtigeres bestimmte die Schlagzeilen. Der Irakkrieg, der Ende März begonnen hatte. Bevor es ans eigentliche Geschäft ging, hatten sie über die schrecklichen Bilder von Panzern und Bomben und Soldaten und Toten gesprochen, die sie im Fernsehen gesehen hatten. Diese optisch erlebte Erfahrung, fern und doch ganz nah, vom Krieg gegen Saddam Hussein wird ebenfalls in den nächsten Monaten wichtig werden für Martin Willich – für das Szenario, in dem er eingeplant ist, ohne es zu ahnen.

Der Hauptdarsteller ist am 24. April 1945 im thüringischen Erfurt geboren, hatte in der Kindheit kaum erlebt, erst später erfahren, was dort als die Menschheit beglückender Fortschritt galt und wie sehr die Menschen, auch sein Vater, der Schulrat, unter dieser Utopie leiden mussten. Drüben war seit dreizehn Jahren kein drüben mehr, obwohl für die dort und für die hier die jeweiligen Vorurteile und Feindbilder im Mai 2003 gerade mal Auferstehung feierten, nachdem die gesamtdeutschen Emotionen nach der Hochwasserkatastrophe wieder abgeflaut waren.

Willichs Heimat Thüringen ist hörbar in seinem noch immer leicht gefärbten Dialekt, obwohl er schon 1950 als Fünfjähriger mit seinen Eltern in den Westen zog. Nach dem Abitur studierte er Jura. Eine intellektuell scharfzüngig geführte Diskussion aber war ihm schon als Student lieber als irgendein in Akten gepresster Vorgang, aus dem er einen Fall machen konnte. Nach Stationen in einer Wirtschaftsprüfungsfirma und als Justitiar bei Reemtsma wurde er 1980 Mitglied der Geschäftsführung von Studio Hamburg, das er inzwischen leitete.

Ganz selbstverständlich für das politische Klima Hamburgs gehörte der christdemokratische Liberale zur so genannten Freitagsrunde, einem Debattierclub um Alt-Kanzler Helmut Schmidt, den er bewundert. Da sitzt auch CDU-Parteifreund Volker Rühe, den er wieder öfter zum Essen oder bei einer Premierenfeier im Thalia Theater treffen konnte, seit der nicht mehr von Bodyguards bewacht wurde wie damals, als er Verteidigungsminister im Kabinett Kohl war.

Auch diese scheinbar unwichtigen Details sind wesentlich. Unter Rühes Leibwächtern war nämlich in jenen vergangenen Zeiten auch eine Frau, und die hieß Nicole, und die wird genauso einen Part übernehmen in der Geschichte vom Tag danach wie Willichs DDR-Vergangenheit, besser: Willichs Bild von der DDR. Ein Auftragsmörder von der Stasi erhielt in dem Film, der bald in seinem Kopf ablaufen sollte, eine Rolle, ebenso wie Gramatke, mit dem Willich bald nicht mehr über Fußball und über Krieg sprach, sondern übers Geschäft.

So gegen dreizehn Uhr wurde ihm plötzlich schlecht, ein bisschen schummerig, er fühlte sich matt. Eine verschleppte Grippe, nicht der Rede wert. Er drückte die Zigarre aus. Öffnete die Fenster. Rang nach Luft. Schweißausbrüche überfielen ihn. Gramatke übernahm für Minuten die Hauptrolle, ohne Textvorlage, musste improvisieren, rief aufgeregt die Sekretärin ins Zimmer. Da hing Willich bereits gekrümmt über seinem Stuhl, wehrte aber stur die Empfehlung ab, einen Arzt zu rufen und sich bis zu dessen Eintreffen hinzulegen. Wird nur ein Schwächeanfall sein. Zu viel gearbeitet, zu wenig geschlafen. Ist gleich vorbei.

Er rappelte sich, gestützt auf Sekretärin und Gramatke, mühsam auf, fuhr mit dem Fahrstuhl nach unten, wo sein Chauffeur wartete, und ließ sich von dem nach Hause bringen, um dort auszuruhen. Am 24. Mai hatte seine Frau Angela Geburtstag, und den wollte er abends mit ihr feiern.

Die Ankunft zu Hause ist das Letzte, woran er sich erinnern kann. Dann verliert er das Bewusstsein. Wie schnell der Krankenwagen den Ohnmächtigen in die Klinik gebracht hatte, weiß er natürlich auch nicht. Das alles hat er sich erst viel später erzählen lassen, um die weißen Stellen im Skript zu füllen.

Dass ihn der Tod fest in den Klauen hatte, erfuhr er deshalb erst, als er aufwachte am Morgen des 20. Juli 2003. Es war, sagten ihm der Arzt und seine Frau, tatsächlich bereits fünf nach zwölf, als sie ihn einlieferten und operierten und auf die Intensivstation legten. Eine verschleppte Divertikelentzündung hatte sich in seinem Körper ausgebreitet, Leber, Niere, Bauchspeicheldrüse befallen, einfach alles. Kurz vor dem Exitus war ihm deswegen am Schreibtisch schlecht geworden. Die Übelkeit hatte ihn gerettet. Falls ihm das alles passiert wäre an einem anderen Ort, zu einer anderen Zeit, zum Beispiel nachts in einem Hotelzimmer auf einer seiner vielen Geschäftsreisen oder im Urlaub in Kenia, wäre Martin Willich kurz nach seinem 58. Geburtstag gestorben.

An jenem Morgen zwei Monate später fragte er deshalb zuerst, welcher Tag heute sei, doch als sie ihm sagten, die Frage sei nicht, welcher Tag, sondern welcher Monat, und dieser hier sei nicht mehr Mai, sondern Juli, und als sie ihm sagten, warum er hier liege, schlief er völlig verwirrt wieder ein. In den Tagen danach kam nach und nach die Erinnerung zurück. Erinnerung nicht an tatsächlich Passiertes, die war gelöscht. Erinnerung an die Alpträume, die ihn plagten, während er im Koma lag, an Schläuchen hing, Tag und Nacht überwacht. Bilder tauchten auf aus einem Zwischenreich, zusammengesetzt aus Eindrücken, die Martin Willich im wirklichen Leben vor dem knapp vermiedenen Tod unbewusst gespeichert hatte.

Seines langen Tages Reise in die Nacht spulte sich Szene für Szene in seinem Kopf ab, als er aus dem Koma aufwachte. Wie Takes eines Films, der noch nicht endgültig geschnitten war.

Zum Beispiel, dass er den Arzt, der am Tag danach mit jener Frau vor seinem Bett stand, die seine Frau war, wegen seines grünen Kittels für einen amerikanischen Offizier in Uniform hielt. In einem seiner wirren Träume hatte er mit Hilfe der Amerikaner, aber fast im Alleingang, einen entscheidenden Einsatz im Irak bestanden, war als Held zurückgekehrt nach Deutschland, weil er und sechs andere seiner Gruppe Bagdad vom Diktator befreit hatten und danach der Krieg ohne großes Blutvergießen zu Ende gewesen war. Martin Willich erzählte das den Ärzten, sogar an den Namen der Pilotin könne er sich erinnern. Sie hieß Nicole, wie eine Leibwächterin von Volker Rühe, mit der er im realen Leben oft gesprochen hatte.

Zum Beispiel, dass er in einem Schlafwagen unterwegs war von Thüringen in den Westen und dass er dabei nachts von einem Stasiagenten überfallen wurde. Der versuchte, ihn mit einem Kissen zu ersticken. Natürlich alles Irrsinn. Aber erklärbar. Immer wieder war er in bestimmten Abständen auf der Intensivstation von den Schläuchen abgetrennt worden, die ihn mit der Maschine zur künstlichen Beatmung verbanden, oder die Schläuche waren verrutscht, und er hatte für Momente keine Luft bekommen, bevor die Schwestern oder ein Arzt, alarmiert vom Piepen der Maschinen, ihn wieder atmen ließen. Das war der andere Grund für die wahnsinnige Vorstellung, er würde im Interzonenzug ermordet.

Zum Beispiel Szenen beim geträumten Rückflug von der Weltmeisterschaft in einer Transall der Bundeswehr. In Südkorea war Fußballfan Willich noch vor dem Endspiel Brasilien gegen Deutschland in Seoul krank geworden, konnte das Finale im japanischen Yokohama nicht erleben, musste schnellstmöglich in eine Spezialklinik. Außer ihm waren Opfer einer Atomkatastrophe an Bord, die in Nordkorea passiert war. Der Streit um die Atomwaffen in Nordkorea, neben dem Irak und dem Iran das dritte Land in George Bushs Achse des Bösen, hatte vor seinem Zusammenbruch am Schreibtisch in Wandsbek wochenlang die Weltpresse beschäftigt. An Bord waren Ärzte vieler Nationen, deren Sprache er nicht verstand, die seine nicht kannten. Man verständigte sich mit Hilfe von Computern, in die man seine Wünsche eingeben konnte und die dann automatisch in die Sprache der anderen übersetzten. Dass er Durst habe und ein Glas Wasser brauche usw.

Tatsächlich gab es während der beiden Monate, in denen Martin Willich im Koma lag, hin und wieder Momente, da er ansprechbar schien und in denen man ihm, zur Prüfung seiner Hirnfunktionen, Tafeln mit Buchstaben vors Gesicht hielt, die er erkennen und benennen sollte. Tatsächlich hatte ihm ein junger Arzt jeden Morgen aus der »Bild«-Zeitung die Sportberichte vorgelesen, in denen es um Fußball ging, denn seine Fußballleidenschaft war bekannt im Krankenhaus und das Vorlesen von »Bild« so was wie eine Therapie.

Ihm wiederum wurde erzählt, dass er sich plötzlich im Bett aufgerichtet und seiner Frau, die täglich bei ihm war, befohlen habe, sie möge sein Sturmgepäck holen, ein Einsatz stehe bevor, und das Ganze gefälligst zack-zack. Danach war er wieder ins Nichts gesunken. Willich hatte sich einst als junger Mann freiwillig zur Bundeswehr gemeldet. Hätte er aber im wahren Leben zu seiner Frau mal zack-zack gesagt, wäre es ihm schlecht ergangen.

Zum Beispiel hatte Melanie, eine seiner beiden inzwischen erwachsenen Töchter, als Baby immer Guschi gesagt, wenn sie sich besonders wohl fühlte. Kein Mensch wusste, was das Wort Guschi eigentlich bedeutete. Noch als Zwanzigjährige aber gebrauchte sie es als Synonym für gute Zeiten, dieses Guschi. Das regte ihren Vater gelegentlich auf. Er war für präzise Sprache. Im Traum, von dem er im Krankenhaus erzählte, hatte er ihr deshalb eine Szene gemacht. Immer dieses Guschi, nun hör endlich auf mit diesem kindlichen Gequatsche.

Tatsächlich hatte Melanie Willich spontan bei einem Besuch ihres bewusstlosen Vaters Guschi gesagt, als ihr die Ärzte versicherten, dass er wieder ganz gesund werden würde. Als sie das Wort aussprach, hätten die vielen Apparate, an die er angeschlossen war, verrückt gespielt. Seine Herzfrequenz stieg ebenso wie sein Blutdruck. Martin Willich hatte sich offenbar aufgeregt. Auf die einzige Art, die ihm in seinem Koma möglich war. Verrückt.

Hirnforscher haben für solche erstaunlichen Reaktionen eine Erklärung. Träumen ist eine Art von Wahnsinn, ein in der Tat verrückter Zustand für eine gewisse Zeit. Wenn das Gehirn keine Neuigkeiten zu verarbeiten hat, in dem Fall begründet durch das Koma des Patienten Willich, schafft es sich eigene Wirklichkeiten. Hirngespinste. Auch Gesunde erinnern sich nicht an alle Visionen, all die seltsamen Reisen durch die Nacht, all die irren Situationen, die sie dabei überstehen mussten, wenn sie am Morgen danach aufwachen. Das limbische System, wo Gefühle wie Angst und Freude geboren und verarbeitet werden, ist nachts so aktiv wie tags. Im Schlaf, ob künstlich erzeugt oder normal entstanden, erhöhen die Nervenzellen im Gehirn den Ausstoß des Botenstoffes Acetylcholin. Geben Impulse ab an den Körper, die nicht an der richtigen Stelle ankommen, denn der befindet sich im Ruhestand und hat die Verbindung zur Außenwelt unterbrochen.

Was Verwirrung im Gedächtnis erzeugt. Es hat nichts Neues zu verarbeiten und rettet sich vor dem Nichtstun durch einen Gang ins Archiv. Aus der Hirndatenbank werden aus gespeicherten alten neue Erlebnisse gemischt, Trugbilder. Diese Bausteine ergeben einzeln betrachtet alle einen Sinn, weil sie mal erfahren wurden, aber so zusammengesetzt ein wahnsinniges Szenario.

Wie bei Martin Willich.

Der schlimmste Traum war der, in dem er seinen eigenen Tod erlebte. Er hatte vor seiner letzten Reise darauf bestanden, noch einmal in einem Pferdefuhrwerk zum Abschied aus dieser Welt um ganz Hamburg herumgefahren zu werden. Auch auf den Deichen. Der Sargdeckel sollte offen bleiben, damit er sich aufrichten und noch einmal was Buntes sehen könne, bevor er die Erde verließ. So geschah es. Im Traum. Bevor er anschließend mit vielen anderen Toten tief in einem Salzbergwerk verbrannt und endgelagert wurde, prüfte eine Ärztin mit einer Taschenlampe, die sie auf die Pupillen hielt, ob denn wirklich alle tot seien, die da vor ihr lagen. Sprechen konnte der scheinbar tote Willich nicht. Er riss deshalb die Augen weit auf, um ihr zu zeigen, dass er doch noch lebe. So entkam er der schrecklichen Endlagerung im Salzbergwerk.

Die Methode, mit der Lampe in die Augen eines Patienten zu leuchten, der bewusstlos ist und sich nicht artikulieren kann, gehörte zum Programm der Ärzte auf der Intensivstation. Salzbergwerke gehören zur industriellen Landschaft Thüringens, die Deiche zur Umgebung Hamburgs.

Die Zustände der Verwirrung zwischen Realität und Irrealität, an die er sich erinnern konnte, erzählte er seinen Töchtern und seiner Frau und den Medizinern. Heiter war das für ihn nicht. Obwohl jetzt, da alles überstanden war, vieles heiter klang. Ein Jahr später übrigens, nach einer notwendigen zweiten Operation, die mit einem künstlichen Koma verbunden war, hatte er wieder so einen irren Traum, von dem er anschließend lachend erzählte. In dem hatte er seinen Geburtstag im Krankenhaus feiern müssen. Seine Tochter Melanie, die mit dem Guschi, habe er gerügt, weil sie sich schlecht benommen habe. Der Stationsarzt hatte nach zwei Stunden Schluss der Party befohlen, schließlich befinde man sich auf einer Intensivstation, worauf Melanie Willich den Mediziner als Spielverderber beschimpft hätte. Nichts davon hatte tatsächlich stattgefunden.

In den vielen endlos scheinenden Wochen der Rückkehr ins Leben, in denen er im Sommer und Herbst 2003 alles wieder lernen musste, was er früher als selbstverständlich genommen hatte – zu laufen, zu sprechen und zu denken –, wich das tiefe Glücksgefühl der ersten zehn Minuten vom Tag danach oft tiefen Depressionen. Draußen vor dem Fenster am Himmel zogen graue Vögel vorbei, die ihn riefen. Ab Oktober begannen die Nächte am späten Nachmittag mit Einbruch der Dunkelheit, und die Nächte waren lang, und in vielen lag er verzweifelt wach. Seinen Besuchern – Helmut Schmidt kam vorbei und Volker Rühe, Henning Voscherau und Ole von Beust und täglich seine Frau – erzählte er nichts von den Todesvögeln.

Erst in einer Reha-Klinik in Mecklenburg-Vorpommern ging es ihm auch psychisch besser. Er war der Einzige, der wenigstens laufen konnte und sich selbst duschen konnte und aufs Klo gehen konnte und nicht bei allem, was er tun wollte oder tun musste, auf Hilfe angewiesen war. Alle anderen Patienten saßen im Rollstuhl und wussten, dass dies so bleiben würde bis ans Ende ihrer Tage. Da lernte der evangelische Christ Martin Willich wieder, demütig zu sein. Er fragte nicht den lieben Gott, an den er glaubt, warum denn ausgerechnet ihm passiert war, was ihm passiert war in den vergangenen Monaten, sondern erinnerte sich an das, was seine Mutter immer wieder gepredigt hatte: »Schau nach unten und sei dankbar, schau nicht nach oben und sei neidisch.«

Der Mann ist wieder gesund. Bis es so weit war, hat es fast ein Jahr gedauert. Anfangs wirkten auf viele seiner Freunde und Mitarbeiter seine Augen noch wie tot, als blickte er immer wieder nach innen und zurück. Irgendwann fingen auch die wieder an zu blitzen und verloren ihre Starre. Der zweite Teil des Films läuft. Das Drehbuch kennt er nicht. Die zehn Minuten des Einstiegs am Tag danach haben sein Leben zwar nicht verändert. Aber die vielen Tage, die danach kamen.

Er werde wieder ganz der Alte sein, hatten ihm die Ärzte versprochen. Aber ganz der Alte ist er nicht mehr, wenn er wieder wie früher im Zimmer 430 sitzt und sich über Kalkulationen beugt, über Verträge, über Angebote, wenn er Sitzungen leitet und wenn er Entscheidungen trifft. Willich nimmt sich jetzt Zeit für Gespräche, besucht Freunde ohne besonderen Anlass, einfach nur so. Er geht spontan zu einem Fest. Er regt sich nicht über jeden Scheiß auf, über die geplante Halbierung der FilmFörderung Hamburg zum Beispiel, hängt nicht bei jedem Schwachsinn, den ein regierender Parteifreund von sich gibt, unter der Decke. Er nimmt aber auch nichts mehr als selbstverständlich hin, was ihm mal selbstverständlich schien.

Martin Willich ist froh, nicht wieder ganz der Alte geworden zu sein. Er genießt das zweite Leben mehr als das erste vor seinem Tag danach.

Ausgegraben

Epilog. Erst jetzt, da mir an manchen Tagen selbst das Ende meiner Tage sichtbar scheint, kann ich von diesem Tag erzählen. Das hat mit mir zu tun.

Anfangs wollte ich ausschließlich und möglichst distanziert über die anderen schreiben und gewiss nicht über mich. Doch am Ende vieler Gespräche mit diesen anderen wurde ich gefragt, welcher Tag denn mein Tag danach gewesen sei, und aufgefordert, von dem zu erzählen. Dass ich mich nicht drücken dürfe vor dem, was ich von ihnen verlangt hatte – Offenheit und den Mut, von Gefühlen zu sprechen.

Hier, am Ende dieses Buches, schreibe ich deshalb von einem, den ich gut zu kennen glaube. Von meinem Vater. Und in dem Zusammenhang von einem, den ich fürchte, nicht so gut zu kennen. Von mir.

Mein Tag danach und sein Tag danach fielen auf einen Tag. Vier Stunden nach Mitternacht hatte er noch gelebt, das weiß ich. Irgendwann danach muss er gestorben sein. Die genaue Uhrzeit weiß ich nicht. Es war ihm in den Tagen zuvor, schwer atmend, schlecht gegangen, aber noch immer lenkte er ab, wenn man ihn nach seinem Zustand fragte. Jetzt war er tot, und es würde logischerweise keine Gelegenheit mehr geben, meinem Vater die Fragen zu stellen, denen er bislang stets ausgewichen war.

Ich wusste bis dahin noch nicht einmal, dass es eine Situation in seinem Leben gegeben hatte, in der er dem Tod so nahe gewesen war wie in der vergangenen Nacht. Er hatte nie erzählt, wie er ihm damals entkommen war. Ich würde es aber dennoch erfahren. Viele Jahre nach seinem Tod.

Hatte ich ihm eigentlich mal etwas von dem erzählt, was mich wirklich bewegte, und nicht nur das beschrieben, was an diesem oder jenem Tag durch andere in Bewegung geraten war und mich in meinem Beruf bewegte? Ich weiß es nicht mehr. Es ist sinnlos, darüber zu spekulieren. Es könnte durchaus möglich sein, dass ich außer bestimmten Genen von meinem Vater auch Eigenheiten mitbekommen habe, die ich bislang ausschließlich bei ihm vermutete.

Lange Zeit dachte ich, mein Tag danach sei der Tag gewesen, an dem ich zum letzten Mal das Gebäude betrat, das man in Hamburg den Affenfelsen nannte. Im Verlagsgebäude hatte ich vierzehn Jahre lang den überwiegenden Teil meines Lebens verbracht, zuletzt im siebten Stock mit Blick auf die Außenalster. Mich hinter vorgetäuschter Gelassenheit versteckend, hatte ich noch gar nicht recht begriffen, dass dies seit gestern Vergangenheit war.

Die passte in einen einzigen Karton. Am Tag zuvor hatte ich mein Büro von allen persönlichen Erinnerungen befreit. Bei der Übergabe an den Nachfolger war ich nicht anwesend. Schlüssel und Hausausweis hinterlegte ich beim Pförtner. Kimble, mein Hund, schien schneller kapiert zu haben, was passiert war. Er zog mich nicht wie sonst zum Fahrstuhl. Er nahm mich an die Leine und zerrte mich nach draußen. Ich folgte ihm.

Mein Absturz erschütterte meinen Vater mehr als mich. Er beruhigte sich erst wieder, als ich ihn über die finanziellen Folgen des Rausschmisses aufklärte. Er wollte nicht wissen, wie ich mich fühlte, aber das hatte ich auch nicht von ihm erwartet. Die Generation, zu der er zählte, fragte auf Grund ihrer Erfahrungen zunächst nach Sicherheit im Leben und dann, falls noch Zeit blieb, nach dem, was das Leben ausmacht.

Der Verlust eines Arbeitsplatzes verursacht bekanntlich ähnliche Depressionen wie der Verlust eines Angehörigen. Was etwas über die gesellschaftlichen Werte aussagt und über die Menschen, die sich an sie klammern – und in dem Fall auch über mich.

Das übliche und wirklich nicht spezifische Wechselbad der

Stimmungen – Schuldgefühle und Rachegelüste – hielt noch ein paar Wochen an. Irgendwann merkte ich, dass sich sogar Freunde langweilten, wenn ich ihnen schon wieder von jenem Tag zuvor oder jenem danach erzählte und davon, dass ich nicht so recht wusste, was ich mit meinen freien Tagen anfangen sollte. Bevor ich im Selbstmitleid versank, schloss ich deshalb das Kapitel und schrieb mir ein neues, begann mit dem ersten meiner von da ab ständigen Begleiter, begann mit einem Buch.

Dass er wichtig war, mein damaliger Tag danach, weil ich gezwungen war, mein Leben zu ändern, weiß ich natürlich. Doch mehr fällt mir dazu auch nicht ein, also scheint er zwar wichtig, aber nicht wesentlich gewesen zu sein. Er ist mir keiner Rede mehr wert, nicht mal einer üblen Nachrede auf die, die ihn mir bescherten. Mittlerweile kann ich sogar über die lachen, die mir großmütig verziehen haben, dass sie mich damals entlassen mussten. Falls sie mir allerdings zu nahe kommen, weil sie mein Lachen für herzlich halten, erinnere ich mich an eine Lebensweisheit meines Vaters.

Die wurde immer dann von ihm zitiert, wenn es galt, gewisse notwendige Unterschiede im zwischenmenschlichen Verhalten in nur einem Satz zu verdeutlichen. Der Spruch lautete: Pack schlägt sich, Pack verträgt sich.

Mein Vater ist mir Zeit seines Lebens nie näher gewesen als an jenem Morgen, den er nicht mehr erlebte. Ich saß an seinem Totenbett. Er schien zu schlafen. Mir fielen die Fragen ein, die ich ihm irgendwann hatte stellen wollen. Falls es die Zeit erlaubt hätte. Seine und meine, doch die nötige Auszeit für wesentliche und nicht nur die üblichen Gespräche zwischen Vater und Sohn, die fanden wir nie, obwohl ich eigentlich Zeit hatte nach meinem Abschied von der auf Zeit mir verliehenen Macht. Vielleicht haben wir beide uns auch nicht zu sehr darum bemüht, weil wir ahnten, dass wir im Verlaufe solcher Gespräche einander nicht mehr ausweichen, nicht mehr über scheinbar Wichtigeres reden konnten – Politik, Geschichte, Gerechtigkeit usw.

Weil ich ihn nicht mehr nach seinem Leben befragen konnte und vor allem nicht mehr nach dem, das er sich mal erträumt hatte, begrub ich mit ihm meine Fragen. Legte sie gut verpackt zu ihm ins Grab, wo er neben meinem Bruder lag, der sich einundzwanzigjährig das Leben nahm und vielleicht ähnliche Fragen gehabt hätte, schaufelte es zu und schloss auch dieses Kapitel.

Zu früh, wie sich herausstellen sollte.

Mein ganz alltägliches Leben änderte sich zwar nicht durch seinen Tod, aber manchmal merkte ich, dass es anders geworden war. Ein Seil war gerissen, an dem ich mich, falls nötig, hätte festhalten können, falls unter mir plötzlich der Boden nachgegeben hätte. Ich hatte das Seil schon viele Jahre vor seinem Tod nicht mehr gebraucht, aber dass es, also er, existierte, war gut zu wissen. Jetzt fehlte mir diese Gewissheit. Ich spürte den Verlust, hätte ihn aber nie in Worten beschreiben können, weil es ein viel zu vages Gefühl war – und ich einem vagen Gefühl nie getraut habe.

Es gab andere Momente, in denen ich meinen Vater nicht nur psychisch, sondern physisch vermisste. Immer dann, wenn uns zu gegebenem Anlass Geschichten erzählt wurden, in denen er eine Rolle gespielt hatte, und das waren eben doch viele, schienen am Ende die Fragen, die ich beerdigt glaubte, auferstanden zu sein. Ließen sich nicht vertreiben. Dass er zu Lebzeiten die Antworten wahrscheinlich verweigert hätte, indem er reflexartig geschickt von sich auf andere ablenkte, war mir klar. War aber kein Trost.

Als ich Philip Roths Buch »Mein Leben als Sohn« las, einmal, zweimal, da begriff ich, dass mein Vater mich nie verlassen würde. Hat das etwas mit der archetypischen Beziehung zwischen Vater und Sohn zu tun, denn diese Beziehung ist eine ganz andere als die zwischen Müttern und ihren Söhnen und erst recht die zwischen Müttern und Töchtern? Die Geschichte, die der amerikanische Schriftsteller erzählt, kaum verbrämt autobiografisch, übertrug ich auf mich und meinen Vater, auf seine Biografie und auf meine Biografie. Ich wollte mehr von ihm wissen, als ich wusste und als meine Mutter von ihm wusste und als meine Geschwister und ich von ihm zu wissen glaubten, und da er selbst als Quelle ausfiel, musste ich andere finden.

Die Lösung lag nahe und war ziemlich simpel. Ich machte das, was ich so oft bei der Annäherung an andere, mir fremde Menschen gemacht hatte, deren Biografie mich interessierte. Ich begann zu recherchieren, näherte mich meinem Vater als Journalist. In meinem Beruf gibt es den Begriff der Eigenrecherche, was etwa so viel bedeutet, dass man sich nicht auf Archivmaterial verlässt, sondern zu den Quellen geht und selbst nachforscht, sich nicht auf Geschichten aus zweiter Hand verlässt und auf das, was andere erzählen.

In diesem Sinne begann ich eine Eigenrecherche. Allerdings eine in eigener Sache. Ende offen. Denn während der Reise ins Leben meines Vaters, auf der Suche nach einem ganz bestimmten Tag vor dem letzten, entdeckte ich eine Geschichte, die beides war – eine alltägliche, typisch für deutsche Historie, und eine private, sentimentale aus der mir bis dahin unbekannten Familienchronik. Meinem Vater bin ich es schuldig, sie möglichst kühl zu erzählen, möglichst unsentimental.

So hätte er es auch gehalten.

Begonnen hat die Spurensuche im Vaterleben eher zufällig. Es brauchte aber so einen zufälligen Anstoß, damit ich endlich begann, mich den Fragen zu stellen, die ich ihm nicht mehr hatte stellen können, die auf dem Sarg lagen, längst zu Asche verbrannt. Ein britischer Freund, George Clare, dessen trotzig melancholische Biografie »Last Waltz in Vienna« die Vertreibung des Georg Klaar aus dem seit 1938 Hitler ergebenen Wien bis zum Einmarsch des englischen Offiziers George Clare in ein zerstörtes Reich 1945 schildert, schickte mir eines Tages eine E-Mail. Ich habe sie gespeichert. Sie erreichte mich am 3. November 2002, mehr als elf Jahre nach dem Tod meines Vaters. Die drei Zeilen von George waren der Auslöser. Es begann mein langer Tag danach.

Deshalb muss ich mit der Frage von George beginnen, bevor

ich die andere Geschichte erzähle. »Michael, I just found in the Index of Antony Beevor's book ›Berlin, The Downfall 1945‹ a familiar name, the name of Jürgs, Siegfried. Any relative of you, ein Verwandter von dir?«

Ich war verwirrt: Der Name meines Vaters in einem Buch über den Fall Berlins 1945? Was hatte Beevor über ihn herausgefunden? Wo und vor allem warum war er auf ihn gestoßen? Und ich schrieb zurück, *yes, George, could be my father*, aber ich habe keine Ahnung, welche Rolle er in diesem Zusammenhang spielen könnte, denn ich hatte bisher überhaupt nicht gewusst, dass er zum Ende des Krieges in Berlin gewesen ist, *please, send me the book*. Ich schick es dir, antwortete George in der zwischen uns üblichen Mischung von Deutsch und Englisch, *have a look by yourself*, schau selbst nach.

Zwei Tage später lag Beevors Bestseller vor mir, ich riss die Zellophanhülle auf, ohne auf das Cover zu achten, auch Inhaltsverzeichnis und Klappentext interessierten mich nicht, ich blätterte nur hastig im Anhang, suchte nach der Zahl hinter dem Namen Jürgs, Siegfried und traf dann auf Seite 365 einen mir nahen Unbekannten.

Meinen Vater.

Was ich da über ihn erfuhr, war mir neu, davon hatte er nie etwas erzählt. Oder hatte ich nie zugehört, wenn er und mein Großvater vom Krieg sprachen statt von ihrer Schuld, was mich viel mehr interessiert hätte? Was auf Seite 365 stand, passierte am 28./29. April 1945. Der achtundzwanzigjährige Oberleutnant Siegfried Jürgs lag schwer verwundet in einem Graben am Straßenrand nahe der Ortschaft Halbe. Auch von der hatte ich nie etwas gehört, denn die lag bis zur Wende in einem fernen Land, in das wir nicht kamen, in der DDR. Sowjetische Panzerverbände hatten die Deutschen auf breiter Front überrollt, berichtet Antony Beevor, Zehntausende starben in einer der letzten blutigen Auseinandersetzungen des Zweiten Weltkrieges, Zehntausende auf beiden Seiten. Der britische Historiker nennt in seinem genau recherchierten Buch die Ereignisse an jenen Apriltagen eine schreckliche, einseitig geführte Schlacht und beschreibt, wie angesichts der sowjetischen Materialüberlegenheit »viele der jungen Wehrmachtssoldaten vor Furcht zitterten und sich buchstäblich einschissen«.

Schildert auch, warum es zwischen SS und Wehrmacht zu Schießereien gekommen ist, weil die einen so kurz vor der absehbaren Niederlage nicht mehr fürs kaputte Vaterland sterben wollten und die anderen denen im Gegenzug das mögliche Überleben nicht gönnten, da sie selbst für sich keine Chance auf Überleben sahen. Auf die SS wartete nach dem Sieg der Russen »entweder der Genickschuss oder ein Lager in Sibirien«.

Mein Vater gehörte zur Wehrmacht, was ich heranwachsend jahrelang als Entschuldigung trotzdem nicht gelten ließ. Dieses Misstrauen teilte ich mit vielen meines Alters. Die Legende von der verführten Generation, unschuldig schuldig geworden, zu jung, um zu wissen, was sie taten, kannten wir als Erklärung aller Väter zum Erbrechen: Sie wussten nichts. Sie wurden belogen. Ihr dagegen wisst ja nicht, wovon ihr redet etc. Ihr – das waren wir. Das waren alle, die Fragen stellten und keine Antworten bekamen. Wir waren zwar frei von persönlicher Schuld, deshalb gnadenlos, und empfanden doch die Schuld der Väter als persönliche Last.

Als ich bei der Recherche in eigener Sache in der Hinterlassenschaft meines Vaters nach Briefen und Dokumenten suchte, fand ich unter Aktenzeichen Az 11/31/16352 den Entscheid der Spruchkammer Esslingen am Neckar, wonach »auf Grund des Gesetzes zur Befreiung vom Nationalsozialismus und Militarismus vom 5. März 1946 der kaufmännische Angestellte Siegfried Jürgs, geboren am 26.3.1917 in Hamburg-Harburg, als nicht betroffen gilt und das Verfahren deshalb eingestellt wird«. Solchen Entnazifizierungsverfahren mussten sich alle Deutschen stellen, die vorgaben, nichts gewusst zu haben. Also fast alle. Falls sie freigesprochen wurden, konnten sie ein neues Leben beginnen ohne Angst vor den Schatten des alten.

In seinem alten Leben, im April 1945, war mein Vater in der Nähe von Halbe durch Granatsplitter schwer verletzt worden. Lungensteckschuss. Er gab sich keine Überlebenschance mehr. Mit einem Bleistiftstummel notierte er auf einem Fetzen Papier, was er wahrscheinlich für seine letzten Worte hielt. Seine Aufzeichnungen für einen Tag danach, auf den er nicht mehr hoffte. »Der Schmerz ist furchtbar. Um mich herum sehe ich nur Feuer, und im Rücken fühle ich ein ungeheures Brennen ... ich begriff aber doch, dass ich von dem ... Wagen weg musste, und kroch zur rechten Straßenseite ... erhielt dabei noch eine Reihe kleiner Splitter in Rücken, Brust und beide Oberarme. Dann rutschte ich in den Graben. Es mag 22 Uhr gewesen sein. Da habe ich dann jeden, der vorüberging, angebettelt, mir aus dem feuchten Graben zu helfen oder mich zu verbinden. Aber nichts! Jeder hatte eine andere Entschuldigung.«

Meine Mutter bewahrte diesen Zettel ein Leben lang auf und gab den ihren Kindern erst nach seinem tatsächlichen Tod. Wir legten ihn ab unter »Verschiedenes«, hatten anderes zu tun.

Als er sich damals aufgab, wollte er alles ordentlich hinterlassen. Ordnung war im Koordinatensystem seines Lebens einer der Schnittpunkte, an denen er sich festhielt. Innerhalb dieser Ordnung Pflichten zu erfüllen, die er sich auferlegte und die er dennoch als selbstverständlich empfand, das prägte sein Verhalten.

Dem Tod sah er an jenem Tag im April 1945 zum ersten Mal direkt ins Auge, und er senkte resignierend den Blick. Seine Brieftasche mit dem Soldbuch und dem Bild seiner Frau drückte er deshalb einem vor sowjetischen Angriffen fliehenden Soldaten in die Hand, weil »ich überzeugt bin, dass ich es nicht mehr lange mitmachen würde, denn mein Blutverlust ist sehr stark«.

Die dann folgenden Sätze, die ich in seinen Aufzeichnungen fand, schrieb er viel später, lange nach seinem vermeintlichen letzten Tag, in einem Lazarett in der Lungenheilstätte Beelitz, bevor er von dort als Kriegsgefangener in ein Lager nach Sibirien transportiert wurde: »... und als es hell wurde und mir keiner mehr half, nahm ich schließlich meine Pistole, um Schluss zu machen. Dabei erwischte mich ein Unteroffizier, nahm sie mir ab und legte mich neben den Graben. Von hier bin ich dann gegen vier Uhr morgens zu einem LKW gekrochen, der mich auch mitnahm.« So wurde er gerettet.

Wer zu schwer verwundet war, wurde zurückgelassen, die Toten in den Graben gerollt, in dem auch er gerade noch gelegen hatte, und mit Sand bedeckt. Sand gab es genug in der Märkischen Heide, wenigstens das. Nicht alle der Toten kamen so gut davon. Viele hingen in den Bäumen, wohin sie die Druckwellen der sowjetischen Artillerie geschleudert hatten.

Gefunden hatte Antony Beevor ein paar Zitate aus den Aufzeichnungen des Leutnants Siegfried Jürgs, der von russischen Ärzten, was er ihnen nie vergaß, ins Leben zurückgeholt worden war, in einem schmalen Band über »Kriegsgräberstätten zwischen Oderbruch und Spree«, der in der Gedenkstätte Seelower Höhen ausliegt. Hier sind insgesamt siebzigtausend deutsche und russische Soldaten beerdigt. Geschrieben über solche »Unbekannte Kameraden« hat der Zeitgeschichtler Gerhard Ramm, und der wiederum hat eine Abschrift der Notizen meines Vaters von meiner Mutter bekommen, als er in einer Anzeige nach Zeitzeugen jener Schlacht im April oder Angehörigen suchte.

Ich bin mir nicht ganz sicher, ob er mir je selbst einmal von diesem Tag und der Nacht im Straßengraben erzählt hat oder ob es erst meine Mutter war, die nach seinem Tod darüber sprach. Wahrscheinlich war sie es. Denn er sprach selten über sich. Als ich das endlich ändern und seinen Selbstschutzring des Schweigens durchbrechen wollte, mit ihm eine sentimentale Vater-Sohn-Reise plante in jenes Land, das nach der Wende plötzlich ganz nahe lag, war es, was ich nicht ahnte, zu spät. Er hatte bereits eine ganz andere Reise angetreten, während er uns noch glauben ließ, ein Weiterleben sei entgegen aller ärztlichen Voraussagen doch noch machbar. Die Krankheit, Nachwirkungen der Verwundung im April 1945, hatte ihn besiegt, deshalb tat er so – wie immer von sich ablenkend, indem er sich um die Sorgen anderer kümmerte –, als wäre sie nur eine vorübergehende normale Schwäche.

Solche erlaubte er sich eigentlich nie, nur dreimal habe sie ihn, wie sich meine Mutter erinnert, in den fünf Jahrzehnten ihrer Ehe weinen sehen: als er nach der Rückkehr aus der Gefangenschaft am 24. August 1946 zum ersten Mal sein damals knapp anderthalbjähriges Kind sah, als 1956 seine Mutter starb, als mein Bruder dem Leben Adieu sagte. Sich einfach mal fallen zu lassen hätte das Leben meines Vaters unendlich erleichtert. Er hat sich nie dazu durchringen können.

Ostwärts wollte ich damals im ersten Frühjahr nach der Einheit mit ihm fahren. Endlich hatte ich Zeit. Erst in die Gegend, wo er am Straßenrand fast verblutet wäre, dann aufs Land, wohin er und sein jüngerer Bruder als Kinder sommers von Hamburg aus geschickt worden waren, um reichen Verwandten gegen schmale Kost und einen Schlafplatz im Heu bei der Ernte zu helfen. Seine Mutter war arm, die Hinterbliebenenrente des 1932 verstorbenen Vaters reichte kaum für Miete und Essen. Die Schufterei auf den Feldern nannten die Verwandten Sommerferien.

Davon erzählte er mir bei der Ortssuche, über Landkarten gebeugt. Die ohnmächtige Wut des kleinen Jungen, sich nicht wehren zu können und von der herablassenden Gnade anderer abhängig zu sein, hatte er sich über die Jahre hinweg bewahrt. Ich begriff endlich, wie sehr diese frühen Erfahrungen sein Handeln als erwachsener Mann geprägt hatten. Was von uns Kindern so oft als verdammte Sturheit empfunden wurde, unter der wir litten, war verinnerlichtes Überlebensmittel.

Darüber zu reden strengte ihn sichtbar an. Als ich ihn an jenem Sonntag fragte, vier Tage vor seinem Tod, ob er Angst empfinde vor dem Sterben, antwortete er schwer atmend, eigentlich nicht, ich habe den Tod schon mal getroffen. Dabei stand in seinen müden Augen zwar eine unbekannte Angst, aber auch jene Gelassenheit, die meine Geschwister und ich immer geliebt hatten, weil sie uns Sicherheit gab.

Was Beevor von den paar Zeilen meines Vaters nicht hatte gebrauchen können, weil es keine ihn interessierende typisch deutsche Geschichte mehr war, sondern eine ganz private, fand ich am Ende der Aufzeichnungen aus dem Straßengraben. Ich musste nicht lange danach suchen. Sie verstaubten unter »Verschiedenes« in einem Regal. Ich hatte den Ordner ab und zu in der Hand gehabt, aber nie das Bedürfnis gehabt, darin zu blättern.

Keine Zeit.

Nun nahm ich sie mir.

Nie werde er erfahren, las ich da in der vertrauten Sütterlinschrift, die zu entziffern ich geübt hatte, nie werde er erfahren, ob das Kind, das meine Mutter im achten Monat trage und das im Mai 1945 auf die Welt kommen sollte, ein Junge sein würde, der Michael heißen sollte, oder ein Mädchen, für das als Name Monika vorgesehen war.

Es wurde ein Junge.

Dank

Ein Freund hat mich während der Arbeit an diesem Buch Zeile für Zeile kritisch begleitet. Ohne ihn hätte ich es nicht geschafft.

Bei einigen, die mir ihre Geschichte vom Tag danach erzählten, habe ich ihre Namen verändert – so wie sie es wollten.